정신역동적 아동·청소년 심리치료

Liselotte Grünbaum · Karen Vibeke Mortensen 공저
허재홍 역

학지사

역자 서문

박사과정이었을 때로 기억한다. 내 알음대로 정신역동 상담을 공부하고 있을 때였는데 인지치료를 하는 한 선배의 슈퍼비전을 듣고 같은 대학원의 대학원생이 "역시 인지치료는 설명이 명쾌해"라는 말을 한 적이 있다. 그 말을 듣고 정신역동 상담은 안 그런가 하면서 약간 욱했던 기억이 있다. 내가 잘못 기억하고 있는지는 모르지만 그 당시에는 정신역동 상담하면 모호하고 명확하지 않은 걸 다룬다는 분위기가 있었다. 그리고 얼마 후 정신분석 관련 특강을 들은 적이 있었는데 무슨 말을 하는지 잘 이해가 되지 않았다. 그때 강사분이 "정신분석은 그런 거예요. 한번 봐서는 무슨 말인지 모르고 몇 번을 봐도 잘 모르지만 그래도 계속 보다 보면 알게 돼요."라고 한 말이 아직도 생생하다. 이때부터 상담에서 감정을 다루면서도 명쾌하게 설명할 수 있게 하고 싶다는 소망이 생겼다.

이런 경험이 영향을 미쳐서 번역서를 처음 낼 때 상담에서 감정을 다루는 외국 서적을 번역하자는 내 나름의 기준을 세웠다. 그래서 처음 번역한 책이 『초보상담자를 위한 정신역동 상담(Psychodynamic Technique: Working with Emotion in the Therapeutic Relationship)』이었고, 두 번째가 『정서조절을 이용한 아동 · 청소년 상담(Emotion Regulation in Children and Adolescents: A practitioner's Guide)』이었다. 그리고 최근 발간한 책이 『초보 상담자를 위한 사례중심 관계정신분석 상담(Inside the Session)』이었다. 『초보상담자를 위한 정신역동 상담』과 『초보 상담자를 위한 사례중심 관계정신분석 상담』은 정신분석의 최근 흐름을 반영한 책이고, 『정서조절을 이용한 아동 · 청소년 상담』은 인지행동 접근에서 감정을 다룬 책이다.

『정서조절을 이용한 아동 · 청소년 상담』을 번역하고 난 후 정신역동 관점에서 아동 · 청소년 상담을 다룬 책은 없을까 찾던 중 이 책(Psychodynamic Child and Adolescent Psychotherpay, 2018)을 발견하게 되었다. 이 책은 서문에서 저자들이 밝힌 바와 같이 원판은 덴마크어로 된 책(Psykodynamisk Psykoterapi med Børn og Unge-En Grundbog om Teorier og Arbejdsmetoder, 2016)을 영어로 번역한 것이다. 하지만 단순히 번역서라기보다는 역자들의 경험을 추가하여 원판을 더 확장했다고 할 수 있다.

이 책에서는 아동 · 청소년 상담에서 다루어야 할 주제들을 폭넓게 다루고 있어서 아동 및 청소년을 대상으로 상담을 하는 실무자들에게 생각할 거리를 많이 주고 있다. 또한 아동 · 청소년 상담 이론과 상담과정을 비교적 상세하게 소개하여 이론과 실제를 함께 이해할 수 있도록 하고 있으며, 상담과정에서는 아동 및 청소년 내담자를 대상으로 어떻게 정신역동 접근으로 치료할 수 있는지 예시를 들어 상세하게 설명하고 있어 상담과정이 어떻게 진행되는지 쉽게 이해할 수 있도록 하고 있다.

이 책이 아동 및 청소년 내담자를 대상으로 한 정신역동 접근을 소개하고 있지만 내용을 찬찬히 읽어 보면 정신분석 접근의 최근 이론도 알게 모르게 아우르고 있어서 읽는 이가 정신분석의 최근 흐름도 맛볼 수 있는 기회가 될 것이다. 역자의 경험에 의하면 정신역동 상담은 내담자를 이해하는 데 매우 도움이 되는 접근이다. 보통 초심자 때는 상담을 빨리 잘하고 싶은 마음에 새로운 기법을 배우려고 하고 또 매달리려고 하게 된다. 역자도 생각해 보면 초심자 때 상담할 때 어떻게 하면 된다는 기법을 알려 주면 좋겠다는 생각을 했다. 그런데 시간이 지나고 난 지금 돌아보면 어떤 새로운 기법을 배우기보다는 내담자를 어떻게 이해할 지에 더 시간과 노력을 들였더라면 더 좋았겠다는 아쉬움이 든다.

정신역동 접근으로 상담을 한다고 하는 것은 가장 먼저 내담자를 이해하는 것이다. 내담자를 이해하지 않고서는 상담이 제대로 되지 않는다. 정신역동 접근으로 상담하려는 초심자가 있다면 무엇보다 내담자를 이해하기 위해 꾸준히 노력하기를 당부한다. 당장은 답답하겠지만 나중에 돌이켜 보면 그것이 지름길이라는 것을 알게 될 것이다. 앞에서 정신분석 특강을 한 강사가 한 말도 어쩌면 이런 취지가 아닌가 생각이 들기도 한다.

이 책이 나오기까지 많은 분들이 도움이 있었다. 먼저 대학원 이 책의 원서로 사용하여 강의한 강좌에 참여해 준 학생들에게 감사한다. 강좌에 적극적으로 참여해 준 학생들 덕분에 많은 생각을 할 수 있었고 학생들 편에서 번역하는 데 많은 도움을 받았다. 그리고 번역에 오랜 시간이 걸렸음에도 인내를 가지고 기다려 주신 학지사 김진환 사장님과 편집을 맡아 수고해 주신 이세희 선생님께 감사드린다.

2024년 8월

허재홍 드림

추천의 글

감탄과 열정으로 이 책에 대한 글을 쓰게 되어 매우 기쁩니다. 증가하고 있는 세계적인 정신분석적 아동 정신치료 문헌에 인상적이고 환영받을 만한 책이 추가된 것입니다. 지난 50년 동안 많은 유럽 국가에서 아동 정신분석치료 전문가의 직업이 생긴 것은 놀라운 일이며, 두 명의 선임 덴마크 아동 치료자가 전체 분야에 필요한 정보가 많고, 재미있으며, 읽기 쉬운 입문서를 쓸 용기를 냈다는 것은 흥미로운 일입니다.

독자들은 명확한 설명, 폭넓은 초점, 예시에 사용한 임상 자료를 소개하는 민감성, 그리고 이 저자들이 자신의 경험을 치료의 근거와 방법을 설명하는 데 통합하는 영민함을 환영할 것입니다. 전문가 공동체는 정신적 고통에 대한 정신분석 접근을 쉽게 이해할 수 있고, 학문적인 설명이 매우 요구되는 시기에 이러한 일관되고 넓은 범위의 책이 쓰여져서 매우 감사해야 할 이유가 있습니다.

이 책은 아동을 대상으로 한 정신분석치료의 지적 기원에 대한 역사적인 설명으로 시작하면서 아동 심리치료에 대한 정신분석적 또는 더 포괄적으로 정신역동적 접근이 무엇인지에 대한 주의 깊은 정의를 하고 있습니다. 임상 실제를 알려 주는 주요 아이디어가 개략적으로 설명되어 있으며, 의뢰와 평가, 임상 환경의 본질, 아동과 치료자 간의 관계, 놀이의 기능 및 부모와 관계 맺는 방식의 복합성을 논의하는 장을 설명하기 위한 준비가 되어 있습니다.

이 두 부분에는 동료 간의 장기적인 주목할 만한 협동의 요약본을 포함하고 있습니다. 글은 자연스럽게 흘러가며, 아동 심리치료 개념의 핵심을 경제적으로 표현하는 기억에 남는 많은 문장이 있습니다. 많은 문장들은 인용할 만하며, 앞으로 몇 년 동안 그럴 것으로 쉽게 상상할 수 있습니다. 제게 특히 눈에 띄는 통찰력 몇 가지를 선택하여 이들의 방식을 음미해 보겠습니다.

특히, 두드러지는 것은 아동과 치료자 간의 '양방향 관계'가 기술되는 방식입니다. 치료자에 대한 아동의 전이, 그리고 치료자의 역전이는 상당 부분이 불가피하게 의식적이지는 않지만 문제의 핵심으로 제시됩니다. 이와 동시에 아동과 자신을 관찰해야 하는 치료자의 과업은 치료자가 일어나는 일에 이중 트랙의 참여를 하고 있음을 의미합니다. 치료자가 주관적으로 참여하는 것을 피할 수 없으나 이와 동시에 정신분석치료가 현재 제공해 주는 인지적 자원에 대한 선명한 그림을 받고 있습니다. 프로이트(Freud)에서 클라인(Klien)과 비온(Bion)으로 이어지는 이론적 발전 과정은 다른 많은 기여자들과 함께 마음의 발달을 이해하는 중추입니다.

저자들은 치료자가 스스로 되돌아 보는 과정에서 또는 지도감독에서 자신의 감정을 면밀히 살피는 확립된 정신분석 기법에 충실하다는 것을 명확하게 합니다. 저자들은 치료실에서 아동과 치료자가 만들어 내는 치료 관계의 특별한 요구와 치료자가 외부에서 부모나 기관 또는 둘 다와 해야 하는 좀 더 '목표 지향적' 사고를 구분합니다. 아동의 치료를 지원하는 성인들은 치료 내에서 어떤 성과가 달성되고 있는지 이해하고 싶어 하는 것은 충분히 그럴 수 있습니다. 이러한 모든 것들은 공적 기금으로 운영되는 기관에서 일하고 있는 우리들에게 목표를 달성하도록 가하는 압력과 의도적인 피드백과 행동 결과를 우선시하는 압박에 대해 심각하게 생각하게 만듭니다.

하지만 이들의 기법에 대한 고전적 엄격함에는 유머, 놀람의 가치 및 다양한 치료 방식에 대한 융통성의 공간이 있다는 것이 드러납니다. 아동과 치료자는 실제로 비대칭적인 관계에 있지만, 아동이 걱정을 전달할 방법을 찾도록 도와 주는 것이 치료자의 과업입니다. 기법 문제에 대한 논의와 마찬가지로 여러 아동 심리치료 학파의 다양한 기여를 평가하는 데 나타나는 균형은 훌륭합니다. 저자 자신의 위치는 현대 클라인 아동 심리치료에 가깝지만, 이들이 참고하고 관심을 두는 범위는 인상 깊게 넓으며, 이로 인해 이들의 책이 다양한 임상가들에게 큰 가치를 제공할 것입니다.

이들이 사례의 초기 단계를 탐구할 때, 사례에 따라 작업을 다르게 수행하는 실용성과 개방성을 제가 높이 평가했습니다. 가족 자문이 필요한 경우나 아동과 부모와의 공동 작업 또는 아동을 만나기 전에 부모와의 상당한 초기 작업이 필요한 경우 등의 사례가 기술되어 있습니다. 논의하지 않은 주제 중 하나는 형제와의 작업인데, 아마도 임상적 사고와 실무에서 큰 위치를 차지할 만한 주제일 것입니다. 부모와의 작업에서 부모들이 지니고 있는 많은 부끄러움과 죄책감의 조합에 중점을 두는 것은 매우 도움이 됩니다. 저자들은 아동 치료에서 치료 동맹의 위치를 아동과 치료자 사이에서 찾기보다 치료자와 부모 사이에서 필요한 것으로 정의합니다. 이것은 아동 심리치료의 언어를 넓은 분야로서 심리치료의 개념과 결합하는 흥미로운 원래 방식입니다. 아동 치료에서 차이는 크고 중요한 주제인데, 성인에게 제공되는 인지 기반 치료의 맥락에서 특히 중요합니다. 저자들은 아동의 발달을 촉진시키는 가장 좋은 것으로서 정서 관계에 기반한 아동 치료를 제안하는데 그 발달이 우리가 목표로 하는 것입니다. 공공 상담기관과 개인 상담소의 체계가 이들의 마음과 권장 사항에 모두 존재하므로 이처럼 매우 다른 맥락에 대해 주의해야 필요합니다. 부모 상담에 관한 장은 아동과의 지속적인 치료를 지원하기 위해 가능하고 필요한 것에 대해 생각해 보는 것을 돕습니다. 현재 부모들에게 제공되는 것이 제한적이라는 사실은 상당히 심각한 문제이며, 이 책이 아동에게 정신과적 진단을 내리는 것과 증상의 기저를 이해하는 차이를 보여 주는 방식은 가족 맥락과 부모 기능에 대한 문제로 되돌아가게 합니다.

아동 심리치료를 제공하는 수준과 국가 간 정신분석 문화에서 다양성은 피할 수 없는 현실이지만 저자들의 폭넓은 독서는 이러한 다양성을 고려하도록 보장하였습니다. 책의 후반부에는 유럽 전역의 치료자들이 현재 겪는 임상 경험을 매우 잘 공명해 주는 장들이 있습니다. 박탈, 방임, 상실, 학대 및 외상이 상세하게 다루어지고 있습니다. 이 장들은 아동, 이들의 가족 및 치료자를 상세하게 기술하여 그러한 아동이 장기적이고 더 집중적인 치료가 필요하다는 것을 올바르게 이해할 수 있도록 돕습니다.

아동 심리치료에서 현재 연구를 기반으로 한 두 부분이 있는데 한 가지는 매우 유용한 개요이며, 또 다른 한 가지는 일시 중단(일정한 리듬의 치료 시간을 중단)에 대한 저자 중 한 명의 저서를 활용하는 것으로 '중요한 관계 주제를 엿보는 창'으로 봅니다. 이는 장기 심리치료 사례를 연구한 박사 논문에서 아주 재미있는 자료를 사용할 수 있도록 하는데 이 사례에서 계획된 일시 중단과 계획되지 않은 일시 중단에 대한 아동의 반응을 연구되었으며, 이 결과는 발달의 근본적인 과정을 이해하는 것에 연결되었습니다. 삶과 치료에서 시간, 시작 및 끝 경험의 중요성에 대한 최근 연구와도 자연스럽게 관련이 있습니다. 저자들은 사례 연구를 바탕으로 한 두 번째 책을 출판할 계획인 것으로 알고 있습니다. 이 책에서 보여 준 높은 수준의 사고 역량을 고려하면, 이 계획 진행하기를 희망하게 됩니다. 덴마크에는 아동 심리치료 전문가 그룹이 크지 않을 수 있지만, 이 두 명은 우리가 필요한 책을 분명히 썼고 훌륭하게 해냈습니다.

Margaret Rustin

서문

이 책은 덴마크어로 된 책 『Psykodynamisk Psykoterapi med Børn og Unge-En Grundbog om Teorier og Arbejdsmetoder』(2016) 1권을 번역한 것이다. 하지만 엄밀히 말하면 이 책은 모든 면에서 번역서라기보다는 확장판이라고 할 수 있다. 우리가 모국어가 아닌 언어로 우리의 생각을 표현하려고 애쓰는 동안, 이전에 했던 생각들은 새로운 차원을 띠게 되는 것으로 보였는데 어떤 것은 깊이를 더하고 어떤 것은 이전에는 감지하지 못했던 모호함을 불러일으켜서 이로 인해 두 번째 판을 저술하게 되었다.

이 책은 교과서로서 쓰여졌기 때문에 정신역동적인 아동 · 청소년 심리치료와 관련된 기본 이론, 원리 그리고 방법을 기술하고 있기는 하지만 여기에 더하여 심하게 신뢰를 잃은 아동 및 청소년과 함께 상담하는 데 필요한 더 복합적인 개념과 기법에 대해서도 논하고 있다. 따라서 이 책은 이제 막 전문 훈련을 시작하여 심리치료 이론, 환경, 그리고 방법에 대한 상세한 설명이 필요한 초보 치료자들과 심리치료 분야의 새로운 성과뿐 아니라 이전의 개념과 기법에 대한 최신 개관으로 자신의 경험을 풍요롭게 하고 싶어 하는 경험 있는 치료자 모두를 대상으로 저술되었다.

정신역동적 아동 · 청소년 심리치료는 고전 정신분석에 그 기원을 두고 있다. 고전 정신분석 이후로 수많은 정신분석적 치료와 정신역동적인 치료가 발전해 왔다. 우리는 '정신분석적 아동 · 청소년 심리치료'보다 '정신역동적 아동 · 청소년 심리치료'라는 용어를 사용했는데 이는 여러 가지 정신역동적 아동 · 청소년 심리치료 접근 간의 유사성과 이들 접근의 공통되는 출발점을 강조할 필요가 있다고 느꼈기 때문이다. 우리는 정신역동적 아동 · 청소년 심리치료가 최소한 두 가지 점에서 다른 심리치료 접근과 구분된다고 주장한다. 첫 번째는 치료적 행동이 주로 치료 관계를 통해 일어나기 때문에 정신역동치료자는 치료 관계에 주로 초점을 두어야 한다는 확고한 믿음이다. 두 번째는 치료자의 접근 방식이 치료자의 비의식적이고 무의식적인 인상, 경험, 느낌 그리고 환상을 말로 표현하는 것을 격려하든 하지 않든 간에 이것들을 계속 상담에 포함시킨다는 것인데 이는 치료자와 내담자 모두의 마음에서 비롯되는 주관적 현상이 치료 관계와 치료 과정의 발전에 기여한다는 인식이다.

간명하게 하기 위해서이기도 하지만 오늘날 대부분의 아동 · 청소년 치료자가 여성이라는 사실을 반영하여, 책 전체에서, '그녀'는 치료자를 나타내고, '그'는 특정한 경우를 제외하고는 아동 또는 청소년을 나타낸다.

이 책은 다섯 부로 구성되어 있다. 제1부는 세 장으로 되어 있는데 이 세 장에서는 정신역동적 아동 · 청소년 심리치료가 실현 가능하고 효과가 있기 위한 전제 조건을 다루고 있다. 첫 번째는 아동 발달과 정신병리 발달에 대해 철저하게 아는 것이고, 두 번째는 정신역동적 아동 · 청소년 심리치료의 이론과 방법에 대해 아는 것이며 세 번째는 의뢰와 평가 절차에 대한 아는 것이다.

제1장에서는 아동기와 청소년기의 정상 발달과 병리적 발달에 관련된 주요 정신역동 이론을 간략하게 설명한다. 아동 · 청소년 심리치료는 초기 정신분석에 그 기원을 두고 있다. 첫 번째 개척자 중 가장 중요한 사람은 안나 프로이트(Anna Freud)와 멜라니 클라인(Melanie Klein)인데, 이들은 아동 · 청소년 심리치료를 위한 이론적 토대와 방법론적 토대를 마련하였다. 수많은 이론가들과 치료자들, 특히 대상관계 이론의 이론가들과 치료자들이 아동과 청소년의 건강한 발달과 병적인 발달, 그리고 치료 방법에 대한 지식을 정교화하고 확정

하였는데 이들 가운데에는 도널드 위니콧(Donald Winnicott)과 윌프레드 비온(Wilfred Bion)이 있다. 제2차 세계 대전 이후 존 볼비(John Bowlby)와 그의 동료들은 양육자에 대한 유아의 초기 애착에 대한 이론을 발전시켰는데 이는 아동의 초기 발달에 대한 새로운 중요한 통찰을 제공하였다. 이후에 대니얼 스턴(Daniel Stern)과 신경심리학이 한 기여가 간략하게 언급되어 있다.

청소년기 동안의 발달은 특별한 주의를 요구하는데 이에 대해 수많은 이론가들이 기술하였다. 아동 정신병리에 대한 이해는 정신분석에서 발생했던 전반적인 이론 변화에 발맞춰 변해 왔는데 최근의 이해는 초기 이론과는 매우 다르다. 이 장은 정신병리의 분류와 현재 진단 체계 사용의 복잡성에 대한 논의로 마무리되는데, 현재 진단 체계는 정신역동 이론과는 근본적으로 다른 이론에 기초하고 있으며 정신병리도 매우 다르게 이해하고 있다.

제2장에서는 정신역동적 아동·청소년 심리치료란 무엇인가? 즉, 정신역동적 아동·청소년 심리치료를 이끌어 가는 원칙과 정신역동적 아동·청소년 심리치료이 작동하는 정신적 기제와 대인관계 기제를 설명한다. 이러한 치료는 주로 아동과 치료자 간 관계와 이들의 상호 의사소통이 중심이 된다. 이들 관계의 균형은 치료자와 내담자 간 전이–역전이 관계가 발달하도록 하는데 전이에 초점을 맞추는 것이 다른 접근과 이 접근을 구분하는 핵심 요인이다. 정신역동적 아동·청소년 심리치료의 정의는 현대 클라인학파의 원리에 입각하고 있다. 치료적 태도와 많은 다양한 개입이 간략하게 설명되어 있다. 투사적 동일시와 담아내기의 개념은 이 치료적 관점을 이해하는 데 핵심이다. 이 개념은 상징화할 수 있고 관계적 사고방식을 받아들일 수 있는 능력과 함께 설명된다. 목표와 방법을 구분하는 것이 강조되고 있다. 마지막으로, 정신역동 치료의 다른 전통과 몇 가지 중요한 차이점이 약술되어 있다.

제3장은 의뢰와 평가 절차에 대해 기술하고 있으며, 아동뿐만이 아니라 부모, 그리고 아동을 둘러싼 환경의 평가를 철저히 하는 중요성을 강조하고 있다. 아동 또는 청소년 평가가 여러 가지 이유로 성인 평가와 어떻게 다른지 설

명되어 있다. 아동의 부모와 치료 동맹을 잘 이룩할 필요성을 강조하고 있다. 평가 과정 각각의 단계가 약술되어 있는데, 여기에는 의뢰 기관과 초기 접촉, 아동의 이력을 수집, 그리고 아동의 성격 기능과 성격의 전체 구조를 비롯한 아동에 대한 평가 등이 있다. 가장 중요한 성과는 정신의학적 진단의 공식화가 아닌 본질적인 문제 그리고 이 문제의 범위와 상태에 대한 이해다. 개입은 평가에 근거해서 계획해야 하고 아동 또는 청소년뿐만 아니라 이들의 부모 또는 다른 보호자와 소통해야 한다. 마지막으로, 이 장은 개인 아동 심리치료가 최선의 선택인 조건과 치료 과정이 부모와 치료 기관에 요구하는 것에 대해 설명하고 있다.

제2부는 치료 환경과 치료 관계를 다루는 5개의 장으로 되어 있다. 제4장은 치료 환경에 대한 것인데 광의의 의미에서 뿐만 아니라 협의의 의미로 정의할 수 있다. 좁은 의미의 환경은 치료실과 치료실 가구, 놀이 재료, 동의서, 그리고 시간, 즉 치료 빈도와 기간으로 구성되어 있다. 안정적인 환경의 중요성이 강조된다. 하지만 치료자와 아동 모두 불가피하게 일시 중단과 경계 침범이 있게 되는데 이런 것들을 어떻게 다루는지 논하고 있다. 광의의 치료 환경은 심리치료가 행해지는 조직으로 이해된다. 개인 심리치료가 가능하기 위해서는 개인 심리치료의 고유한 요구 사항을 준수하는 데 대한 충분한 이해와 구조가 이 조직에 준비되어야 한다.

제5장에서는 아동 · 청소년 심리치료의 치료 관계를 다룬다. 치료 관계는 복합적인 개념으로 이해되는데, 전이 관계, 현재의 실제 대상관계, 그리고 치료 동맹의 세 가지 차원으로 구성된다. 치료 관계의 발달에 있어서, 이 세 차원은 치료 과정에서 서로 밀접하게 연결된 과정으로 발생하는 것으로 따로 떼어 관찰될 수 없다. 이 장은 전이 관계에서 아직은 개인적이지 않은 초기 전이 태도부터 매우 개인적이고 구체적인 위기의 발달에 이르기까지 발달하는 과정을 기술하고 있다. 아동 심리치료에서 치료 동맹은 성인 심리치료보다 정의하기가 더 어렵다. 우리는 그러한 동맹이 어떻게 촉진될 수 있는지, 동맹의 특징이

무엇인지, 그리고 동맹이 형성되고 있는지 아닌지 어떻게 판단하는지 논한다.

제6장에서는 아동의 내면세계에 대해 소통으로서 자발적인 상징 표현, 예를 들면 그림 표현과 상징놀이에 관심을 둔다. 그림을 그리는 데는 자신을 표현하려는 충동과 그것을 수정할 수 있는 통제하거나 체계화하는 힘 사이의 적절한 균형을 필요로 한다. 그림 및 다른 형태의 상징적 표현을 통해 아동은 자신이 아직 의식하지 못하는 것들을 종종 표현할 수 있다. 결과적으로, 치료자는 그림을 해석하는 데 주의할 필요가 있다. 말이 아니라 놀이가 아동이 자발적으로 표현하는 형태여서, 놀이가 아동에게 자신 경험과 감정을 탐색하고 검토하며, 현실을 시험해 보고, 자신의 경험에서 배울 수 있는 기회를 제공하는 것이다. 따라서 아동에게는 자신의 내적 과정에 맞게 장난감을 사용할 공간과 시간이 필요한 것이다. 어린 아동의 놀이는 정신적 동등성으로 특징지을 수 있는데 이는 대상과 상징 사이의 차별화가 부족하다는 것으로 외상 경험이 있는 아동에게도 마찬가지일 수 있다. 이 장은 특별한 종류의 언어 또는 일차 과정 의사소통으로서 그림과 상징놀이, 그리고 이런 언어를 일상 언어로 전환하는 어려움에 대해 숙고해 보는 것으로 마무리한다.

부모 상담은 아동 · 청소년 상담에서 중요하지만 종종 과소평가되는 요소다. 이 주제는 제7장에서 논의된다. 부모 상담은 부모가 이혼했거나 부모가 양부모라면 특히 복잡할 수 있다.

부모 상담은 몇 가지 일반적 특징이 있는데 예를 들면, 부모는 종종 자녀의 문제에 대해 죄책감과 수치심을 느낄 수 있다. 하지만 이 점을 제외하고는 부모의 성격과 전반적인 상황에 따라 다양하고 특정한 방식으로 치료는 전개된다. 이 장에서 두 가지 모형의 부모 상담 모형이 기술되는데 각각 체식(Chethik, 1989)과 러스틴(Rustin, 2000)의 모형이다. 이들은 부분적으로 다른 네 가지 형태를 구분하고 있다. 이 형태는 비교적 의식적인 수준의 지지적인 치료부터 깊은 무의식 수준에서 치료하는 것까지 있다. 이 특별한 치료의 방법론뿐만 아니라 부모 상담의 여러 목적에 대해 논의하고 있다. 끝으로, 이 장에서는 아동을 둘러싼 관계망과 협력에 대해 설명하고 있는데 이 관계망과 협력은 보통 중요하다.

제2부의 마지막 장인 제8장은 청소년을 대상으로 한 심리치료에 대한 것이다. 청소년들은 그들의 신체 발달과 성적 성숙을 비롯하여 많은 면에서 아동과는 다르다. 게다가 이들은 부모로부터 분리, 독립성의 증가 그리고 사회에서 그들의 위치의 변화를 겪는 중이다. 이러한 요인들은 불가피하게 청소년을 대상으로 한 심리치료에 영향을 미치게 되므로 치료 방법은 아동이나 성인을 대상으로 한 심리치료와는 다르다. 청소년들은 아동이 하는 방식으로 행동하지 않지만 성인들처럼 언어로 자신을 표현하지도 못하기 때문에 청소년을 대상으로 한 심리치료에는 치료자의 융통성과 창조성이 요구된다. 청소년을 대상으로 한 심리치료에서는 상담자에게 특유의 강렬한 역전이 감정을 촉발될 수 있다. 아동 치료처럼, 청소년과 협동과 치료, 그리고 청소년을 둘러싼 관계망이 중요하다.

제3부에서는 아동 · 청소년 심리치료와 관련된 시간에 대해 다루며 두 장으로 구성되어 있다. 제9장에서는 심리치료의 시작과 끝을 다룬다. 이 장은 아동의 공간과 시간 경험에 대해 언급하면서 시작하는데 이는 아동의 초기 대상관계의 정서적 질과 밀접하게 관련되어 있다. 심리치료를 시작하기 전에, 부모들이 아동 치료가 무엇인지, 부모 상담의 목적이 무엇인기 그리고 치료에서 부모의 역할이 무엇이며 상담 첫 회를 위해 아동을 어떻게 준비시켜야 하는지 이해할 수 있도록 부모를 충분히 준비시켜야 한다. 아동과 치료자의 첫 번째 만남과 향후 치료 과정에서 첫 회의 중요성에 대해 논의한다. 종결은 치료가 시작되는 때부터 고려해야 하는 하나의 과정이다. 아동의 종결 경험은 분리와 부재를 다루는 아동의 일반적인 방식을 번영하는 것으로 볼 수도 있다. 이 장은 적절한 종결 시험에 대한 고려 사항과 종결 과정에서 발생하는 정서 주제에 대해 설명한다. 마지막으로, 종결 방식과 시간 구조가 논의되고 조기 종결의 경우 어떻게 해야 하는지 논의한다.

일시 중단은 계획되었든 그렇지 않든 간에 피할 수 없다. 중단은 제10장의 주된 주제이다. 우리는 모든 아동이 생애 초기에 형성된 어떤 핵심적인 대상관계를 가지고 있다고 가정하는데, 이 대상관계는 상담자와 관계에서도 볼 수 있다. 특히, 그룬바움(Grünbaum, 2014)의 사례 연구는 일시 중단이 그러한 근본적인 관계 주제와 이와 관련된 방어적인 환상과 방어 반응을 심화하고 명확하게 할 수 있다는 것을 증명하였다. 몇 가지 특유의 반응 패턴을 약술하였다. 일시 중단 전후로 다양한 반응이 일어나는 것을 볼 수 있다. 일시 중단은 스트레스가 되기도 하지만 발전과 성장을 위한 전제 조건이라는 것을 기억하는 것이 중요하다.

제4부에서는 학대와 복합 외상을 당한 아동 및 청소년을 대상으로 심리치료를 할 때 나타나는 문제를 다룬다. 제11장에서는 어려서 심각한 심리사회적 박탈, 방치, 그리고 학대를 당한 아동을 대상으로 한 심리치료를 복잡하게 할 수 있는 문제를 검토한다. 우리는 이 개념들에 대한 역사적 검토와 이 분야의 현재 진단 체계에 대해 기술하는 것으로 시작한다. 이 집단의 아동·청소년 심리치료가 효과적이기 위해서는 특정한 전제 조건들이 충족되어야 하는데 다른 무엇보다도 치료는 충분한 기간과 빈도가 있어야 하고 치료 환경과 치료 방식의 변형이 필요할 수 있다. 이는 치료자의 능력과 기술을 대단히 요구하는데, 치료자가 경험이 많지 않다면 지도감독이 필수이다. 치료자는 폭발적인 격노와 혼란스러운 해리뿐만 아니라 거절과 불신의 형태로 강한 반대를 종종 마주하게 될 것이다. 따라서 이런 아동과 치료할 때는 구체적인 전략이 필수적일 수 있다. 이 장의 끝 무렵에, 이와 관련된 여러 전략들이 약술되어 있다.

제12장에서는 복합 외상을 경험한 아동을 대상으로 한 심리치료를 설명한다. 이 장은 복합 외상에 대한 정의를 하며 이와 관련된 진단 범주를 설명한다. 다음으로, 복합 외상은 정신역동적 관점에서 언급되는데, 급성 충격 외상과 복합 외상을 구분한다. 복합 외상에 대한 발달적 적응이 종종 일어나는데, 이 사실은 이 분야에서 일하는 치료자가 알고 이해해야 할 중요한 사항이다. 이러한

치료는 치료자로 하여금 어려운 문제에 봉착하게 한다. 예를 들어, 아동들은 놀이와 상징화 능력에서 억제되어 있을 수 있고, 외상과 관련한 감정과 기억을 다루지 않으려고 할 수도 있는데 이로 인해 정서적 이해를 받아들이기 어려울 수 있다. 외상 기억 극복이 어떻게 촉진될 수 있는지 설명하며 복합 외상을 다루는 데 유용할 수 있는 여러 중요한 심리치료적 전략이 약술되어 있다.

제5부는 아동 · 청소년 심리치료에서 연구에 대해 다루고 있는데 제13장 1개 장으로 구성되어 있으며, 이 분야의 현재 상태에 대해 기술하고 있다. 아동들을 대상으로 한 연구에는 특히 복잡한 문제가 있는데, 예를 들면 의미 있는 연구가 되기 위해서는 연구자가 연구와 임상 모두 훈련을 받아야 한다는 점이다. 아동 · 청소년 심리치료의 성과 연구는 치료의 복잡성으로 인해 더 복잡한데 항상 부모가 치료에 참여해야 한다는 것이 그 예이다. 초기에 아동 · 청소년 심리치료 연구는 대부분 단일 사례 연구였다. 심리치료의 효과성을 입증하라는 증가하는 압박으로 무선 할당 실험(RCTs)의 형태를 띠는 성과 연구가 상당히 증가하였으나 임상 현장으로 쉽게 일반화되지 않았다. 하지만 지난 20년 동안 상당한 발전이 있었고, 성과 연구에 대한 다수의 체계적인 종합적 검토가 있었다. 이들 연구는 정신역동적 아동 · 청소년 심리치료가 가장 심각한 장애를 비롯하여 다수의 아동 및 청소년 정신장애에 긍정적이고 지속적인 효과가 있다는 것을 보여 주고 있다. 과정 연구는 무엇이 효과가 있는지 뿐만 아니라 어떻게 그리고 왜 그것이 효과가 있는지 설명하기 위해서 중요하다. 과정 연구는 체계적인 질적 연구를 필요로 하는데, 이 분야는 뒤처져 있지만 지금은 점점 더 많은 관심을 받고 있는 것으로 보인다.

차례

- 역자 서문 _ 3
- 추천의 글 _ 7
- 서문 _ 11

제1부

정신역동적 아동 · 청소년 심리치료의 기초 • 25

제1장 발달과 정신병리의 정신역동 이론 / 27

안나 프로이트 _ 28

멜라니 클라인 _ 30

안나 프로이트와 멜라니 클라인 간 토론 _ 34

다른 대상관계 이론가들 _ 35

애착 이론 _ 36

다른 공헌자들 _ 39

대니얼 스턴 _ 40

신경심리학 _ 40

청소년기 이론 _ 41

정신병리의 이해 _ 44

제2장 정신역동적 아동 · 청소년 심리치료란 무엇인가 / 49

정의 _ 50

치료적 태도와 개입 _ 52

투사적 동일시와 담아내기 _ 57

상징 형성과 관계적 사고 _ 63

목표 설정 _ 65

다양한 전통 _ 68

제3장 의뢰와 평가 / 73

아동 및 청소년 평가의 특징 _ 74

아동의 병력 _ 78

아동 · 청소년 개인 심리치료를 할 경우 _ 86

제2부

치료 환경과 치료 관계 • 93

제4장 아동 · 청소년 심리치료에서 치료 환경 / 95

치료실 _ 97

놀이 도구 _ 99

동의 _ 101

시간 _ 103

경계 위반 _ 105

광의의 치료 환경 _ 108

제5장 치료 관계 / 111

전이 관계: 주관적인, 양방향 관계 _ 112

아동의 초기 태도 _ 118

전이 관계에서 특정 위기 _ 124

두 사람 사이의 현실 관계 _ 128
치료 동맹: 가능한가? 필수인가? _ 131
치료실 내부에서 관찰하기 _ 134

제6장 그림과 상징놀이의 이해 / 141
아동 · 청소년 심리치료에서 그림 _ 141
놀이와 상징적 표현 _ 147
미성숙 그리고 불안정한 사고 _ 150
언어로서 그림과 상징놀이 _ 157

제7장 부모 상담 / 161
부모 상담의 복합성 _ 163
몇 가지 전반적인 논평 _ 165
두 가지 다른 모형 _ 168
부모와 하는 작업을 위한 목표 _ 171
방법 _ 176
다른 기관과 협력 _ 178

제8장 청소년 심리치료 / 181
청소년기의 중요한 발달 과업 _ 182
의뢰 _ 188
청소년 심리치료의 일반적인 특징 _ 190
특징적인 역전이 경험 _ 196
부모 또는 청소년과 가까운 다른 성인을 대상으로 하는 상담 _ 198

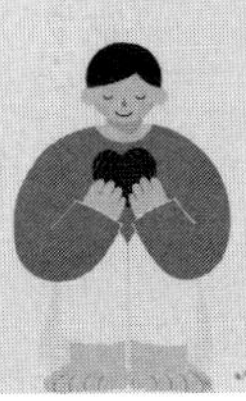

제3부

대상관계 관점에서 본 시간 경험 · 203

제9장 아동 · 청소년 심리치료의 시작과 종결 / 205

초기 _ 205

치료 시작 전 부모와 아동을 준비시키기 _ 207

아동과의 첫 번째 치료 시간 _ 209

종결: 부재의 경험으로 형성된 과정 _ 213

언제 치료를 종결할지 어떻게 알 수 있나 _ 216

종결의 틀 _ 223

예상치 못한 종결 _ 225

치료 종결에서 확인할 사항 _ 227

제10장 일시 중단: 중요한 관계 주제를 엿보는 창 / 229

아동 · 청소년 심리치료에서 중요한 관계 주제 _ 230

일시 중단: 중요한 대상관계에 대한 창 _ 233

일시 중단 전과 후: 차이가 있는가 _ 239

일시 중단의 시련을 견디는 것: 변화를 위한 전제 조건 _ 244

결론과 요약 _ 247

제4부

학대 및 복합 외상을 겪은 아동을 대상으로 한 심리치료 · 249

제11장 초기 방임과 학대를 겪은 아동을 대상으로 한 심리치료 / 251

되돌아보기: 역사적 맥락 _ 252

심리치료 효과와 전제 조건 _ 256

심리치료 과정과 관계 _ 260

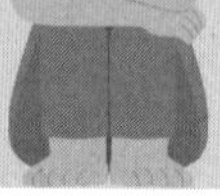

공격 행동을 담아내고 이해하기 _ 264
심리치료 전략: 초기 방임과 학대 극복하기 _ 270

제12장 복합 외상을 겪은 아동을 대상으로 한 심리치료 / 275
외상화란 무엇인가 _ 276
복합 외상화에 대한 발달적 적응: 정신역동적 관점 _ 281
심리치료적 통찰과 과제 _ 285
심리치료의 초기: 생존과 회피 _ 287
반복 강박과 상징 형성의 억제 _ 291
파편화된 복합 외상 기억을 극복하는 것 _ 294
복합 외상화 치료 전략: 요약 _ 297

제5부
정신역동적 아동 · 청소년 심리치료에 관한 연구 · 299

제13장 정신역동적 아동 · 청소년 심리치료의 연구 현황 / 301
아동 · 청소년 관련 연구에 나타나는 특별한 어려움 _ 301
실무와 과학 간 관계 _ 303
역사적 발전 _ 307
성과 연구 결과 _ 310
과정 연구 _ 314
결론 _ 317

♥ 참고문헌 _ 319
♥ 찾아보기 _ 341

Psychodynamic Child and Adolescent Psychotherapy:
Theories and Methods

제1부

정신역동적 아동·청소년 심리치료의 기초

제1장

발달과 정신병리의 정신역동 이론

정신분석 초기에 아동을 대상으로 한 심리치료가 도입되었다. 1912년 오스트리아의 교사였던 헤르미네 후그-헬무스(Hermine Hug-Hellmuth)는 아동 심리치료에 대한 단행본 형태의 논문을 발표했는데, 이 논문은 나중에 학술지 논문(1921)으로 이어졌다. 이 논문들은 「아동 분석의 발명」(Gissman & Geissman, 1998)으로 이야기되어 왔으며, 안나 프로이트(Anna Freud)의 저서와 멜라니 클라인(Melanie Klein)의 저서에 영향을 미쳤다.

20세기 초에 미국에서 이른바 아동 생활지도 운동이 시작되었다. 아동 생활지도 진료소에서는 정신과 사회복지사, 정신과 의사, 심리학자들이 함께 정신적 문제를 지닌 아동들을 돕기 위해 함께 활동하였다. 이 운동은 1920년대 초에 영국으로 건너와서 큰 관심을 불러일으켰다. 1928년에 마거릿 로웬펠드(Margaret Lowenfeld)는 '불안하고 민감한 아동들의 치료와 연구를 위한 아동 진료소'를 설립했고, 1935년에는 이 진료소와 연결하여 세계 최초의 정신역동 아동 심리치료 훈련 과정인 3년간의 훈련 프로그램 '아동의 정신병리와 심리치료'를 개설하였다.

하지만 의심할 여지없이 가장 잘 알려진 아동치료 전문가는 안나 프로이트와 멜라니 클라인이다.

안나 프로이트

안나 프로이트(Anna Freud)는 1895년 지크문트 프로이트(Sigmund Freud)와 마르타 프로이트(Martha Freud)의 여섯 남매 중 막내로 태어났다. 안나 프로이트는 이내 정신분석에 관심을 가지고 프로이트가 개최한 정신분석 모임에 참석하였는데 프로이트는 안나 프로이트의 분석가로서 역할을 하였다. 안나 프로이트는 직업이 교사였다. 안나 프로이트는 비엔나에서 아동 분석가로 일하기 시작하였다. 비엔나에서 안나 프로이트가 주도적으로 했던 다른 일 가운데 1세에서 2세 사이의 아동을 위해 설립한 실험적인 탁아소가 있었는데 이는 당시로서는 혁신이었다. 아동 생활지도 진료소는 소년범뿐만 아니라 어린이 및 청소년을 위해 설립되었으며, 교사들은 정신분석적 아동 심리학 과정을 이수하였다. 『Zeitschrift für Psychoanalyticsche Pädagogik(정신분석적 교육학 학술지)』가 정기적으로 출판되었으나, 1938년 제2차 세계 대전이 발발하기 바로 직전에 폐간되었다. 하지만 전쟁이 끝난 후, 이 학술지는 매우 호평받는 영미판 정기 간행물인 『아동에 대한 정신분석적 연구(The Psychoanalytic Study of the Child)』로 다시 재간행되었다. 이러한 풍부한 발전적인 과업은 1938년에 중단되었는데 이때는 안나 프로이트와 가족이 런던으로 피난처를 찾아야 했을 때였다. 하지만 이내 안나 프로이트는 영국에서 치료를 재개하였다.

전쟁 중에, 안나 프로이트는 런던의 유아들을 위한 대피 센터인 '햄스테드 전쟁 보육원'을 설립하였다. 1947년, 전쟁이 끝난 후 이 센터는 정신분석 훈련을 위한 센터인 '헴스테드 아동 치료 과정 및 진료소'로 바뀌었고, 1951년에는 보육원과 보육원 학교가 있는 치료 진료소가 추가되었다. 이 기관들은 관찰과 교육 목적 모두에 부합하였다. 이 진료소는 현재 안나 프로이트 센터로 불리고 있으며, 광범위한 연구 활동의 중심지가 되었으며 오늘날까지도 계속되고 있다.

임상가와 연구자 역할 외에 안나 프로이트는 정신분석 이론 및 방법론 개발에 적극적으로 참여하였으며, 아동 분석 및 발달에 대한 저서를 광범위하게 출판하였다. 도러시 벌링햄(Dorothy Burlingham)과 함께 안나 프로이트는 햄스테드 전쟁 보육원에서 한 치료를 『가족 없는 유아(Infants without Families)』(1944)라는 책에서 서술하였다. 안나 프로이트의 가장 잘 알려진 책은 『자아와 방어기제(The Ego and the Mechanisms of Defense)』(1937)와 『아동기 정상성 상태와 병리학(Normality and Pathology in Childhood)』(1966b)이다.

안나 프로이트는, 특히 아동의 정상발달과 관련하여 프로이트의 이론을 발전시키고 확장했는데, 이는 아버지인 프로이트의 저서에서 거의 관심을 받지 못한 주제였다. 안나 프로이트는 자아 기능의 설명을 확장했고, 아동의 의존에서 독립까지의 과정에서 수많은 이른바 발달선(Developmental line)에 대해 자세하게 설명하였다. 덧붙여 안나 프로이트는 '공격자와 동일시'를 포함한 새로운 방어기제를 설명했는데, 공격자와 동일시는 폭력과 학대를 당해 온 아동에게서 종종 보이는 방어기제이다. 이 장의 뒷부분에서 언급하겠지만, 안나 프로이트는 또한 청소년기 발달을 설명한 최초의 인물 중 한 명이다. 안나 프로이트는 아동의 경계성 상태와 박탈의 영향을 비롯하여 신경증과는 다른 형태의 발달장애를 인식하게 되었다. 이러한 발달과 관련하여 안나 프로이트는 아동이 충분한 돌봄이 필요하다는 것을 강조하였다. 안나 프로이트는 늘 분석이 부유한 계층의 아동을 위한 것이 되어서는 안 되고 모든 아동들이 분석을 받을 수 있어야 한다고 생각하였다.

안나 프로이트는 아동에 대한 세밀한 관찰을 센터에서 철저하게 기록한 치료 기록과 통합하였다. 이러한 양질의 기록들은 매우 귀중한 연구 자료가 되었으며, 최근 연구에서도 그 자료를 활용하는 것이 가능하다(Fonagy & Target, 1996). 아동 분석에 대한 중요성 외에도, 안나 프로이트의 저서는 자아 심리학과 초기 아동 정신의학의 발달에 중요한 역할을 하였다.

멜라니 클라인

멜라니 클라인(Melanie Klein)은 1882년 비엔나의 유대인 가정에서 태어났다. 클라인은 의사가 되고 싶었지만 비교적 일찍 결혼하여 결국 학위를 전혀 취득하지 못했다. 클라인은 가족과 함께 부다페스트로 이사했는데, 여기서 정신분석에 관심을 가지고 산도르 페렌치(Sándor Ferenczi)에게 분석을 받았다. 페렌치는 클라인의 아동 분석 능력을 인정하고 그 길을 계속 가도록 격려하였다. 1921년에 클라인은 베를린으로 이주하였고, 여기서 아동과 성인을 대상으로 한 정신분석 상담소를 설립하였다. 여기서 그녀는 카를 아브라함(Karl Abraham)에게 분석을 시작했지만, 1925년 아브라함이 세상을 떠나 분석이 갑자기 중단되었다. 다른 이유로도 베를린에서 생활은 어려웠다. 이런 이유들 가운데 하나는 클라인이 의사가 아니라는 점 때문에 비판을 받았다는 점이다. 이런 이유로 클라인은 1925년 어니스트 존스(Ernest Jones)가 런던으로 와 강의를 해달라는 초청을 기꺼이 받아들였다. 런던에서 클라인은 여섯 개의 강의를 했으며, 후에 자신의 책인 『아동 정신분석(The Psychoanalysis of Children)』(1932)의 기초를 형성하였다. 영국에서는 이미 아동분석에 대한 관심이 있었기 때문에 클라인은 영국에서 매우 긍정적으로 받아들여졌고 클라인은 여생을 영국에서 지냈다.

클라인은 평생 많은 상실을 경험하였다. 어렸을 때, 언니들 중 두 명을 잃었고, 앞에서 언급한 바와 같이 1925년에 분석가인 카를 아브라함이 사망하였다. 1934년에는 큰 아들이 등반 사고로 사망하였다. 이러한 상실은 의심할 바 없이 클라인이 우울증과 슬픔에 사로잡히는 원인이 되었다. 예를 들어, 1935년에 클라인은 '조울증 상태의 심인성 증상 발생에 대한 원인'을 발표했는데, 이 주제는 1940년에 자신 논문인 「애도와 조울증 상태와의 관계」라는 후속 연구로 이어졌다.

1938년 안나 프로이트가 런던에 도착했을 때, 안나 프로이트와 멜라니 클라인 사이에 아동 연구에 대한 심각한 의견 불일치가 생겨 영국 정신분석학회의 분열을 초래하였다. 분쟁의 첫해 동안 토론은 중단되었는데 이때 클라인은 스코틀랜드에서 1년을 보냈다. 여기서 클라인은 10세 소년을 4개월간 분석했는데 자신의 저서 『아동 연구 이야기(Narrative of a Child Analysis)』(1961)에 설명되어 있는 바대로 치료는 치료 회차별로 자세하게 기록되어 있다.

런던에 돌아온 후, 두 분파 간에 합의를 이루려는 목적으로 영국 정신분석학회에서 많은 회의가 개최되었지만 그 시도들은 성공하지 못하였다. 결국, 그 갈등은 세 방향의 분열을 초래하였다. 한 학파는 안나 프로이트와 추종자들이었고, 다른 학파는 멜라니 클라인과 추종자들이었다. 그리고 좀 더 중립적인 세 번째 학파에는 위니콧(Winnicott), 밸린트(Balint), 페어번(Fairbairn) 등이 있었다. 다시 한번 클라인은 중심 인물이 되었고, 클라인의 이론은 널리 이용되었는데, 예를 들면 타비스톡 진료소와 연구소에 개설된 1948년 정신분석 아동 심리치료 교육과정 등이 있다. 오늘날 정신분석적 아동 · 청소년 심리치료 교육과정에는 다양한 학파의 내용이 교육과정에 포함되어 있기 때문에 이러한 분열은 그렇게 중요하지는 않다.

클라인은 대상관계 이론의 창시자 중 한 명으로 간주되고 있다. 지크문트 프로이트와는 대조적으로, 클라인은 아동들이 인생의 초창기부터 다른 사람들과 관계를 맺으며, 비록 미숙하지만 자아는 유아가 태어날 때부터 존재한다고 주장하였다. 클라인 이론에서 중요한 점은 무의식적 환상이라는 개념인데, 클라인은 이것을 일차 무의식적 내용으로 간주하였다. 이 환상에는 아동의 욕동과 내적 충동, 그리고 아동과 가장 가까운 양육자와의 초기 관계에 대한 아동의 주관적인 처리 과정이 모두 포함되어 있다. 클라인은 이러한 무의식적 환상이 아동(그리고 이후 성인)이 경험하는 모든 것에 계속해서 수반되는 현상으로서 일생 동안 활성화된다고 가정하였다. 가장 초기의 환상은 신체적이고 시각적인 형태이나 이후에 이 환상은 언어로 표현된다. 성격 구조는 주로 자신과 내면의 대상에 대한 아동의 환상이 더욱 영구화되면서 결정된다. 성격 구조와 무의식적 환상 사이의 이러한 연결은 대상관계 이론의 핵심이다.

클라인은 초기에 프로이트의 성욕 단계(구강기, 항문기, 남근기)를 이용하여 아동 발달을 설명했지만, 점차 자신의 이론을 수정하여 편집-분열과 우울증이라는 두 가지 자리(position)를 포괄하는 발달을 설명하기 시작하였다. '자리'가 발달되면, 이것은 영구적인 정신구조가 되는데, 프로이트의 단계와는 달리 영구적이지 않다. 자리는, ① 다른 사람이나 대상들을 경험하는 특정 방법, ② 불안의 특징적인 유형, 그리고 ③ 특정한 방어기제로 구성된다.

클라인은 생의 시작부터 아기가 자신의 느낌을 조직하려고 한다는 확신을 가지고 있었다. 클라인은 편집-분열증적 구조를 가장 초기의 조직으로 간주하였고, 이 조직은 이르면 생후 첫 달에 발달한다. 유아는 좋은 경험과 나쁜 경험을 각각 분리하여 자신에게서 나쁜 경험을 없애려고 노력한다. 이 시기에, 유아는 여전히 다른 사람들에 대한 인상을 통합된 전체로 조직할 수는 없지만, 다른 사람을 클라인이 부분 대상이라고 언급했던 것으로 경험한다. 클라인은 한편으로는 아동 주변의 실제(외부) 사람들과 다른 한편으로는 다른 사람과 관계에 대한 아동의 무의식적 환상 및 개념으로 된 아동의 (내적) 대상관계를 구분하였다.

아동은 자신의 부정적인 감정, 예를 들면 분노를 자신에게서 제거하여 다른 사람에게 투사하는데 그 결과 아동은 이들을 잠재적인 박해자로 보기 시작한다. 이 자리를 특징짓는 불안은 편집증적 불안(따라서 그 자리의 '편집증적' 양상)이다. 이 자리에서 방어는 원초적이어서 여기에는 투사 외에도 함입, 분리 그리고 부인 등이 있다. 분리는 분열성 기제이며, 그 목적은 정신의 긍정적 부분과 부정적 부분을 나누는 것이다. 이 기제는 편집-분열 자리라는 명칭에서 분열이라는 명칭의 근원이다.

만약 아동의 발달이 바람직하게 된다면, 다른 무엇보다도, 아동이 충분한 부모의 돌봄과 사랑을 받는다고 가정하면, 아동은 우울 자리로 나아간다. 이 자리에서, 아동의 인지 능력이 향상된 결과로, 아동은 이제 다른 사람들을 전체 대상으로, 즉 긍정적인 특성과 부정적인 특성을 모두 가지고 있는 사람으로 볼 수 있다. 아동은 자신의 행동에는 결과가 따른다는 것을 이해하기 시작하고, 자신의 분노로 인해 사랑하는 사람을 해칠 수도 있다는 것에 대해 두려워하기 시작한다. 따라서 아동은 죄책감을 느낄 수 있는 능력과 그의 환상에서 공격했던 부모를 복구하려는 욕구를 발달시킨다. 앞에서 언급한 바와 같이, 클라인은 이 자리를 우울 자리라고 명명했는데 위니콧(Winnicott, 1955)은 이를 특히 비판하였다. 위니콧은 아동이 느끼는 것은 우울이 아니라고 지적하였다. 아동은 다른 사람들을 염려하는 능력을 발달시키는데, 이로 인해 아동의 불안과 방어가 모두 바뀌게 된다는 것이다. 원초적인 방어기제는 억압과 같은 더욱 성숙한 형태로 대체되며, 소위 보상을 통해 아동은 자신이 파괴했다고 두려워하는 것, 즉 좋은 부모상과 자기 자신의 내적인 좋은 면을 복구하려고 시도한다.

아동의 성에 대한 이해와 초자아의 발달은 초기 정신분석과는 다른 중요한 차이이다. 프로이트는 어린 아동이라도 성인의 성감대와는 다르지만 성감을 가지고 있다고 생각하였다. 프로이트는 소년의 발달을 표준으로 삼아, 오이디푸스 콤플렉스 단계인 3~5세의 나이에 아동의 발달이 정점에 이르러 아동이 이성의 부모와 사랑에 빠져 동성 부모에 대한 질투심을 느낀다고 주장하였다. 프로이트는 초자아가 이 갈등의 결과로 나타난다고 가정했는데 아동은 자신과 같은 성의 부모와 동일시함으로써 갈등을 해결한다는 것이다.

반면에, 클라인은, 소녀들이 주로 여성적인 정체성에 기초한 발달을 거치며, 두 성별 모두 자신의 성뿐만 아니라 남성과 여성의 특성을 소유하기를 원한다고 믿었다. 클라인은 오이디푸스 갈등의 시작을 생애 첫해에 두었고, 이 시기에도 초기의 초자아가 형성되기 시작한다고 믿었다. 이 초자아는 엄격하고 잔인한데 이는 그 연령대의 아동이 가지고 있는 환상에 따른 것이다. 앞서 언급한 바와 같이, 프로이트는 초자아, 즉 인간의 양심이 오이디푸스 갈등을 해결함으로써 생긴다고 믿었지만 클라인은 초기 오이디푸스 갈등과 초기 초자아는 동전의 양면이라고 주장하였다. 클라인은 부모에 대한 아이의 사랑의 결과로 그리고 오이디푸스 환상에서 자신이 부숴 버린 부모를 복구하고자 하는 소망으로 이후 시기 동안 초기 오이디푸스 갈등과 초자아는 잠잠해지면서 통합된다고 하였다. 클라인은 프로이트의 오이디푸스 콤플렉스를 이 과정의 마지막 정점으로 보았다.

클라인은 저서를 많이 출판했는데 클라인의 저서가 『사랑, 죄책감, 보상, 그리고 1921~1945년의 저서들(Love, Guilt, and Reparation and Other Works 1921~1945)』(1975a)과 『질투와 감사(Envy and Gratitude)』(1975b)에 일부 수록되어 있다. 클라인의 중요한 이론적 혁신을 모두 언급하는 것은 거의 불가능하다. 관심 있는 독자들은 시걸(Segal, 1979, 1992), 페토(Petot, 1990~1991), 브론스타인(Bronstein, 2001) 등의 문헌을 참고하기 바란다.

안나 프로이트와 멜라니 클라인 간 토론

안나 프로이트와 멜라니 클라인은 모두 자신을 프로이트 정신분석의 충실한 추종자들로 생각하였다. 그럼에도 불구하고, 둘 다 프로이트의 이론을 각자 자신의 방식으로 수정하였다. 이렇게 수정한 가장 큰 이유는 안나 프로이트와 멜라니 클라인이 아동을 대상으로 심리치료와 정신분석을 했기 때문이었다. 프로이트는 리틀 한스의 말공포증을 한스의 아버지와 자문을 통해 치료한 한 사례에서만 간접적인 방식으로 아동을 치료하였다.

안나 프로이트와 멜라닌 클라인이 동일한 분야(아동 정신병리학)에서 활동했지만 그들은 아동의 정신 발달에 대해 매우 다른 모형에 도달하였다. 이들은 아동을 대상으로 치료를 했지만, 시작점이 달랐던 것처럼 이들의 치료 방법 또한 여러 면에서 달랐다. 안나 프로이트는 유기된 아동뿐만 아니라 일시적으로 부모와 떨어져 있던 아동을 많이 보았다. 게다가 안나 프로이트의 치료는 초기에 나이가 있는 아동과 신경증이 있는 아동 또는 방치된 아동에 제한되었다. 반면, 맬라닌 클라인은 처음부터 두 살 정도의 어린 아동을 분석했고 정신병과 자폐증이 있는 아동들을 보았는데 이것은 그 당시 새로운 것이었다. 그러한 심각한 병리가 있는 아동의 발달에서 일어나는 것을 이해하고 설명하는 데는 방치되거나 덜 심각한 발달상 장애의 결과를 설명하는 데 적합한 이론과는 다른 이론이 요구되는 것이다. 초기에 이론과 방법에서 차이가 많았지만 이후 두 학파는 점차 서로 가까워졌다(가장 중요한 차이에 대한 개요를 위해서는 제2장 참조).

다른 대상관계 이론가들

이후 다른 분석가들은 이론과 방법 면에서 모두 클라인의 치료에 근거하였다. 가장 중요한 인물로는 도널드 위니콧(Donald Winnicott)과 윌프레드 비온(Wilfred Bion)이 있다. 클라인이 주로 유아의 환상과 내면의 삶을 설명한 반면 위니콧은 유아와 어머니 사이의 실제 상호작용에 매진하였다. 소아과 의사로서, 위니콧은 아기를 데리고 있는 많은 어머니를 보았다. 위니콧은 어머니의 자녀 안아 주기가 중요하다는 것을 강조했는데 이 말로써 위니콧은 어머니가 자녀에게 공급하는 신체적 그리고 정신적 돌봄 모두를 나타내었다. 또한 위니콧은 '충분히 좋은 어머니'라는 용어를 만들어 냈는데 이는 완벽하지 않아도 유아의 욕구를 충분히 보살피는 어머니를 말한다. 위니콧은 놀이와 창의성의 중요성을 더욱 강조하였다. 위니콧의 또 다른 영향력 있는 개념은 '이행 대상(transitional object)'인데 이 이행 대상은 특히 우울 불안에 방어 기능을 하는, 예를 들면 담요와 곰인형(테디 베어)와 같은 부드러운 물건으로 아동이 어머니와 분리를 견딜 수 있게 도와준다. 이러한 개념들은 그의 책 『놀이와 현실』(1971a)에 설명되어 있다.

그 밖에 비온은 사고의 발달을 설명하였고 투사적 동일시의 방어기제에 대한 이해를 정교화했는데 이는 클라인이 이미 설명했던 것들이다. 비온은 또한 담아내기(containment)의 개념을 설명하였다(이러한 개념들에 대한 자세한 논의는 제2장을 참조 바란다.).

이 제한된 공간에서, 대상관계 이론에 대한 만족스러운 설명을 하는 것은 불가능하다. 자세한 설명은 브론스타인의 저서(Bronstein, 2001)를 참고하기 바란다.

애착 이론

애착 이론은 20세기 중반부터 발전했는데 중요한 부분에서 대상관계 이론을 보완한다. 그것은 주로 타비스톡 아동 부서의 책임자였던 정신과 의사이자 정신분석가 존 볼비(John Bowlby), 그리고 캐나다 심리학자인 메리 에인스워스(Mary Ainsworth)를 비롯한 동료들의 업적이었다.

1950년대 동안, 몇몇 심리학자들과 의사들은 어머니에게서 분리될 때 유아와 어린 아동의 강렬한 반응에 관심을 가졌다. 아동들은 처음에 울고 저항하는 반응을 보였고, 나중에는 슬퍼하는 반응을 보였으며, 마침내는 명백한 무관심으로 반응하였는데 이는 양육자에 대한 애착을 잃은 대가였다. 제2차 세계 대전 이후, 볼비는 세계 보건 기구로부터 유럽에 있는 많은 집 없는 아동에 대한 보고서를 작성해 달라는 요청을 받았는데, 이 보고서는 『모성 돌봄과 정신 건강』(1951)이라는 책으로 출판되었다. 볼비는 이 책에서 부모에게서 떨어지게 된 아동이 어떻게 다른 사람들에게 과도한 의존을 하거나 친밀한 애착을 맺는 능력을 잃어버리게 되는지 설명하였다. 볼비는 이러한 반응이 충분히 다정하고, 아이에게 맞는 부모의 초기 돌봄 부족과 부모 상실 때문이라고 생각했으나 이 가설을 지지할 증거는 부족하였다(이 점에 대한 더 자세한 내용은 제11장 참조).

볼비는 동물 행동학(동물 행동의 이론)의 영향을 받아 평생 생물학적 그리고 실증적 접근을 유지하였다. 볼비는 유아가 부모에게 애착을 맺으려는 본능에 근거한 충동을 가지고 있으며, 안전에 대한 욕구는 인간에게 있는 가장 강력한 욕동이라고 주장하였다. 볼비는 유아와 어린 아동들의 소위 애착 행동들을 많이 기술했는데, 여기에는 미소 짓는 것, 우는 것, 그리고 양육자를 따르는 것등이 있다. 이러한 행동 또한 본능에 근거한 것으로 여겨졌다. 생애 첫 2년 동안, 아동은 자신과 가까운 양육자에게 감정적 유대, 소위 애착을 발달시킨다.

이 유대의 발달은 날 때부터 시작하지만 발달하는 데는 시간이 걸린다. 그러나 생후 1년 후반기에 아동의 애착은 명백해져서 낯선 이를 가린다. 다음 해 동안, 유대는 더욱 강화되는데 이를 아동이 '안전기지'를 발달시킨다고 한다. 첫해는 결정적인 시기로 보이는데, 이때 애착이 반드시 생겨야 한다. 이것은 신경 연구에 의해 지지되었다. 신경 연구에서는 뇌가 생후 첫해 동안 특히 가소성이 뛰어나서 이러한 발달을 하는데 잘 적응할 수 있다는 것을 보여 주었다. 만약 아동이 한 명 또는 몇 명의 양육자에게 초기 애착을 형성할 기회가 없다면 애착을 위한 적절한 시기를 놓칠 수도 있다는 사실 또한 발견되었다. 볼비는 애착 동안 형성된 내적 구조를 '내적 작동 모형'이라고 명명하였다. 내적 작동 모형에는 자기와 다른 중요한 사람들의 이미지, 그리고 이들과 연결된 감정이 포함되어 있다. 내적 작동 모형은 세상에 대한 아동의 근본적인 경험만이 아니라 이후에 다른 사람들과 아동 자신에 대한 경험을 전반적으로 형성한다.

애착은 탐색과 밀접하게 관련되어 있는데 탐색은 아동 발달에 있어 또 다른 중요한 요소이다. 하지만 안전이 탐색보다 우선순위에 있다. 이 말은 불안을 느끼는 아동이 안전을 찾으려고 많은 에너지를 쏟고 그 결과 세상, 놀이, 그리고 학습을 탐색하는 데 이용할 수 있는 에너지와 관심을 덜 쓴다는 것을 의미한다. 그 결과 많은 경우, 아동의 인지 기능에 어려움이 있을 수 있다. 에인스워스와 그의 동료들은 애착이 어떻게 다양한 패턴을 띠게 되는지 설명하는 많은 실험을 하였다(Ainsworth et al., 1978). 이러한 패턴에는, ① 안정, ② 불안-양가적, ③ 불안 회피적이 있다. 매인(Main & Hesse, 1990; Main & Solomon, 1986)은 이후 추가적 패턴인 ④ 혼란 패턴을 입증하였다. 이 패턴은 종종 불안 패턴 중 하나와 결합하여 나타난다. 아동을 다루는 방식이 아동이 형성할 애착 유형에 가장 결정적인 요인이다. 애착 행동은 아동이 불안해지거나 도움이 필요할 때 활성화되는데 그런 상황에서, 양육자가 아동을 어떻게 다루는가가 중요하다. 안정 애착을 형성한 아동은 주로 돌봄과 이해를 받아 왔고 그의 요구를 충족시켜 왔다. 불안-양가적 애착이 된 아동은 그의 양육자에게 의지할 수 없다고 느끼는데 많은 경우 양육자는 아동의 욕구가 아니라 자신의 욕구에 근거해 아동에게 반응한다.

불안-회피 패턴을 보이는 아동은 자신의 욕구가 충족되는 것에 익숙하지 않아서 도움을 바라는 자신의 요구가 양육자를 화나게 하지 않을까 두려워한다. 혼란 애착을 보이는 아동은 부모를 두려워한다. 이는 이들의 부모가 폭력적이거나 또는 위협적인 행동을 보이기 때문일 수도 있고 부모 스스로가 정신적 외상 등의 결과로 두려움을 느끼고 있기 때문일 수도 있다. 회피 또는 양가적 애착을 보이는 아동은 시간이 지나면서 언제나 적절하지는 않지만 잘 조직화된 전략을 개발한다. 하지만 매우 예측할 수 없게 반응하는 부모는 자녀가 지속적인 애착 전략을 찾는 것을 불가능하게 한다.

이에 따라 볼비와 그의 동료들은 아동의 생애 초기 상황에 집중했고, 이전의 어떤 누구보다도 더 철저하게 아동의 발달을 위한 안전한 토대를 형성하는 데 필요한 상황을 기술하였다. 이들은 실증적으로 그리고 상세하게 아동의 애착 행동에 대한 양육자의 반응이 어떻게 아동의 성격 발달을 형성하는지 보여주었다. 애착 패턴에 대한 후속 결과도 어떻게 불안한 애착 패턴이 이후의 문제, 최악의 경우에는 정신병리의 토대가 되는지를 면밀한 실증 연구로 보여주었다.

볼비는 또한 아동과 성인을 대상으로 애도 문제를 다루었다. 볼비는 초기 상실을 경험하고 불충분한 도움을 받은 아동들이 이후 일생 동안 병리적 애도를 발달시킬 위험이 있다는 사실을 우려했다. 볼비는 애착, 애도, 그리고 상실로 3부작의 저서를 저술하였다. 1권은 『애착(Attachment Volume 1)』(1969), 2권은 『분리: 불안과 분노(Separation: Anxiety and Anger Volume 2)』(1973), 그리고 3권은 『상실: 슬픔과 우울(Loss: Sadness and Depression Volume 3)』(1980)이다. 애착 이론에 대한 간략한 설명은 『안전기지: 임상적 적용(A Secure Base. Clinical Applications of Attachment Theory)』(1988)에 있다.

포나기와 그의 동료들(Fonagy et al., 2002a)은 애착 이론을 정신화 이론으로 확장하였다. 정신화는 간략히 말해, 자신과 타인의 감정을 이해하고, 공감적으로 반응할 수 있고, 성찰과 상징적 사고를 숙달할 수 있는 능력이다. 그러나 이들에 의하면, 정신화를 위한 능력을 발달시키기 위해 아동은 자신의 주위 사람들로부터 감정 조절에 관한 도움을 받아야 한다. 아동은 포나기와 공저자들(Fonagy et al., 2002a)이 아동 감정에 대한 일관되고 명확한 반영이라고 기술하는 것이 필요한데, 이는 아동이 자신의 감정을 인식하고 명명하여 자신과 다른 사람 사이의 명확한 경계를 형성할 수 있도록 도와준다. 충분한 도움을 받게 되면, 아동은 자기감정을 조절하고 사회에서 수용할 수 있는 방식으로 감정을 관리하는 법을 차츰 배우게 된다.

부적절한 감정 반영과 자신과 타인의 감정을 인식하고 구별하는 어려움 사이에는 연관이 있어서 종국에는 거짓 자기를 만들어 낼 수도 있다.

다른 공헌자들

시간이 지나면서 점차 많은 연구자와 심리치료자들이 정신역동적 아동·청소년 심리치료 이론과 방법에 공헌하였다. 아쉽지만 지면의 한계로 이들을 모두 다루는 것은 불가능하므로 가장 중요한 공헌자 몇 명만 언급하고자 한다.

대니얼 스턴

대니얼 스턴(Daniel Stern)은 미국의 정신분석가로서, 아동 발달에 관한 자신의 이론을 발전시켰다. 이 이론에서 변화하는 주관적인 자기감(subjective senses of self)은 발달의 조직화 원리(organizing principle)로 간주된다. 저서 『유아의 대인관계 세계(The Interpersonal World of the Infant)』(1985)에서, 스턴은 네 가지의 자기감에 대해 설명하였다. 이 네 가지는, ① 출현하는 자기, ② 핵심 자기, ③ 주관적 자기, ④ 언어적 자기인데, 각각의 자기감은 자기 경험의 영역과 그에 상응하는 타인과 관계하는 방식, 즉 관계성 영역을 나타낸다.

스턴은 그의 저서 『모성의 별자리(Motherhood Constellation)』(1995)에서, 모성의 조건과 유아와 양육자 사이의 밀접한 상호작용을 설명하였다. 그 상호작용에서, 스턴은 '정서 조율'이라는 개념을 만들었는데, 이 개념은 '반영'이라는 개념과 관련 있는 것으로 양육자가 아동이 다가올 때 어떻게 반응하는지에 대해 설명하는 것이다. 스턴 자신의 심리치료 또한 어머니와 유아 사이의 초기 상호작용에 주로 초점을 두었다.

신경심리학

초기에 지크문트 프로이트는 비록 성과를 거두지 못했지만, 자신의 심리학 이론을 신경생리학(1895)에 기초하려고 시도하였다. 이후로 신경생리학과 신경심리학은 매우 발전했으며, 이 분야는 오늘날 뇌의 처리 과정과 심리적 현상 간의 연결을 깊게 이해하는 데 기여하고 있다.

예를 들어, 오늘날에는 감정이 뇌의 다양한 수준에서 어떻게 위치할 수 있는지에 대한 상당한 지식이 상당히 쌓여 있는데 이는 어떤 순간에 내담자가 어느 수준에서 기능하는지를 치료자가 인식하는 데 도움이 된다. 또한 기억의 종류가 다양하다는 것도 알고 있는데 치료자가 이러한 사실을 아는 것 역시 중요하다.

생후 1년 동안의 뇌 가소성은 입증이 되어 있다. 이는 긍정적인 경험과 부정적인 경험이 뇌에 다른 흔적을 남긴다는 것을 보여 주고 있다. 시냅스가 연결이 되면 상당히 견고해서 이 초기 구조는 종종 오랫동안 영향을 미쳐서 뇌의 구조만이 아니라 호르몬 체계에도 영향을 미친다. 심리학자인 수전 하트는 이러한 분야를 '신경정서 발달학'이라고 부른다(Bentzen & Hart, 2015; Hart, 2008). 이러한 새로운 지식은 기존의 이론, 예를 들어 애착 이론과 상당히 일치한다.

이러한 지식이 중요하기는 하지만 우리는 인간을 다루고 있고 우리가 직접 관찰할 수 있는 것은 행동, 말, 감정 반응이라는 사실을 기억하는 것이 중요하다. 이러한 외적 표현이 나타나는 동안 뇌에서 무슨 일이 일어나고 있는지 우리가 세우는 가설은 그저 가설일 뿐이다. 신경심리학 교수인 제스퍼 모겐센(Jesper Mogensen)이 신경심리학이 심리학을 대체하는 것이 아니라 보완해야 한다고 말한 것을 기억할 필요가 있다. 그는 신경과학의 결과들이 심리학의 결과보다 더 과학적이라고 오해할 위험성을 강조한다(Nordbo, 2004).

청소년기 이론

사춘기와 청소년기는 아동 발달에 비해 정신분석 분야 내에서 이론적 관심을 거의 받지 못하였다. 그러나 몇몇 이론가들은 청소년기에 대해 저술했는데 이들은 일생이라는 관점에서 이 시기의 다양한 양상에 대해 초점을 두었다.

안나 프로이트는 청소년기에 대해 매우 심도 있게 글을 적은 첫 번째 이론가이며, 1958년에 『청소년기』라는 학술지 논문을 발표했고, 자신의 책 예를 들어, 『자아와 방어기제(The Ego and the Mechanisms of Defence)』(1937)에서도 이 주제를 다루었다. 청소년기는 10대 동안에 일어나는 정신 발달에 관한 명칭이지만, 육체적 발달과 정신적 발달에 대해서도 사용되는 용어이다. 특히, 안나 프로이트는 욕동 발달의 중요성을 강조했는데 성욕과 공격성의 증가가 아동기에 형성된 초자아와 자아 사이의 균형을 어떻게 방해하는지에 대해 설명하였다. 안나 프로이트는 사춘기가 필연적으로 지나친 오만함을 야기하여 이 연령 집단에서 정상과 병리를 구분하기 어려울 수 있고, 정상적인 청소년기 상태와 예를 들면, 경계성 상태를 구별하기 어려울 수 있다고 생각하였다.

두 번째 이론가는 에릭슨(Erikson)으로서 그는 『정체성. 청년기과 위기(Identity. Youth and Crisis)』(1968)라는 책을 저술하여 청소년기를 상세히 다루었다. 제목에서 드러나듯이, 정체성 문제가 그의 주요 관심이었으며, 정체성이 어떻게 형성되는지 설명하기 위해 여러 모형을 기술하였다. 특히, 그는 청소년들에게 유예, 즉 아동에서 성인으로 전환되는 동안 공간을 주는 것이 중요하다는 것을 강조하였다. 이 기간 동안에는 사회에서 실제적인 책임을 저야 한다는 요구가 없고, 자신의 삶을 어떻게 영위할지 결정하기 위해 노력할 수 있는 것이다. 에릭슨은 또한 청소년기 동안에 자신의 삶과 사회생활의 뿌리가 될 기본 신념을 발달시키고자 하는 욕구를 강조하였다.

세 번째 이론가는 블로스(Blos)이다. 그는 자신의 저서인 『청소년기에 대하여(On Adolescence)』(1962)에서 분리-개별화(Mahler et al., 1975)에 대한 말러(Mahler)의 이론을 출발점으로 받아들였고 청소년기를 두 번째 분리-개별화 시기로 기술하였다. 블로스가 주안점을 둔 것은 특히 부모로부터 분리였는데, 이 분리가 문제를 일으킬 수 있는 것으로 보았다.

오랜 시간 동안 청소년기 문제의 정도와 특징에 대한 안나 프로이트의 여러 개념이 청소년 치료에 상당한 영향을 미쳐서 정신의학에서도 청소년의 문제를 병리의 징후보다는 '사춘기 문제'로 간주하는 경향이 있었다. 이런 이유로 성격 장애에 대한 설명이나 이해가 지금보다 잘되어 있지 않았다. 청소년기에 대한 이러한 관점은 오늘날 폐기된 것으로 보인다.

안나 프로이트와 에릭 에릭슨의 이론은 그들 자신의 삶에서 그들이 마주했던 난관과 밀접한 관계가 있는 듯하다. 안나 프로이트는 거식증을 비롯하여 힘든 청소년기를 보냈다. 안나 프로이트는 정신분석가가 되고 싶었던 자신의 소망과 아버지로부터 받은 가르침 간의 갈등으로 힘들어했는데 소망을 성취하는 것은 여성으로서 사는 것과 양립할 수 없는 것이었다(Young-Bruehl, 1989). 따라서 안나 프로이트가 성적 경험을 위협으로 인식했을 것이라는 것은 놀랍지 않다. 에릭슨의 삶의 행로가 보여 주는 것처럼, 그는 직업 정체성을 찾는 것이 어려웠다. 에릭슨은 예술 분야와 과학 분야 사이에서 직업을 결정하지 못하였다. 결국 에릭슨이 인정받는 과학자이자 치료자가 되었으나 어떤 공식적인 교육도 마치지 못하였다.

마르시아(Marcia, 1980)는 에릭슨의 정체성 개념을 정교화했으며, 정체성 위기에 대한 4가지 결과를 제안하였다. 네 가지 결과는 참여와 탐색이라는 두 독립 변인의 조합에 따른다. 확립된 정체성은 청소년이 선택하기 전에 다양한 가능성을 검토하는 것으로 이 정체성은 참여의 좋은 기회를 준다. 강요된 정체성은 조급한 선택으로서 충분히 검토하지 않는 것인데 이는 적극적인 참여를 하지 못하게 한다. 유예는 청소년이 여전히 여러 가지 가능성을 탐색하고 있다는 것을 의미하지만 참여하려고 할 때 종종 상담한 불안과 어려움을 동반한다. 마지막으로, 마르시아는 정체성 혼란을 언급했는데, 정체성 혼란은 청소년이 자신의 정체성 위기를 해결하지 못하고 혼란과 불안한 상태로 있는 것이다. 랭그쇼와 샐로몬슨(Wrangsjö & Salomonsson, 2007)은 여기에 또 한 가지 가능성을 추가하였다. 이는 부정적 정체성으로서 사회의 일반적인 규준에 반대하는 것으로, 예를 들면 폭력, 범죄 또는 다른 형태의 반항을 야기한다.

정신병리의 이해

정신분석학에서, 정신병리에 대한 이해는 일반적인 이론적 변화에 발맞춰 변화해 왔다. 프로이트의 관심은 주로 신경증이었는데 프로이트는 신경증을 욕동과 의식 사이의 정신내적 갈등의 결과로 보았다. 공격성도 역할을 할 수 있으나 개인의 정신 균형에 위협이 되는 것으로 간주하는 것은 무엇보다도 성이었다. 타인의 유혹이 아동의 신경증을 생기게 할 수도 있지만 신경증이 생기는 상당 부분을 프로이트는 아동 자신의 욕동에 기인한다고 보았다. 프로이트는 신경증을 아동의 이전 단계의 정상 상태에 고착하거나 그 상태로 퇴행하는 것으로 보았다. 이러한 사고방식은 오랫동안 유지되었으나 요즘은 폐기되었다.

중대한 혁신은 안나 프로이트가 결함으로 인한 병리와 갈등으로 인한 병리가 다르다는 사실에 주의를 집중시킨 것이다. 이렇게 다른 이유는 신경증 상태에서는 다른 기능이 영향을 받기 때문이기도 하고 환경이 신경증 발달에 중대한 역할을 하기 때문이기도 하다. 안나 프로이트는 결함으로 인한 병리가 적어도 신경증 장애만큼 심각할 수 있으며, 예를 들면 경계성 상태나 반사회적 행동으로 나타날 수도 있다고 주장하였다.

클라인은 정신병이 있는 아동과 자폐 아동뿐만 아니라 아주 어린 아동도 치료함으로써 정신병리의 범위를 확장하였다. 클라인은 가장 심각한 정신장애에 대해서도 깊은 이해를 했는데 아동의 불안을 무감각이나 지체로 간주함으로써 불안을 어떻게 파악하지 못하는지 설명하였다. 클라인의 관점에서 보면 정신건강에 대한 주된 위협은 성이 아니라, 오히려 공격성의 과잉이 된다. 이러한 관점은 캐나다 정신과 의사인 수잔 브래들리로부터 지지를 받고 있다. 브래들리는 실증 증거와 이론에 바탕을 둔 자신의 저서 『정서 조절과 정신병리의 발달(Affect Regulation and the Development of Psychopathology)』(2003)에서 정신병리의 주된 원인 중 하나로 정서 조절의 어려움을 기술하였다. 이 책에서 브래들리는 분노가 인간에 있어서 가장 큰 고통과 심각한 정신장애를 일으키는 정서라고 주장하고 있다.

프로이트는 욕동 발달을 성격 발달의 핵심이라고 생각했으나 대상관계 이론에서는 주 양육자와 아동의 관계가 성격 형성에 중요하다고 보고 있다. 공격성이 더 우세하고 방어가 원초적일수록, 내적 대상과 자기 표상이 현실에서 더 벗어나게 되고 상태는 더 병리적이 된다. 클라인의 두 자리는 발달장애의 정도를 결정하는 데 있어서 훌륭한 판단 기준이 된다. 성공적인 심리치료에서는 초기에 우세하던 분리나 투사와 같은 원초적 방어가 점차 주지화, 합리화 그리고 퇴행과 같은 더 성숙한 방어로 대체되고 증오로 가득 차 있는 성난 아이가 변화하여 치료자를 비롯하여 타인을 공감하고 염려하기 시작하는 과정을 보는 것이 가능하다.

애착 이론에서, 병리는 대부분 초기 상실이나 외상 또는 양육자와 관계 문제로 발생하는 것으로 보이는데 이로 인해 애착에 장해가 생기고 애착이 제대로 되지 않는다. 볼비는 정신병리의 원인으로 내적 갈등의 가능성도 기술하였다. 하지만 내적 갈등이 심리성적 발달에 문제가 있어서 발생하는 것이 아니라 아동의 개인적인 경험(삽화 정보)과 아동이 부모에게 들은 것(의미 정보) 간의 갈등으로 생긴 것으로 보았다. 많은 경우, 볼비는 우울이 타인을 향해 밖으로 향하는 것이 아니라 자기를 향해 있는 분노라는 것을 볼비는 이해하고 있었다. 볼비가 여러 형태의 정상적인 슬픔과 병리적 슬픔, 그리고 그 사이의 많은 전환 형태에 대한 세분화된 이해가 있었다는 사실 또한 눈여겨볼 만하다.

스턴은 각각의 자기감에 대해 발달에서 장애를 일으킬 수 있는 아동과 양육자 간의 수많은 관계 패턴을 기술하였다. 일반적으로, 장애가 초기에 나타날수록, 더 심각한 결과가 있을 수 있는데 이 점에서 스턴은 대부분의 다른 이론가의 의견에 동의하고 있다.

앞에서 언급한 모든 이론의 공통점은 정상과 병리 사이에 점진적인 전환이 있다는 사실과 이 전환들이 범주로 나누어져 있지 않다는 것이다. 하지만 언급한 바대로, 프로이트가 그의 첫 저서를 발표한 이래 100년이 넘는 시간 동안, 정신병리에 대한 이해에는 많은 변화가 있었다. 일반적으로, 정신병리의 주요 원인을 아동 자신 내의 요소에 기인한다고 보던 것에서 아동과 환경 간 상호작용 문제의 영향으로 보는 쪽으로 비중이 이동하였다. 물론, 출생 외상과 생리적인 문제와 같은 선천적인 문제도 중요한 역할을 한다는 점은 강조되어야 한다.

하지만 이러한 여러 가지 다양한 병리 상태에 대한 전반적인 이해가 아동 정신장애에 대한 실제적인 분류를 할 수 있도록 하는 것은 아니다. 그러한 분류에 대한 기본적인 접근은 여러 애착장애의 설명에서 볼 수 있는데 예를 들면 클라인의 두 가지 자리 또한 매우 단순한 형태의 분류로 볼 수도 있다. 안타깝게도 분류는 오랫동안 정신분석에서 진지하게 받아들여지지 않았는데 이는 안나 프로이트도 주목했던 바이다. 이 문제를 다루기 위해, 안나 프로이트는 아동을 위한 진단적 메타 프로파일을 개발하였다(1966b), 이 프로파일에는 다른 무엇보다 성격 구조, 방어기제 패턴, 현실 검증, 성장하는 성향과 퇴행하는 성향 그리고 불안을 다루는 자아 역량에 대한 정보를 담고 있다. 물론, 이제 그 프로파일은 구식이 되었다.

좀 더 상세한 분류가 필요하다면, 미국의 DSM 체계(진단 및 통계적인 매뉴얼)나 세계보건기구의 ICD 체계(국제 질병 분류)를 사용할 필요가 있다. 이 두 체계에서 진단은 오로지 증상이 있는가에만 기초하고 있다. ICD-10(World Health Organization, 1992)에는 사람의 내부 상태에 대해 어떤 추론도 해서는 안 된다는 것이 명백히 규정되어 있다. 이런 방식으로 이 체계들은 이해를 정신 과정의 이론적 가정에 명시적으로 기반을 두고 있는 역동적인 사고방식과는 거리를 두고 있다. 분류에 기초가 되는 이론과 치료에 기초가 되는 이론 사이에 반드시 일관성이 있어야 하는데 이 체계들은 정신역동 원리에 따른 치료의 기초로서 적합하지 않다는 점은 분명하다.

증상에만 기초해 진단하는 문제에 대한 안나 프로이트의 비판은 지금도 의미가 있는데, 증상이 자주 변동하고 발달 과정에서 외양상 증상이 바뀌는 아동에 있어서는 특히 그러하다. 이 체계들의 간명성에도 불구하고, 이 체계가 충분히 신뢰스럽지도 않으며 타당하지도 않다는 것은 금세 명확해졌다(Cantwell & Rutter, 1994). 언급한 바와 같이, 증상학에만 의존하는 분류는 아동과 관련해서 특히 문제가 된다. 설명한 바와 같이, 아동 문제는 종종 아동의 전반적인 생활 상황과 환경적 상황이 밀접하게 연관되어 있기 때문이다. 따라서 아동의 증상만 본다면, 이런 요인들의 중요성을 이해하지 못하기 십상이다. 이는 아동이 사실은, 불충분한 돌봄, 어쩌면 학대로 고통받고 있을 때 아동을 정신질환으로 잘못 판단할 상당한 위험을 초래할 수 있는 것이다.

현재의 진단 체계 또한 비판에 직면하고 있다. 『정신역동적 진단 매뉴얼』의 저자들은(Psychodynamic Diagnostic Manual Task Force, 2006) 정신건강장애가 임상적으로 유용하려면 건강한 정신 과정에 대한 이해부터 시작해야 하는데 현 분류 체계에는 완전히 빠져 있다고 주장한다. 이들은 정신건강 문제의 설명과 분류를 개발하려는 시도에는 관찰 가능한 증상보다는 인간 기능의 많은 특징을 담고 있어야 한다는 점을 더욱 강조하는데 본질적인 문제는 근원이 되는 성격의 기능과 패턴에서 발견되는 것이지 증상처럼 바로 보이는 것에서 발견되는 것이 아니라는 것이다. 더욱이 특히 아동기와 청소년기에, 명백하게 동일한 증상도 매우 다른 정신 문제를 반영할 수 있다. 『정신역동적 진단 매뉴얼(PDM)』은 증상을 넘어서는 진단의 토대로서 전반적인 성격 프로파일과 여러 성격 기능을 모두 담음으로써 보다 포괄적인 진단 체계에 대한 요구를 충족시키려고 노력하였다(이 기능의 요점은 제3장 참조). 성인 분류 체계 외에, 아동과 청소년, 그리고 유아에 대한 별도의 체계가 있다.

유아와 관련하여, 진단 분류를 하려는 어떤 시도에서든 아동의 보호자에 대한 평가를 포함시키는 것이 절대적으로 필요하다. 따라서 유아를 대상으로 개발된 정신건강 진단 체계는 「진단 분류: 0-3R」(ZERO TO THREE, 2005)인데, 여기에는 아동과 보호자의 관계에 대한 평가도 포함되어 있다. 이 체계에는 또한 공식적인 체계보다 다수의 다른 정신장애를 포함하고 있다. 여기에는 외상성 스트레스장애 등이 있는데 이런 장애도 특히 중요한 것으로 간주한다. 이 체계는 현재 개정 중인데 5세가 되는 아동을 포함시키는 것으로 계획하고 있다.

제2장

정신역동적 아동·청소년 심리치료란 무엇인가

이 장에서는 정신역동적 아동 · 청소년 심리치료의 개념을 광범위하게 정의하고자 한다. 여기에는 무의식적인 환상과 아동 및 치료자의 감정을 치료 관계와 과정에 영향을 미치는 지속적인 저변의 흐름으로 명시적으로 또는 암묵적으로 간주하는 모든 접근이 포함된다. 이 관점에서, 이 장은 정신역동적 아동 및 청소년 심리치료가 무엇인지, 어떤 광범위하게 정의된 원칙에 따라 수행될 수 있는지, 그리고 치료의 작용이 어떤 정신적 및 대인관계적 기제를 통해 작동할 수 있는지를 설명한다. 이와 관련하여, 투사적 동일시, 억제, 상징화 능력, 사고, 관계적 사고(정신화)의 기본 개념을 제시하고, 이 개념들이 아동 · 청소년 심리치료에서 어떤 의의가 있는지 논의한다.

앞 장에서 설명했듯이, 지난 세기 동안 여러 정신분석적 접근이 발전하였고, 이에 상응하여 아동 정신분석 초기부터, 치료 방법에 대한 기본 원리와 관련하여 다양한 의견 차이도 발생하였다. 이 장에서는 주요한 의견 차이가 요약되어 있으나 이 장(그리고 이 책)의 주요 초점은 다른(비정신역동적) 치료적 접근과 정신역동적 아동 · 청소년 심리치료를 구별하는 공통된 관점과 방법에 있다. 결론적으로, 아동 또는 청소년의 치료에 관여하는 전문적 네트워크와 개인적 네트워크에 벌어지는 정신역동 과정에 대한 치료자의 이해를 풍부하게 할 수 있는 다양한 해석적 관점이 요약되어 있다.

정의

정신역동적 심리치료는 주로 인간의 만남, 즉 아동과 치료자의 관계를 통해서 그리고, 이 관계 내에서, 치료자와 아동 사이에 전개되는 의사소통을 통해서 작동한다. 따라서 이 심리치료는 관계적 접근이며, 아동과 치료자의 관계는 치료효과의 주요 원천일 뿐만 아니라 치료 과정의 원동력이다. 정신역동 전략의 근본적인 공통점은 치료자들이 아동과 자신 사이의 상호작용에 주의를 두는 경향이 있다는 것이다. 이 초점을 염두에 두고서 정신역동 치료자들은 특히 강렬하고, 정서적으로 투여된 아동과 자신의 쌍방향 관계의 발달을 촉진하는데 정신역동적 심리치료에서 이는 전이 관계로 지칭되어 있다. 이 관계는 두 관점으로 구성되는데 치료자에 대한 아동의 전이와 아동에 대한 치료자의 역전이이다. 아동의 전이는 치료 시간 중 지금–여기에서 나타나는데 전이에서 아동은 투사적 동일시의 과정으로(아래 참조), 대상관계에 대한 자신의 주관적인 내적 세계에서 나올 수 있는 특성들(예를 들어, 성격특성, 기대, 감정, 환상, 행동방식, 그리고 때때로 외양의 특정 양상)을 치료자에게 무의식적으로 투사한다. 물론, 이 설명은 더 복합적인 이야기, 즉 전이 이외의 여러 다른 측면으로 구성되어 있는 치료 관계의 일부일 뿐이다. 특히, 아동과 청소년들은 그들의 치료자의 개인적인 특징을 종종 아주 정확하게 지각하기 때문이다(제5장 참조).

정신역동적 아동 · 청소년 치료에서 발달의 주요 매개체는 아동이 치료자와 경험에서 생기게 되는 의사소통이다. 아동과 청소년들은 어쨌든 치료와 관련한 경험을 다양한 방식으로 표현할 수 있는데 언어로 하거나 비언어로 할 수도 있고, 상징적으로 하거나 있는 그대로 할 수도 있으며 직접적이고 의도적으로 또는 미묘하게 어쩌면 자신이 전달하는 경험을 무의식적으로 할 수도 있다. 따라서 정신역동치료를 다른 접근과 구분 짓는 가장 중요한 요소는 전이 관계에 대해 치료자가 주목하는 것이다. 아동 · 청소년을 대상으로 한 정신역동적 심리치료에 대한 아래의 정의는 우리 자신의 관점을 나타내는데 이는 멜처(Meltzer)의 저서에서 영감을 받았으며, 현대 클라인학파의 이론에 전제하고 있다(Grünbaum, 1999-2000; Meltzer, 1967; Spillius, 2001).

'정신역동적 아동 · 청소년 심리치료'라는 용어는 아동과 치료자 사이의 특정한 의사소통 또는 대화를 의미하는데 이는 다음에 의해 형성된다.

1. **치료자가 치료적 환경을 조성하는 것**, 즉 지리적, 시간적 그리고 정신적 공간 내에서 관계의 토대를 마련하고 한계를 정하는 것을 말한다. 이 치료 공간의 경계는 관계가 전이 관계로 발전하기 위한 전제 조건이다. 이 치료 환경의 계획은 제4장에서 더 자세히 언급한다.
2. **치료적 개입**, 즉 아동의 생각, 경험, 감정, 그리고 환상이 말로 표현되건, 상징놀이의 이야기 주제로 나타나건 아동의 태도나 행동으로 암묵적으로 나타나건 아동의 생각, 경험, 감정, 그리고 환상에 대한 주관적 의미에 대해 치료자가 이해한 바를 아동에게 전달하는 방식을 말한다. 치료자의 개입은 시기적절해야 하며, 치료 시간에 나타나는 아동의 움직임과 표현에 대한 세심하고 지속적인 관찰에 토대를 두어야 한다. 따라서 아동 및 청소년 치료자의 기본적인 태도는 치료 공간 내에서 아이의 모든 표현과 움직임을, 말로 하는 것이든 아니든, 시끄럽든 조용하든 무기력하든, 사랑스럽든 미움 받든 무심하든, 명료하든 비밀스럽든 혼란스럽든 폭력적이든, 아이의 현재 관계와 내면세계에 대한 경험과 관련된 중요한 진술의 주관적으로 의미 있는 소통으로 인식해야 한다는 것이다. 따라서 치료적 개입은 아동을 관찰하는 것에서 출발하지만 이것이 유일한 자료는 아니다. 왜냐하면 치료적 개입은 치료자 자신의 역전이와 전이 관계에 미치는 영향을 (내적으로) 검토하는 것에서 도출되고 풍요로워지기 때문이다. 의미 있는 이해에 대해 처음으로 알아채는 것은 치료자의 역전이에서일 수도 있으나 현명한 치료자라면 알아챈 것을 치료에서 얘기하기 전에 기다

리고 관찰하면서 확증해 주는 증거 또는 모순되는 증거를 찾을 것이다.

치료적 태도와 개입

치료적 개입은 아동이 치료에서 현재 치료 관계와 대상관계의 내적 세계를 (의식적 그리고 무의시적으로) 어떻게 경험하는지에 대해 치료자가 이해한 바를 아동에게 전달하기 위해 말하거나 행할 수 있는 모든 것을 말한다. 하지만 앞에 설명했던 것처럼, 정신역동적 아동·청소년 심리치료는 관계적 노력이기 때문에, 치료자는 주의 초점을 분배하려고 최선을 다한다. 치료자는 귀와 마음을 열고 자신의 역전이 감정뿐만 아니라 아동도 관찰함으로써 안팎에서 얻은 인상에 편파 없이 귀 기울인다. 근본적으로 치료자는 열려 있고, 골고루 주의를 두며, 자기를 들여다볼 수 있는 정신 상태를 유지하려고 하는데, 이러한 마음 상태는 모든 종류의 지각, 감각, 심상, 기억, 감정과 환상(기꺼이 받아들여지든 아니든)이 드러나서 자각하고 처리할 수 있게 한다. 이러한 마음 상태는 비온(Bion, 1926b)이 몽상(reverie)이라고 한 것과 유사한데, 몽상이란 마음이 어디에 초점을 두지 않는 것으로 이 상태에서 치료자는 목표 지향적인 사고에서 의식적으로 벗어난다. 목표 지향적인 사고에서 벗어나는 대신 치료자는 아동의 의사소통과 관련이 되든 역전이 감정과 환상의 내적 과정에 관련이 되든 간에 나타날 수 있는 모든 것에 마음을 열어 두려고 한다. 넓게 보면 여기에는 아동, 치료, 그리고 자신에 대한 모호한 생각이 오고 가는 초점을 두지 않는 몽롱한 상태도 포함된다. 그러므로 이러한 종류의 치료에서는 아동에게만 주의를 기울이는 것이 아니라 내적인 의식의 흐름에서 발생하는 갑작스러운 장애와 방해와 치료자 자신의 끊이지 않는 역전이 관련한 생각, 느낌, 감각, 이미지, 그리고 꿈에도 계속해서 주의를 기울일 것을 요구한다. 이러한 전통에서는, 치료자가 보통 역전이 감정을 아동과 공유하지는 않지만, 자신의 마음 상태를 자각하면서 자신의 역전이와 아동의 행동 그리고 소통 간 가능한 관련성에 대해서 세심하게 들여다본다.

아동 및 일부 청소년을 대상으로 한 심리치료의 한 가지 독특한 특징은 일관된 언어적 기술이 아닌 실행과 놀이를 통해 의사소통하는 아동의 경향성이다. 따라서 심리치료 과정은 보다 섬세한 특성을 띠게 되어 놀이, 대화, 침묵과 몸의 움직임 사이, 그리고 아동의 연령에 적합한 수준의 행동과 미숙하거나 장애로 인한 행동 사이를 왔다 갔다 한다. 따라서 이야기와 상징놀이는 퇴행 또는 공격 행동으로 나타날 수도 있다. 여기서 아동은 전지전능한 행동, 분리, 그리고 투사적 동일시를 통해 아동의 느낌과 기억을 전달하는 것이다.

그래서 아동 · 청소년 치료에서, 대부분의 치료자 개입은 아동의 의도, 바람, 느낌, 불안, 환상, 그리고 방어적인 행동을 해석으로써 명료화하는 데 목적이 있다. 해석에서는 이것들을 전이 관계에 연결시키고 (더 간결하게는) 어떻게 그들이 아동의 과거 또는 현재 인생 경험, 특히 초기 관계와 관련 있는지 밝힌다.

놀이, 꿈, 그림, 그리고 언어적 이야기인 상징적 차원을 해석하는 것과 더불어 아동의 행동, 그리고 치료자와 관계하는 방식에 내포되어 있는 대상관계적 정서적 의미를 이해하려고 시도하는 것 또한 중요하다. 이러한 상징 이전 수준의 의사소통은 보통 치료 초기 동안 종종 눈에 띈다. 이 단계에서는 어린 아동, 복합 외상 또는 심각한 조기 방임과 학대를 받은 아동, 그리고 정신질환이 있는 아동을 치료할 때는 특히 치료자에게 말이 없고 혼란되며 반항적인 상태와 의미 없는 반복, 그리고 치료 환경과 치료 관계에 대한 적대적인 공격 등을 단순하고 소화할 수 있는 말로 담아내기를 하고 바꿀 수 있는 능력이 중요하다. 이러한 변환에서는, 아이가 치료와 현재 치료자와의 관계를 어떻게 보고 느끼는지를 다루는데, 놀라움이나 유머의 요소가 상호 이해의 길을 터줄 수 있다.

다섯 살까지 인생 경험에는 부모 사이의 폭력 목격, 어머니의 우울증, 그리고 반복 상실과 이사와 관련된 초기 외상 등이 있다. 클라이브는 관계 문제와 저항하는 태도 때문에 취학 전 상담자가 아동 심리치료를 의뢰하였다. 교사는 아동을 반항적이고, 지배적이며, 자기 멋대로 하려고 하고 끊임없이 반대하여 아동과 성인 모두의 한계를 도발적으로 시험한다고 말하였다.

게다가 선생님들이 클라이브의 행동을 규제하려고 할 때는, 미친 듯이 킥킥 거리며 선생님들의 행동을 흉내 내고, 때리고, 침을 뱉기도 하였다. 반면, 다른 때는 연약하고 우울해 보였는데 클라이브는 계속 자책하면서 자기가 싫다는 말을 되풀이했다. 클라이브 어머니는 임신 중이었고 곧 출산할 예정이었다. 클라이브는 총 35회의 시간제한 놀이치료를 일주일에 한 번씩 받았고 동시에 부모 상담을 2주에 한 번 하였다.

[1회 차에서 발췌]

클라이브(Clive)는 다른 애들에게 인형의 집과 의료기기 장난감을 가지고 노는 게 허용되는지를 비롯하여 많은 질문을 던지면서 장난감 상자와 놀이실을 살핀다("너는 여기서 다른 애들처럼 똑같이 해도 되는지 궁금하구나?"라고 말한다.). 클라이브는 높은 선반 위의 몇 상자를 가리키며, "이것들은 다른 애들의 상자예요. 어쨌든 저는 그걸 가지고 놀 수 없어요."라고 말한다. 이 회차 후반에, 클라이브는 그의 상자에서 아동용 점토를 발견하고, 테이블 위에서 핑크 덩어리를 눌러 가운데가 튀어나온 팁을 만든다. (젖꼭지가 달린 가슴처럼 보인다는 생각이 가장 먼저 든다. 나는 클라이브에게 "무엇을 만들고 있니?"라고 묻는다.) 클라이브는 "팬케이크와 피자요. 음-음, 이것은 맛있을 거예요."라고 한다. 클라이브는 목청을 점점 더 높이며, "이 팬케이크는 클 거고, 그게 제가 제일 좋아하는 거예요."라는 말과 "저는 큰 거를 좋아해요."라는 말을 덧붙인다. 흥분하여 점토 팬케이크/피자를 공중으로 던지기 시작하면서, 그게 아무리 커지더라도 자기는 그걸 잡을 거라고 말한다. (나는 그것이 클라이브의 걱정거리와 같을 수도 있겠구나 생각한다. 즉, 클라이브는 걱정거리가 너무 커서 자기가 걱정거리를 다룰 수 있게 내가 도울 수 있을지 확신을 못하고 있다.) 클라이브는 "그래요."라고 하면서 "하지만 만일 저만 그걸 잡을 수 있다면 그게 제일 좋죠. 다른 사람이 잡는 것보다는 더 낫죠. 점토가 너무 클 때는 힘들긴 하지만요."라고 덧붙인다. (갑자기 분위기가 너무 무겁고 우울해지는 게 왜 그런지 궁금하다.)

이 짧은 삽화에서 볼 수 있듯이, 치료 공간에서 아동의 행동은 몇 가지 가능한 해석할 수 있는 관점을 제공할 것이다. 첫째, 앞에서 언급한 바와 같이, 사실상 변함없는 관점 중 하나는 아동의 현재 행동과 특정한 매우 주관적이고 의식적이거나 무의식적인 관계의 환상들 간의 더 많거나 적은 명확한 관계이며, 이는 현재의 전이 관계에서 비롯되고 촉진된다. 둘째, 상호작용에 아동이 미치는 영향은 아동이 이전의 대인관계에 대해 주관적으로 처리한 기억과 아동의 다양한 과거 경험과 관련된 역사적 관점에서 이해될 수 있다. 여기에는 상실, 외상 경험, 그리고 정신적 상처를 초래하는 특정 사건 또는 이와는 반대로 과거 실제 경험을 풍요롭고 안정시켜 주는 주관적인 기억 등이 있다. 셋째, 아동은 현재 또는 심지어는 미래의 외적 현실을 염두에 두고 있을 수 있다. 이러한 외적 현실에는 오늘 아침에 집이나 학교에서 일어난 일 또는 치료 시간 이후 발생할 일 등이 있다. 이러한 점을 명심하는 것은 중요한데, 왜냐하면 치료자는 자신의 역전이만이 아니라 이러한 다양한 해석 관점이 있는 아동의 경험과 행동에 영향을 미치는 상대적인 영향에 대해 생각해 볼 필요가 있기 때문이다.

해석 외에도, 다른 일반적인 개입은 치료 환경을 보존하고 보호하는 데 목적을 두며, 치료를 훼손하거나 아동이나 치료사의 안전을 위협할 수 있는 행동으로부터 보호하는 것을 목표로 한다. 보통 치료자는 아이의 공격을 유발한 근본적인 감정에 대한 언어적 해석을 함으로써 이 목적을 달성하지만, 때때로 보살피거나 보호하는 인물을 놀이에 참여시키는 것으로 보충하기도 한다. 하지만 때때로 일부 아동과 청소년, 특히 이들이 학대를 당했다거나 폭력적인 감정 분출을 하기 쉽다면 아동이나 치료자의 안전을 위협하는 위험하거나 공격적인 행동을 즉각 중단시키기 위해서 단호하고 강력한 명령조의 개입을 할 필요가 있다. 이러한 개입의 효과는 개입이 얼마나 권위가 있는 것으로 보이는가에 따라 다르다. 가령 치료자가 앉아 있지 않고 서서 그야말로 어른으로서 치료자의 지위를 보여 주는 것이 도움이 된다. 따라서 모든 아동과 청소년, 특히 만일 이들이 폭력의 피해자이거나 또는 폭력적인 폭발을 하기 쉽다면, 치료적 태도의 중요한 측면은 치료자와 아동은 같이 노는 동등한 대상이 아니라 비대칭적 관계에서 각자가 역할이 있다는 것을 항상 기억하는 것이다. 이러한 입장에 상응되게 50년 전 멜처(Meltzer, 1967)는 교훈적으로 말하기를 아동 치료자가 아동에게 치료 상황을 아동의 개인 성향과 특성으로 채우라는 과제를 내줄 때는 상황의 하나하나 다 계획하고 조직하는 감독처럼 치료자는 자신의 권위를 확고하게 지킬 필요가 있다고 하였다.

아동을 대상으로 한 어떤 치료에서건 치료자들은 가끔씩 아니면 최소한 한 번은 전이-역전이 과정을 탐색하는 동안 갑작스러운 정서적-인지적 통찰의 순간, 즉 유레카 순간을 경험하기를 바란다. 이 중요한 순간에 치료자의 마음은 별개였던 관찰, 느낌, 생각을 직관적으로 연결시키는데, 지금까지는 개별적으로 아주 흥미로웠던 것들이 갑자기 의미 있는 전체, 즉 대상과 관련되어 있는 환상, 느낌, 그리고 방어를 결합시키는 일관된 이야기 패턴으로 갑자기 이해를 하게 된다. 이 특별한 형태의 직관적인 인식은 비온(Bion)이 '선택적 사실'(selective facts)이라고 설명한 것이다(1962b, 1963; Riesenberg-Malcolm, 2001). 이러한 순간은 치료에서 진정한 전환점이 될 수 있는데 이 순간에 연이어 긍정적인 변화가 일어나게 된다. 이러한 긍정적인 전환점이 전이 관계에서 발생하는 위기 같은 치료의 힘든 시기 이후 일반적으로 얼어난다는 사실은 임상에서 치료자들이 공통으로 하게 되는 경험이다.

투사적 동일시와 담아내기

멜라니 클라인(Melanie Klein)은 1946년에 투사적 동일시의 개념을 처음 선보였는데 투사적 동일시를 '원초적이고 극단적 형태의 자아 분리'라고 기술하였다. 이 분리는 내적인 대상관계가 자아의 나쁘거나 '미친'면으로 경험되는 견디기 힘든 부분으로부터 벗어나는 환상을 동반한다. 이것은 자기에서 대상으로 옮겨 가는(투사되는) 것으로 여겨지는 아동 자신의 선망하는 부분일 수도 있는데 이를 아동은 대상이 선망하는 것으로 지각한다.

하지만 투사적 동일시는 자기의 특히 중요한 부분, 즉 아동 자신의 더 파괴적인 부분일 수 있다. 이를 아동은 무의식적으로 다른 사람에게 위협받는다고 경험한다. 예를 들면, 아동은 부모의 상호 관계를 관찰하면서 생긴 질투와 부러움이 좋은, 즉 사랑하는 부모를 돌이킬 수 없을 정도로 해를 입힐지 모른다고 불안해할 수 있다. 아동은 또한 이러한 공격적인 감정이 창조적인 힘, 그리고 사랑을 얻고 보상을 할 수 있는 능력을 파괴할지 모른다고 걱정할 수 있다. 이런 경우 아동은 환상에서 자신의 좋은, 즉 창의적인 능력을 부모에 투사하게 되는데 이에 따라 부모는 이상화되어 전지전능한 것으로 지각하는 반면 자기는 가치가 없어지고 긍정적인 부분이 격감된다. 투사를 하는 자기는 투사된 부분을 주관적으로는 계속 붙들고 있다. 이 말의 의미는 자아와 대상 간의 구분이 희미해지고 부분적으로 지워진다는 것을 의미한다. 예를 들어, 투사된 자아의 부분들이 이제 대상 내부에 자리 잡고 있어, 그 부분들을 통해 대상을 내부에서 통제하려는 환상에 의해 그런 현상이 발생한다는 것이다. 클라인은 주로 투사적 동일시를 과격한 방어적 환상의 범주로서 이해하였다. 투사적 동일시의 효과는 어떤 안도감이라고 할 수 있는데 이는 견딜 수 없는 감정(예를 들면, 자기혐오)이 자기의 외부로 향하기 때문이다. 앞에서 설명한 대로, 이 안도감은 비싼 대가를 치르게 되는데 이는 그러한 안도감이 자기의 분리 경험을 약화시키기 때문이다. 더욱이 투사적 동일시는 치료 관계의 좋고 영양분이 되는 부분을 함입하는 것을 방해하는데 이렇게 되는 것은 아동이 환상에서 치료자를 자기가 투사된 나쁜 부분과 동일시하기 때문이다(Klein, 1957).

비온(Bion)은 발달 차원을 추가하여 이 개념을 표준화하였다. 비온은 투사적 동일시를 초기의 언어 이전의 대인관계 의사소통 방식, 즉 유아와 부모 간 정서 상태에 대해 무언의 상호 주체적 대화인 근원적 틀로 상정하였다. 비온의 공식화에서 투사적 동일시는 유아 내면의 몸과 마음의 상태 그리고 대상에 대한 어머니의 무의식적 환상의 세계 간에 있는 정서적인 상호 주체 간 연결을 말한다. 이런 이유로, 투사적 동일시는 유아의 초기 현실검증 행위로 생각할 수도 있다.

투사적 동일시의 개념을 바탕으로, 현대 클라인 학파 이론 형성에 기여한 비온의 공헌 중 하나는 담아내기(containment) 이론을 발전시킨 것이다. 대체로, 초기 정신 발달에 대한 이 이론이 출발점으로 삼는 것은 유아가 처음으로 경험하는 세상은 있는 그대로의 감각적 인상(β요소, 베타-요소로 표시함), 즉 즐겁거나 유쾌하지 못한 감각적 인상이라는 것으로 아동이 이를 정신적으로 소화하지 못하여 정서적 의미나 관계적 의미를 부여하지 못한다는 가정이다. 이런 이유로, 유아의 정신은 소화되지 않은 감각적 인상들에 의해 자주 침수되어 이로 인해 유아에게는 자극에서 벗어날 수 있는 방법은 한 가지밖에 남지 않게 되는데 이는 감각운동 환상과 이와 관련된 행동들이다. 예를 들어, 발차기, 울기, 소변보기, 침 뱉기, 근육 긴장 증가 등과 같은 구체적인 신체적 방법을 통해 불쾌한 감각 인상과 관련된 정신의 분열감을 해소하려는 것이다. 아동이 하는 이러한 감각운동적인 의사소통은 받아 줄 사람을 찾는데, 만약 어머니가 아동의 원시적 의사소통에 마음을 열고, 앞서 설명한 대로, 수용적이고, 멍한 마치 꿈같은 상태로 들어갈 수 있다면 마음 상태를 어머니에게 전달한다. 비온은 어머니와 유아의 관계와 관련하여 몽상(reverie)을 "사랑받는 대상으로부터 오는 모든 '대상들'을 받아들일 수 있도록 열려 있는, 그럼으로써 유아에게 좋은 것이든 나쁜 것으로 느껴지든 간에, 유아의 투사적 동일시들을 수용할 수 있는 마음의 상태"라고 정의하였다(1962b, p. 36).

담아내기를 하는 사람(container)-담아내기를 경험하는 사람(contained) 관계는 하나의 정서적 관계로 이 관계에서 받는 사람(부모나 치료자)은 유아 또는 (아동 · 청소년 심리치료에서와 같이) 어린 내담자가 견디기 너무 어려워 정신적으로 처리하거나 의미를 부여할 수 없는 자기 가운데 투사적 동일시한 부분에 대해 몽상으로써 담는 자로 가능하게 하도록 마음먹는 것을 나타낸다. 더 성숙한 부모/치료자의 마음에서, 아동이 투사한 거친 감각적 인상(베타-요소)은 성찰할 수 있고 상징화할 수 있는 생각, 느낌, 그리고 환상으로 변형되는데 이를 통해 아동의 상태와 요구를 직관적으로 이해할 수 있게 된다. 비온은 이런 능력을 알파-기능(α-기능)이라고 명명하였다. 알파-기능은 대체로 의식 수준이 아닌 정신 과정을 통해서 작동하는데 여기서 부모/치료자는 공감적인 반영과 적절한 정신적 · 언어적 돌봄을 사용하며 이전에 투사한 아동의 내적 세계를 이제는 개선된 상태로 아이에게 되돌려 준다. 이는 아이가 새롭고 개선된 자아의 부분을 받아들일 수 있게(소화할 수 있게) 한다. 이러한 선순환의 반복은 부모/치료자와 관계가 아동의 내면에서 내적인 기능으로 자리 잡게 한다. 이는 내면적이고 공감적이며 정서적으로 영향을 주는 부모의 존재로서, 정서 조절, 좌절 인내, 공감, 자기 인식의 발달에 기여한다.

부모의 담아내기와 치료적 담아내기는 결국 늘 불완전하고 때로는 결함이 있게 된다. 이는 부모/치료자가 가끔 오해를 하거나 (정신적 또는 물리적으로) 부재하기 때문이기도 하고, 투사적 동일시의 약하거나 흐릿하거나 또는 지리멸렬한 특성 때문에 유아를 특히 담기 힘들기 때문이기도 하다. 다시 말해서, 헌신적이고 공감적인 부모/치료자라도 때로는 아동의 기대에 적절하게 부응하지 못할 때가 있는 법이다. 따라서 최상의 어머니-아기 관계라고 하더라도, 어떤 순간에는 아동이 자신의 마음을 편안하게 해 줄 공감적인 부모상과 관계를 맺는 것이 아니라 자신의 고통을 악화시키는 무감각한 부모상과 관계를 맺는다. 더욱이 아동은 자기 자신의 견디기 힘든 감정을 충분하게 수정되지 않았거나, 그대로이거나, 악화되었거나, 또는 근본적으로 오해한 형태로 재함입한다. 이런 고통스러운 순간에, 아동은 관계를 오해하거나 감정을 쏟아붓는 부모 대상의 부분으로 받아들인다. 초기 일반적인 발달에서 이런 과정을 통해 클라인이 편집-분열적 자리라고 명명한 대상관계의 분리 조직이 유아의 정신에서 구성된다([그림 2-1]은 Bion, 1962b와 Riesenberg-Malcolm, 2001에게 영감을 받은 성공적인 담아내기와 실패한 담아내기를 나타낸 것이다.).

담아내기를 하는 사람-담아내기를 경험하는 사람의 관계는 모호하게도 정신내적 현상과 대인관계 현상 모두를 나타낸다. 정신내적 현상으로서 이 관계

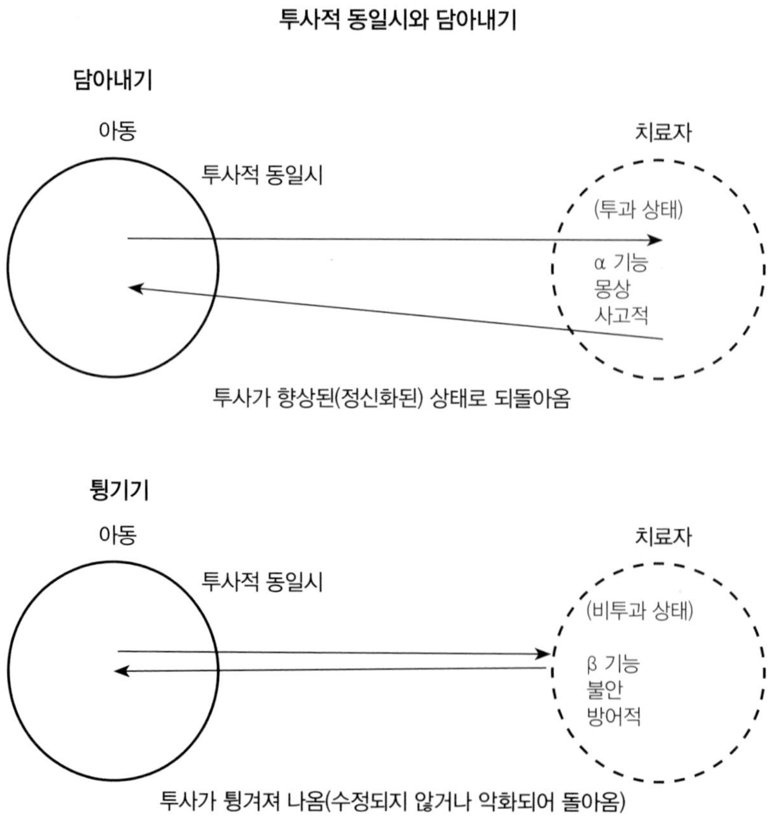

[그림 2-1] 투사적 동일시와 담아내기 그림 설명

는 내면의 대상과 무의식적으로 관계 맺음으로써 주관적으로 감정이나 경험을 담아내고 처리하는 내적 구조를 의미한다. 이러한 구조는 개인이 내면의 마음 상태를 행동으로 옮기지 않고, 이를 조절하고, 표현하며, 생각할 수 있도록 한다. 대인관계에서 발생하는 현상으로서 이 관계는 어머니와 유아 또는 치료자와 아동 같이 두 사람 간, 특히 가까운 비언어적인 유대를 말한다. 이 관계 안에서, 두 참여자는 탐색과 정신적 성장으로 이어지는 정서적 의사소통에 참여하고 반응한다. 이런 까닭에, 유대의 중단(예: 갑작스러운 치료 종결)은 상실의 경험이 수반되어 두 참여자에게 모두 고통이 된다(Bion, 1962a).

아동 및 청소년 심리치료에서, '담아내기를 하는 사람–담아내기를 경험하는 사람'의 관계는 치료자의 사고–감정 마음과 아동의 사고–감정 마음의 관계를 나타내는데 아동은 정신적으로 의미 있는 감정과 생각으로 변형할 수 없기 때문에 이를 말없이 행동과 태도를 통해 치료자에게 전달한다. 또한 '담아내는 사람–담아내기를 경험하는 사람'은 아동이 치료자와의 담아내는 관계를 내면화하고 동일시하는 것을 의미할 수도 있다. 이 경우, 이는 아이의 내면세계에서 이해하고 조절하는 대상, 즉 아동의 마음속에서 자기 통제와 자신감이라는 곧 생기게 되는 정신 구조를 말하는 것이다.

[Clive, 7회 차 발췌]

클라이브는 상자를 가지고 와서 묻는다. "걱정이란 뭔가요?" 내가 대답을 하기도 전에, 클라이브는 작은 빗자루를 발견하고는 "이것은 무엇을 위해 사용하나요? 청소하기 위한 것인가요?"라고 묻는다. (나는 클라이브에게 방금 전 걱정이 뭔지? 걱정에 대해 어떻게 생각하는지, 그게 뭔지? 물었던 것을 상기시켰다.) 클라이브는 걱정은 복통을 주는 어떤 것이어서 때로는 너무 아파서 그것을 다시 사라지게 하기 위해 방귀를 뀌어야만 하는 것이라고 말하였다. ("나는 그래, 네 말이 맞아."라고 말하면서 "걱정은 우리가 그것에 대해 너무 열심히 생각해서 우리가 슬퍼지거나 모든 게 혼란스러워지고 때때로 그들이 배를 많이 아프게 할 수 있는 어떤 것이 될 수 있어."라고 한다.) 클라이브는 “저는 제게 걱정이 있다고 생각하지는 않아요. 아니면, 네, 저는 여전히 방귀를 많이 뀌어요. 그거 때문은 아니라고 생각해요.”라고 말한다. 클라이브는 빗자루에 대해 계속 말하는데 이것은 누군가가 놀이방의 바닥에 있는 모래를 청소한다면 많은 도움이 될 거라고 클라이브가 느꼈기 때문이다.

[Clive, 9회 차 발췌]

잠시 동안, 클라이브는 그림 그리는 것에 집중하고 있다. “이것은 방귀-똥이에요.”라고 말한다. 클라이브는 종이에 미세한 점을 그린다. (나는 그것이 걱정-방귀일 수도 있다고 말한다.) 클라이브는 인정하고서는 그 주변에 짙은 녹색 고리를 칠하는데, 이로 인해 그 점이 조금 더 커지게 된다. 클라이브가 너무 격렬하게 칠해서 그 색이 종이를 흠뻑 적셨다. 그러고 나서 클라이브는 ‘걱정-방귀를 조금 더 무섭게’ 하는 무언가를 그리기 원한다. 클라이브는 점의 경계를 빨간색으로 칠한다……. (나는 “그건 피 같네.”라고 말한다.) 클라이브는 “네. 그래요. 그게 나올 때 아기가 너무 크면 많이 다치게 돼요.”라고 말한다. (나: “아기와 걱정-방귀가 같은 장소에서 나왔는지 궁금해하는 거 같네?”) 클라이브는 “네, 그것들 또한 엉덩이에서 나온 건가요?”라고 말한다. 여기에 덧붙이기를 이 그림이 나를 위한 것이어서 내가 걱정-방귀가 무엇처럼 보이는지 볼 수 있다고 한다. 클라이브는 위에 있는 종이를 들어 올려서 색이 밑에 있는 종이까지 퍼졌는지 살펴본다. (나는 “그래, 그 걱정-방귀는 너무 많은 공간을 차지해서 제2장의 종이를 통해서도 너는 걱정-방귀를 볼 수 있어.”라고 말한다.) “맞아요, 사실, 제 걱정-방귀는 아래 종이에만 있어요, 선생님은 그걸 보실 수 없어요.” (사실 더 이상 볼 수 없기는 하지만 위쪽 종이에 더 큰 걱정-방귀가 있다고 답한다.) 클라이브는 “아니요, 이제 이것은 선생님의 걱정-방귀예요, 엄마가 엄마 배에 아기 동생을 가진 것처럼요.”라고 말한다. (나는 “내가 너를 위해 여기에 충분한 공간을 두지 않았을까 불안하구나?”라고 말한다.) 클라이브는 “네, 선생님이 지금 다른 아기가 있어서, 선생님이 더 이상 여기에 올 시간이 없으면 어쩌죠? 그런 경우라면 누구나 자신이 해 오던 것을 포기해야 할 거예요.”라고 답한다.

상징 형성과 관계적 사고

초기 발달에 대한 정신역동적 이론의 근본 가정은 일상적인 생활의 일부로 자신의 부모가 잠시 떠나고 또 돌아온다는 사실을 영유아가 자각하는 것과 관련이 있다. 따라서 정서적으로 도움을 얻을 수 있는 부모와 같은 인물이 안정적으로 함께 있어 주는 것이 중요한 것과 마찬가지로 일시적인 부재 경험을 아이가 반복하는 것은 건강한 정서 발달과 인지 발달을 위한 중요한 전제 조건으로 간주한다. 따라서 안정 애착의 맥락에서 부모와 같은 인물의 물리적 부재에 대한 되풀이되는 실제 경험은 슬픔, 갈망, 그리고 애도와 같은 우울한 감정을 담아내는 아동의 능력을 강화시키고 따라서 아동이 의존과 분리와 관련된 발달적 딜레마를 받아들이도록 돕는다. 한편, 부모가 충분히 민감하고 일관되며 명확하게 어린 자녀의 필요, 감정, 의도를 반영하고 응답하는 담아내는 돌봄 관계를 제공하는 것이 중요하다. 또 다른 한편으로는, 일정한 간격을 두고 아동이 지나치게 길지 않은 부재를 경험하도록 하는 부모의 능력과 의지는 정신 발달에 대한 자극으로서 똑같이 필요하다.

이에 따라, 초기 불안 상황, 무의식적 환상, 그리고 새로 배울 거리를 탐색하고 추구하는 능력 사이의 발달적 관계에 대한 가정은 클라인의 초기 연구에서 이미 발견되고 있다. 이 논문에서, 클라인은 학습의 심인성 억제 간 연관성을 탐색했는데, 예를 들면 성별, 성욕 및 생식에 관한 호기심에 대한 억제와 읽고 쓰는 능력 간 연관성을 들 수 있다(1921, 1923). 클라인은 호기심, 즉 탐구하고 알고자 하는 충동은 중심적이고 타고난 욕동이라고 주장했는데, 이를 '지식 탐구 본능(epistemophilic instinct)'이라고 하였다. 클라인은 불안과 알고 싶은 욕구 사이의 건강한 균형이 정신 발달과 상징형성 능력에 중요하다고 주장하였다. 따라서 과도하지 않은 불안이나 걱정은 아동이 감각에 기반한 초기의 어머니에 대한 친밀함이 아니라 정서적으로 더 중립적인 다른 관계를 찾도록 격려하는 것일 수도 있다. 이런 식으로, 불안과 호기심은 상호작용을 하며, 새로운 지식과 발달을 찾는 아동의 탐색을 자극한다.

비온은 인지능력이 사고(즉, 생각, 의도, 기대, 추론, 마음 상태)의 발달과 이 사고를 다루는 기관의 발달에 달려 있다고 생각하였다. 비온은 이러한 발달이 일부는 (앞에서 언급한 바와 같이) 담아내는 관계를 아동이 함입하는 것에 달려 있고 또 일부는 좌절을 아동이 인내하는 것에 달려 있다고 주장하였다. 이 맥락에서 아동이 좌절을 인내한다는 것은 좌절 경험을 회피하는 경향성이 아니라 좌절이 된 감정과 행동을 담아내고 소유하는 능력으로 이해되어야 한다. 본질적으로, 아동이 부모의 부재나 공감 실패로 인한 좌절에 어떻게 대처하는가는 추상적인(상징적) 사고를 위한 능력이 발달하기 위한 전제 조건으로서 이 모형에서 중심적인 위치를 차지한다. 이는 원초적인 감정 경험을 회상으로 변형시키고, 결과적으로 관계에 대한 상징적 사고로 발전시키기 위한 정신 구조(알파 장치)의 발달에 일정한 정도의 경험적 좌절이 필요하다는 것을 의미한다. 하지만 이 원칙은 오직 이 도전과제들(부재 그리고 공감적 실패)이 너무 오래 지속되거나 빈번하지 않을 때 유효하다. 만약 오래 지속되거나 빈번한 경우에는 대안적인 돌봄으로 보완되어야 한다. 그렇지 않다면, 부재와 공감적 실패가 발달이 아닌, 오히려, 초기 방임과 외상을 일으킬 위험이 있다.

설명한 대로, 아동이 자기 내면에서 좋은 부모 대상의 부재를 담아내고 인정할 수 있을 때, 아동의 좌절은 좋은, 하지만 부재하는 대상에 대해 생각하고 갈망하는 것으로 바뀐다. 이런 정신 작용으로, 아동은 상징적–관계적 사고를 하는 내적 장치가 발달하는 첫걸음을 내딛게 된다. 즉, 다른 말로 하면, 정서적 경험을 인식하고 그 과정에서 상징적 의미를 덧붙일 수 있는 인지적–정서적 구조인 것이다. 완벽하지 않은 대상에 대한 정서적인 애착과 의존을 경험하는 가운데 아동이 부모 대상의 부재나 공감의 실패를 견뎌내는 결과로 아동은 점차 유아기적인 전지전능을 포기하고 새로운 경험과 지식을 찾고 배우려고 하는 보통의 인간으로서 자기상을 선호하게 된다.

목표 설정

아동 · 청소년 치료의 특징은 성격 발달이 진행되는 가운데 하게 된다는 것이다. 치료 작업이 탐구하고 이해하며 경험을 통해 배우고자 하는 근본적인 충동을 자극함에 따라, 이 근본적인 동기는 개인적 변화 과정에서 중심적인 추진력이 된다. 안나 프로이트에 의해 명명한 표현으로, 정신분석 문헌에서, 심리생리학적 발달을 지속하고자 하는 아동 · 청소년의 이러한 선천적인 추진력은 '발달을 완성하려는 욕구'(A. Freud, 1965, p. 28)로 종종 불린다. 이 욕구는 나이에 적절한 불안, 과업, 그리고 어려운 문제를 다루는 데 있어 동갑내기 다른 아동들만큼 잘하고 싶은 아동의 강렬한 소망으로 나타날 수 있다. 그러한 발달과 학습에 대한 개인적(구체적) 목표가 아동의 마음속에서 형성될 때 이 목표는 주목을 받아야 하는데, 이는 이 목표가 아동 · 청소년 자신이 인정하는 진정한 치료 동맹을 이루는 데 핵심적인 역할을 하기 때문이다(아동 및 청소년과 관련하여 치료 동맹 개념의 문제는 제5장에 충분히 설명되어 있다.).

안나 프로이트에 따르면, 아동 · 청소년 심리치료의 일반적 목표는 아동을 정상적인 발달 경로로 되돌리는 것이라고 할 수 있다. 이와는 달리 클라인에 따르면, 아동 · 청소년 심리치료의 일반적 목표는 자아가 통합되면서 뒤이어 나타나는 사랑과 증오의 상반되는 느낌을 통합해 가는 것으로 기술할 수 있겠다. 공통분모로 일반적으로 정신역동적 아동 · 청소년 심리치료에서는 모든 아동을 타고난 인간 잠재력과 현재 및 과거 관계, 그리고 생애 사건에 대한 주관적 경험에 기초하여 형성되는 아동 · 청소년 자신의 개인적 발달 경로를 가지고 있는 고유한 존재로 본다는 가정에 근거하고 있다. 따라서 치료자는 아동의 내면에 잠재된 발달 잠재력과 실질적인 소통이 되도록 최선을 다하면서 탐색과 발달에 대한 아동의 고유한 욕구를 다룬다.

심리치료의 어떤 접근에서도 목표와 방법, 즉 목표로 하고 있는 효과와 치료자가 이 효과를 이루기 위해 추구하는 과정 간 구별이 필요하다. 이것이 사소하게 보일 수도 있지만 이것이 정신역동치료가 난관을 맞이하거나 어떻게 그리고 왜 효과가 있는지 설명하는 공통 이유이기도 하다. 이런 난관은 정신역동적 접근에서 내재된 역설과 관련 있는데 이 역설은 치료자가 아동을 치료하겠다는 야망을 포기하고서 목표를 두지 않는 태도를 받아들여야 한다는 것이다. 정신역동적 아동·청소년 심리치료에서, 치료자는 모든 언어적·비인어적 표현을 아동의 내적 환상과 대상관계, 즉 아동의 내적 세계의 분위기, 치료자와의 현재 관계에 대한 아동의 경험에 대한 정보를 전달하는 의식적이고 무의식적인 표현으로 인식한다. 정신역동적 심리치료자는 교육과 지도보다는 아동의 생활 상황과 내적 세계를 이해하려고 노력한다. 그러므로 아동이 언어가 아닌 놀이나 다른 행동으로 전달하는 표현을 이해하기 위해 치료자는 치료에서 자기 자신의 주관적인 반응을 활용한다.

그 결과 치료자의 몽상 상태는 잘 알지 못한다는 열린 마음을 의미하는데 이는 부모 또는 아동의 파일에서 얻은 정보를 옆에 밀어 두고 무엇보다도, 지금-여기에서 아동이 전달하고자 하는 바를 이해하고자 하는 것이다. 문자 그대로 보면, 모든 인간은 주관적인 내적 세계로부터 지각과 이해를 하기 때문에 이러한 요구는 실존적으로는 불가능한 것이다. 이것이 아동과 자신의 관점을 구분하고자 노력함에 있어 치료자가 자신의 역전이를 감안할 수 있는 능력이 전제 조건이 되는 이유이다. 현재 전이 관계 관점에서 아동의 놀이 행동을 이해하려면 치료자는 미지의 것에 초점을 두어야 하는데 비온이 말한 바와 같이 기억과 욕구의 '지켜보는 회피(watchful avoidance)'를 하기 위해 최선을 다해야 한다. 우선, 이 말은 치료자가 관찰하는 열린 마음으로 아동을 만나야 한다는 것을 의미하는데, 이는 이미 알고 있는 병력에 대한 내용뿐만 아니라 이전 치료 시간 내용도 제쳐둔다는 것을 의미한다. 두 번째로, 치료자는 자신의 야망을 억제할 수 있어야 한다. 이는 자신의 자아가 어떤 특정한 방향으로 아동을 치료하거나 결정을 유도하지 않도록 조심하는 것이다.

안나 프로이트는 특정 목표를 가지지 않는 이런 태도를 매우 직접적인 용어로 설명하였다.

> 분석가는 정신분석적 치료에서 목표와 방법을 구별해야 한다. 분석가의 목표는 환자의 필요에 따라 설정된다. 분석가의 방법은 치료 과정 동안 이한 필요에 집중하는 것이 아니라 분석 과정 그 자체에 주의를 기울이는 것이다. 분석가는 그 과정에 집중해야만 그의 목표에 도달한다. 이것은 어디론가 운전해 가는 것과 매우 비슷하다.
>
> 여러분의 목표는 도착하는 것인데, 만일 도로를 보지 않고 도착했을 때 얼마나 좋을지만 생각한다면 분명히 사고가 날 것이다. 운전 과정에 집중하는 것은 차를 조종하는 것을 의미한다. 목표와 방법은 다르다(Sandler et al., 1980, p. 251에서 인용).

이처럼 특정한 목표가 없다는 것이 치료의 목표를 무시한다는 뜻은 아니다. 앞에서 언급한 바와 같이, 치료를 시작하기 전에, 부모와 대화하면서 그리고 어떤 형태로든 아동 또는 청소년과 대화하면서 목표에 대해 이야기하는 것이 중요하다는 것이다. 호전과 악화에 대해 이야기하는 것은 치료 과정 내내 계속해야 한다.

하지만 첫 번째로, 변화에 대한 아동 또는 청소년 자신의 의식적 바람은 주변 사람들이 바라는 변화와는 상당히 다를 수 있음을 기억하는 것이 중요하다. 치료 과정의 발달에는 치료자가 아동의 고유한 발달 잠재력을 존중하면서 아동 자신의 걱정과 경험 그리고 관계에 접촉할 것을 요구한다. 클라이브와 치료자의 삽화에서 볼 수 있듯이, 임상에서는 변화에 대한 아동 자신의 걱정과 생각을 알기 위해 탐구하는 마음으로 치료를 시작한다는 것을 의미한다. 두 번째로, 위탁 양육소과 거주 치료소에 있는 아동 및 청소년에 대해서는 바람직한 발달을 위한 적절한 치료 목표와 규준을 설정하여 아동의 발달과 전반적 복지를 확보하기 위해 위탁 부모 또는 전문적인 팀과 함께 일하는 것을 목표로 포함시키는 것이 보통 적합하다.

이것은 마지막 역설에 이르게 한다. 치료-내-치료자는 치료 목표에 대한 생각을 적극적으로 배제하는 반면, 치료-밖-치료자는 이런 치료 목표를 예민하게 인식하고 있을 필요가 있다. 따라서 치료의 효과를 위해 부모, 치료자, 그리고 필요할 경우 전문 팀(이하 치료 조직이라 함) 간의 목표로 하는 변화에 대한 합의는 부모와 다른 성인들의 바람, 걱정, 불안뿐만 아니라, 아이 또는 청소년의 발달 자원에 대한 구체적이고 현실적인 평가로 구성하는 것이 매우 중요하다. 더 나아가, 치료 조직 또한 어떻게 치료가 아동의 문제 또는 고통을 치료하거나 감소시키는 데 기여할 수 있는지 생각해 봐야 한다. 이에 못지않게 중요한 것은, 일정한 간격을 두고 치료 조직은 만나서 치료의 효과를 평가해야 한다는 것인데, 아동과 일상적인 접촉을 하는 부모 및 전문가로부터 받는 이러한 피드백은 치료 효과를 제대로 현실 검증하는 데 중요한 기회를 제공한다.

다양한 전통

정신역동적 아동 · 청소년 심리치료가 동일한 형태의 치료 방법, 즉 맥락, 환경, 치료 철학, 태도, 그리고 개입을 구분하는 어떤 확고한, 예측 가능한 원칙을 제시하는 단일한 치료 방법이라고 말할 수 있는지에 대해서는 논쟁의 여지가 있다. 따라서 초기 20세기에 아동을 대상으로 한 심리치료를 처음 시도한 이후 원칙과 방법에 관한 활발한 그리고, 때때로, 열띤 논쟁이 있었다. 이러한 논쟁 중, 특히 안나 프로이트와 멜라니 클라인 사이에서 다양한 전통과 이와 관련된 조직 간 갈등이 나타났다. 하지만 그 논쟁은 또한 아동 · 청소년 치료 실제의 통상적인 부분이 된 새로운 개념의 형태로 생산적인 이론적 발전을 가져왔는데 예를 들면 대상관계, 반영, 분리, 공격자와의 동일시, 투사적 동일시,

그리고 담아내기 등이 있다. 또한, 일부 차이에도 불구하고, 한편으로는 상징 형성과 사고 기관의 발달에 관한 클라인과 비온의 이론, 그리고 다른 한편으로는 비교적 최근의 정신화 이론 사이에 분명한 유사점이 있는 것으로 보인다.

본래의 논쟁은 1940년대에 근본적인 정신분석적 개념에 대한 여러 개념화를 논의했던 영국 정신분석 협회의 여러 공식 모임(종종 '논쟁이 많았던 토론'으로 언급됨)으로 정점을 이루었다. 이 토론의 세부 사항은 이 책의 주제에서 너무 멀리 벗어나지만, 토론에는 아래 열거된 주제가 포함되었다고 말하면 족하다. 이 질문들은 오늘날까지 그리고 미래에도 심리치료를 계획할 때 아동·청소년 심리치료자에게 생각거리를 준다.

- 치료 시간에서 상징놀이와 환상의 역할은 무엇이며 놀이도 하지 않고 그림도 그리지 않으며 꿈도 보고하지 않는 아동과 어떻게 관계할 수 있는가?
- 아동·청소년 심리치료에서, 치료 동맹은 어떻게 가장 잘 개념화될 수 있는가?
- 아동·청소년 심리치료에서, 전이 관계와 전이 관계의 발달은 어떻게 가장 잘 개념화될 수 있는가?
- 긍정적 전이 감정과 부정적 전이 감정의 해석 간 실행 가능한 균형을 어떻게 찾을 수 있는가?
- 한편으로는 무의식적 환상과 갈등의 언어적 해석과 다른 한편으로는 담아내기, 명료화, 그리고 지지와 관련된 반응 사이에 실행 가능한 균형을 어떻게 찾을 수 있는가?
- 한편으로는 무의식적 환상과 갈등의 해석, 그리고 다른 한편으로는 환경, 실제로는, 치료 과정의 즉각적인 유지와 보호를 목표로 한 개입 간 실행 가능한 시기를 어떻게 찾을 수 있는가?
- 치료를 지지하고 치료 밖 아동의 일상 관계에서 변화를 촉진하기 위한 협력 노력을 지속하기 위해 아동의 부모와 (있다면) 치료 기관을 어떻게 치

료에 끌어들여 참여시킬 수 있는가?

1940년대 동안 '논쟁적 토론' 이후, 정신분석적 그리고 정신역동적 아동 · 청소년 심리치료에서 상당히 많은 변형이 발전하였다. 이 치료 중 몇 가지는 여전히 활용되고 있다. 예를 들면 액슬린(Axlin, 1969)이 정교화한 놀이치료가 있는데 이 놀이치료는 오늘날 영국을 비롯하여 세계적으로 공식 조직으로 존재하고 있다. 칼 로저스(Carl Rogers)의 내담자 중심 접근에서 영감을 받은 이 놀이치료 전통에서는 전이 관계를 해석하는 것은 보통 삼가고 놀이 자체의 치유와 정화 기능에 강조를 두는데 이는 치료자가 절대로 과소평가해선 안 되는 것이다. 위니콧(Winnicott, 1971b, 1977)이 기술한 또 다른 치료 형태는 아동과 가족을 대상으로 한 단기 정신분석 탐색인데 아동과 부모의 요청으로 특별 치료 시간이 추가될 수 있다. 이 치료의 현존하는 흔적은 오늘날에도 여전히 정신분석 및 정신역동적 아동-부모 및 가족 탐색과 평가를 제공하는 상담 서비스에서 찾아볼 수 있다(Rustin & Quagliata, 2000). 자아 지지 접근법들은 오래전에 폐기되거나 이런저런 형태로 환경치료에 통합되었다. 가장 잘 알려진 변종 중 하나인 퇴행 치료의 특별한 특징은 허용적인 관계를 촉진한다는 것이다. 이 관계에서는 음식 또는 다른 형태의 기본적 돌봄에 실질적인 만족을 체계적으로 더해 줌으로써 욕동 퇴행을 격려한다. 이와 마찬가지로, 신체 갑옷과 방어적 성격 형성에 관한 라이히의 연구는 자아-지지적인, 신체-지향적인, 정신역동적 아동 심리치료 형태를 낳았는데 이는 베게토 치료라는 이름으로, 특히 노르웨이에서 광범위한 인기를 얻었다(Grønseth, 1969; Reich, 1928).

이런 다양성의 배경에는 아동과 청소년의 심각한 장애 또는 사회경제적 · 지리적 · 문화적 조건 때문에 그러한 서비스를 잘 받을 수 없는 아동 및 청소년에 대한 심리치료적 처치에 대한 사회적 요구가 증가했다는 것이다. 이전 장에서 설명했듯이, 안나 프로이트와 멜라니 클라인의 초기 발전을 바탕으로 정신역동적 아동 · 청소년 심리치료는 오늘날 여전히 계속 발전하고 있다.

가장 일반적인 접근법에는 프로이트 학파, 클라인 학파, 독립학파, 그리고 융 학파의 현대적 접근이 있다. 여기에, 초기 자아-지지적 접근 또한 상당히 발전했는데 오늘날 정신화 기반 아동·청소년 심리치료(예를 들어, Lindqvist, 2013; Verheught-Pleiter et al., 2008을 보라.) 또는 신경정서적 심리치료(Hart & Bentzen, 2013)로 대표된다. 그러므로 정신역동적 아동·청소년 심리치료의 방법에는 엄청난 발전이 있었다고 하겠다. 오늘날, 아동·청소년 심리치료는 다양한 맥락에서 실시되고 있어서 다양한 환경과 방법을 포괄하고 있다. 아동·청소년 심리치료는 다양한 범위의 문제를 다루는데 여기에는 불안과 내현화 장애를 비롯하여 외현화(행동) 장애, 우울, 정신병 질환, 자폐스펙트럼장애, 그리고 복합적인 초기 외상과 방임의 후유증 등이 있다.

제3장
의뢰와 평가

의뢰와 평가는 모든 심리치료의 중요한 전제 조건이다. 특정 심리치료 개입의 실행 가능성과 효과는 견고한 토대에 달려 있다. 견고한 토대란 선택한 치료에 필요한 조건의 존재와 더불어 근본적인 문제와 이 문제와 관련된 사람들에 대한 충분한 정보를 의미한다. 만약 심리치료 개입이 불충분한 평가를 토대로 시작되면 보통 실패하여 조기 종결될 수 있다. 이러한 조기 종결은 치료자와 내담자 모두에게 부정적인 결과를 가져올 수 있다. 아동·청소년 심리치료자는 아동 또는 청소년 주변의 사람들로부터 빨리 치료를 해 달라는 압박을 받을 수 있다. 이러한 압박을 견디고 적합한 평가를 할 충분한 시간을 요구할 수 있는 것이 중요하다. 철저한 사전 평가는 후속 치료를 더 쉽게 할 뿐만 아니라 그 자체로 상당한 치료적 특성을 갖추고 있을 수 있다. 그러나 만약 아동이 현재 심각한 학대와 폭행을 당하고 있는 경우에는 예외로 두어 사전 평가를 빨리 할 필요가 있다. 이 경우 학대가 계속 되는 것을 막기 위한 평가와 조치보다 아동의 안전이 우선시되어야 한다.

종종 아동이나 청소년을 평가나 심리치료에 의뢰한 사람들은 아동이 정신과적 진단을 받을 거라고 기대하거나 원할 수 있다. 그러한 경우, 의뢰한 사람들이 진단을 내리는 것과 문제를 이해하는 것이 어떤 차이가 있는지 이해할 수 있도록 도울 필요가 있다. 정신과적 진단은 많은 사람이 생각하는 것처럼 질병의 명칭이 아니다. 반대로, ICD-10은 '질환(disease)' 또는 '질병(illness)'이라는 단어 사용에 내재된 많은 문제를 피하기 위해 의도적으로 '장애(disorder)'라는 단어를 사용한다(World Health Organization, 1992). '질병'과 '질환' 개념은 지속된다는 것과 생리적 원인이 있다는 것을 쉽게 의미하게 되는데 이것이 바로 ICD-10의 저자들이 방지하고자 했던 바로 그 (잘못 이해한) 개념일 것이다. 진단은 난지 특정 증상들의 집합에 대한 명칭, 즉 달리 말하자면 간결한 묘사인 것이다. 만약 증상들이 바뀌거나 사라진다면, 그 진단은 더 이상 적용되지 않는다.

제1장에서 언급한 바와 같이, 진단은 오로지 관찰만을 토대로 내려지는데 여기에는 사람의 내면 상태에 대한 어떤 추론도 없다. 따라서 진단을 내리는 것은 상대적으로 쉽지만, 진단에서 얻어지는 지식은 너무 제한적이어서 정신역동적 심리치료의 충분한 토대와 거리가 멀다. 정신역동적 치료를 하는 데는 상당한 양의 추가적인 정보가 필요하다. 첫째, 문제가 무엇인지, 얼마나 광범위한지, 그리고 문제가 어디에 있는지 이해하는 것이 필요하다. 증상이 문제인 경우는 드물어서 단지 어떤 것의 증상일 뿐이며 치료자가 더 알아야 할 것은 바로 '어떤 것'인 것이다. 둘째, 아동을 더 이해하는 것이 필요한데, 이는 아동의 내력을 알고, 몇 가지 아동 성격 기능을 평가하며, 아동의 성격 구조를 이해하는 것을 의미한다. 마지막으로, 이에 못지않게 중요한 것은, 아동의 가족, 환경, 환경, 그리고 전체적인 생활 상태에 대해 아는 것이다. 모든 측면들은 아래에서 추가적으로 설명할 것이다.

아동 및 청소년 평가의 특징

몇 가지 이유로, 아동과 청소년 평가는 성인 평가보다 훨씬 어렵고 복잡하다. 아동과 청소년은 신생아에서 17세까지이다. 따라서 매우 다양한 발달 단계에 있는 아동과 청소년을 대상으로 하기 때문에 평가와 치료 중 그 어느 것도 이러한 연령대에서 동일할 수 없다는 것은 명백하다. 이 책에서, 0~3세의 유아와 아동의 평가 및 치료는 설명에 포함되어 있지 않다. 일반적으로, 이들은 부모-유아 심리치료에서 치료되며, 이 치료는 정신역동적 아동 심리치료처럼 정신역동적 이론을 기반으로 하지만, 물론 그 방법은 영유아와 부모에 적합하게 변용된다. 하지만 이러한 차이에도 모든 아동과 청소년에게 공통점이 있는데 이는 이들이 나이가 어려서 치료를 받거나 거부하는 것에 대해 스스로 결정할 수 없기 때문에 이들의 부모가 심리치료와 관련한 모든 결정에 관여해야 한다는 것이다. 더불어 아동은 자신의 문제, 감정, 생각을 말로 표현할 수 있는 능력이 제한되어 있다. 따라서 임상가는 평가할 때 아동을 가장 잘 아는 성인의 도움이 필요하다. 이러한 성인은 주로 부모이지만 교사인 경우도 있다.

초기 만남

아동과 청소년은 스스로 도움을 구할 수도 있지만, 대부분 이들 주변의 어른들이 걱정하여 도움을 요청하는 경우가 더 많다. 주변의 어른들은 부모일 수도 있지만, 학교나 사회복지 서비스와 같이 다른 사람 혹은, 기관일 수도 있다. 부모가 아닌 다른 사람이 아동을 의뢰한 경우, 항상 의뢰한 기관에 먼저 연락하는 것이 좋은데, 이는 의뢰한 기관이 처음에 제공한 자료보다 더 많은 정보를 가지고 있기 때문이다. 의뢰한 사람 혹은, 기관은 의뢰로부터 무엇이 도출될지에 대해 기대를 가지고 있을 수 있으므로 이 시점에서 미리 이러한 기대에 대해 논의하는 것이 현명하다. 여기에는 아동 개인 심리치료 또는 다른 치료 방법에 대한 바람이 있을 수 있다. 이러한 경우, 의뢰한 기관에게 평가를 마칠 때까지 어떤 치료가 가능하고 적합한지 선택할 수는 없다는 점을 명확하게 하는 것이 좋다.

다음 단계로, 아동과 가족에 대한 직접적인 평가가 시작될 수 있다. 문제가 있는 아동의 부모들은 자연스럽게 평가가 주로 자녀에 관한 것이라고 생각할 수 있다. 하지만 임상가가 이러한 기대에 따라 아동만 평가하기 시작한다면 어려움에 처할 위험성이 상당하다. 아동과 몇 번 치료를 한 후라도, 임상가는 보통 문제에 대한 이해가 부족한 법이다. 이후에 부모가 치료에 참여하도록 하면 부모는 문제가 무엇인지 알게 되고 심지어는 치료 제안을 받을 거라고 기대하는 것이 당연할 수 있다. 그런데 이것이 가능하지 않을 수 있기 때문에 부모는 좌절감을 느낄 수 있다.

첫 번째 과업은 부모와 작업 동맹을 형성하는 것이다. 자녀의 증상에 대해 아는 것만으로 치료를 즉시 시작할 수 없다는 것을 부모가 이해할 수 있도록 돕는 것이 중요하다. 이는 더 철저하게 알고 이해할 필요가 있고 결과적으로 더 포괄적인 평가가 필요하기 때문이다. 마찬가지로 부모가 아동에게 매우 중요하다는 사실과 임상가가 이해하는 데 필요한 아동에 대한 정보를 부모가 가지고 있다는 사실을 이해하도록 돕는 것도 중요하다. 따라서 합동 가족 면담은 평가를 할 때 도입 방법으로 좋으며 가족 환경을 이해하는 데 좋은 토대를 마련한다. 가족 구성원이 누구인지, 그리고 부모와 형제자매가 어떻게 시간을 보내는지(일, 학교, 취미 등)와 같은 기본적인 사실을 알아내는 것 외에도 합동 가족 면담은 치료자가 가족 구성과 가족 간 상호 관계에 대한 인상을 얻을 수 있도록 한다. 그러한 면담에서, 자녀의 문제가 무엇인지, 이 문제가 얼마나 오래되었는지, 그리고 매우 중요한 부분인 부모가 이 문제를 어떻게 이해하고 있는지 상세하게 기술하는 것 또한 가능하다. 자녀가 뇌의 선천성 질환을 앓고 있다고 생각하는지, 학교가 자녀를 부적절하게 대우하고 있다고 생각하는지, 부모 자신이 자녀의 문제와 관련이 있다고 생각하는지? 또, 부모가 문제를 해결하기 위해 무엇을 했는지 그리고, 이러한 시도들이 얼마나 효과가 있었는지 알아내는 것도 중요하다. 부모가 어떤 종류의 도움을 받고 싶은지 물어보는 것도 좋다. 가족 면담은 학교/유치원을 평가에 포함하는 것이 필요한지 명확히 하는 데 도움이 될 수 있으며, 만약 필요하다면 학교/유치원을 포함하기 위해 부모의 동의를 얻는 것이 필요하다.

가족의 모든 구성원과 그러한 심층적인 면담을 하는 것은 가족에게 종종 새로운 경험이며, 그 자체로 가족 내에서 긍정적인 과정으로 이어질 수 있는데 다음 예에서 볼 수 있다.

어떤 가족이 열 살짜리 아들 피터(Peter)를 위해서 도움을 요청했는데 피터는 유분증(대변 지림)이 생겼다. 부모와 피터 그리고 피터의 여섯 살짜리 여동생 모두가 면담에 참여했다. 얼마 전에 피터 아버지는 심각한 사고를 당해 몸 일부가 불구가 되어 일을 할 수 없게 되었다. 가족들은 이러한 어려운 상황을 어떻게 대처했는지 열의를 다해 설명하면서 자신들에게는 어떤 부정적인 결과도 없었다고 주장하는 경향이 있었다. 하지만 내가 끈질기게 질문한 결과 아버지와 함께 스포츠를 하고 자전거를 타던 것을 그리워한다는 것이 조금씩 드러났는데 이런 활동은 피터와 아버지 모두 즐겼던 운동이었다. 면담 동안, 피터는 아버지가 자신이 그리워했다는 것을 듣지 못하도록 노력했다는 것이 명확해졌는데 내가 이 주제를 얘기할 때마다 아닌 이유를 설명하였다. 피터의 여동생도 면담에 적극적으로 참여했는데 종종 끼어들면서 자신의 방식대로 힘든 주제를 건드리는 데 대한 저항을 표시하였다. 또 다른 면담이 얼마 후에 잡혔다.

하지만 약속한 두 번째 면담 전에 피터의 어머니가 약속을 취소하기 위해 전화했다. 피터 어머니는 피터가 유분증이 없어져 상담이 더 이상 필요 없다고 설명하였다. 피터의 부모는 자신들이 처한 상황에 대해 함께 의논하고 자신들이 무시하려고 해왔었던 몇몇 사실들을 직시하는 것은 좋은 경험이었다고 인정했다. 피터 어머니는 또한 면담 중에 여동생이 피터를 얼마나 지배했는지 알았고, 그 후 집에서 피터에게 그 나이에 맞는 더 많은 특권을 주며 몇 가지 변화를 주었고, 그 결과 긍정적인 영향이 있었다고 말했다.

이와 같은 경우에서, 가족이 공동으로 외상 사건을 겪었을 때 자녀 중 한 명에게 특정 증상이 생겼더라도, 적어도 처음에는 가족과 하는 합동 치료가 보통 제공할 수 있는 최선이다. 부모가 이혼해서 협력하는 데 어려움이 있다면 이혼한 부모 각자 따로 이야기하는 것이 필요하다. 보통, 한쪽 또는 양쪽 부모가 새 배우자가 있는 경우 새 배우자를 면담에 참여시키는 것이 편할 수도 있다. 물론 최선의 접근이 무엇인지는 사례에 따라 결정되어야 한다.

아동의 병력

언급한 바와 같이 아동들은 자기 자신, 자신의 배경, 그리고 자신의 발달에 대해 이야기하는 데 능력이 제한되어 있기 때문에 부모를 대상으로 한 철저한 병력 청취는 아동이나 청소년 평가에서 핵심 요소이다. 이상적으로, 양쪽 부모가 모두 면담에 참여해야 하지만 만약 가능하지 않다면, 치료자는 아동과 가장 많이 접촉하는 부모에게 이야기해야 한다. 아동은 면담에 참석하지 않아야 하는데, 아동이 참석하면 중요한 정보가 나오는 데 방해가 될 수 있기 때문이다. 그런 면담이 어떻게 진행되어야 하는가에 대해 상세하게 설명하는 것은 우리의 목적이 아니다. 하지만 우리는 아동의 생애 초기 몇 년과 가족 내의 관계, 특히 부모(또는 다른 주요 애착 인물들)와 관계 형성 과정을 탐색할 때 특별히 신중을 기하는 것이 중요하다는 것을 강조하고 싶다.

아동의 현재 문제와 아동의 초기 몇 년 동안 아동이나 가족에게 미쳤던 문제, 즉 어머니의 우울증, 부부 문제 또는 아동에게 오랜 정신적 영향을 미친 기타 문제 사이의 관련성을 발견하는 것은 드문 일이 아니다. 그런 관련성은 늘 가족 구성원 스스로는 항상 알거나 이해하지 못하는 경우가 많다. 이는 다음 예에 잘 나타난다.

> 아홉 살 소년인 닉(Nick)은 공격적이고 폭력적인 행동 그리고, 특히 부모에게 자

주 짜증 내는 것 때문에 의뢰되었다. 닉의 발달력에서 닉은 발에 기형을 가지고 태어났으며, 닉의 부모는 닉의 유아기 동안 필요한 치료를 하기 위해 훈련을 받았다는 것이 드러났다. 닉에게 치료가 고통스러웠던 것처럼 훈련은 힘들었지만 이후 장애를 막기 위해서는 필수적이었다. 닉의 심리 평가에서, 닉은 부모에 대해 초기에 형성된 불신과 분노를 품고 있는 것으로 나타났다. 이러한 감정은 부모가 닉이 아기일 때 설명해 줄 수 없었던 초기의 고통스러운 치료와 관련이 있을 것이다. 닉은 장기 개인 심리치료를 받았고, 닉의 부모도 부모 상담에 참여하였는데 결과는 좋았다.

아동의 병력을 조사할 때, 사실뿐만 아니라 부모가 그 사실들을 어떻게 이해하고 어떤 태도를 가지고 있는지에 대해서도 주의를 기울이는 것이 좋다. 이러한 첫 면담이 철저할수록, 평가 후 문제의 성격에 대해 부모와 합의하기가 쉬워지며, 그 결과로 치료 제안에 대해서도 합의하기가 더 쉬워진다.

아동 평가

부모와 면담 후에, 치료자는 반드시 개별적으로 아동을 직접 봐야 한다. 예를 들어, 아동이나 청소년이 심각한 애착장애, 자폐스펙트럼장애 또는 기타 심각한 발달장애를 가지고 있는 것으로 의심되는 경우, 종합 심리 평가를 권해야 한다. 덜 광범위한 장애의 경우 치료자는 심리치료를 준비하기 위해 아동을 평가할 수 있다. 부모는 치료자가 그 아동을 더 잘 알아가고 아동의 문제를 어떻게 가장 잘 도울 수 있을지 이해하기 위해 아동을 몇 차례 이상의 상담에 대비시키도록 요청받는다. 아동이 올 때, 보통 아동의 부모 중 한 사람이 동반하는데, 치료자는 아동하고만 이야기를 나눈다. 어떤 아동들은 처음에 너무 불안해서 부모가 함께 방에 들어와 그곳에 함께 있기를 원하기도 하는데, 이를 잠시 허용해야 할 필요가 있을 수 있다. 하지만 부모가 방을 나갈 때까지 아동에 대한 평가를 시작하면 안 된다. 아이가 부모를 전혀 놓지 못한다면, 이는 현재 단계에서 아동과 개인 심리치료를 하는 것이 불가능하다는 징표일 수 있다. 그런 경우에는, 아동에 대한 추가적인 개별 평가를 연기하고, 대신 부모가 자녀와 분리할 수 있는 능력을 함께 다루는 것이 필요할 수 있다. 3~4세 이상의 아동에게 있어서 이런 문제는 심각한 애착장애를 나타내므로 임상 심리검사가 필요하다.

아동이 평가에 대해서 무엇을 들었는지 아동에게 물어보면서 시작하는 것은 좋은 생각이며 아동이 확신이 없어 보이면 그 이유를 설명해 주는 것이 좋다. 아동 심리치료자가 아동을 평가할 때는 면담과 함께 어린 아동의 경우 몇 차례의 놀이 관찰을 할 수 있다. 만약 아동이 종합 심리검사를 받는다면 다양한 심리검사를 할 수 있다. 목적은 아동의 문제에 대해 더 철저한 이해를 하는 것인데 이 외에도 아동의 핵심 성격기능과 성격 구조에 대한 인상을 얻기 위해서 아동 평가를 한다. 하지만 사전에 상세히 평가를 계획하는 것은 어렵다.

심리검사가 필요한 경우, 일반적으로 더 구조화된 테스트 중 하나로 시작하는 것이 좋다. 예를 들어, WPPSI(웩슬러 유아 및 초등학생용 지능검사)나 WISC(웩슬러 아동용 지능검사)와 같은 인지 테스트가 이미 시행되지 않았다면 이런 검사로 시작하는 것이 좋다. 이런 검사들은 아동에게 익숙한 학교 공부와 유사하기 때문에 아동에게 친숙한 환경이 되며 보통 아동을 진정시키는 효과가 있다. 하지만 이런 검사들은 아동에 대한 제한된 정보만 제공하기 때문에, 보통 그림 그리기, 로르샤흐 검사, TAT(주제통각검사), 혹은 장면구성검사와 같은 투사적 검사로 보완해야 한다.

놀이 관찰 또한 어린 아동의 평가에 중요한 도구이다. 평가는 지도감독하에 훈련이 필요한 특별한 과업이기 때문에 그러한 평가를 어떻게 하는지 구체적으로 설명하는 것은 너무 멀리 가는 것이다. 특히, 투사검사와 놀이 관찰은 대부분, 상징적인 내용에 대한 해석에 의존하기 때문에 지도감독이나 경험을 더욱 필요로 한다. 아주 어린 아동의 경우에는 놀이 관찰과 장면구성검사가 아동 성격 구조를 평가하기 위한 유용한 도구이고 여섯 살 이상의 아동에게는, 로르샤흐 검사가 특히 아주 적합한 도구이다.

평가 과정 내내 열린 마음을 유지하는 것이 항상 필요하다. 예를 들어, 만약 치료자가 평가 과정에서 신경심리학적 검사나 다른 전문적인 도구들로 보완할 필요가 있다고 판단되는 경우 이런 검사들을 평가 과정에 추가해야 한다. 반면, 평가는 필요 이상으로 더 오래 지속되어서는 절대 안 된다. 아동에 대해 충분히 이해를 하게 되면 평가는 종료해야 한다.

어떤 성격 기능을 알아야 할지 결정하는 지침으로, 치료자는 예를 들어 아동과 청소년을 위한 정신기능 프로파일(PDM TF, 2006, pp. 181-191)을 이용할 수 있다. 이 목록은 어떠한 중요한 기능도 누락되지 않게 하는 데 유용하다. 이 목록에는 다음과 같은 영역이 있다.

1. 조절, 주의집중, 및 학습할 수 있는 능력
2. 관계와 친밀감을 맺을 수 있는 능력
3. 내적 경험의 질(자신감과 자존감의 수준)
4. 정서 경험, 표현, 및 의사소통
5. 방어 패턴과 능력
6. 내적 표상을 형성하는 능력
7. 구별 및 통합할 수 있는 능력
8. 자기-관찰 능력(심리적 심성)
9. 내적 기준들과 이상을 구성하거나 사용하는 능력: 도덕심

이 기능을 평가하는 것 외에도, 아동 성격에 대한 전체적인 그림을 그리는 것이 필요한데 이는 대상관계 이론이나 애착 이론을 바탕으로 해서 할 수 있다. 앞에서 언급된 다양한 기능에 대한 설명은 이러한 노력에 도움이 될 수 있다; 예를 들어, 아동의 감정적 접촉, 현실 검증, 방어 구조에 대한 평가를 통해 아동이 주로 편집성-분열성 자리에서 기능하는지, 아니면 우울한 자리에서도

(또한) 기능할 수 있는지 평가할 수 있다.

CAI(아동의 애착 면담)에 기반한 아동의 애착 패턴에 대한 평가는 특별한 훈련이 필요하다. 하지만, 아동의 정서적 접촉 능력, 정서 조절, 내부의 표상을 형성하는 능력, 그리고 상상력(정신화)에 대한 능력은 아동의 애착 패턴을 밝히는 데 도움이 될 것이다.

개입 계획

아동에 대한 평가와 부모와 면담을 바탕으로, 일반적으로 아동을 개인으로서 전반적인 인상을 형성하고 주된 문제가 무엇인지, 그 범위가 얼마나 넓은지, 그리고 그 문제가 아동-가족 체계의 어디에 위치해 있는지 이해하는 것이 가능하다. 앞에서 언급한 바와 같이, 아동 문제에 대한 주요 원인들은 확실히 아동 외부에 있을 수 있는데 아래에 열거된 바와 같이, 여러 가지 가능성이 있다.

1. 아동의 증상은 가족의 질병, 이혼, 사고, 또는 다른 외상 경험과 같이 아동의 환경에 있는 급성 문제에 대한 반응으로 발생할 수 있다.
2. 증상은 가족 내부나 외부의 장기간의 스트레스나 반복적인 외상에 대한 반응일 수 있는데 아동이 만성적으로 역기능적인 가족에서 살고 있거나 전쟁이나 난민으로서 어려운 상황에서 살았을 수도 있다.
3. 증상은 아동 내부에서 주로 비롯된 것일 수도 있다. 예를 들어, 아동은 신체적 또는 정신적 선천성 장애를 가지고 있을 수 있고, 또는 위탁 아동은 그가 현재 위탁 가정에 위탁되기 이전 시간에 기인하고 있는 심각한 초기 애착 문제를 가지고 있을 수 있다.

물론, 이러한 원인들은 다양한 조합으로 발생할 수 있고 종종 발생한다. 태어나면서부터 일부 유아들은 쉽게 짜증을 내고 달래기 어려운데, 어머니와 유아 사이의 좋지 못한 기질적 궁합은 초기 조절이 더욱 복잡해질 수 있다. 또한, 만약 심각하게 역기능적인 가정환경에서 아동이 성장하거나, 다른 불행한 상황에서 성장하면, 아동의 성격은 점차 영향을 받아 아동의 성격에 문제가 내면화된다.

문제에 대한 치료자의 이해는 가장 적절한 치료 형태에 대한 평가로 이어질 수 있다. 이 장 후반부에서, 우리는 아동이나 청소년기에 대한 개인 심리치료가 최선이거나 유일한 것일 때에 대해 설명하겠지만 이는 가능성이며, 따라서 이러한 방식이 항상 최선의 선택은 아니라는 것을 기억해야 한다. 우리는 이미 한 가지 예를 제시하였는데 이 예에서는 합동 가족치료가 바람직하였다. 문제가 주로 가족 또는 부모에게 있을 때, 가족치료 또는 부모교육을 제안하는 것이 주로 더 좋은 방안이다. 부모는 필요한 부모의 권위를 보여 주고 아동에 대한 경계를 설정하는 것이 어려울 수도 있고, 이혼한 부모는 자녀에 대해 말할 때 서로를 비하할 수도 있다. 그런 상황은 아동의 증상으로 이어질 수 있지만, 부모가 문제를 해결하려고 상호 노력한다면 증상은 다시 사라질 수 있다.

만약 부모가 아동에게 충분한 정서적·기본적 돌봄을 제공할 수 없다면, 개인 아동 심리치료도 현 시점에서 올바른 선택은 아니다. 심리치료는 결코 돌봄의 대안이 될 수 없다. 이러한 경우, 부모가 자녀에게 필요한 돌봄을 제공할 수 있도록 돕기 위해 여러 조치를 취할 수 있다. 하지만 이것이 가능하지 않다면 가족으로부터 아동을 떼어놓은 것이 타당하다.

최근에 부모나 가까운 친척을 잃은 아동은 종종 개인 심리치료에 의뢰되거나 애도 지지자 모임에 의뢰될 수도 있다. 하지만 이것이 항상 가장 좋은 해결책은 아니다. 보통, 남은 부모에 의해 도움을 받는 것이 아동을 위한 최선이다. 이들은 같은 상실로 인해 영향을 받으며, 무슨 일이 일어났는지에 대한 자신들의 감정을 공유함으로써 이들 사이의 유대를 강화할 수 있다. 만약 부모가 이것을 하는 것이 불가능하다고 느낀다면, 아버지 또는 어머니는 일어난 일에 대해 아동과 어떻게 이야기하는 것이 좋은지 지원과 조언을 제공받을 수 있다.

부모와 아동이 함께 상담을 받는 것도 또 다른 대안이다. 만약 아동만 도움을 받으면, 부모가 소외감을 느낄 위험이 있고, 결국, 취약한 시기에 가족 내 분열의 위험을 증가시킬 수 있다.

가족에 대한 반응

평가가 완료되면, 치료자는 아동, 그의 가족, 그리고 그의 전반적인 생활 상황에 대한 풍부한 정보를 갖게 된다. 치료자의 과업은 광범위한 지식의 체계로부터 의미 있는 패턴을 도출하는 것이다. 정보는 또한 당면한 문제에 대한 전체적인 그리고 역동적인 이해를 위한 토대를 마련하기 위해 치료자의 상담이론과 연관되어야 한다. 이는 어떤 평가에서도 가장 필요한 단계이며 기술과 훈련이 모두 요구되는 과업이다. 치료자가 경험이 충분하지 못하면, 지도감독이 필수이다. 아이와 하는 정서적 접촉에서 약간의 질적 차이와 같이 때로는 겉보기에는 사소해 보이는 세부 사항이 실제로는 매우 중요할 수 있는 반면 눈에 띄는 다른 세부 사항들이 항상 본질적인 것은 아니다. 하지만 평가 결과는 필연적으로 잠정적이고 가설적이어야 한다는 것을 기억하는 것은 늘 중요하다. 대체로, 치료자는 아동 그리고 아동의 가족과 상담하면서 자신의 이해가 증진되고 변화된다는 것을 알게 된다.

따라서 치료자가 자신이 발견한 것을 철저히 생각해 보고 가장 가능성 있는 개입이라고 생각하는 것을 결정하면 결정한 것을 아동과 부모 모두에게 전달해야 한다. 치료 제안을 수용할 것인지 결정할 수 있는 권한은 부모에게 있기 때문에 부모와 먼저 대화하는 것이 바람직하다. 예를 들어, 아동이나 청소년에게 먼저 말하면서 심리치료의 전망에 대해 이야기했는데 이후 부모가 거절한다면 이는 안타까운 일인 것이다.

평가 결과는 부모와 자녀가 이해하기 쉬운 용어로 전달해야 하며, 정신역동적 개념은 가능한 한 일상 언어로 바꾸어야 한다. 학부모와 한 사전 인터뷰가 철저하게 되었다면, 부모가 보고한 사건과 관찰을 출발점으로 하여 이를 평가에서 한 관찰로 보완하고 확장하는 것이 가능하다. 이것은 치료자의 이해와 부모의 이해를 연결시키고 이상적으로는 부모들이 이해받았다고 느끼게 하여 부모의 이해는 치료자에 의해 더욱 확장되고 증폭된다. 치료자의 이해와 부모의 이해가 성공적으로 연결되면 치료자가 치료 제안을 할 수 있는 틀이 만들어진다. 하지만 이것이 항상 쉬운 일은 아니다. 때때로 치료자가 이해한 것과 부모가 이해한 것이 상당히 다른 경우가 있어 이런 경우 서로 이해하기 위해서는 몇 차례에 걸쳐 면담을 해야 할 수도 있다. 그렇지 않으면 합의에 도달하는 것은 불가능하다.

부모와 면담을 마치면 치료자는 아동과 이야기할 수 있다. 때때로, 아동을 부모와 함께 보는 것은 좋은 생각이다. 이렇게 되면 모든 사람이 다음 단계에 대해 동의하고 있다는 것을 모두 알게 된다. 보통, 아동 또는 어린 내담자에게 말한 것은 부모에게 말한 것보다 상세하지는 않지만 아동 또는 어린 내담자가 말한 것을 출발점으로 하여 이를 더 발전시킨다는 원칙은 같다.

성인 내담자들과 상담할 때 작업 동맹은 내담자 본인과 맺게 되는 반면 아동 심리치료에서 작업 동맹은 주로 아동의 부모와 맺어야 하는데 아동이 어릴수록 이 원칙이 더 적용된다. 좀 더 자란 아동들, 특히 청소년들은 어느 정도는 이들 스스로가 심리치료에 대한 동기가 있어야 한다. 카(Carr, 2009)가 기술한 바와 같이 치료 동맹은 심리치료에서 가장 중요한 공통 요인인데, 그 중요성은 아동의 부모와 치료 동맹을 맺을 때도 못지않게 중요하다. 따라서 부모에게 아동의 문제에 대해 치료자가 이해한 것뿐만 아니라 심리치료의 목적, 그리고 더 기초적인 수준에서 심리치료가 어떤 것인지에 대해서도 철저한 피드백을 주는 것이 중요하다. 만약 부모가 심리치료를 받아 본 적이 있다면 이들은 이미 치료 과정에 대해서 어느 정도는 알고 있을 수도 있으나 이런 경우는 드물다. 성인 심리치료와 아동 심리치료는 완전히 같지는 않은데 대부분의 부모들은 그 차이를 모를 것이다. 자녀가 심리치료를 받는다는 것은 부모에게 어느 정도의 불안감을 종종 일으킨다. 부모는 치료자가 자녀를 두고 자신들과 경쟁하지는 않을지 그리고 심리학 지식으로 치료자가 자신보다 '더 나은' 부모가 되지는 않을지 걱정할 수도 있다. 따라서 치료자의 과업은 부모의 과업과 매우 다르다는 것을 부모에게 강조하는 것이 중요하다. 늘 그렇듯이 아동에게 정서적인 돌봄과 기본적인 돌봄, 그리고 지도를 하는 것이 부모의 과업이다. 반면 치료자의 과업은 아동이 성장과 발달에 방해되는 것을 극복할 수 있도록 돕는 것이다. 가장 중요한 목표는 일부 부모들이 두려워하는 아동 문제의 '이유'를 찾는 것이 아니라 아동 문제의 '의미'를 이해하는 것이다. 또한 부모들은 치료를 받는 동안 아동이 자신들에 대해 불평을 하지 않을까 걱정할 수도 있다. 이때 치료자가 치료는 아동의 일상생활 부분을 주로 다루지 않는다고 설명하면 안심이 될 수 있다. 대신 치료자는 부모들에게 치료는 아동이 치료자와의 관계에서 깊이 있는 감정과 태도를 드러내도록 돕는 데 중점을 두고 있으며, 초점을 두는 것은 이러한 핵심적인 그리고 (보통 무의식적인) 감정인데, 아동이 종종 강렬한 감정인 이 감정을 훈습하도록 돕는 것이 가능하다고 설명할 수도 있다.

아동 · 청소년 개인 심리치료를 할 경우

위에서 개인 심리치료가 적합하지 않다고 생각되는 여러 상황을 기술했지만, 개인 심리치료가 최적인 경우도 있고 심지어는 효과가 있는 유일한 방법일 때도 있다. 하지만 개인 아동 심리치료가 성공적이기 위해서는 여러 조건들이 충족되어야 한다. 이들 조건 중 어떤 조건은 아동과 관련이 있고 또 어떤 조건은 부모나 다른 보호자와 관련이 있지만 치료자나 심리치료를 제공하는 기관과 관련이 있는 조건도 있다.

아동에게 필요한 조건

많은 경우, 아동이 개인 치료를 받는 것이 정당한 그런 종류나 양의 정신내적 문제가 있다. 그런 심리치료의 결과가 수많은 사례 연구에 기술되어 있지만, 이제는 실증적인 양적 연구로도 뒷받침되고 있다(제13장 참조). 불안이나 우울과 같은 정서 문제가 있는 아동은 개인 심리치료에 적합한 대상이며, 이들은 비교적 쉽고 빠르게 호전된다. 이런 아동의 치료는 장기치료이거나 집중치료일 필요는 없다. 주 1회씩 1년에서 2년 정도면 충분하다. 경우에 따라서는 문제의 범위와 주변 사람들의 협력에 따라 훨씬 더 짧을 수 있다. 많은 경우, 공격적인 아동이나 적응장애가 있는 아동도 이런 치료에서 도움을 받을 수 있지만, 이들은 종종 더 길고 더 긴, 적어도 주 2회 정도의 치료가 필요하다. 이들은 종종 문제가 자신에게서 발생한 것이 아니라 주변 사람 때문이라고 생각하기 때문에 조기 종결하기 쉽다. 그러므로 이들이 계속 치료를 받기 위해서는 부모나 다른 보호자의 상당한 노력이 필요하다. 하지만 이러한 노력이 성공한다면, 이들은 견디어 내고 이에 따라 치료에서 도움을 받게 된다. 보통 적응 문제 외에 아동이 불안감으로 인해 주관적인 불편함을 겪는다면 아동이 치료를 계속 받도록 하는 것은 더 쉽다.

광범위한 애착장애가 있는 아동들, 예를 들어 입양된 아동이나 가정위탁 아동 또는 주거시설에 거주하는 아동은 한때 심리치료를 받을 수 없는 것으로 간주되어 그 결과 교육상담이나 특수상담에 종종 의뢰되었다. 다행히 심리치료 이론과 방법의 발달로 이러한 인식이 변화되는 것이 가능해졌다. 지금은 많은 증거 기반 연구가 이런 아동들이 다른 수단보다 개인 심리치료를 통해 더 나은 도움을 받는다는 것을 보여 주고 있다. 이러한 사실은 정량적인 실증 연구뿐만 아니라 심층 사례 연구(예: Cleve, 2004)에서도 보고되었다. 이 아동들은 종종 적어도 주 2회씩 몇 년간 치료가 필요하지만 그들이 치료받지 않은 채 방치될 경우 사회가 부담할 수 있는 비용과 비교해 보면 치료는 비용이 덜 드는 것이다. 정신장애나 자폐증과 같이 심각한 장애가 있는 아동 또한 많은 경우 개인 심리치료에서 많은 도움을 받을 수 있다(제11장 참조).

부모에게 필요한 조건

앞에서 언급한 바와 같이, 개인 심리치료를 받는 아동은 충분한 돌봄을 받고 있다는 것을 분명하게 하는 것이 필요하다. 하지만 아동이 심리치를 받는다는 것은 또한 부모에게 다른 요구를 하게 되는 것이다. 부모는 아동에게 관심을 가져야 하며 심리치료를 제공하는 것이 타당한 근거가 있고 아동에게 심리치료가 필요하다는 사실을 이해할 필요가 있다. 부모는 아동이 치료에 너무 많이 빠지지 않고 규칙적으로 받아야 할 필요성과 아동이 치료에 오는 것을 아동이 거부하는 경우 이 기간 동안 부모 자신의 지지가 필요하다는 사실을 이해해야 한다. 어린 아동들은 종종 그들 부모 중 한 명에 의해 상담에 참여하게 되는데, 부모가 모두 직장이 있는 가정의 경우에는 이렇게 하기가 어려울 수 있다. 이런 경우에는 종종 아동이 학교나 유치원에서 택시로 오는 것으로 해결될 수 있다. 끝으로, 부모는 부모 상담에 참여해야 하는데 때로는 관계망 회의에도 참여해야 한다.

만일 부모의 동기에 의구심이 든다면 아동을 치료하기 전에 부모를 상담하는 것이 좋다. 만일 부모 상담이 잘된다면, 아동 치료는 문제없이 시작될 수도 있으나 그렇지 않으면 치료를 시작하고는 곧 중단하게 되는 위험을 안게 된다. 그런 경우에는, 우선 치료를 시작하지 않는 것이 더 나을 것이다.

치료 기관에 필요한 조건

아동 · 청소년 개인 심리치료를 하고자 하는 기관은 치료 기간 동안 치료에 전념할 수 있는 사람을 두어야 한다. 만일 단기 치료를 계획한다면 이는 종종 충분하고 유익할 수 있으며 보통 문제가 되지 않는다. 하지만 만일 장기치료를 계획한다면 요구되는 안정성을 확보하는 것은 더 어려울 수 있다. 물론, 어떤 치료 과정에서도 휴일이나 병 등으로 사소한 일시 중단은 불가피하지만 치료자가 계획된 기간 동안 그 기관에 있을 수 없다는 것을 미리 안다면 치료자의 교체는 가장 피해야 하는 것이기 때문에 장기간의 심리치료를 시작해서는 안 된다. 임상에서 이는 늘 보장할 수 있는 것은 아니지만, 처음부터 치료는 그러한 중대한 혼란이나 장애 없이 되도록 계획해야 한다.

만일 치료를 주거시설이나 입원 병동에서 한다면 모든 직원들은 아동 · 청소년 개인 심리치료에 대해 어느 정도 알고 있어야 한다. 이들은 아동이 모든 치료 시간에 참여할 수 있도록 돕는다든가 직원과 치료자 간에 쉽게 생길 수 있는 분리 경향성을 자각하고 있든가 하여 개인 치료를 지원할 수 있어야 한다.

아동 · 청소년 개인 심리치료는 다양한 모형에 맞추어 계획할 수도 있다. 전통적인 모형에서는 두 명의 치료자가 함께 참여하는데 한 명은 아동 치료자로서 또 한 명은 부모를 위한 치료자이자 관계망 책임자로서 역할을 한다. 학교, 유치원, 사회복지 서비스 기관 등과 회의가 있을 수 있다. 이 모형의 한 가지 장점은 치료자가 치료가 빨리 되기를 바라는 교사나 부모와 같은 아동 주변 사람들로부터 받기 쉬운 다양한 압박을 받지 않고 아동과 매우 까다로운 치료에 집중을 할 수 있다는 것이다. 만일 두 치료자가 서로를 잘 안다면, 아니면 최소한 이론적 접근이 같다면 유리하다. 두 치료자 모두 지도감독 받은 경험이 있는 것이 바람직하다.

다른 모형에서는, 한 치료자가 아동, 아동의 부모, 그리고 관계망을 다룬다. 이런 경우가 종종 있는데, 예를 들면 다른 치료자가 없는 개인 상담소에서는 이런 일이 일어난다. 이 모형에서는 두 치료자 사이에서 일어날 수 있는 분리는 일어나지 않는다. 반면 치료자는 서로 다른 강력한 역전이 감정을 참고 견뎌야 하는 경우가 종종 있다. 이 역전이 감정은 한 치료자가 아동과 아동의 부모를 함께 치료할 때 쉽게 일어난다. 안나 프로이트(Anna Freud, 1946)는 이 현상에 대해 생생하게 묘사하였다. 안나 프로이트는 까다롭고 공격적인 소녀를 치료할 때 자신이 아동의 편에 서서 부모에 맞서는 아동의 협력자가 되어야 한다고 느꼈다고 썼다. 그것은 안나 프로이트가 아동과 대립하지 않으면서 아동을 치료할 수 있는 유일한 방법이었다. 안나 프로이트는 계속해서 다음과 같이 말하였다.

> 안나 프로이트가 계속 말하길 분석가는…… 부모에게서 의뢰를 받고 치료비를 받아서 만일 부모와 반대되는 입장을 취한다면, 설사 그것이 부모의 이익에 부합한다고 하더라도 난처한 상황에 처하게 된다고 하였다. 사실 나는 불편한 느낌 없이 아동의 부모와 상담을 한 적이 없는데 가장 최선의 상황에서도 몇 주 후 분석가는 끝내 이처럼 명확하지 않은 관계 때문에 실패하였다(p. 8).

'이러한 명확하지 않은 관계'는 안나 프로이트가 아동의 편에 서는 동시에 부모에게 충실한 지지를 해야 하는 것 사이의 잠재적 충돌을 의미한다.

사회복지 서비스가 치료비를 지불하고, 관계망과 정기적인 만나야 한다면 전체 업무량은 상당히 많을 수 있다. 그런 경우에, 치료자 한 명이 환자가 필요한 만큼의 시간과 지지를 하는 것은 어려울 수 있다.

아동의 치료비를 가족이 내는 경우도 있지만 많은 경우 지자체에서 지원을 받는다. 아동이 보호시설에 맡겨진 모든 경우에서 필요하기는 하지만 지자체는 부모와 함께 사는 아동의 치료를 지원하는 것 또한 선택할 수 있다. 제3자가 치료비를 지급하는 경우 치료를 시작하기 전에 치료비를 지원하는 기관에 치료 받을 필요성을 명료화하면서 아동 문제를 설명하는 것이 치료자의 과업이다. 치료 기간이 얼마나 걸릴지 알려 주기는 어려울 수 있으나 그러도록 노력해야 하며 이후 추가로 치료비를 마련하는 것이 어려울 수 있기 때문에 치료 기간을 너무 적게 추산하지 않는 것이 바람직하다. 보통, 의뢰 기관은 6개월과 같이 한번에 한정된 기간 동안 치료비를 지불하지만 지불하는 기간이 길어질 수 있다는 것을 미리 확인받아 놓는 것이 좋다. 갑작스럽고 예정에 없던 종결은 피해야 한다는 사실 또한 관계자들로부터 동의를 얻어야 한다. 치료자나 가족이 아닌 다른 사람이나 기관이 함께 치료 기관을 정해야 하는 경우에는 복잡해지는데 그런 경우에는 도입 단계가 아주 중요하다. 아동 심리치료에서 부모나 관계망과 지속적으로 치료를 해야 하고 또 이 경우에도 치료비가 부과된다는 사실을 의뢰하는 모든 기관이 아는 것은 아니다. 이런 내용은 보통 서면으로 전달하기는 하지만 여기에 더하여 대면으로 만날 때 이 문제를 언급해 두는 것이 도움이 된다. 보통, 의뢰하는 기관을 포함하는 정기적인 관계망 회의를 개최할 수 있다면 좋다.

Psychodynamic Child and Adolescent Psychotherapy: Theories and Methods

제2부

치료 환경과 치료 관계

제4장

아동·청소년 심리치료에서 치료 환경

다른 치료 형태와 마찬가지로, 치료 환경은 아동 · 청소년 심리치료에서도 중요한 요소이다. 치료 환경은 치료 공간의 현실적 경계이기도 하고 정신적 경계이기도 하다. 치료 환경은 심리치료를 보호하고 심리치료와 아동의 일상생활이 다르다는 것을 보여 준다. 심리치료가 잘 진행되면, 치료 환경은 거의 의식하지 않는 반면 심리치료의 내용, 즉 말과 행동에 집중한다. 따라서 치료 환경의 중요성은 쉽게 과소평가되어, 항상 충분한 주의를 받지 않는다. 명확하고 보호된 치료 환경은 절대 필요하지만 물론, 성공적인 심리치료를 위한 충분한 전제 조건은 아니다.

치료 환경은 광의의 의미는 물론 협의의 의미로도 정의할 수 있다. 협의의 환경에는 다음과 같은 것이 있다.

1. 치료실과 가구
2. 놀이 도구
3. 동의서
4, 시간, 즉 치료 빈도와 치료 기간

광의의 치료 환경에는 치료를 하는 기관을 말하는데 여기에는 기숙학교, 아동 정신병동이나 개인 병원, 병원이나 지자체에 있는 상급기관 그리고 심리치료적 개입을 위해 사회가 제공하는 광의의 체계 등이 있다.

심리치료 내용은 주로 아동에 의해 결정되지만 치료 환경을 마련하고 유지하는 것은 치료자의 책임이다. 이것은 말처럼 항상 쉬운 것이 아니다. 때로는 치료 환경과 관련된 문제로 성공적인 치료 과정이 깨지기도 한다.

치료 환경이 왜 그렇게 중요할까? 여기에는 몇 가지 이유가 있다.

1. 치료 환경은 아동의 일반적인 생활과 치료를 구분하게 된다.
2. 치료 환경은 치료 과정에서 상수이다. 치료 환경이 일정할 때, 아동이 보이는 특이한 행동을 아동의 내적 충동이나 치료자가 말하고 행동하는 것에 대한 반응으로 이해할 수 있다. 치료 환경이 시간이나 장소에 따라 바뀐다면 이런 환경의 변화가 아동 행동을 촉발시킨 것인지 알기가 어렵다.
3. 안정된 환경은 안전과 예측 가능성을 보여 준다. 예를 들어, 치료자가 항상 제시간에 도착하는 것은 아동에게 치료자를 신뢰할 수 있다는 것을 보여 준다. 또한 이것은 치료자의 역전이에서 나왔을 수 있는 독단이나 경계 침해에서 아동을 보호할 수 있다. 아동의 외상이 더 심할수록 치료 환경이 안전한 것은 더욱 중요하다.
4. 안정된 치료 환경은 아동의 사고 과정에서 구조 발달에 기여한다. 치료를 받는 많은 아동들은 자아 기능이 제대로 발달하지 않아서 시간과 일관성에 대해 명확하게 이해하고 있지 못하다. 치료를 받는 동안 그러한 기본적인 특성을 아동이 어떻게 이해해 가는지 종종 볼 수 있다.

치료실의 외부 경계와 아동이 스스로 세운 내부 경계 간에는 관련성이 있다. 아동은 외부 경계가 안전할수록, 내면의 경계를 통제하는 것을 내려놓을 수 있다.

그렇긴 하지만 완전히 안정된 치료 환경은 있을 수 없다는 것 또한 강조해야 하겠다. 심리치료에서는 휴일, 질병, 그리고 다른 이유로 일시 중단되는 경우가 늘 있다. 이러한 중단을 다루기 위해서는 치료자가 가능한 치료 환경을 유지하기 위해 최선을 다 해야 하고 일시 중단에 대한 아동의 반응을 알아차리고 공감으로 반응해야 한다. 누구도 완벽한 어머니가 될 수 없는 것처럼, 누구도 완벽한 치료자가 될 수는 없다. 따라서 치료자가 목표로 하는 것은 '충분히 좋은' 치료자인 것이다.

치료실

치료실은 아동 심리치료에 적합해야 하고 가급적 이 목적으로만 사용해야 한다. 하트넙(Hartnup, 1999)이 지적했던 것처럼, 치료실은 공간의 느낌과 담아내기 느낌을 전달해야 하는데 아동과 청소년이 갑갑하거나 안전하지 않다는 느낌이 없이 마음에 있는 것은 무엇이든지 꺼낼 수 있는 환경을 마련해야 한다. 아동이 자신을 있는 그대로 받아들이고 또 이해하고 있다는 느낌을 느끼고 또 자신과 치료자 사이에 일어나는 것에 대해 아동이 생각할 수 있게 되는 공간을 제공해야 한다. 아동 치료는 문서 작업이나 성인 내담자 치료와 같이, 가급적 다른 기능을 하지 않는 장소에서 해야 한다. 방해할 가능성이 있는 요소는 저항적이고 공격적인 아동을 치료할 때 문제를 일으킬 수 있다. 경계를 시험하는 이런 아동의 성향은 치료자의 개인 경험과 권위에 상당한 요구를 하게 될 것이다. 하지만 아동 치료를 위한 특별한 방을 설치하는 것이 항상 가능하지는 않기 때문에, 임상에서는 조금 덜 이상적인 환경에서 아동 치료가 시행되고 있다. 만약 여러 기능을 하는 방에서 아동 치료를 해야 한다면, 가구는 아동 치료에 사용되는 치료실의 일부임을 명확하게 나타내도록 하는 것이 중요하다. 다른 아동의 장난감 상자, 깨지기 쉬운 물건, 컴퓨터 등은 아동의 시야와 손이 닿지 않는 곳에 비치하는 것 또한 중요하다.

치료실에 치료자의 개인 소지품이 많이 있는 것은 바람직하지 않으며, 치료받고 있는 아동의 그림을 다른 아동이 볼 수 있는 벽에 걸어두는 것도 좋지 못하다. 치료실이 얼마나 중립적이어야 하는가에 대해서는 의견이 다양한데 어떤 치료자들은 아무것도 걸려 있지 않은 벽을 선호하고, 반면 어떤 치료자들은 중립적인 그림 몇 점으로 벽을 장식하는 것을 선호한다.

치료실은 외부 소음으로 인해 방해를 받지 않도록 배치해야 한다. 치료받는 아동이 소리를 지를 수도 있고 대기하는 아동이 시끄럽게 할 수도 있기 때문에 방음은 두 방향으로 해야 한다. 아동은 치료 중에 치료실을 뛰쳐나갈 수 있으므로 아동이 다른 사람을 방해하지 않도록 다른 사무실에서 조금 떨어진 곳에 있는 방을 사용하는 것이 좋다. 치료실에 창문은 물론 허용되지만 밖에서 보이지 않는 것이 가장 좋다. 또한 창문은 안전하게 하여 아동이 창문으로 나가려고 하더라도 다치지 않도록 해야 한다.

치료실은 치료의 물리적인 공간을 구성한다. 이 말은 치료가 대기실에서 치료실로 오는 도중 또는 치료 시간 이후 치료실 밖에서 계속되어서는 안 된다는 의미이다. 어떤 아동들은 치료실로 가는 중에 치료를 시작하고 싶어 하기 때문에 이러한 경계를 지키는 것이 때로는 말처럼 쉽지는 않다.

아동은 종종 치료실의 변화를 예리하게 알아차리고, 그 변화에 대해 이야기한다. 중단 후에, 아동들은 물건이 중단 이전과 같은지 보려고 치료실을 살펴볼 수도 있다. 심리치료 도중에 치료실을 바꾸어야 한다면 아동에게 치료실의 중요성은 명백하다.

일곱 살 앤드류(Andrew)는 치료실을 바꾼 그다음 시간에 와서는 이전 치료실에서 무슨 게임을 했었는지 물어보기 시작했는데 이는 마치 내가 기억하고 있는지 확인하고 싶어 하는 것 같았다. 앤드류는 내가 치료했던 아동들에 대해 했던 질문을 다시 했는데 이는 다른 아동들도 방을 바꿨어야 했는지 알아내려는 것 같았다. 내가 치료실을 지켜내지 못했을 때 나는 치료자로서 내 능력과 내가 잘하고 있는 건지에 대해 불안을 느끼기 시작했다.

놀이 도구

놀이치료는 아동을 위해 국제적으로 적용되는 치료 방식이지만 놀이치료실에 필수적인 도구로 간주되는 것에는 문화 차이가 있다. 보통은 물 또는 모래 상자를 두는 것은 상당히 중시된다. 따라서 바닥은 물과 모래가 흐르더라도 문제가 되지 않도록 할 필요가 있다. 치료실에는 아동 크기만한 튼튼한 가구, 담요와 쿠션이 있는 소파가 있어야 한다. 그리고 화장실에 오가는 데 불편함이 없어야 한다.

장난감과 다른 도구들은 단순하고 다루기 쉬워야 한다. 무엇보다도, 장남감과 도구들은 아동의 내면세계를 상징적으로 표현하는 데 적합해야 한다. 따라서 매우 다양한 것을 만드는 데 사용될 수 있는 모래와 물, 종이와 크레파스, 공작용 점토, 끈, 풀, 가위 등과 같은 비구조적인 재료가 유용하다. 작은 인형과 야생 및 반려동물은 다른 사람과 자신에 대한 아동의 환상을 형상화하기에 적합하다. 인형은 가족을 상징하는 데 사용될 수 있어야 하기 때문에 다양한 연령대의 아동과 성인을 나타낼 수 있어야 한다.

장난감을 고를 때, 치료자는 아동의 성별, 연령, 문화적 배경, 주관적인 삶의 경험을 고려할 필요가 있다. 따라서 만약 장난감에 아동 자신의 문화에서는 잘 알려져 있는 요소들(예를 들면, 피부색, 머리 색깔, 옷, 음식, 특정 동물에 관한 것들)과 환상적 또는 이질적 요소들(예를 들면, 아동과 다른 외모를 가진 가족 인형, 그리고 환상적 또는 몇몇 닮은 괴물을 포함한 낯선 인형)을 모두 나타내는 인형이나 소품이 있다면 이는 아동과 동맹을 촉진한다. 아동의 나이에 따라 자동차, 비행기, 경찰차, 구급차, 소방차, 의사나 간호사 또한 적합할 수 있다. 자신이나 가족이 심한 질병을 앓았던 아동에게는 의사 가방이 적절할 수 있다. 아주 어린 아동 또는 학대받은 아동을 치료하기 위해서 상자에 작은 테디베어나 부드러운 장난감을 넣어 둔다.

개별 장난감 상자는 원래 클라인(Kline, 1955)이 도입했는데, 현대 대상관계이론 놀이치료에서는 아동이 치료자가 제공하는 장남감이 있는 자신만의 상자를 가지고 있는 것이 일반적이다. 또한, 치료자는 아동끼리 같이 사용하는 도구 몇 가지를 둘 수 있는데 이 도구에는 장난감 벽돌, 인형의 집, 그리고 모래상자와 같이 몇 가지로 한정해야 한다. 치료 받으러 오는 아동이 도구를 공유하는 것보다 치료자가 제공한 도구가 담긴 자신의 상자를 각 아동이 갖는 것이 훨씬 낫다. 그렇지 않으면, 종종 너무 많은 장난감이 있을 것이고, 이 장난감들이 늘 적합한 것도 아닐 것이며 종국에는 손상이 된다. 치료를 받는 많은 아동들은 과도하게 자극을 받기 쉬워 혼란스러워질 수 있어서 단순한 도구를 몇 개 선택해서 할 때 가장 도움을 받는다.

개인 장난감 상자를 잘 사용하는 것은 증거기반 연구를 이 분야에 적용하는 것을 가능하게 하는 정신역동적 놀이치료의 표준화된 부분의 하나로 볼 수 있다. 아동이 자기 상자를 가지고 있을 때, 내용물은 개인적인 의미가 되어 상자는 종종 아동의 상으로서 기능한다. 아동이 자신의 상자를 이용할 수 있는 유일한 사람이라는 사실은 다른 사람에게는 출입금지인 것이 되어 치료를 비밀을 보장하는 관계로 규정하는 데 더 기여한다. 상자는 아동이 떠날 때 치우기 때문에 다른 아동들의 손이 닿지 않게 보관된다.

많은 아동들이 상자와 그 내용물에 대한 강렬한 긍정적 또는 부정적인 감정을 발달시키게 되는데, 상자와 내용물은 치료자와 치료에 대한 아동의 다양한 태도를 다소 상징적으로 처리하는 데 사용된다. 자기파괴적인 아동들은 자신의 물건을 파괴하고 상자를 망가뜨릴 수 있는데, 그 결과, 상자는 장난감 상자라기보다는 쓰레기통처럼 더 보이게 된다. 이것은 치료자가 관찰하고 견디기 어려울 수 있는 것으로, 상자를 수리하고 상자 안에 있는 것들을 교체하고 싶은 충동에 사로잡힐 수도 있지만, 이런 파괴적인 행동이 일어날 때, 가장 좋은 반응은 보통 일어나고 있는 일들에 대해 아동과 함께 고찰해 보는 것이다. 치료자는 아동의 상상 속에서 상자 자체가 아동이 심리치료를 담아내는 역할로 경함하는지 아니면 담아내기가 부족한 것으로 경험하는지를 의미할 수 있다는 사실을 명심해야 한다. 아동과 이 문제에 대해 의논하는 것은 중요하다. 상자가 산산조각이 났다면 아동에게 또 다른 (더 튼튼한) 상자를 제공할 필요가 있다. 만약 상자를 새 상자로 교체하면, 망가진 상자의 조각을 제거하지 말고 새 상자에 두는 것이 좋다.

게임은 대상관계 기반 심리치료에서 적절한 자료가 아니다. 왜냐하면 게임은 보통 아동의 환상을 촉진하는 게 아니라 방해하며 아동이 치료자와 경쟁하는 상황이 되어 치료자가 치료가 아닌 교육하는 방식으로 대화하게 될 위험이 있기 때문이다.

동의

치료에 대한 동의는 비밀 보장에 관한 지침과 경계 위반 시의 상담자 행동뿐만 아니라 아동에게 허용되는 것과 허용되지 않는 것에 관한 것이다. 치료의 목적은 아동에게 긍정적인 감정과 부정적인 감정이 있는 자신의 모습을 있는 그대로 보여 주는 기회를 주는 것이지만 그렇다고 해서 아동이 원하는 것은 무엇이든지 할 수 있다는 의미는 아니다. 어떤 아동들은 너무 절망에 빠져 있고, 성을 내며, 공격적이어서 활동을 제한할 필요가 있다. 치료실이나 치료실 내에 있는 것을 파괴한다거나, 치료자를 때린다거나, 또는 자해하는 것은 허용되지 않는다. 때때로 치료자는 해석을 하여 아동의 (자기)파괴적인 행동을 멈추게 할 수도 있는데, 예를 들어, 아동이 벽을 차면, 치료자가 아동이 정말로 차기를 바라는 사람이 누군지 궁금하다고 말하면 이것이 아동의 행동을 멈추게 한다. 다른 경우에 치료자는 아동이 하는 특정 행동을 말로 금지해야 하는데 이런 행동에는 창문을 열거나 치료자를 공격하는 것 등이 있다. 이렇게 하는 것이 충분치 않다면 치료자는 아동을 육체적으로 막아야 할 수도 있다. 때때로 치료자는 가위와 같은 특정 도구를 치워야 할 수도 있고 아동들이 사용할 물의 양에 제한을 두어야 할 수도 있다. 나중에 아동이 자제를 잘 하게 되면, 이러한 도구들은 다시 들여올 수 있다.

만약 아동이 너무 통제가 안 되어서 치료자가 치료를 계속하는 것이 득보다는 해가 된다면, 치료 시간을 줄일 필요가 있다. 물론 이것은 대기실에서 아동을 기다리는 사람이 있거나 또는 아동을 데려올 수 있는 다른 직원이 있는 기관에서 치료를 할 때이다. 그런 상황에서 아동에게 "오늘은 치료를 하기가 너무 어렵다. 다음에 다시 만나자…….."와 같이 말할 수 있다. 치료자는 치료에 반대하는 아동이 일반적으로 그러한 개입을 이용해 계속해서 문제를 일으켜 치료를 그만두어야 할 상황이 발생할 것을 걱정할 수 있다. 하지만 우리의 경험에 따르면, 아동은 실제로 앞으로 자신을 통제하기 위해 노력할 것이다.

처음부터 아동의 행동에 대한 규칙을 정하는 것이 나은지 아니면 필요할 때마다 조금씩 정하는 게 나은지에 대해서는 논의가 필요하지만 우리는 후자를 선호한다. 어떤 아동에게는 규칙을 정할 필요가 전혀 없는 반면, 또 어떤 경우에는 처음부터 규칙을 정하면 아동이 위반할 거라고 예상하고 있다는 것을 전달하는 것이 된다. 상황이 발생할 때까지 기다렸다가 경계를 정하는 것이 좋다.

특히, 청소년들은 비밀 보장이 될지 매우 의심스러워할 수도 있다. 만약 청소년들이 비밀 보장이 된다는 것을 믿지 못한다면 범죄행위와 같이 말하지 않는 것들이 있게 된다. 특히, 의심 많은 청소년들은 치료자에 대한 질문을 계속할 수 있는데 그런 경우 비밀 보장 뿐만 아니라 비밀 보장의 한계에 대해서도 자세하게 설명해 주는 것이 필요하다. 예를 들어, 누군가가 청소년에게 해를 끼치고 있거나 그렇게 하려는 의도를 치료자가 알게 되거나, 또는 청소년이 자신이나 다른 사람들에게 심각한 부정적인 결과를 가져올 행동에 대해 이야기한다면, 치료자는 그것에 개입하고 청소년을 책임지는 사람들에게 전달할 의

무가 있다. 반면, 비밀 보장은 치료자에게만 적용되고 아동 또는 청소년들 자신들에게는 적용되지 않는다는 사실, 즉 치료와 관련된 일을 원하는 사람이면 누구와도 이야기할 수 있다는 것을 알려 주는 것이 좋다. 이것은 특히 성적 학대를 당해 그 학대를 비밀로 하도록 강요받은 아동에게 언급하는 것이 중요할 수 있다. 치료는 아동의 가장 사적인 감정과 환상에 관여하기 때문에 치료자가 중립을 유지하는 것이 중요하다. 이는 치료자가 자신의 역전이를 계속해서 자각하고 아동으로부터 적절한 물리적 거리를 유지하는 것을 의미한다. 심각한 장애가 있는 아동이나 성적으로 학대를 당한 아동은 다소 노골적인 자위를 통해 또는 옷을 일부 또는 전부 벗음으로써 성적으로 도발적인 행동의 형태로 자신의 환상을 전달할 수 있기 때문에 중립을 유지하는 것이 항상 쉬운 것은 아니다. 그런 경우 치료는 옷을 입은 상태에서 한다는 것을 강조하면서, 아동과 함께 이러한 행동으로 말을 대신해 전달하려고 하는 바가 무엇인지 생각해 보는 것이 중요하다.

시간

시간의 개념은 한 회당 치료 시간, 치료 빈도 그리고 치료 기간에 관한 것이다. 한 회당 치료 시간은 아동과 청소년의 경우 45분에서 50분이다. 가능한 상담을 시작하고 끝내는 시간을 지키는 것은 중요하다.

치료 기관에서, 아동 또는 청소년은 대개 주 1회 치료를 받지만 이것이 항상 가장 바람직한 것만은 아니다. 연구에서 증명했듯이(제13장 참조), 더 광범위한 문제가 있는 아동은 덜 심각한 문제가 있는 아동보다 더 길고 더 집중적인 치료가 필요하다. 포나기와 타깃(Fonagy & Target, 1996)은 덜 심각한 장애가 있는 아동은 집중적인 치료와 비집중적인 치료 모두에서 개선이 되는 반면 치료 빈도는 심각한 장애가 있는 아동에게는 차이를 내는 요인이었다는 것을 발견하였다. 또 다른 연구는 아동기에 불충분한 치료를 받은 아동은 치료를 전혀 받지 않았던 아동보다 후에 더 큰 문제를 보였다는 것을 발견하였다. 따라서 만약 사전에 심각하게 장애가 있는 아동 또는 청소년에게 충분하게 안정적이고 장기적인 치료를 하는 것이 불가능하다면, 심리치료를 아예 시작하지 않는 게 더 낫다.

어린 아동 또한 주 2회 치료로 도움이 될 수 있는데, 이는 다음 치료까지 한 주 내내 기다리는 것이 어린 아동에게는 매우 길 수 있기 때문이다. 간헐적으로 취소하는 것은 아동·청소년 심리치료에서 피할 수 없기 때문에 만약 한 주에 한 번만 치료한다면 치료 횟수가 많이 부족해질 수 있다. 이렇게 되면 치료 효과를 감소시킬 것이고 치료 계획에 지연을 초래할 수 있다. 빈도와 상관없이, 한 회 치료 시간은 고정되어 있는 것이 중요하다. 어떤 아동에게는 아동이 볼 수 있는 곳에 휴일 전까지 치료 시간이 몇 번 남았는지 알 수 있는 달력을 두는 것이 유용하다.

횟수가 정해져 있거나 치료 기간이 미리 정해져 있는 단기 치료가 아니라면 치료 기간을 초기에 예측하는 것은 어렵다. 치료 기간을 예측하는 데는 치료 그 자체, 부모 또는 다른 보호자의 지원, 그리고 치료실 밖 아동의 삶에서 일어나는 일과 같이 많은 것들이 영향을 미친다. 이러한 변수 중 많은 것들은 치료자의 영향력 밖에 있다. 하지만 아동에게 심각한 장애가 있다면, 대개 수년간의 치료 기간을 예상하는 것이 현실적이다. 이런 사실은 전하기 불편한 메시지와 같은 것이어서 치료자는 더 낙관적인 견해를 전달하고 싶을 수 있다. 하지만 제3장에서 설명했듯이, 치료를 계속하기 위해서 이후에 지원을 받는 것은 어렵기 때문에 치료에 요구되는 시간을 과소 추정하는 것은 현명하지 못하다. 게다가 만약 후에 아동이 처음에 제안했던 것보다 더 많은 치료가 필요하다고 하면 치료자의 역량에 대해 불신을 일으킬 수도 있다. 긴 치료 시간이 비용도 많이 들고 관계된 사람들을 구속하겠지만 심각한 장애가 있는 아동이 제 때 도움을 받지 못해 생기는 경제적 비용과 인간적 비용이 얼마나 큰가를 생각해 보는 것이 의미가 있을 것이다.

경계 위반

치료자는 치료 환경을 설정하고, 치료 환경을 보호하는 것이 치료자가 해야 할 일이다. 하지만 경계 침해는 모든 심리치료에서 일어나며, 치료자와 아동 모두 범하게 된다. 치료자는 휴일, 병, 훈련 과정 등의 이유로 일시 중단을 완전히 피할 수는 없다. 일시 중단이 일어날 때, 가능한, 아동이 다가오는 변화를 준비하도록 하고, 그러한 변화에 대한 아동의 반응, 가령 치료자에 대한 불분명한 분노 또는 치료에 오는 것에 대한 불만족과 같은 간접적 반응 등과 같은 반응에 면밀한 관심을 가지는 것이 중요하다.

물론, 아동이 시도할 수 있는 여러 경계 위반을 아는 것도 이에 못지않게 중요하다. 거의 모든 아동이 한계를 시험하려고 하고 치료자가 실제로 얼마나 믿을 만한지 알아내려고 한다. 예를 들어, 치료실 일부가 사무실로 쓰기 위한 공간으로 되어 있어서 치료하는 동안 아동이 출입하는 것을 금한다면, 많은 아동은 치료자가 개입할 때까지 점진적으로 경계를 위반하는 것을 시도할 것이다. 이런 저런 때에 많은 아동은 치료가 끝나기 전에 떠나고 그만하고 싶어 할 수도 있고 반대로 시간이 다 되었을 때 떠나지 않으려고 할 수도 있다. 이러한 경우 치료자의 과업은 단순히 한계를 고수하는 것이 아니라 아동이 자신의 행동으로 전달하고자 하는 감정을 이해하고 담아내는 것이며 가능하다면 해석을 제공하고자 노력하는 것이다.

가벼운 경계 위반은 그린 그림을 부모에게 보여 주거나 주고 싶어서 그림을 집에 가지고 가고 싶어 하는 아동에서 볼 수 있다. 이러한 가벼운 경계 위반은 악의 없는 것으로 볼 수 있지만 이렇게 작고 사소한 경계 위반은 경계 위반이 심해지는 과정 가운데 첫 단계인 것이며 사소해 보이는 위반을 허락하는 치료자는 한계가 실제로 설정되어야 할 때 곤란한 지경에 처할 수 있다. 외현화 행동을 보이는 많은 아동들은 고집을 부림으로써 부모에게 자기 마음대로 하는 것에 익숙해져 있어서 이들은 오랫동안 매우 도발적인 행동을 보인다. 이 아동들은 어른에 의해 정해진 한계면 뭐라도 그것을 깨 보라는 초대장으로 여기는 것 같다. 이러한 상황에 치료하는 것은 몹시 긴장이 될 수 있으며, 여러 달 동안 그러한 싸움을 겪은 아동 치료자는 이 아동을 잘 치료할 수 있다는 확신을 할 수 있게 하는 지도감독을 필요로 할 것이다. 하지만 항상 반대하고자 하는 내적 충동을 느끼는 아동 역시 정신적으로 지치고 고통스럽다는 것을 기억하는 것은 중요하다. 치료자가 이 짐에서 아동을 해방시킬 수 있다면 아동은 매우 편안해질 수 있다.

비록 한계는 일반적으로 유지되어야 하지만 치료자가 한계를 깨고 싶은 유혹이 드는 상황은 불가피하게 일어난다. 그러한 상황은 치료자의 역전이 때문인데, 가령 앞에서 언급한 바와 같이, 자신의 모든 장난감을 망가뜨린 아동에 대해 치료자가 애처롭게 느끼고 장난감을 바꿔 주고 싶어 할 때를 예로 들 수 있다. 그러한 경우에, 자신이 하고자 하는 대로 하는 것은 좋은 생각이 아니다. 하지만 다음 예에서 보는 바와 같이 보통과 다르게 행동하는 것이 좋은 결과를 낳는 경우도 있다.

열한 살 잭(Jack)은 수년 동안 한 주에 2회씩 치료를 받아 왔다. 치료 초기에 상당히 오랫동안 잭은 매우 공격적이었고 계속해서 치료 환경을 침범하였으며, 나에게 자꾸 이래라저래라 했고, 내가 그에게 이야기하는 것을 막으면서, 모든 방면에서 나를 자극하고 자기 식대로 하려고 시도하였다.

하지만 지난 6개월 동안, 눈에 띄는 발전이 있었다. 잭의 행동은 훨씬 덜 도발적이었으며, 중요한 발전으로 잭이 자신의 생각과 감정을 나와 나누기 시작하였다. 잭은 이제 자신이 걱정하는 집안일 가운데 일부를 이야기하였다. 이전에, 잭이 종종 다치곤 했는데, 이제 잭이 자신을 보호하는 것이 중요하다는 것을 이야기했다는 사실을 기쁜 마음으로 주목하였다. 어느 날, 한때 외래환자였던 그 기관의 N선생님이 학교에서 일하는 마지막 날이었는데 N선생님이 도착 직전에 잭은 나에게 "제가 몹시 바라는 게 하나 있는데 그것은 이루어질 수 없어요."라고 말하였다. ("그래, 그건 왜 이루어질 수 없지?") "여기 치료에서 제가가 만드는 것은 여기에 남겨 두어야 하기 때문이에요." ("너는 무엇을 만들고 싶니?") "저는 N선생님에게 편지를 쓰고 싶어요. 제가 여기 XX에 오지 않아도 될 때 N선생님이 와서 나를 봤으면 좋겠어요." ("그러고 싶니?") "음, 저는 그것에 대해 생각해 왔어요." ("N선생님에게 말씀드려 봤니?") "말로 하기는 어렵지만 편지로는 쓸 수 있어요. 그리고 그게 가능한지는 모르겠지만 해 보고 싶어요." ("매우 좋은 생각 같아. 너는 편지를 쓸 수 있고 그런 다음 나는 우리가 그것을 가지고 무엇을 할 수 있을지에 대해 생각해 볼 수 있어. 그러니까 네가 의구심이 들 때 시간을 두고 그 문제를 생각해 보는 건 좋은 생각이야.") "하지만 그럴 시간이 없어요. N선생님이 오늘 떠나면 선생님은 월요일에 돌아오시지 않을 테니까요." 그는 절박한 목소리로 이렇게 말하였다. 이 시점에 치료는 3분 남았고 내 마음은 해결책을 찾으려고 열심이었다. 내가 생각하는 동안, 잭은 "N선생님이 내 마지막 날에 여기 오실 수 없다면 못 오시는 이유가 있을 거라고 확신해요. 그냥 이유가 아니라 아주 정당한 이유요."라고 계속 말했다. (이 순간에 나는 "이제 나는 결정을 하려고 해. 이건 절대 예외야. 네가 N선생님에게 편지를 써야 한다고 생각해. 그런 다음 여기에 보관할 사본을 하나 만들 거야. 그리고 나면 편지를 가져다 N선생님께 드릴 수 있어.") 그러고 나서 편지를 썼는데 잭은 편지에 아주 많은 공을 들였다. 그리고는 위를 올려다보고 웃으며 시계를 보고서는 "우리가 시간을 넘겼네요."라고 말하였다. ("맞아, 우리가 그랬지, 왜냐하면 이것은 중요하니까.") 우리는 치료실을 같이 떠났고 잭을 데리고 오기 위해 거기에 있던 선생님에게 일어난 일에 대해 간략히 말하였다 그래서 잭은 일반적 원칙에서 예외가 생겼다는 것을 이해할 수 있었다.

이 예에서 보듯이, 아동 심리치료에서 어떻게 행동해야 할지 오래 생각할 수 있는 시간이 거의 없어서 빨리 결정을 내리고 이후에 선택이 적합했는지 생각하는 것이 필요하다. 그런 일이 발생할 때는 보통 그 상황 이면의 동기에 대해 아동과 함께 생각해 보는 것이 중요한데 이 사례에서는 이전에 충분히 통합되지 못한 상실이 어떻게 잭의 현재 소망에 영향을 주고 있는가를 생각해 보는 것이다.

광의의 치료 환경

광의의 치료 환경은 치료를 하는 기관으로 볼 수 있는데 이 기관에는 여러 가지 매우 다양한 상황이 있다. 아동 심리치료 초기에, 대부분의 치료는 개인 상담소이거나 클리닉이었는데 이 기관의 주된 목적은 아동과 그들의 부모를 치료하는 것이었다. 그 당시 치료 환경의 중요성에 대해서는 잘 알지 못해서, 클라인은 자신의 자녀 세 명을 치료했었는데 이는 앞에서 언급한 바와 같이 안나 프로이트가 그녀의 아버지에게 분석을 받은 것과 마찬가지였다. 치료자가 치료 환경을 통제하는 유일한 사람이었다.

오늘날, 심리치료는 다양한 환경과 기관에서 실시되기 때문에 모든 기관이 아동 심리치료에 똑같이 잘 맞는 것은 아니다. 많은 기관과 조직에서 치료 사례 수에 대한 압박과 시간제한으로 인해 장기치료는 못하고 오로지 단기치료를 하게 된다. 하지만 충분한 시간만이 개인 심리치료를 하기 위한 유일한 전제 조건은 아니다. 심리치료를 하려고 하는 기관은 치료 문화, 즉 기관이 전반적으로 심리치료 환경으로서 작용할 수 있는 필요한 조건에 대한 지식을 가지고 있어야 한다. 특히, 지도부가 무엇이 필요한지에 대해 충분히 알고 있는 것이 매우 중요하다.

그러한 조직에서는 아동 치료와 관련된 많은 요소를 고려해야 하는데 여기에는 치료자와 함께 일하는 다양한 직원에 대한 충분한 배려도 있다. 직원은 기관에서 아동을 개인 심리치료 한다는 것이 무슨 의미인지에 대해서 설명을 들어야 한다. 예를 들어, 직원들은 아동의 정기적인 치료 참석과 같은 치료 환경의 중요성과 치료자의 비밀유지의 의무에 대해 알아야 한다. 직원들은 치료에서 어떤 주제를 다루고 싶은지 스스로 결정한다는 것을 이해해야 하며, 다른 직원이 제안한 주제를 치료자가 꺼낼 수 없다는 것을 이해해야만 한다. 직원들은 분리와 투사적 동일시와 같은 개념에 익숙해져야 하는데 그렇게 되면 아동이 치료자와 직원들을 서로 겨루게 하려는 시도를 할 수 있음을 이해할 수 있다. 치료 작업을 보호하기 위해 직원을 대상으로 지속적인 지도감독을 할 필요가 있다.

하지만 개인치료에 대한 충분한 이해와 보호가 있는 기관에서도, 치료자가 자신의 내적 경계를 유지하는 것이 어려울 수 있다. 치료자가 기관에서 다른 역할, 가령 정기 사례 회의에 참석한다면, 치료하고 있는 아동에 대해 얻게 된 정보로 인해 치료자가 영향을 받을 수 있다.

이러한 예는 도널드(Donald) 사례를 들 수 있는데, 도널드는 기관에서 살고 있었고 대부분의 시간을 공상을 하면서 지냈다. 치료 회의에서, 공상으로 도피하는 것을 제한해 보자는 결정이 내려졌다. 치료자는 자신이 이 결정의 영향을 받아 도널드에게 유사한 제한을 두기 시작했다는 것을 지도감독에서 알게 되었다.

입양된 아동과 위탁 아동은 종종 상당한 정신적인 문제가 있어서 장기적이고 집중적인 심리치료가 필요하다. 지역 또는 국가 건강보험이 치료비를 지원하는데 이는 경제적인 면에서 타당한 결정이다. 왜냐하면 이 아동이 치료를 받지 않는다면 장기적으로는 사회에 더 큰 비용이 들게 되기 때문이다. 얼마나 오래 그리고 어느 정도까지 치료비를 부담할 것인가는 항상 의뢰 기관(시립 기관 또는 부모)의 몫이다. 하지만 앞에서 언급한 사례의 경우 치료 계획에서 세심한 준비는 중요한 역할을 하였다. 첫째, 어떤 치료라도 시작되기 전에 아동과 주변 사람들을 철저하게 평가하는 것이 중요하다(제3장 참조). 둘째, 아동을 대상으로 한 치료에는 친부모든 수양부모든 양부모든, 부모를 치료에 참여시켜야 한다는 것을 명확하게 이해하고 있어야 한다. 치료자 두 명이 함께 치료한다면, 이들이 아동 치료에 들인 시간과 부모, 학교 및 기타 기관 등 의뢰한 기관과 정기적인 만남에 들인 시간도 치료비에 포함되어야 한다. 마지막으로, 치료가 일단 시작되면 갑자기 치료를 끝내거나 너무 일찍 치료를 끝내서는 안 되는 장기치료라는 사실을 이해해야 한다. 치료를 갑자기 끝내거나 너무 일찍 끝내면 아동은 치료를 받지 않았을 때보다 더 나빠질 수 있기 때문이다. 치료를 시작하기 전에 치료 기간 동안 치료비를 낼 수 있으며 정당한 이유 없이 치료를 끝내지 않는다는 것에 대해 치료자와 의뢰 기관이 서로 충분히 이해하는 것이 중요하다.

제5장

치료 관계

치료 관계는 전이 관계, 실제 관계, 그리고 치료 동맹으로 이해할 수 있다. 치료 과정에서, 이 세 관계는 상호 의존적이고, 계속해서 상호작용하기 때문에 서로 뚜렷하게 구분하기 어렵다. 정신역동 접근으로 아동을 치료한다는 것은 아동의 관계 경험, 느낌, 환상, 그리고 마음 상태를 이해하기 위해 처음부터 치료자가 치료 관계에 완전히 몰두해야 한다는 것을 의미한다. 결국, 이로 인해 현저한 전이 양상이 나타나게 되는데 이는 아동이 치료자, 치료, 그리고 클리닉을 매우 주관적인 경험을 바탕으로 관계 맺기 때문이다. 하지만 얼마나 빠르게, 얼마나 광범위하게, 그리고 어떤 핵심적인 관계 주제에서 이러한 전이가 나타날지는 매우 가변적이다. 이 주제는 질적 연구가 절실히 필요하지만 치료자 및 지도감독자로서 우리 경험은 이들 요소, 즉 치료자의 이론, 기술, 성격, 아동의 또는 청소년의 초기 애착의 질, 현재 돌봄의 관계, 정신화 능력, 그리고, 마지막으로 필연적으로 결코 무시하지 못할, 치료의 맥락, 빈도, 그리고 지속 기간 등과 같은 요소 간에 복잡한 상호작용이 있음을 시사하고 있다.

전이 관계: 주관적인, 양방향 관계

앞에서 개관한 바와 같이, 정신역동적 아동·청소년 심리치료가 아동과의 상호작용에 지속적인 주의를 두기 때문에 전이 관계 발달을 촉진시킨다. 전이 개념에는 주관적인 느낌, 사고, 그리고 환상을 치료자에게 전이시키는 관점과 아동의 전이에 대한 치료자의 주관적인 개인적 반응을 아동에게 전이시키는 역전이까지 포괄한다. 따라서 전이 관계는 주관적인 양방향 의사소통으로 이해할 수 있는데 치료 과정에서 이 전이 관계는 아동과 치료자의 무의식적인 내면세계 사이에 정신적 상호 연결을 이루게 하고 유지시키며 안전한 심적 공간을 제공한다. 치료 과정에서, 이러한 주관적인 소통 과정은 두 참여자가 상대방을 무의식적 대상관계가 형성된 기존의 내면세계에 받아들이고 내면화하게 한다. 따라서 전이 관계는 치료 과정에서 지속적인 저변의 흐름을 형성하는데, 때에 따라서는 다소간 강력한 방식으로 무대의 전면으로 나타난다.

전이에서, 무의식적 환상에 있는 아동과 청소년 (그리고 성인)은 치료자와 자신에게 특정한 보완적인 역할을 부여한다. 놀이, 언어적 대화, 행동, 그리고 전반적인 태도를 통해, 아동은 이러한 주관적인 역할(내면세계에서 파생된 감정, 환상, 그리고 방어적 패턴으로 갖춰진)을 실현한다. 따라서 아동은 치료자를 현실적인 외적 존재로서뿐만 아니라 무의식적 환상 속의 존재로서도 관계하는 것으로 아동은 자신의 내적 세계에서 파생된 특정 느낌, 환상, 그리고 방어를 더하는 것이다. 치료 관계는 결과적으로 어릴 때 경험과 현재 관계 경험에서 오는 아동의 주관적 경험과 기억 흔적에 의해 채워지게 된다. 따라서 치료 시간의 어떤 순간에 나타나는 아동의 태도, 말, 놀이, 그리고 행동에는 아동의 환상에서 파생된 특정 요소가 있는데 이러한 요소에는 초기 유아기부터 현재 관계(치료실 안과 밖의 관계)에 이르기까지의 주관적인 관계 경험이 융합되어 있다.

치료자 역전이는 두 가지 방식으로 개념화된다. 첫 번째는 치료를 방해하는 치료자의 미해결된 개인적 문제로 개념화되고, 두 번째는 내담자의 무의식적 투사적 동일시에 대한 치료자의 감정 반응으로서 이러한 내담자의 투사적 동일시는 함입적 동일시를 통해 치료자의 마음에 그에 상응하는 감정과 환상을 일으킨다.

치료를 방해하는 치료자의 미해결된 자기 문제

모든 치료자는 미해결된 자기 문제를 가지고 있는데 이것은 치료자의 맹점으로 작용하여 과도한 관여, 혼란, 적대, 또는 무관심과 방치를 일으켜 치료 자세와 이해를 방해한다. 그렇다고 하더라도 치료자는 내담자에게 개인적인 감정을 느낄 수밖에 없는데 이는 내담자들이 치료 과정에서 자신의 일부를 치료자에게 투사(투사적 동일시)할 가능성이 크기 때문이다. 따라서 역전이는 피할 수 없고 내담자가 촉발하는 것이기는 하지만 내담자의 마음보다는 치료자의 마음 상태에 의해 일어난다. 따라서 정신역동적 아동·청소년 치료자의 과업은 자신의 마음속에 일어나고 있는 것을 계속해서 관찰하는 것이다. 능력이 되는 한, 치료자는 자신의 실수를 검토하고 어떤 개인적 문제가 치료 과정에 영향을 미쳤는지 더 잘 앎으로써 치료 과정에 자신이 미치는 영향과 아동이 미치는 영향을 구분해야 한다. 이는 프로이트의 관점인데 스필리우스에 따르면, 멜라니 클라인의 역전이에 대한 관점도 또한 그러하였다(Freud, 1910d; Spillius, 2007).

내담자의 무의식적 투사적 동일시가 치료자의 마음 안에 그에 상응하는 감정과 환상을 일으킨다

이 추가적 의미는 하이만(Heimann, 1950)이 소개했는데 하이만은 역전이를 유용한 치료적 도구로서 역전이를 강조하였다. 이는 비온이 투사적 동일시를 순수한 환상 현상에서 관계 모형으로 발달할 것을 예측한 것으로 치료자에게 자극하는 행동을 통해 아동의 무의식적인 환상을 구현하는 원시적인 형태의 의사소통인 것이다(Bion, 1962b, 1970; 제2장 참조). 이 의미에는 치료 과정에서 경험하는 치료자의 어떤 인상(즉, 생각, 감정, 지각, 감각, 그리고 기타 정신 및 정신신체 반응)이라도 내담자의 마음 상태에 대한 정보의 원천으로서 중요할 수 있다는 것을 의미한다. 이러한 광의의 의미에서, 치료자의 역전이는 아동과 상호작용에서 일어나고 있는 일을 정신화할 수 있는 능력에 필수적인 도구로 간주할 수 있다. 따라서 치료자는 항상 자신의 느낌과 환상에 내밀한 주의를 기울여야 하는데, 이러한 자신의 느낌과 환상은 아동을 공감적으로 이해하는 수단으로 적용해야 한다. 넓은 의미의 역전이는 현재의 정신분석적 아동·청소년 치료와 정신역동적 아동·청소년 치료에 널리 받아들여지게 되었다(Lanyado & Horne, 1999; Pick, 1985; Sandler & Sandler, 1998; Spillius et al., 2011).

치료 공간의 현실에서 두 형태는 일종의 상호 균형을 이루면서 공존하고 있어서 둘을 명확하게 구분하는 것은 거의 불가능해 보인다. 따라서 잘된 치료는 치료자와 아동을 변화시킬 수 있는 힘을 가지고 있는 양방향의 두 사람 간의 소통 과정이다. 심리치료에서 아동·청소년도 그렇지만, 성인들도 치료자가 반응을 보이는 감정을 정확하게 묘사하는 경우가 종종 있다. 경험이 많은 정신역동적 치료자들도, 특히 아동·청소년 심리치료에서 두 형태의 역전이를 구분하는 것이 때로 어렵다고 느끼는데 이는 아동·청소년 심리치료에서는 치료 과정에서 일어나는 일들이 빠르게 전개될 뿐만 아니라 자체의 논리를 따라 진행되는 것으로 보이기 때문이다. 아동의 투사적 동일시, 치료자의 함입적 동일시, 여기서 파생되는 치료자의 개입, 그리고 두 참여자의 성격과 인생사에서 파생되는 주관성의 상호작용으로 발생하는 치료자의 역전이가 얼마나 복잡하게 형성되는지 이해하는 것이 중요하다.

이 과정에서, 아동의 전이와 치료자의 역전이는 늘 아동의 소통을 윤색하는 정서적인 저변의 흐름으로 계속 나타나는데 이는 어떤 주제가 명확하게 제시되더라도 마찬가지다. 결과적으로, 아동이 치료 관계에 가져오는 것이 무엇이든 간에, 이는 전이 관계의 지금-여기를 비롯한 몇 가지 관점에서 가장 잘 이해될 수 있고 이해되어야 한다. 아동·청소년 치료자들이 놀이와 말의 주제나 이야기 내용에 주의를 기울이는 것만큼이나 아동이 관계를 맺고 행동하는 방식에 들어 있는 정서적 표현에 주의를 기울이는 것이 중요하다. 예를 들어, 놀이나 말의 명백한 주제에만 전적으로 주의를 기울이는 것과 같이 표면적이고 일차원적인 인식을 하게 되면 그 순간에 아동이 외재화하고 있는 내적 대상과 또 이와 관련된 시나리오에 대한 중요한 정보를 잃게 된다. 즉, 어떤 전이 역할이 실현되고 있는지 등. 내용과 관계는 전체를 형성하므로 이 두 요소에 대해 치료자가 자각하는 것은 아동이 치료자와 어떻게 관계 맺는지, 어떻게 관계 맺기를 바라는지, 그리고 치료자가 관계 맺는 것을 어떻게 두려워하는지에 대해 그 순간의 전체 정보를 포착하기 위한 중요한 전제 조건이다. 이러한 전이 관계라는 개념(즉, 전이와 역전이 모두)은 치료 시간의 어떤 순간에도 일어나는 하나의 과정이라고 여긴다. 그 형태와 정서성은 과거 관계 경험에 대한 개인의 주관적인 담아내기와 정신화에 기초하지만 전이는 현재의 치료 관계에서 창조되고 경험된다(Spillius, 1994).

치료자에 대한 환상으로서 아동의 전이

치료 과정 중에 치료자는 아동의 환상 속에서 아동의 대상관계의 다양한 측면을 나타낼 수 있다. 상징적인 수준에서, 치료받고 있는 아동은 아버지, 어머니, 형제자매 상과 같이 자신의 내적 인물과 관련된 기존의 감정과 자기에 대한 환상에 치료자를 끼워 넣는 경향이 있다. 이런 내면의 시나리오는 아동의 놀이와 그림을 통해 치료자에게 전달될 수 있다.

심각한 외상이 있는 난민 부모의 자녀인 다섯 살 나빌(Nabil)은 상담 때마다 홍수가 된 세상을 만들었는데, 이 세상에서 인형들은 끊임없이 내리는 독성 비로 인해 계속해서 물에 빠지거나 사라졌다. 그동안에 장남감 상자, 모래상자, 그림, 그릇 그리고 바닥을 물로 흥건하게 하여 치료실을 혼돈 상태로 만들었다. 치료를 일시 중단한 이후 온 첫 상담에서, 여느 때처럼 혼돈 상태에서 나빌이 한 구석에 반쯤 숨어서 더 집중하여 인형놀이를 하고 있는 것을 관찰했다. 나빌은 인형놀이에서 목마름, 배고픔, 외로움으로 모래상자 사막에서 죽어가는 아기 인형의 결핍과 고통을 이야기하였다. 또한 아기 인형의 생존은 독성 비와 모든 안전한 장소를 점령하고 있는 무서운 추격자들에 의해 위협받았는데 이들은 식량과 생명을 구해 주는 모든 가능한 보호 관계마저 탈취했다.

아동의 전이가 과거와 현재에 모두 걸치는 복합적인 기원이 있다는 것을 기억하는 것이 중요하다. 모래 상자에서 나빌이 보인 놀이 내용은 치료 일시 중단으로 촉발된 것이 틀림없었는데 형제간 질투와 함께 애정 어린 돌봄에 대한 갈망을 자극한 것도 있지만 집단학살과 전쟁에서 실제 잔혹한 행위를 경험한 부모가 느꼈던 고통을 함입적 동일시를 나타내는 요소도 포함하고 있었다.

때로는 놀이나 언어 대화에 드러나는 명백한 주제보다는 아동의 태도와 행동에 아동이 대상이나 부분 대상관계를 환상에서 치료자에게 전이한다는 것을 보여 준다. 어느 지점에서는 아동이 환상에서 치료자를 엄한 초자아와 같은 투사된 자기의 부분과 동등하게 볼 수도 있다. 그 결과 법과 질서를 엄격하게 유지시키는 가혹한 그리고 험악한 부모 같은 인물의 역할을 치료자에게 부여할 수도 있고, 이와는 정반대로 아동이 버릇없는 아동, 즉 치료자를 가혹하게 명령하는 엄격하고 전능한 부모상인 양 치료자와 관계할 수도 있다.

특히, 상담을 시작하고 끝낼 때 어떤 아동은 외상으로 인한 상실을 명확하게 보여 주는 놀이나 행동을 시작하는 경향이 있다. 예로는 아동에게 매우 중요하게 된 특정 대상을 계속 상실하고 회복시키는 것을 들 수 있는데 이러한 대상에는 특정 부모 또는 형제자매 인형, 껴안을 수 있게 만든 장난감 동물 또는 차와 같이 딱딱한 생명이 없는 물건 또는 모래상자나 삽과 같은 것이 있다. 상실 또는 상실의 양상은 분절된 행동이나 놀이의 단편적인 부분으로 반복될 수 있다. 이러한 예로는 일시 중단 후에 혼란스러운 상태로 돌아와 치료자를 알아보지 못하거나 이름을 기억하지 못했던 열 살 소녀를 들 수 있다. 외상적 좌절에 대한 기억은 위 예와 같이 치료실에서 끊임없이 물이 넘치는 것으로 나타날 수 있다. 자기의 공격적인 요새화는 아동이 치료자의 말에는 주의를 기울이지 않으면서, 단단한 벽으로 드나들지 못하도록 건물을 짓고 인간 운전사가 없이 모든 것을 갈아 조각을 내는 기계에 끝없이 몰두하는 것으로 나타날 수 있다.

전이 가능성은 원칙상 무수히 많다. 치료자는 놀이 주제와 놀이에서 반복되고 있는 전체적인 정서적 그리고 관계적 의미를 이해하기 위해 전이와 역전이에 대한 공감적 직관과 민감성이 필요하다. 따라서 치료자의 근본 과업은 어떤 순간에 아동이 어떤 시나리오에 몰두하는지 그리고 치료자가 놀이 활동에서 어떤 역할을 하고 있는지 이해하기 위해 면밀하게 돌이켜 보는 것이다. 다시 말해서 치료자들은 아동에 대한 자신의 역할을 지속적으로 곰곰이 생각하는 것이 필요하다는 것인데, 이는 아동 자기의 어떤 부분이 대상의 어떤 부분과 어떤 관계에 있는지 그리고 이러한 역할이 치료자와 아동 간에 어떻게 배치되는지 질문을 하는 것이다(Klein, 1929; Sandeler, 1976).

치료 과정의 정서적 분위기는 아동의 내적 세계의 어떤 부분이 지금-여기 관계에서 불러일으켜지는가에 따라 일반적으로 긍정적 전이와 부정적 전이 사이를 지속적으로, 왔다 갔다 한다. 어느 순간에는 아동이 사랑스럽고, 그립고, 차분하고, 슬픈(우울한) 대상관계로 전환될 수 있고 또 다른 순간에 분위기는 불안하고 공허하고 무관심하고 고집 세고 거부하거나 노골적인 공격적(편집-분열성) 마음 상태로 변할 수도 있다. 이러한 정서적 분위기의 변화는 현재 순간에 실현되는 아동의 환상 속에서 치료자가 맡고 있는 역할과 관련이 있다.

아동의 초기 태도

시간이 지나면서 전이 관계는 특정한 변화를 겪는다. 치료자의 분산된 주의, 즉 부분적으로는 아동의 활동과 정신 상태에 대한 주의, 자신의 내면 감정과 반성적 과정에 대한 주의, 그리고 현재 순간에 아이와 자신 간의 상호작용에 대한 주의는 관계를 전이 관계로 변형하는 데 중요한 역할을 한다. 따라서 변화는 나선형으로 일어나는데 치료자가 자신의 역전이를 잘 관리하면 아동의 전이가 나타나게 되고 또 아동의 전이가 나타나게 되면 치료자는 자신의 역전이를 관리하게 된다.

아동의 초기 전이 태도는 매우 유익한 경우가 종종 있다. 아동에게 도움을 줄 수 있는 낯선 어른과 일대일 상황에서 대부분의 아동과 청소년은 관계에 대한 기대를 의식적으로 또 무의식적으로 보이는 경향이 있다. 이러한 경향성은 정신역동 치료자와 첫 만남에서 이미 두드러지게 나타난다. 이는 치료자의 세심하고 담아내는 태도와 아동의 마음에 있는 것을 기다리고 이해하려는 비판단적 태도 때문에 나타나기도 하고 암묵적인 초대와 상대적으로 느슨한 치료 환경의 구조 때문에 나타나기도 한다. 따라서 사실상 모든 아동과 청소년은 치료실에 처음 들어갈 때, 그들의 내면세계를 무의식적으로 투사하기 시작하고, 그들의 태도와 행동을 통해 치료자에게 특정한 대인 관계적 압박을 가하여 무의식적으로 특정한 상호 보완적인 역할을 하게 하려고 시도하게 된다. 치료자에 대한 아동의 초기 태도는 그들이 모든 사람 아니면, 적어도 그들 마음속 특정 범주에 속하는 사람(예: 모든 성인, 권위자, 여성, 외국인, 검은 머리를 가진 사람, 의사, 박애주의자)에게 나타내는 지속적이고 굳어진 관계 패턴을 보여 주는 것일 수도 있다. 이것은 치료자와 특정 관계에 기초한 개인적 전이 관계가 아니라 성격 전이의 예이다(Reed, 1990; Sandler et al., 1980).

게다가 초기 전이 태도는 종종 치료의 배경 맥락과 관련되어 있는 경우가 많은데, 이러한 배경 맥락에는 부모의 치료에 대한 태도를 아동이 어떻게 인식하는지, 치료를 받는 대신 어떤 여가 활동을 포기해야 하는지, 그리고 특히 아동의 개인적 안전에 대해 치료가 위험을 내포하고 있는지 등이 있다. 예를 들면, 이전에 치료를 받은 경험이 있는 아동은 치료자가 치료와 관련된 결정을 통제한다고 믿을 수도 있다.

네 살인 조셉(Joseph)은 생후 첫해를 정신질환이 있는 어머니에게서 완전히 떨어진 상태에서 보냈고 이후 주거시설에 맡겨지게 되었다. 그 이후로 조셉은 친어머니를 다시 보지 못했고, 두 살이 되어 친아버지와 같이 살게 되었는데 친아버지는 새어머니와 함께 조셉을 보러 주거시설에 오곤 했었다. 새 가족에서 다른 형제는 없었다. 조셉이 심리치료에 의뢰된 것은 분리 불안 때문에 유아원에 가지 못했고, 동물과 어린 아동을 고의적으로 학대하는 경향성이 있었으며, 발달에서 문제가 있어 보이지는 않았지만 전반적으로 발달이 늦어 보였기 때문이었다. 아래는 1회 차에서 발췌한 내용이다.

조셉은 부모가 데려왔는데, 부모 뒤에 숨어서 부모를 놓아주지 못한다. (나는 부모에게 놀이치료실에서 조셉과 함께할 것을 제안한다.) 놀이치료실에서, 조셉은 경찰차를 보고 나서는, 아빠와 떨어졌고 이후에는 부모를 본체만체한다. 잠시 후 내 제안에 따라 부모가 작별인사를 하고 놀이치료실을 떠날 때 조셉은 반응이 없다. 조셉은 여러 대의 자동차를 주의 깊게 살펴보고서는, 거기서 결함을 발견하고 나서, 내가 대답하기를 기다리지 않고 많은 질문을 쏟아낸다. 조셉은 아직 내 눈을 쳐다보지 않았고 대부분 등을 돌리고 있다. (나는 처음 몇 가지 질문에 답했지만, 대답이 중요하지 않다는 것을 알게 되면서, "정말 많은 질문을 하는구나. 어쩌면 여기에 나랑 놀러 왜 왔는지 모르는 거 같네."라고 말한다.) 놀랍게도, 조셉은 "네. 하지만 알고 싶어요."라고 어른인 척하는 목소리로 대답한다. 조셉은 의사 인형을 발견하고서는 트랙터 운전실에 대고 의사 인형을 두드리면서 숨도 쉬지 않고 "저 사람은 누구예요?" 왜 그 사람을…… 거기에 들어가지 않고, 이건 누구 책임인가요?"라고 말한다. (I: 누가 나와 함께 놀이치료 하도록 결정했는지 알고 싶은 거니?) "네." 조셉은 계속해서 두리번거렸고 이것은 얼마 동안 계속되었다.

그때 조셉은 몸체에 작은 구멍이 있는 트럭을 발견하였다. 조셉은 움직임이 정신이 없어졌는데, "이게 뭐예요. 왜 구멍이 거기에 있어요. 없으면 좋겠는데."라고 하면서 매우 불안해 보인다. ("구멍이 싫구나?") "모래가 모두 빠져나가요." ("너는 너 자신이 구멍을 빠져나가 길을 잃을지도 모른다는 거니?") 처음으로 조셉이 나를 똑바로 보면서 "네, 어떻게 알았어요?"라고 한다. 그는 또 다른 트럭과 굴착기를 모래상자로 가져가서, 굴착기로 파내고 굴착기 앞부분 큰 톱니를 손가락으로 만져 본다. "이건 날카롭나요? 아저씨가 너무 가까이 오지 말라고 해요. 아저씨가 굴착기를 운전할 때 톱니가 커서 위험하나요? 아저씨는 거기에 있어요, 그렇죠?" ("굴착기가 화가 나서 너를 산산조각 내는 건 아닌가라고 생각하는구나. 내가 여기에 위험한 걸 두었다고 생각하는구나.") 조셉이 굴착기를 너무 맹렬하게 몰아서 무한궤도 바퀴가 빠졌다. 조셉은 무한궤도를 다시 끼우기 위해 애쓰면서도, 내 도움을 요청하지는 않는다. 그러고 나서 조셉은 무한궤도를 가리키면서 "이건 싫어요. 그 아저씨가 운전하면 모두 짓밟힐 거예요."라고 말한다. 조셉은 굴착기와 무한궤도를 모래상자에 묻고서는 모래상자를 조심스럽게 덮으며 "이제는 아저씨가 할 수 없을 거예요."라고 하면서 만족스러운 미소를 짓는다. (내가 더 가까이 다가가는데, 너무 가까이 간 것인 양 조셉이 놀란 것처럼 보인다.) 조셉은 등을 돌리는데 거리를 두고 있다.

치료 시간 후반에, 조셉은 굴착기를 꺼내서 가지고 놀면서, 모래를 파내고, 그 모래를 상자 가장자리에 버린다. 모래는 상자와 가장자리 사이의 작은 틈을 통해 바닥으로 떨어진다. 조셉은 바닥에 떨어지는 모래를 애타게 쳐다본다. 구멍을 가리키며, "거기에 있는 이건 뭐예요. 왜 이게 거기에 있어야 하나요?"라고 말한다. 그는 모퉁이에 젖은 모래 덩어리를 발견하고 어른인 척하며 분개한 목소리로 "누가 그랬어?"라고 묻는다. 조셉은 쓰레기차를 가져와서는 "이것도 마음에 들지 않아요, 쓰레기통에 넣어요, 너도 쓰레기통에 들어갈 거야, 아빠가 말해요."라고 말한다. ("너는 만약 네가 잘못하면 아빠가 너를 쓰레기처럼 버릴지도 모른다고 생각하니?") "네, 사실, 하지만 지금은 저는 요리하고 있어요. 맛있는 음식이 많이 있어요." 조셉은 냄비에 모래를 붓고 모래에서 플라스틱 덩어리를 발견한다. "조심해, 녹색 빛으로 변한 감자야, 조금 썩었어, 거기, 바닥에 떨어진다." 잠시 후, "조심하세요, 아주 뜨거워요, 너무 가까이 오지 마세요. 화상을 입을 거예요. 이것은 제가 끓인 물이에요." 치료가 끝나고 조셉은 인형의 집으로 가 문을 통해 집 안을 보면서, "들어갈 수 없어요."라고 한다.

처음에 조셉은 두려워하고 회의적인 태도를 보였으며, 부정적인 예상과 환상으로 가득 차 있었다. 조셉은 부모님을 놓아줄 용기가 없었지만 그럼에도 불구하고 부모님이 놀이방을 떠날 때는 거의 알아채지 못하였다. 조셉은 상담을 시작할 때 주위를 돌아다니고, 놀이방을 탐색하고, 사소한 결함조차도 예리하게 경계하고, 치료자가 너무 가까이 오면 눈에 띄게 불안해하였다. 이처럼 두려움이 가득 찬 시각적인 탐색은 아주 어려서 생존과 관련된 경계를 연상시키는데 이는 심각한 정신질환을 가진 어머니와 상호작용에서 기인한 것으로 이해할 수 있다(Grünbaum & Gammeltoft, 1993).

조셉의 초기 전이 태도는 치료자와 치료의 장난감들이 자신의 공격적인 감정을 담아낼 수 없을 만큼 너무 손상되고 부서지기 쉬우며, 또한 위험하고 예측 불가능하여 날카로운 이빨로 자신을 산산조각 내거나, 무너뜨리거나, 어쩌면 자신이 아버지에게 거부당하게 만들 사악하고 가학적인 행동을 하도록 유혹할 것이라는 의심을 시사한다. 이러한 관점에서 볼 때, 조셉이 치료자와 거리를 두어야 한다는 것은 당연한 일이었다. 따라서 조셉은 불안과 공격성을 조절할 수 있는(담아내기) 공간의 능력을 거의 믿지 않았다.

반면에 조셉은 이해받을 수 있는 관계를 찾고 있었고, 불안과 손상되고 위험하게 공격적인 대상들에 의해 자기가 거부되고 파괴되는 편집증적-분열성 환상에 대해 이야기하고 싶어 했다.

조셉의 수용적이고 대상 추구적인 부분은, 예를 들어 치료자가 의미를 파악하여 조셉이 이해하고 받아들일 수 있게 개입을 수립할 수 있었던 몇 번의 예에서 명확하게 드러났다. 그럼에도 불구하고, 순간적으로 조셉은 '의사의 개인적인 인식 속에 들어가는' 것에서 아무런 좋은 결과도 나오지 않을 것이라는 불안한 의심에 사로잡혔다.

조셉은 자신과 대상의 차이에 대해 몹시 혼란스러워하는 것 같았다. 이와 마찬가지로, 치료자는 의사 인형과 트랙터가 각각 자기와 또는 대상을 나타내는 것인지 판단하는 게 어려웠다. 하지만 조셉은 도움을 주는 의사 인형과 트랙터의 관계를 투사적 동일시를 수용할 수 없을 만큼 불투명하고 차단된 것으로 인식하며 자기가 (문자 그대로이든, 정신적으로든) 둥지를 틀 수 있는 내부 공간이 없다고 보는 것이 치료자에게는 매우 분명해 보였다. 이러한 사실은 트랙터에 들어갈 수 없다거나 치료 끝날 즘에는 인형의 집에 들어갈 수 없다고 한 조셉의 말과 보육원에 가지 않으려는 저항으로 증명되었다.

그럼에도 불구하고, 첫 순간부터, 조셉은 소통을 시작했는데, 선하고 이용 가능한 대상이 결핍된 의심스러운 자기와 탐색적이면서 도움을 추구하는 자기 모두를 치료 관계와 치료 환경 안에 투사하였다. 치료 시간이 끝날 무렵, 새롭고 낯선 관계가 결국에 가서는 도움이 될 수도 있겠다는 어렴풋한 희망도 보여 주었다. 이렇게 하여, 조셉은 음식 준비를 시작했고, 환상 속에서 역할을 바꾸어 자신을 잘 돌봐 주는 좋은 엄마-치료자가 되었으며 이와 동시에 원치 않는 장난꾸러기 아동의 정체성을 떨쳐내어서는 이 역할을 치료자에게 넘겼다.

개인적 전이 관계

치료 시작부터, 치료자의 주요 과업 중 하나는 분산되어 있는 아동의 대상관계 관련한 노력을 치료자에게 집중시켜 개인적 전이 관계로 전환하도록 개입하는 것이다. 이는 개인적 전이 관계에서 아동과 치료자가 상대방의 마음에 각자 나름의 개인적 대상이 되는 것이다. 달리 말하자면 시간이 지나면서 치료자와 아동 사이에 강한 관계가 형성되는데 이 관계에서 각자의 무의식이 동원되어 전이와 역전이는 이 치료자–아동 두 사람에게 독특한 반복되는 패턴을 형성한다. 이 과정에서, 긍정적이고 부정적인 전이 감정이 강렬해지는데, 이 전이 감정은 초기의 관계 경험과 이와 관련된 무의식적인 환상의 영향을 받는다. 때로는 이로 인해 치료자에 대한 아동의 행동이 상당히 비현실적이고 치료자의 실제 행동 및 개인적 특성과 관련이 거의 없게 될 수도 있다. 하지만 첫 만남부터, 대부분의 아동과 청소년들은 치료자의 역전이 상태에 대해 전의식적인 예리한 직감을 가지고 있을 수 있다는 것을 아는 것이 중요하다. 따라서 치료자는 전이 관계에 내재된 이러한 복합성을 인식할 필요가 있으며, 이러한 복합성은 가장 왜곡된 전이 환상이라도 현실적인 인식의 핵심이 있을 수 있다는 것을 의미한다.

설명한 바와 같이, 아동의 전이는 이전과 현재의 관계 경험과 환상에 대한 정서적으로 윤색된 내적 흔적을 무의식적으로 반복하는 것으로 되어 있다. 전이는 이러한 관계나 유아기 자기의 정서 상태, 소망, 환멸, 갈등 등을 문자 그대로 반복하는 것이 아니라 총체적인 내부 시나리오라고 생각할 수 있다. 이 시나리오에서는 주관적으로 처리된 압축된 기억 흔적들이 이전과 현재 상호작용의 정서 경험을 결합하고 압축한 것으로 이러한 경험을 과거와 현재 관계의 정서적 분위기와 맥락과 함께 전달한다. 전이에는 아동이 치료자에게 무의식적으로 전달하는 과거 관계에 대한 압축된 기억뿐만 아니라, 이러한 기억이 현재 치료자와의 관계에서 경험하는 방식과 어떻게 융합되는지에 대한 아동의 주관적인 (무의식적인) 의사소통도 포함되어 있다. 따라서 치료 밖의 과거와 현재의 관계를 치료 상황에서 아동이 정신적으로 처리하는 과정은 현재 순간에 치료자와 관계에서 경험하는 정서 경험에 의해 영향을 받게 된다(Joseph, 1985; Klein, 1952).

우리가 유아기 애착 그 자체를 놀이치료실에서 목격하는 것이 아니라는 것은 말할 나위가 없는데, 이는 놀이치료실에서 보는 유아의 애착은 주관적으로 처리된 흔적이자 표상이기 때문이다. 이러한 흔적의 모습은 지금 이 순간에서 나타나는 것이어서 이러한 흔적의 생생함과 형태는 치료자와 관계에서 아동이 경험하는 지금-여기의 경험에 의해 영향을 받는다. 따라서 유아기 대상관계는 현재의 자발적인 반응을 형성하는 내적 틀로 이해할 수 있다. 이러한 관점이 방법론적으로 시사하는 바는 과거 사건과 관계가 아닌 치료 관계, 특히 전이 관계에서 현재 일어나는 것에 개입의 초점을 맞출 필요가 있다는 것이다.

앞의 예에서, 치료자가 자신을 물고, 으스러뜨리고, 쓰레기 같이 취급할 지도 모른다는 네 살 조셉의 두려움은 정신병을 앓고 있는 자신의 생모로부터 초기에 경험한 두려움을 치료자에게 그대로 전치하고 있다고 이해해서는 안 된다. 그런 것이 아니라 사실상 조셉은 지금 치료자가 그런 방식으로 자신을 공격할 것이라는 극심한 공포에 사로잡혀 있는 것이다. 따라서 치료자가 조셉의 불안을 놀이치료실 밖에서 일어난 과거의 관계에서 비롯된 것으로 해석한다면, 이것은 조셉의 불안을 완화시키지도, 또 자기인식을 더 잘할 수 있도록 도와주지도 못한다. 오히려 조셉의 급성 박해 불안은 시간을 거슬러 초기 돌봄 관계에서 경험한 특유의 환상으로 거슬러 올라가는 것일 가능성이 크다. 다시 말해, 조셉이 보이는 현재의 급성 박해 환상은 심각한 정신병이 있는 엄마와의 상호작용을 한 살배기 조셉이 주관적으로 처리해서 생긴 내적 대상관계 형판과 유사하다.

전이 관계에서 특정 위기

만일 치료자가 위에서 정의한 지침을 따른다면, 대부분 아동은 그들의 전이 감정과 환상을 서서히 모아 아동만의 고통스러운 대상관계의 핵과 방어적인 환상, 갈등 그리고 이것들과 밀접한 관계가 있는 실행에 초점을 맞출 것이다 (제10장 참조). 이러한 발달 과정에서 관계에 있어서 특히 중요한 불화의 시기가 한 번 또는 여러 번 발생할 수 있으며, 이는 아동뿐만 아니라 때로는 부모와의 치료 동맹도 위태롭게 할 수 있다. 이러한 발달은 아동이 깊게 뿌리박힌 복합적인 고통스러운 대상 관련 환상과 방어를 강박적으로 파헤칠 때 아동의 불안과 절망감이 증가함으로 인해 발생한다. 한 요인으로 아동은 한동안 이러한 문제가 치료자에 의해 생긴 것으로 인식하는 것이 일반적이다. 이러한 믿음은 치료자에 대한 의존이 증가하고 치료 관계 내에서 그리고 치료 관계에 의해 생긴 감정을 말로 표현하는 것이 중요하다고 치료자가 끊임없이 강조하는 것과 어우러져 발생하는 것 같다. 이러한 근본적이고 무의식적인 주제와 갈등의 정서적 분위기는 다양한데, 주로 사랑이 넘치거나, 증오에 차 있거나, 마비되어 있거나 공허함으로 가득 차 있을 수도 있다. 아니면 이런 상태를 왔다 갔다 할 수도 있다. 이러한 경험의 정서적 강도는 아동뿐만 아니라 치료자도 놀라게 할 수 있다. 이렇게 어려운 전환기에, 아동과 치료자 모두 치료를 끝내고 싶은 환상을 품게 될 수도 있다. 이 환상 복합체는 치료자가 담아내기가 되지 않는다면 부모와 아이를 돌보는 어떤 전문가에게도 영향을 준다.

이 현상은 프로이트의 원래 개념인 강렬한 전이 위기와 일정한 유사성을 보인다. 관계가 점진적으로 강렬해지다가 절정에 이르게 되면, 내담자는 더욱 강렬하게 자신의 유아기 고통과 갈등을 기억하기보다는 반복하며, 한동안 이를 치료자와의 관계에서 비롯된 것으로 경험하게 된다(Freud, 1916-1917). 19세기 초 아동 심리치료가 시작된 이후, 이 치료 이론이 정신분석적 아동 · 청소년 심리치료에 어떻게 적용될 수 있는지에 대한 의문이 활기찬 토론을 불러일으켰다. 클라인은 임상경험을 바탕으로 전이 위기의 개념이 어린 아동의 심리치료에서도 중요하다고 주장했는데, 이 현상을 명확하고 이해하기 쉽도록 자세하게 설명하였다.

> 아동을 분석할 때, 나는 아동의 증상이 분석 상황에 따라 악화되거나 완화되는 것을 관찰한다. 나는 감정의 발산이 치료의 진전과 밀접한 관계가 있으며 나와 관계에

서도 관련이 있다는 것을 관찰한다. 나는 불안이 일어나는 것을 관찰하고 이러한 분석적 토대 위에서 아동의 반응이 스스로 해결되는 것을 보게 된다. 아동을 면밀히 관찰하는 부모들은 오래전에 사라졌던 습관 등이 다시 나타난 것을 보고 깜짝 놀랐다고 종종 나에게 말하였다. 나는 아동들이 집에 있을 때보다 분석 시간 동안 나와 함께 있을 때 반응을 더 잘 표출하는 것을 발견했다. 대부분의 경우 그 반응은 분석 시간에 발산되도록 보류된다(1927, p. 152).

오늘날, 아동 · 청소년 심리치료에서 전이 관계에서의 특정한 강렬한 전이 위기가 흔하다는 데 대한 합의가 있는 것 같다. 샌들러와 동료들(Sandler et al., 1980)이 자아심리학적 관점에서 다음과 같은 특정 전이 위기를 정의했던 것을 예로 언급할 수 있겠다.

…… 전이가 특별히 심화되는데 여기에는 병적인 주요 내적 갈등을 치료자에게 외재화하는 것이 있으며 따라서 환자는 갈등이 자신과 치료자 사이에 있다고 느낀다. 갈등과 관련된 환자의 관심, 주의, 걱정, 그리고 증상은 강도가 줄어들거나 나아가 사라질 수도 있다(p. 92).

안나 프로이트(Anna Freud, 1946, 1966a)와 멜라니 클라인(Melanie Klein, 1927, 1955) 사이의 역사적 토론에 관심 있는 독자들은 킹과 스타이너(King & Steiner, 1991)를 참고하기 바란다.

아동 · 청소년 심리치료에서 특정 전이 위기는 초기 관계 경험의 핵심 주제에서 나타나는 강도와 주된 정서 분위기를 자연스럽게 반영하게 된다. 따라서 이런 발달이 어떤 아동에게는 주로 애정 어린, 긍정적인 감정의 강화를 의미할 수 있으며 그 뒤를 이어 유아기적인 심리성적 환상이 꽃피울 수 있다(Grinbaum, 1989). 반면 다른 아동에게는 환상이 치료 관계의 범위를 벗어나 치료자의 유일하고 특별하며 가장 좋아하는 아기가 되어 완벽한 돌봄, 이해 또는 다른 형태의 관심을 받을 자격이 있다는 것으로 전개될 수도 있다. 초기 관계가 정서적으로 양가적이고, 불안정하거나, 외상이었던 아동에게 이러한 발달은 주로 견딜 수 없을 정도로 고통스럽고 박해적인 느낌을 심화시키는 것으로 이어질 수 있다. 그런 아동은 치료자가 무시하고 통제하고 억압하고 철저히 속인다고 느낄 수 있으며, 이로 인해 다른 아동은 모든 물건을 가지고 있다고 확신할 수 있다. 이와 같은 고통스러울 정도로 불안한 감정은 공격적이고 성적인 주제가 뒤섞인 혼란스럽고 무서운 환상이 동반될 수도 있다. 이러한 치료에서 치료자는 특정한 결정적인 순간에 아동이 외상이 된 과거의 박탈감과 두려운 인물로 된 주관적 현실에 완전히 굴복했다는 인상을 받을 수도 있다. 이러한 순간에 치료자는 아이가 이전의 관계, 갈등, 그리고 정신 상태의 개인적인 버전을 자신의 눈앞에서 문자 그대로 하지만 무의식적으로 재실행하고 있다고 느낄 수 있다(Griinbaum, 2014).

이러한 새로운 또는 재편집된 형판이, 아동의 내적 주제와 관련된 환상에 뿌리를 두고, 전이 관계에서 생생하게 되풀이될 때, 치료자는 아동의 가정생활에서 주관적으로 경험하는 다양한 역할을 맡아야 한다. 이것이 프로이트가 '훈습'라는 용어로 본질적으로 의미한 바일 것이다(1914g). 따라서 아동의 정서 경험을 치료자가 담아내고 이해할 수 있는 능력이 중요한 역할을 한다. 이러한 강렬한 전이가 반복되는 것은 치료자에게 아동의 자기상, 관계에 대한 생각 및 관계 맺는 태도를 훈습하고 영향을 줄 수 있는 황금 같은 기회가 된다. 되풀이하여 핵심 대상관계 문제를 훈습하는 것은 정상적인 초기 발달과 유사하다. 정상 발달에서 유아와 부모는 동일한 문제를 계속해서 반복적으로 다루며 때로는 아이가 밤에 잠을 자지 못할 거라는 생각에 절망하기도 한다.

앞에서 언급한 바와 같이 아동의 초기 호기심, 즉 특히 부모와 형제, 그리고 이들의 상호 관계를 관찰하고 탐색하며 알고자 하는 충동은 이후 모든 학습의 기초로서 생각하고 정신화하는 능력의 발달에 특히 중요하다(제2장 참조). 하지만 문제가 있는 아동은 치료 밖 일상생활의 관계에서보다 치료 및 치료자와 관련하여 이러한 감정을 탐색하는 것이 더 훨씬 쉽다고 종종 느낀다. 전이 관계를 통해 치료자는 주요 관계의 대리인 역할을 맡게 된다. 치료자는 이러한 역할을 떠맡아, 그 영향과 의미를 깊이 생각해 보고 아동이 관계에 대한 환상과 갈등을 치료자와 탐색하도록 한다. 따라서 관계 문제가 치료자에게 모이게 되면서 아동의 현실 관계에는 안도감을 주어 부모나 다른 주 양육자와는 너무 위험해서 탐색할 수 없는 것으로 인식한 강렬한 감정을 훈습할 수 있는 두 번째 기회를 아동에게 준다. 위니콧이 명확하게 설명한 바와 같이, 놀이와 놀이의 역할 및 관계의 특별한 특징은 전이의 잠재적 공간에 위치해 있다. 이 공간은 전이-역전이의 상호 주체성에 의해서, 그리고 그 안에서 창조된 것이지, 아동이나 치료자 중 어느 한쪽의 마음에서 일방적으로 생성된 것은 아니다 (Winnicott, 1971a).

두 사람 사이의 현실 관계

전이의 관점에서, 치료 관계는 아동이 일상생활에서 경험하는 다른 어떤 관계와도 완전히 다르다. 하지만 사회적 및 감각에 기반한 관점에서 보면 치료 관계는 다른 성인과 아동의 관계에 견줄 수 있다. 이는 부분적으로는 성별, 세대, 그리고 정해진 역할의 차이로 구성된 외부, 사회적 현실에 의해, 그리고 또 부분적으로는 지각과 관찰로 구성된 감각에 기반한 현실에 의해 한정되는데 이 두 가지 현실은 치료자와 아동이 서로 다르다는 것을 명확하게 한다. 더욱이 사회계층, 인종, 또는 문화 집단과 관련되어 있는 역할 등 다른 타고난 특성과 연결된 보편적인 사회심리적 집단 역동도 관계에 영향을 미칠 수 있다.

그러나 치료 관계는 그 이상의 무언가, 즉 치료 동안 아동과 치료자 간 발달하는 두 사람의 현실 관계를 창조한다. 따라서 아동과 치료자가 서로 다른 과업과 역할을 맡더라도 아동과 치료자는 상대방을 관찰할 수 있는 위치에 있는 것이다. 이들은 정서적으로 중요한 문제를 정기적으로 만나 다루기 때문에 상호 대인관계 과정이 치료 과정과 함께 발달하는 것이다. 함입을 통해 아동과 치료자가 상대방을 관찰하고 담아내기를 통해 이들은 함입을 대상관계의 일부로 할 수 있다. 이러한 관점에서 보면 두 사람의 관계에서, 아동을 관찰하는 것은 치료자만이 아니며 아동 또한 치료자를 관찰하고 반복되는 사회적, 그리고 감각에 기반한 관찰을 통해 아동은 한 사람으로서 치료자에 대한 다소 예리한 인상을 형성하는 것이다.

그러므로 치료자가 실제 태도와 순수한 개인적 특성 또한 치료 과정에 영향을 준다. 다른 사람들이 지적한 것처럼 치료실 내 아동의 말, 놀이, 반응에 대한 정신역동적 해석 과정에서 치료자에 대한 아동의 저변에 있는 전이를 이해하려고 애쓰는 것만으로는 충분하지 않다. 이보다도 자신의 능력을 최대한 발휘하기 위해 치료자 또한 치료자에 대한 아동의 현실적이며 전의식적이고 감각에 기반한 관찰이 어떻게 이러한 환상 형성에 이바지하는지 알아내는 것도 필요하다. 치료 중인 아동(그리고 성인)은 치료자의 이해를 구하기만 하는 것은 아니다. 이러한 새로운 상황에서 이들은 치료자가 어떤 사람인지, 그리고 치료자가 어떤 방식으로 반응하게 하려면 무엇을 해야 하는지에 대해 알아내려고 전력을 다한다. 따라서 아동과 청소년들은 다소간 의도적으로 끊임없이 치료자를 관찰하는데, 치료자는 인간으로서 자신의 개인 특성이 얼굴 표정, 말과 목소리, 자세 등을 통해서 나타나는 것을 피할 수도 없고 또 피해서도 안 된다. 아동이 치료자를 보고 또 들을 때, 아동은 치료자가 하는 말의 의미와 치료자가 말을 하는 방식뿐만 아니라, 치료자가 편한지 언짢은지와 같은 치료자의 기분도 알아차린다. 아동과 청소년들은 개입에서 치료자의 선한 의도에만 주의를 기울이는 것은 아니고 개입이 나타나게 된 전반적인 감정적 맥락에 대해서도 예리한 안목을 가지고 있다. 초기 치료 단계에서 대부분의 아동과 청소년은 다소 의식적으로 '치료를 받으러 가는 것'이라는 아직은 잘 알지 못하는 과업을 어떻게 푸는지 힌트를 치료자로부터 찾는다. 게다가 이들은 사생활에서 치료자를 다른 성인과 비교하고 언급한 바와 같이 치료자의 외모, 옷차림, 목소리, 기분 그리고 언제 그리고 어떻게 개입하는지 주목한다. 다시 말해서 대부분의 아동은 치료자를 전이인물로서 뿐만 아니라 현실의 실제 인물로서 관계를 하는 것이다. 이러한 경우는 예측할 수 없는 부모의 기분 변화나 자기통제의 상실, 약물과 알코올 문제, 인격장애나 정신질환과 같은 배경이 있는 생애 초기에 불안정하거나, 박탈되었거나 뒤바뀐 돌봄 관계 경험이 있는 아동의 경우가 해당되는 것으로 보인다.

원칙적으로 치료자의 개인적 특성에 대한 아동의 지각은 대인관계 영역과 정신내적 영역 사이의 경계에 속하는데, 따라서 '전이의 지각 경계'라고 불린다(Smith, 1990, p. 219). 전이와 마찬가지로 치료자의 실제적 외모, 태도, 행동에 대한 감각에 기반한 아동의 함입은 심리치료 과정에서 지속적인 저변의 흐름으로 작용하는데 이는 치료자와 아동이 알든 모르든 역동적인 세력으로 잠재적으로 늘 존재한다. 아동과 치료자가 상담소, 치료 그리고 치료자에 대한 아동의 관찰을 함께 탐색하는 것은 아동의 현실 검증력을 촉진하는, 즉 내적 세계의 환상과 다른 사람에 대한 외적 현실을 구별하는 안정된 능력이 발달되도록 길을 닦아 주는 중요한 치료 수단이다.

언급한 바와 같이, 치료자 과업 가운데 중요한 부분은 아동의 사생활에서 중요한 인물을 치료자가 대신할 의향이 있다는 것이며, 또한 아동이 치료자의 외모와 태도에 대해 호기심 있는 탐색을 할 수 있도록 허용하고 격려하는 것이다. 하지만 이 영역은 특히 훈련을 받고 있는 수련생들에게 역전이와 관련된 혼란과 어려움의 원인이 되는 경우가 종종 있다. 치료자가 개인적 외모에 대해 아동이 탐색하도록 격려한다고 해서 이를 사생활, 즉 치료자의 가족에 대한 정보라든지, 치료자 자신의 마음 상태(역전이 감정을 포함하여)에 대한 생각을 공유하라는 것으로 오해해서는 안 된다. 아동 그리고 일부 청소년들도 치료자에 대해 상당히 냉철하고 때때로 매우 적절한 관찰을 솔직하게 말하는 경향이 있다. 이들은 성인보다 치료자의 외모, 기이함 그리고 기분에 대해 관찰한 것을 자발적으로 이야기할 가능성이 훨씬 높다. 이것은 섬세하고 중요한 균형을 요하는 행동인데, 치료자는 자신의 사적 경계를 넘지 않으면서도 자신이 아동과 함께 진지하게 생각하고 이야기할 것이라는 말과 함께 환상 속에서 아동이 치료자의 사적이고 자기애적인 공간을 침범하도록 허용해야 하기 때문이다. 따라서 유능한 아동·청소년 정신역동 치료자는 일정한 회복탄력성이 있어야 하고 열린 마음으로 호기심을 가지고 아동에게서 자기 자신에 대해 새롭게 배우려는 의지가 있어야 한다. 아동과 청소년 심리치료의 이러한 예측할 수 없는 측면을 수용할 수 있는 치료자는 각 치료 과정에서 개인적로 풍요로워질 것이다.

치료 동맹: 가능한가? 필수인가?

마지막으로, 어느 정도는 아동과 치료자 간의 치료 관계는 치료 동맹으로 설명할 수 있을 것이다. 하지만 동맹은 명확하고 의미 있게 정의 내리기 어려운 개념으로 아동과 청소년 심리치료 관련해서는 특히나 그렇다. 이 책에서 아동·청소년 심리치료의 치료 동맹은 전체 치료 관계의 한 측면으로 개념화된다. 이러한 관점에서 동맹은 지속적이며 관계적인 현상으로 이해해야 하는데, 치료자와 아동이 얼마나 이바지하느냐에 따라 치료하는 동안 강화되기도 하고 약화되기도 한다.

키아르가드와 웨스터가드(Kjærgaard & Westergaard, 2015)가 기술한 바와 같이, 아동·청소년 심리치료에서 치료 동맹의 정의를 개념적으로 종합 검토한 바에 따르면 많은 정의가 치료의 결과일 수도 있는 용어로 동맹을 정의하는 것처럼(예를 들어, 치료자와 협력할 수 있는 아동의 능력) 과정과 결과를 명확하게 구분하지 못한다는 것을 보여 주고 있다. 정의는 예를 들어 치료자가 동맹을 맺은 대상의 아동인지 부모인지 설명하는 데 있어 모호할 수 있다(아동·청소년 심리치료에서의 부모의 역할에 대해서는 제7장 참조).

성인 심리치료의 효과에 있어서 치료 동맹의 중요성은 수많은 양적 연구에서 실증적으로 나타나고 있다. 이런 연구에서 동맹은 정서적 또는 개인적 관계가 정의에 포함되는 경우도 있지만 전형적으로 치료자와 내담자 간의 과업 지향적이고 목적이 있는 차원으로 설명된다(Elvins & Green, 2008). 따라서 동맹은 일반적으로 내담자의 성격 중 현실지향적인 부분에 위치한다고 간주된다. 이 부분은 강렬한 긍정적 또는 부정적 전이가 일어나는 동안 전이 관계와 실제 관계를 구분할 수 있으며 그 목적은 내담자의 심리치료이다.

대개 심리적인 문제 또는 정신장애가 있는 아동과 청소년들은 그들 자신이 변화가 필요하다고 느껴서가 아니라 이들 주변의 어른들이 그들의 발달, 기분 그리고 행동에 대해 걱정하기 때문에 심리치료를 받는 경우가 많다. 예외적으로 어떤 아동들은 고통스러운 주관적인 증상(예로 불안, 강박, 공허 그리고 외상 경험)에 의해 동기부여되기도 한다. 그렇다 하더라도 심리치료에서 아동과 청소년은 성인보다 동기가 일반적으로 덜 안정되어 있으며, 동기가 자주 나타났다가 사라졌다 한다. 따라서 이들의 자아 기능(특히, 좌절 인내력과 장기 계획을 세울 수 있는 능력)은 아직 미성숙하여 고통스러운 감정을 훈습하는 기간 동안 동기를 일정 수준으로 유지하면서 동맹을 깨지 않고 지속하는 것이 어려울 수 있다.

어떻게 아동 및 청소년과 치료 동맹을 촉진하는가

어떻게 아동과 치료 동맹을 잘 형성하고 유지할 것인가에 대한 질문은 오랜 동안 광범위하게 논의되었고, 언급한 바와 같이, 오늘날에도 이 문제는 타당한 해결책을 찾았다고 할 수는 없다.

아동이 동맹에 영향을 미치는 데만 초점을 맞추어 한 정의의 예로는 『아동 정신분석 기법. 안나 프로이트와의 토론(The Technique of Child Psychoanalysis.

Discussions with Anna Freud)』에서 샌들러와 동료들(Sandler et al., 1980)이 동맹을 "협력하려는 아동의 의식적 또는 무의식적 소망과 내적 어려움과 저항을 극복할 때 치료자의 도움을 받아들이려는 아동의 준비 상태"의 산물이라고 정의한 것을 들 수 있다(p. 45).

클라인은 동맹에 대한 치료자의 기술적 기여에 명확하게 초점을 두었다. 클라인은 가장 중요한 것은 해석을 통해 가능한 한 빨리 아동의 무의식적인 환상의 세계와 연결하는 치료자의 능력이라고 생각했는데, 이는 아동의 불안, 수치심, 그리고 죄책감을 덜어 준다(Kline, 1927, 1955; Segal, 1957, 1977). 이러한 개념에 따르면 동맹이 놀이의 상징을 자기와 내적 대상의 정서적 상태에 관한 의미 있는 진술로 이해할 수 있는 치료자의 능력에 따라 형성되고 유지된다. 아동이 치료자의 해석을 이해할 수 있는 한, 이러한 해석은 반드시 의식적이지는 않더라도 깊은 안도감을 줄 것이다. 클라인에 따르면 이러한 경험이 자신의 내적 세계를 관계에 더 많이 가져오려는 아동의 무의식적 욕구를 증가시킴으로써 아동을 치료에 결속시키는 이유로 보인다.

놀이를 할 수 있는 능력을 아동 정신 발달의 전제 조건으로 이해한 위니콧(Winnicott, 1971a)과 마찬가지로, 동맹이 발달하는 것도 치료자가 아동이 놀이를 진정으로 즐기는 것을 치료자가 지지하는 것과 연관될 수 있다. 이러한 관점에 따르면, 놀이에서 치료자가 한 인간으로서 아동에게 능동적인 도움을 줄 수 있는 능력은 동맹 발달에 결정적일 수 있다. 따라서 학습하는 능력이 손상된 아동 치료 사례를 예로 들며 코헨과 솔닛(Cohen & Solnit, 1993)은 치료 동맹이 주로 놀이에서 치료자의 도움을 아동이 내재화하면서 촉진된다고 주장했는데 이는 이러한 동일시가 아동의 동기와 놀이를 통해 발달할 수 있는 능력을 향상시키기 때문이다.

마찬가지로, 치료 동맹을 발달시키고 치료 동맹으로 들어가는 아동의 인지적-정서적 능력을 감안하면, 미국의 자아심리학과 자기심리학 전통에서는 아동이 자신의 감정 상태와 느낌을 자기 것으로 인식할 수 있는 요소로서 좌절 인내와 정신 구조가 충분히 발달하는 것이 중요하다고 강조한다. 이러한 관점은 정신화 이론을 통해 최근 부흥을 맞이했는데 이 이론에서는 아동·청소년 심리치료의 치료 동맹을 아동의 느낌을 인식하고 담아내기를 하여 아동에게 공감적 지지를 해 줄 수 있는 치료자의 능력으로 종종 개념화된다(Fonagy et al., 2002a; Slijper, 2008).

알바레즈(Alvarez, 2010)는 이렇게 차이가 나는 관점들에 대한 유연한 통합을 제안하며 치료 동맹을 할 수 있는 아동의 능력이 아동의 성격, 병리 수준과 접촉 및 정신화를 할 수 있는 역량에 따라 다르다고 지적했다. 그런 이유로, 알바레즈는 각 아동에 대해 치료자가 세심하게 숙고하여 어떤 정신적 수준에서 결속력 있는 치료 관계를 수립할 수 있는지 결정해야 한다고 제안하였다. 이와 마찬가지로 키아르가드와 웨스터가드(2015)는 치료 동맹은 치료자, 아동, 부모가 각자 서로 강화하면서 영향을 주는 복합 현상이라고 결론지었다.

치료실 내부에서 관찰하기

요약하면, 치료자가 선호하는 정의와는 상관없이 위의 제안들이 아동에게는 완전히 의식적이지 않은 과정들이 포함되어 있다. 그러므로 모든 치료 전통에서 아동과 맺는 치료 동맹은 아동의 의식적인 치료 동기에 주로 달려 있다고 할 수 없다는 암묵적인 결론이 형성되었다고 보는 것이 안전해 보인다.

실무에 종사하고 있는 아동 및 청소년 치료자에게 가장 중요한 관심사는 관찰 가능한 특성이나 역동성을 기반으로 치료 동맹에 대한 작동 정의에 도달하는 것일 수 있다. 이러한 정의는 치료자가 아동이 자신의 발달을 탐구하는 마음을 가지고 작업하고 있는지 평가할 수 있도록 한다. 우리의 경험에 따르면 치료실에서 관찰된 아래에 설명되어 있는 우려와 반응은, 치료 동맹이 쇠퇴하고 있다기보다는 형성되고 있다는 것을 나타낼 수 있다. 하지만 우리는 제안에서 약술한 관점이 한편으로는 치료 동맹의 발현과 다른 한편으로는 특정 전이 관계의 발달 및 이 관계 내에서 훈습하려는 동기를 구별하는 것을 어렵게 만든다는 점을 인정해야 한다. 그렇다고 하더라도 이 문제는 골칫거리로 간주해서는 안 되고 정신역동적 심리치료와 다른 심리치료를 구분하는 중요한 구성 요소의 하나로 봐야 한다. 그러한 반응이 동맹으로 해석되든 전이의 훈습으로 해석되든 간에, 이러한 동기가 나타나기 위한 중요한 조건은 치료자의 이전 개입 대부분에서 아동이 자기 자신과 의도, 감정, 그리고 환상을 인식할 수 있었다는 것으로 보인다.

따라서 경우에 따라서는 다음에 언급된 특징이 치료 관계에서 관찰될 때, 치료 동맹은 형성되는 중일 것이다.

1. 아동이 다른 아동에게 집착하면서, 그 아동처럼 되기를 원한다.

어떤 아동들은 다른 동갑내기 아동들과 같아지고 싶어하는 (반드시 의식적이지는 않으나) 소망으로 동기부여되는 것처럼 보이는데 여기에는 동일한 기술을 개발하고 같은 도전 과제를 해결할 수 있게 되는 것 등이 있다. 어려움이 있음에도 불구하고, 이들은 어른이 아동을 책임지고 아동을 위해 결정하는 평범한 가족을 열망할 수 있다. 그러므로 명백한 행동으로 현실검증을 피하려고 하는 정신장애가 있거나 반항적인 아동조차도 비밀리에 또래와 같은 수준의 발달과 기술을 원하는 자기 나름의 소망을 가지고 있을 수 있다. 예를 들어, 이는 자기 조절, 친구 사귀는 것, 학교 또는 스포츠에서 성과를 내는 것, 그리고 돌봐 주고 조절해 주는 부모상과 의존 관계를 열망하는 것과 관련될 수 있다. 어떤 아동들, 종종 비극적으로 환멸을 느끼는 아동에게서 개인적 성장과 발달을 위한 동기는 아예 없거나 너무나도 유지되기 어렵다. 그래서 이런 동기가 잠깐만 나타나고 만다. 이것은 발달의 원동력이 유아기의 불안한 관계에서 미성숙하게 고착된 채로 머무르기 때문일 수 있다. 또는 반복해서 나타나는 외상 및 방임의 여파로 인해 붕괴가 발생했을 가능성도 있다. 이 경우 모든 변화가 더 나빠질 것으로 두려워하여 발달에 대한 소망은 벽돌처럼 단단한 방어 속에 '봉쇄'되고 어떤 의존도 부인하는 방어기제 속에 갇혀 있을 수 있다(Henry, 1974). 그런 아동들은, 장기간 공격적이거나 무관심하게 무시하는 태도를 치료자 및 치료를 향해 과시적으로 드러낼 수 있으나, 그렇다 하더라도, 잠깐 의존적인 열망을 보일 수 있어서, 치료자가 적절한 관심을 보이면 치료 동맹으로 발전할 수도 있다. 우리의 경험에 따르면, 치료 동맹이나 긍정적 치료 결과 모두 긍정적 전이 감정을 전제로 하지 않으며, 긍정적 전이 감정 역시 치료 동맹과 긍정적 치료 결과를 전제로 하지 않는다는 것을 유의해야 한다. 이러한 역설은 아동 심리치료에만 해당될 수 있으나, 아동의 부모와 지속 가능한 동맹이 구축될 수 있다면 공개적으로 뚜렷하게 드러난 반감에도 불구하고 아동은 암묵적인 동맹이라고밖에 이해할 수 없는 어느 정도의 적극적인 참여를 보일 수 있다. 그러한 아동은 규칙적으로 와서 웃으며 열의를 보이면서 치료실로 뛰어가는데, 일단 안으로 들어가면, 아동은 바로 동기를 꺼 버리고 공격적이고 평가 절하하는 행동으로 되돌아간다. 또 어떤 아동은 큰 소리로 항의하면서 치료실로 향하는 대중교통을 놓칠 수 있는 충분한 기회가 있는데도 불구하고 거의 치료 시간에 빠지지 않는다.

2. 아동은 자기 나름의 방식으로 치료자 또는 치료와 관계 맺기 시작한다.

어떤 시점에, 어쩌면 놀라울 정도로 치료 초기에, 어떤 아동들은 새로운 방식으로 치료자와 치료에 관계 맺기 시작한다. 이러한 변화는 다양한 표현 방식으로 나타날 수 있어서, 반드시 뚜렷하게 긍정적이지는 않더라도, 독특해서 쉽게 알아볼 수 있다. 이는 아동이 자기 나름의 새로운 방식으로 이야기하고 또는 행동을 시작하기 때문이다. 어린 아동이라도 한 회차에서 몇 주 또는 몇 달 후에 다음 회차로 넘어 갈 때 이 사이에 마치 일시 중단이 없었던 것처럼 같은 놀이 각본을 선택하기 시작할 수 있다. 집에서 어떤 아동들은 부모에게서 무언가를 얻으려고 할 때마다 치료자를 언급한다. 부모들은 아동이 약속 시간을 신경 쓰고 취소될 경우 행동으로 반발하거나 말로 항의한다고 보고할 수 있다. 어떤 아동들은 치료 시간에 또는 일상생활에서 치료자를 '내 치료자 선생님' 또는 치료자의 이름을 특별한 어조로 반복해서 언급할 수 있는데 이들은 다른 아동의 치료 경험과 자신의 치료 경험을 비교하기도 하고 치료자의 가족이나 치료받고 있는 다른 아동에 대해 열렬하게 질문할 수도 있다. 어떤 아동들에게는 놀이 상자에 들어가기에 너무 크거나 망가지기 쉬운 놀이 설정을 해체되지 않고 치료 회차 사이에 치료자가 돌봐 주는 것이 매우 중요해진다. 또 어떤 아동은 치료자의 외관을 무의식적으로 자기 것으로 삼는데, 예를 들면 특정 버릇이나 표현 방식 또는 옷차림새를 모방할 수 있다. 때때로, 이것은 아동이 치료자를 '배려 깊은', '방치하는', '일관된', '비난받을', '존경스러운'과 같이 부르는 것처럼 주관적인 의미를 담고 있는 특정 표현을 사용하기 시작하면서 두드러지게 된다.

3. 아동이 주도권을 잡아, 핵심적인 개인 경험을 치료자의 개입에 추가한다.

제2장에서 설명한 바와 같이, 정신역동적 아동 및 청소년 심리치료는 인지의 지속적이고 나선형으로 진행되는 과정을 통해 작용한다. 이 과정에서 치료자는 아동의 내면세계에 대한 직관적 추측을 현실 검증하기 위해 말로 제안(해석)하고 그다음에 무슨 일이 일어나는지 기다리면서, 아동이 개입에 어떻게 반응하는지 관찰한다. 이런 식으로, 시간이 지나면서, 치료자는 아동의 삶의 경험을 알게 된다. 때때로, 이러한 다소간의 언어 교환은 갑자기 아동이 하는 예상 외의 정확한 답변으로 인해 갑자기 풍부해지는데, 이는 아동이 아래 예시에서와 같이, 자발적으로 새롭고, 진실되며, 스스로 터득한 것을 추가할 때이다 (Grünbaum, 2014).

다섯 살 사만다(Samantha)는 지역사회 아동 돌봄 복지사가 심리치료에 의뢰하였다. 사만다가 18개월이었을 때, 시설에 맡겨졌고, 42개월이 되었을 때 영구 위탁 가정에 위탁되었다. 사만다는 발달이 정체되었기 때문에 의뢰되었다. 보고된 바에 따르면 사만다는 놀이를 멈추었고 언어는 퇴화하여 의미 없이 앵무새처럼 따라하여서 다섯 살 많은 양오빠의 반항적인 행동을 흉내 내었다. 사만다는 주 2회 치료를 받았다. 아래 예시는 10회 및 11회의 내용이다(사만다에 대한 더 자세한 정보는 제10장 참조).

[10회, 그 주의 첫 번째 치료]

치료가 시작될 때 사만다는 몹시 서둘러 들어와, 그림 그리기를 시작하고, 자신을 행복하게 활짝 웃고 있는 인물로 그렸지만, 금세, 그 인물의 입을 검은색 물감으로 칠했다. (나는 이 그림이 혼란스럽다고 말했다. 그림에서 사만다는 웃고 있었으나, 동시에, 사만다의 입은 검은색이었기 때문이었다.) 사만다는 그림을 가리키며, "뭔가 안 좋은 게 입 속으로 들어갔어요."라고 한다. 나는 이 나쁜 검은 게 나에게서 나와 사만다에게 들어간 거 같다고 했는데 지난 치료 시간 이후 5일이 지났기 때문이다.

사만다는 "네 이 사람은 불을 피워요."라고 확인해 준다. 그러고 나서 사만다는 인형의 집 안 가구를 살펴보는데, 이것은 이전 상담 이후 옮겨진 것이었고, "여기 안에 누가 있었어요?"라고 물어보며, 즉시 나에게서 떨어져 야심 차게 높은 벽돌 탑을 짓는데, 그것은 바닥에 쾅 하고 무너진다.

[11회, 이틀 후, 그 주의 두 번째 상담]

놀이치료실 안으로 급하게 들어와, 사만다는 노란 여성 인물을 그리고, 이 인물이 자신이라고 말하면서, 나를 쳐다본다. 그러고 나서 마음을 바꾸어 이제 이 사람은 자신이 아니라 나라고 한다. 사만다는 "선생님에게 무슨 일이 일어나는지 보세요."라고 말하고, 인물이 보이지 않을 때까지 검은색 물감을 위에 붓는다. 사만다는 내 그림을 더 그리고, 비슷한 방식으로 그 그림에 공격을 가하는데 단조로운 목소리로 나를 더럽히고 찌르겠다고 위협한다. (나는 지난 치료 시간 이후 사만다 속에서 내가 나쁜 무언가로 바뀌었다고 말한다.) 점차 그 문지르는 행동은 모든 물감을 떠서 한 용기에 담는 격렬한 행동으로 바뀐다. (나는 사만다가 다른 아동이 물감을 못 쓰게 하려고 모든 물감을 다 쓰고 싶어 한다고 말한다.) 사만다는 뚫어져라 내 눈을 쳐다 보고서는 자신이 첫 번째로 오는 아동인지 물어보는데, 만일 사만다가 첫 번째 아동이면 나는 멍청하지 않은 것이고, 아니라면 사만다는 내 목을 자를 것이기 때문이다. 사만다는 자신의 목 주변에 칼을 긋는 흉내를 낸다.

치료 동맹: 결론

치료 동맹은 분명히 아동·청소년 심리치료에서 명확하지 않은 역할을 하는 것으로 보인다. 언급된 다른 불확실성 중에서도, 아동 그리고 일부 청소년들은 개인적 변화에 대한 필요 또는 치료자와 협력해야 할 필요를 반드시 의식하는 것은 아니다. 대체로, 종합해서 보면 아동에게 있어서, 의식적이고, 과업 지향적인 협력은 중요한 역할보다는 모호한 역할을 더 많이 하는 것으로 보인다.

그러나 어떤 형태의 심리치료라도 치료자는 동맹을 맺을 필요가 있다. 이것은 아동 및 청소년 심리치료에서도 마찬가지인데, 여기서 동맹은 여러 요인들에 의해 만들어진 복합성에서 기원하는 것으로 보인다. 그중에는 부모의 태도, 심리치료의 조직적 및 경제적 맥락, 치료자가 아동의 나이에 맞는 수준에서 소통할 수 있는 의지와 능력, 아동 자신의 염려와 정신화 능력, 그리고 물론 어느 정도는 아동 자신의 다소간의 의식적인 고통 경험이 포함된다. 아동의 나이와 관련하여, 거의 예외 없이, 경험적으로 좋은 방법은 아동이 어릴수록, 부모와의 견고하고 지속 가능한 동맹이 더 중요한 것으로 보인다. 반면에, 아동이 더 나이가 많을수록, 아동과 동맹을 맺는 것이 더 중요하다.

제6장

그림과 상징놀이의 이해

이 장에서, 우리는 그림, 놀이 또는 다른 창작물과 같이 아동 및 청소년의 자발적인 상징적 작품들이 치료 과정에서 활성화되는 내면세계에 대한 소통으로 어떻게 이해될 수 있는지 설명할 것이다. 첫째, 그림의 여러 특징을 검토하고, 둘째, 상징놀이에 대해 설명하며, 마지막으로 이러한 형태의 작품이 의도적인 언어적 표현으로 이해된다는 한 모형을 제안한다.

아동 · 청소년 심리치료에서 그림

아동 분석의 시작부터 그림은 아동 및 청소년을 대상으로 한 평가와 심리치료 모두에서 필수 요소였다. 클라인(Kline, 1961)이 제2차 세계 대전 초기에 저술했으나 이후 출판된 열 살 리처드(Richard)의 분석에 대한 설명에서, 그의 많은 그림들이 재현되었다. 리처드의 그림은 종이와 연필로 그린 것이었지만, 그것이 항상 그 아동이 선택한 매체는 아니었다. 아동들은 크레용이나 물감으로 그림을 그릴 수 있으나, 때로는 찰흙이나 공작용 점토로 대상을 만들기도 한다. 따라서 그림 표현의 개념이 협의의 드로잉보다 선호되는 경우가 많다.

그림은 아동이나 청소년의 평가에 귀중한 부분일 수 있으며 중요한 정보를 제공한다. 보통 아동들은 그림 그리는 것에 익숙한데, 이는 그 과제가 그들에게 두렵지 않다는 것을 의미한다. 어린 아동들은, 특히 그림 그리는 것을 종종 즐긴다. 지면의 문제로 이 주제를 철저히 다루지 못하므로 이 주제에 대해서는 브래프먼(Brafman, 2012)과 졸리(Jolley, 2010)를 참고하기 바란다.

평가나 치료 시간 동안 그린 그림은 결코 무심코 그린 것이 아니다. 종종 무의식적으로 아동은 함께 있는 사람을 언급하는 것이기 때문에 그림은 전이 관계의 일부인 것이다. 아동이나 청소년은 그림에서 말로 표현할 수 없는 것을 종종 표현하는 경우가 많다.

어떤 아동 및 청소년은 그림을 절대 그리지 않는 반면 어떤 아동은 가끔 그리며 또 어떤 아동은 그림이 의사소통의 주요 통로가 된다. 때때로, 아동의 또는 청소년의 그림 메시지는 놀라울 정도로 솔직하다. 예를 들어, 열 살짜리 소녀는, 주된 문제가 침대를 적시지 않고는 잠을 잘 수 없다는 것인데, 늘어서 있는 작은 구멍에서 물이 쏟아져 나오는 배를 그렸다([그림 6-1] 참조). 같은 나이

[그림 6-1] 야뇨증을 앓고 있는 열 살 소녀의 그림

의 외로운 소년은 텅 비고 눈 덮인 들판에 작고 고립된 집을 그렸다.

심리치료에서 그림을 사용하는 것은 미술치료와 같지 않다는 점을 유의해야 한다. 미술치료사는 심리치료자가 아니라 미술치료에 대해 특별한 훈련을 받은 사람인데 미술치료에서는 예술적 표현과 그림 그리는 과정을 강조한다. 미술치료의 선구자 중 한 명인 크레이머(Kramer)가 설명한 바와 같이 그림을 이용한 표현은 미술치료의 핵심 요소인데 이는 창조적 표현이 도구인 심리치료와는 대조적이다. 미술치료사는 보통 심리치료자들보다 해석에 덜 의존하는데, 이들이 아동의 행동에서 의식적인 요소뿐만 아니라 무의식적인 요소에 반응할 수도 있지만, 이들이 하는 상담은 대개 무의식적인 환상을 발견하는 것이라기보다는 지원하는 것에 더 가깝다. 크레이머에 따르면, 미술치료 그 자체로는 보통 더 심층부에 자리 잡은 감정 문제를 해결하기에는 충분하지 않다고 한다. 창조적 과정에 대한 도전, 그리고 말보다는 감각과 느낌을 더 직접적으로 말하는 색과 형태에 몰두하는 것은 많은 아동에게 매우 가치 있는 보완책이 될 수 있다.

아동의 그림은 나이가 들수록 발전하므로, 심리치료자가 다양한 연령대의 아동에게 무엇을 기대할 수 있는지 아는 것은 중요하다. 정신적인 문제가 있는 아동은 다른 아동에 비해 그림 발달이 지체되어 있는 경우가 종종 있다.

어떤 종류의 그림을 그리더라도 그림 그리는 사람은 충동, 즉 자신을 표현하고자하는 내적 동기가 있어야 한다. 그러나 그것만으로는 충분하지 않다. 그림에 어떤 형태와 구조가 있기 위해서는 정제되지 않은 충동을 수정할 수 있는, 제어할 수 있는, 또는 조직화할 수 있는 힘이 있어야 한다. 이 두 힘 사이에는 적절한 균형이 있어야 한다. 제어하는 힘에 비해서 충동이 너무 강하면 그림은 형태가 없고 무질서할 것이고 이와 반대라면 그림은 경직되고 생명이 없을 것이다.

크레이머(1971)는 ① 주로 형태가 없고 혼란스러운 작품, ② 관습적이고 진부한 작품, 그리고 ③ 자신이 '형태를 갖춘 표현'이라고 이름 붙인 작품을 구분했는데 이 작품은 복합적이고 미적으로 성공적인 작품으로서 아동 감정의 진정한 표현이며 충동과 방어 사이에 적절한 균형이 있는 것을 말한다.

다음 예는 충동 조절에 어려움을 겪은 아동에 관한 것이다.

> 열한 살의 조지(George)는 사막의 오아시스를 대표한다고 설명한 그림을 그리기 위해 물감을 사용하였다. 그림에는 마당, 야자수, 그리고 코를 위고 젖힌 코끼리로만 구성된 매우 간단한 집이 있었다. 두 번째 그림은 훨씬 더 간단한 그림으로 비슷한 주제를 보여 주었다. 세 번째 그림에서는 파란색의 큰 사각형을 그렸는데 이것은 호수를 나타내었고 얇은 녹색 줄무늬로 둘러싸였는데 가운데는 흰색의 작은 오리가 있었다. 네 번째 그림에서 조지는 상징적인 내용을 완전히 포기하고 종이에 일렬로 원을 가깝게 그렸다. 다섯 번째 그림에서는 물감을 두껍게 하여 종이에 칠하면서 구조를 망가뜨렸다. 여섯 번째 그림에서는 그림을 그리는데 붓을 사용하는 것을 멈추고 대신에 물감이 붓에서 흘러내릴 때까지 붓을 물감 안에 담갔다가 그 후에 손 사이로 붓을 굴려 물감이 종이에 떨어지게 하면서 일부는 튀게 하였다. 마지막으로, 일곱 번째이자 마지막 그림에서 조지는 도구를 더 이상 사용하지 않고 손가락을 물감에 집어넣고 종이 전체에 칠하면서 매우 기뻐하였다.

이것은 퇴행의 명확한 예인데, 여기서 보면 상징적 표현이 패턴으로 대체되고 그다음에는 이 패턴마저도 버려진다. 무언가를 표현하려는 충동은 이 과정에서 사라지고 그의 손에 묻은 물감을 느끼고 칠하는 즐거움으로 대체되는데 이는 훨씬 어린 아동에게서 생각할 수 있는 재료 탐색의 한 형태이다. 이러한 광범위한 통제 문제가 있는 아동들은 물감에 접근하지 않도록 하는 것과 같은 활동 제약이 필요한 경우가 종종 있다.

반대로 과도하게 통제되어 있는 아동은 처음에 물감을 사용하는 것을 피하고 (옅은 색의) 연필을 선호할 수도 있고, 그리기 위해 눈금자를 사용하거나, 정형화된 연재만화의 인물을 그릴 수도 있다. 어떤 아동들은 특정 카툰의 인물을 그리는 것에 능숙해지면서, 더 개인적인 특성들을 보여 주는 것을 완전히 회피하게 된다. 매우 억제되고 어쩌면 강박적인 아동이 스스로 그의 환상과 개인적인 삶을 드러낼 수 있도록 기다리는 것은 치료자의 인내심에 부담을 줄 수도 있지만, 아동이 그렇게 하려면 공간과 시간이 필요하다. 하지만 아동이 치료자를 기쁘게 할 목적으로 마음을 열어서는 안 되므로 치료자가 아동을 직접적으로 부추기지 않도록 매우 주의해야 함을 명심하는 것이 중요하다.

그림은 일상 구어보다 신체나 감정과 더 밀접하게 연관되어 있다. 다음의 예시에 설명되어 있듯이, 경우에 따라서는 그림을 그리는 사람이 자신이 표현하고 있는 것을 의식하기도 전에 무의식적인 자료가 그림에서 스스로 드러날 수도 있다.

열한 살 조안나(Joanna)는 먼 나라에서 입양되었다. 조안나는 불안하고 억제되어 있어서 분노를 거의 표현하지 않았다. 조안나는 만연된 심각한 학습문제가 있었다. 심리평가 동안, 조안나는 특히 분노한 얼굴을 그렸음에도 그림에는 '사랑하는 사람에게'라는 표제가 붙어 있었다([그림 6-2]).

샐리(Sally)는 심하게 방임된 아동이었는데 세 살 때 수양가족에게 위탁되었으며, 반항적이고 공격적이었지만 어떤 슬픔의 징후들을 보이지 않았고, 슬퍼해야 할 마땅한 이유가 있을 때도 슬픔을 보이지 않았다. 하지만 수년 동안 셀리는 우는 소녀의 그림을 수없이 그렸다.

이러한 그림은 아동이 정서적 내용을 인식하는 데 도움이 되기도 하지만 항상 그런 것은 아니다. 따라서 치료자가 그림 내용을 해석할 때 너무 빠르거나 직접적인 경우에는 침습적인 것으로 인식될 수도 있다. 다음에 아동(여기서 십대)과 치료자 간의 대화에 그림이 포함된 예시를 보도록 한다.

[그림 6-2] 조안나의 '사랑하는 사람에게' 그림

열여섯 살 톰은 친부모와 양부모를 모두 잃은 매우 힘든 어린 시절을 보냈다. 톰은 치료 시간 동안 종종 그림을 그렸다. 한번은 톰은 종이에 크레용을 꽉꽉 눌러가며 검은 큰 반점을 그렸다. 나는 이 점이 톰이 내면에서 느낀 것일지도 모르겠다고 언급하였다. 톰은 "제 그림에서 저에게 무슨 문제가 있는지 말해 줄 수 있나요?"라고 대답하였다. ("너는 너에게 무슨 문제가 있다고 생각하니?") "그들(톰이 살던 주거시설의 교사)은 제가 예민하다고 해요." ("네가 겪은 모든 불행과 상실에서 네가 박해당했다는 느낌을 느낀다고 생각해.") 이에 대한 응답으로, 톰은 밝고 우아한 색상의 아름다운 무지개를 그렸다.

앞의 사례는 몇 가지 중요한 점을 보여 준다. 내가 한 첫 번째 언급은 너무 직접적이었고 톰에게 편집증적인 반응을 불러일으켰다. 내 말이 자극한 불안에 대해 언급하였다면 좋았을 것이다. 하지만 우리가 오랫동안 협력해 와서 이런 이유로 톰이 나를 용서하고 내가 제안한 주제를 받아들인 것으로 보였다.

아마도 톰의 마지막 그림에서, 톰은 자신이 이해받았다고 느낀다는 것을 나에게 매우 섬세하게 보여 주었다.

그림을 다루는 것에 익숙하지 않은 치료자는 그림으로 무엇을 해야 할지 묻는 경우가 종종 있다. 이 질문은 쉽게 답할 수 없다. 앞의 예시에서 볼 수 있듯이, 그림을 해석할 때 매우 주의할 필요가 있다. 자신이 그린 그림에서 자신은 알지 못하는 의미를 다른 사람이 안다는 것이 두려울 수 있는데 이것은 아동이 바라기도 하고 두려워하기도 하는 것이다. 반면 그림은 또한 관심을 받을 필요가 없는 것처럼 무시되어서도 안 된다. 치료자는 즉시 이해할 수 없는 세부 사항들에 대해 거리낌 없이 질문해야 한다. 종종 아동에게 자신이 그린 그림에 대한 의견을 말하도록 하거나 치료자에게 불러일으키는 느낌에 대해 말하게 하는 것은 좋은 생각이다.

놀이와 상징적 표현

마음에서 우러나 놀이를 할 수 있도록 하는 것은 아동이 말하지 않거나 무의식적인 문제나 타인과 관계를 드러낼 수 있도록 촉진하는데 이는 아동이 가장 내면의 느낌, 생각, 그리고 무의식적인 환상을 상징적 표현을 통해 소통할 수 있도록 해 준다. 그림처럼 상징놀이는 매우 주관적인 소통을 포함하고 있어서 아동의 내면세계에 대한 아주 가치 있는 정신역동적 통찰을 제공한다. 심리학적 조사의 일부이든, 아동 심리치료 평가의 일부이든, 그리고 치료 과정의 일부이든 간에 놀이에서 아동에 대한 정신역동적 관찰은 다른 방법으로는 얻을 수 없는 아동의 내면세계에 대한 본질적인 이해를 가능하게 한다. 지면상 정신역동적 놀이 관찰의 여러 측면을 자세히 설명할 수는 없으므로 이러한 예는 본과 동료들(Björn et al., 2011), 그리고 섀퍼와 동료들(Schaefer et al., 2010)을 참조하기 바란다.

놀이를 하는 동안 아동은 외적 세계인 일상의 대인관계와 내적 세계인 대상관계 및 관련 환상과의 간격을 연결해 주는 정신적 다리를 무의식적으로 만든다. 지시가 없는 가상놀이를 통해, 아동은 평범하거나 성가신 일상적인 경험, 그리고 너무 파편화되거나 충격이 되어 말로 표현할 수 없는 경험과 관련된 감정과 환상을 통해 소통하고 탐구하고 처리한다. 이런 방식으로, 놀이는 아동에게 다양한 지각 기술, 운동 기술, 그리고 인지 기술을 연습할 기회를 제공하는데 이는 아동이 감정과 환상을 현실검증할 수 있도록 도우며 이로써 경험에서 배울 수 있는 역량을 향상시킨다. 이는 아동 발달 과정에서 매우 중요한 역량이다. 따라서 여러 저자가 지적하였듯이, 상징놀이를 통해 정신화할 수 있는 능력은 건강한 초기 성격 발달을 전제로 한다(Caper, 1996; Fonagy et al., 2002a; Winnicott, 1968).

그러므로 성공적인 아동 심리치료의 전제 조건은, 감정, 환상, 대상관계에 대한 아동의 자발적 표현이 말보다 행동 지향적이라는 사실을 치료자가 이해하는 것이다. 아동과 다른 한편으로는 청소년 및 성인을 대상으로 한 심리치료의 중요한 차이점은, 청소년 및 성인과 소통하는 자연스러운 매개체는 언어 연상과 이야기이지만 아동에게는 이것이 일부만 해당한다는 것이다. 일반적으로 아동은 감정, 환상, 경험을 직접 말로 표현하는 데는 능력이 한계가 있지만 의식적인 의도는 일부만 지배하고 무의식적인 창의적이고 상징적인 원천에 주로 의지하는 과정, 즉 놀이에서는 이것들을 유창하게 전달할 수 있다.

달리 말하면, 놀이는 심리치료 과정과 아동과 치료자 사이 대화의 전형적인 매개체이다. 호기심으로 언급할 만한 것은 아동분석 초기에 이러한 지위가 놀이에 부여되지 않았고 그래서 놀이에 대한 아동의 선호가 장애물로 간주될 수도 있었다는 것이다. 예를 들어, 1913년에 페렌치(Ferenczi)는 아동 치료를 중단했는데, 이유는 아동이 놀이에 몰두함으로써 치료자의 업무를 계속 방해했기 때문이다(Bernstein & Sax, 1978). 다행히 잘 알려진 바와 같이, 멜라니 클라인과 안나 프로이트의 치료는 이러한 인식을 바꾸었으며, 오늘날 아동 발달과 아동 심리치료 모두에서 놀이의 중요한 기능들이 일반적으로 인정받고 있다.

앞에서 언급한 바와 같이, 사춘기 이전에 심리치료를 받는 대부분 아동들이 그들의 주관적 경험, 감정, 그리고 환상을 오로지 말로만 표현하면서 생각하고 분석하는 것은 자연스러운 일이 아니다. 하지만 아동이 적어도 어느 정도까지는 놀이를 통해 소통할 수 있는데 이는 관계와 행동을 장난감 인형으로로 표현할 수 있고, 따라서 감정, 주관적인 환상, 그리고 치료자의 도움으로 정리해야 할 관계를 상징적으로 드러낼 수 있다. 따라서 전이 관계 내에서 놀이 과정의 장애는 이것이 조증 실행이건 억제이건 반복이건 또는 실제 방해물이건 간에 우연한 사건으로 간주되는 것이 아니라 치료나 치료자와 관련된 환상을 포함하여 대상관계에 대한 아동의 무의식적인 환상에서 나오는 사건으로 이해된다는 것이다(Klein, 1929). 이는 아동 심리치료자를 아동의 내면세계에 대한 통찰력을 얻는 독특한 입장에 놓이게 하는데 이로써 억눌렸거나 무의식적인 감정과 대상 경험에 대해 아동과 간접적이지만 정서적으로 의미 있는 대화를 할 수 있도록 해 준다.

따라서 우리가 정신역동적 심리치료를 받고 있는 아동에게 장난감 상자를 줄 때, 그 의도는 아동이 치료자와 대화하는 동안 아동을 즐겁게 할 수단을 제공하는 것이 아니다. 이는 아동이 감정적 의도, 생각, 그리고 환상에 대해 치료자와 자세한 개인적 대화를 하도록 하는 매개체를 아동에게 주는 것이다. 따라서 장난감과 점토, 색연필, 크레용과 같은 장남감과 창의적인 재료들은 풍부하고 융통성 있는 어휘를 제공하는 추가적인 표현 수단으로 이해되어야 하는데 이 재료들은 심지어 어린 아동과도 감정적으로 몰입하고, 성찰할 수 있는 대화를 가능하게 한다.

예를 들어, 치료실에 들어온 어떤 아동이 "저는 오늘 너무 긴장돼요. 선생님이 제가 왜…… 그런지 알아내는 것을 도와주어야 해요."라고 말하는 것을 상상하기 어렵다. 이보다는, 어떤 연령의 아동이라도 자기 바로 밑에 있는 차가 있는지는 모르고 그 차를 열심히 찾으면서 "누가 내 상자를 엉망으로 만들었어. 내 작은 녹색 차는 어디 있지?"라고 분노에 찬 비난으로 치료 시간을 시작할 가능성이 더 많다.

아동이 상자에 있는 재료를 사용하는 데는 아동의 내적 과정과 일치되게 재료를 펼칠 수 있는 공간과 시간이 필요하다. 정신역동적 심리치료에서, 치료자의 과업은 어떤 특정한 방향으로 놀이를 밀어붙이는 것도 아니고 또래처럼 아동과 노는 것도 아니다. 하지만 그렇다고 해서, 치료자가 아동이 노는 것을 도와주지 않아야 한다는 의미는 아니다, 예를 들어, 아동이 지정한 특정 역할을 맡는 것과 같은 것 말이다. 그럼에도 불구하고, 치료자는 놀이를 하는 동안에도 치료자는 아동이 왜 이 역할을 부여했는지 계속 생각해 볼 필요가 있다. 항상, 치료자는 자신의 주된 임무가 아동이 자신의 내면세계에 대한 의사소통을 촉진하는 것임을 기억해야 한다. 치료자의 태도, 개입 그리고 해석을 통해, 치료자는 아동의 의사소통을 촉진하고 아동이 주관적인 관계 경험과 환상과 관련된 불안, 슬픔, 분노, 그리고 혼란과 같은 자신의 감정을 훈습할 수 있도록 돕는 데 목적을 둔다.

미성숙 그리고 불안정한 사고

특정 놀이 활동에서 드러나는 이야기와 주제는 아동의 내면세계에 대한 중요한 정보를 제공하지만 아동이 장난감들을 어떻게 응용하고, 관계하는지 그 이면의 관점을 검토하는 것 또한 이 못지않게 중요하다. 이러한 아동 활동에서 나타나는 더 형식적인 측면은 놀이나 그림으로 상징화될 수 없는 것에 대한 중요한 이야기, 즉 상징 형성과 관계적 사고(정신화하기)의 발달에 있어서 방해하거나 억제된 것과 관련한 이야기에 대해 말해 주는 중요한 이야기를 담고 있다.

1957년 초에, 시걸(Segal)은 자신이 상징적 등식(symbolic equation)이라고 부른 특정한 병리적 형태의 사고에 대해 기술하였다. 이것은 상징과 상징화된 대상 사이의 관계를 설명해 주고 있는 것으로 이 관계에서 상징은 마치 원래의 대상인 것처럼 다루어진다. 대상과 상징 간에 구분 부족은 자기와 대상간의 방어적 융합의 결과로 이해될 수 있는데 이는 과도한 분리와 투사적 동일시에 의해 야기된다(Segal, 1957). 정상 발달에는 이와 일정한 유사점이 있다. 초기 아동기에 아동은 아직 물리적 실재와는 별도로 정신 상태를 표현할 수 없어서 내적 사고와 환상을 외부에 존재하는 것과 혼동할 수 있고 또 외부에 존재하는 것을 내적 사고와 환상과 혼동할 수도 있다. 따라서 한편으로는 자신의 감정, 생각과 환상, 또 다른 한편으로는 다른 사람의 실재, 이들의 감정, 그리고 의도 간 구분할 수 있는 능력이 불분명하고 불안정하다. 이런 사고방식은 포나기와 그의 동료들에 의해 정신적 등가 양식(psychic equivalence mode)으로 명명되었다(Fonagy & Allison, 2012).

어떤 아동들에게 미성숙한 사고방식은 발달의 정상 단계를 훨씬 벗어나 있다. 이것은 지적 장애 때문일 수 있다, 하지만 그것은 또한 심각한 초기 외상으로 인한 정신적 후유증으로, 상징(예: 장난감으로 흉내 내는 인물)과 상징화된 대상(원래 실제 대상)을 구별할 수 있는 아동의 능력에 붕괴가 일어난 것일 수도 있다.

1세 반 나이에, 크리스티안(Christian)은 심각한 우발적 화상을 입어 광범위한 손상을 입었고, 이로 인해 전문 병원 병동에서 움직이지 못한 채 통증을 겪으며 부모와 떨어져 있었다. 5세 나이에, 크리스티안은 심각한 분리 불안과 인지, 특히 언어 발달의 지연, 그리고 이로 인한 일반적인 지적 장애의 가능성에 대한 관찰을 위해 임상 심리 검사 및 정신역동적 아동 심리치료를 위해 의뢰되었다. 주 2회씩 9개월 동안 심리치료를 받은 후, 크리스티안은 인지, 사회, 그리고 정서 면에서 크게 호전되었다. 그러나 크리스티안은 여전히 기능하는 방식이 안정적이지 못하였다. "이 시점에서, 나와 크리스티안의 선생님들에게는 크리스티안의 미성숙한 기능 수준이 더 이상 지속적인 현상이 아니라 갑작스럽고 한정된 재발로 나타나고 있음이 분명해졌다. 심리치료 중 스트레스를 받는 동안 크리스티안은 정신없이 장난감 나무에 있는 작고 빨간 플라스틱 사과를 먹으려고 한다. 일단 사과가 입에 들어가면, 크리스티안은 실수를 알아차리고, 그것을 그의 손에 뱉고서는 깜짝 놀라서 쳐다보며, "윽, 그냥 진짜 사과인 줄 알았어."라고 말하였다(이 사례 연구의 세부 사항은 Grünbaum, 1989에 게재되었다.).

현실 검증과 사고에 더 심각한 장애가 있는 경우, 아동은 장난감을 기묘하고 독특한 방식으로 사용할 수 있는데 개인적이고 쉽게 이해할 수 없는 의미를 위해 장난감 고유의 목적과 기능을 무시한다. 예컨대, 이런 아동의 경우에는 색깔, 질감, 이름, 소리, 형태 또는 기타 표면적인 특성과 같은 필수적이지 않은 측면을 대상의 중심적인 특성으로 과도하게 해석할 수 있다. 이러한 꿈같은, 압축된 또는 확장된 특정 장난감이나 단어의 사용은 대상관계에 대한 기저의 해리된 혼란스러운 사적인 사고의 분리된 부분을 가리키고 있다. 그러므로 장난감을 별나게 사용하는 경우에 치료자가 세심한 주의를 기울이는 것이 중요한데, 이는 개입과 교정의 목적이 아니라, 아동의 사고방식에 대한 중요한 정보를 담고 있어서 통찰을 할 수 있는 중요한 기회를 제공하기 때문이다. 그러한 사고장애는 다양한 수준과 형태로 나타나는데 치료 과정 동안, 아동의 인지기능 수준은 일반적인 정신화에서 심각한 장애까지 변동할 수 있다.

예를 들어, 상실의 반복, 초기 방임, 또는 불안정한 초기 애착으로 고통받은 아동은 끈이나 접착 테이프의 릴을 물건과 함께 묶거나 테이프를 붙이기 위한 실질적인 보조 도구로 인식할 뿐만 아니라, 자아와 대상을 함께 연결하는 추가적인 감정적 의미를 포함시키는 경우가 종종 있다. 따라서 휴가 전 마지막 치료 시간 동안, 상징적 등가 양식에 있는 아동이 여러 가지를 고집스럽게 붙이거나 묶는 것은 흔하다. 예를 들어, 그림과 가구에 종잇조각을 붙이거나 그림을 장난감 상자, 치료자 의자, 소파, 문고리 등에 묶는 것 등이 있으며 심지어 흥분한 순간에 치료자를 묶으려고 덤벼든다.

아동이 심하게 불안정하거나 혼란스러워한다면, 돌봄과 이해를 해 주는 부모 대상(전이에서는 치료자)에 대한 고통스러운 갈망은 훨씬 더 불투명하고 응축된 편집증적인 방식으로 나타날 수 있다. 또한 이러한 표현은 이전 상황과 현재 관계의 정서 경험을 함께 전달할 수 있으며 이를 통해 과거와 현재의 감정적 분위기와 맥락을 응축시킨다.

여덟 살인 폴(Paul)은 목욕과 수집품 정리를 하지 않으려고 하여 양어머니와 갈등이 심했다. 또 특이한 행동 때문에 주 3회의 심리치료에 의뢰되었는데 이 문제들은 지난 6개월 동안 심해졌다. 이 기간 동안, 폴은 음식으로 인해 독살당하거나 숨 막히게 되지 않을까 하는 편집증적 생각도 생겼다. 폴은 학교에서 잘하기는 했지만 친구들에게 무관심했으며 다른 친구들이 자기를 짓궂게 괴롭히거나 왕따를 시킨다고 느끼는 경우가 종종 있었다. 한 살 때 폴은 정신병이 있는 생모와 격리되었다. 폴이 의뢰되었을 때 폴의 어머니는 심한 정신질환 때문에 장기 입원하고 있었다. 최근까지 폴은 외조부모를 정기적으로 만났으며, 외조부모와 만나는 동안 생모도 어쩌다 가끔 만났다.

치료에서 폴은 놀이를 거의 하지 않고 보통 이야기하는 것을 더 좋아하였다. 놀이치료 동안, 폴은 폴의 상자 속 물건들 중 일부에 사적이고 매우 특이한 의미를 부여하였다. 이러한 경향성은 첫 치료 시간부터 분명했다.

폴은 의자에 앉아 어른처럼 다리를 꼬고, 자신의 문제에 대해 진지하게 이야기하고 있다. 폴이 잠자려고 누우면 방안에 있는 가구와 물건이 변하여 자신과 등을 돌리고 서 있어서 이게 너무 무서워 밤에 잠을 잘 수가 없다고 한다. 가끔씩은 밤에, 집 밖에 있는 사악한 사람들이 자신을 쳐다보고 있다고, 사실은 모든 세상이 자신을 쳐다보고 있다는 확신이 든다. 또, 폴은 엄마와 싸우는 것을 멈출 수 없다. 이야기하는 동안, 폴은 자기 장난감 상자의 내용물을 면밀하게 살피고 종에 따라 동물들을 분류하기 시작한다. 어떤 지점에서, 폴은 실뭉치 뒤에 원숭이를 숨기고, 그 실뭉치 바로 앞에 기린을 둔다. 원숭이를 가리키며 "얘는 혼자였어요. 무언가가 빠졌어요. 그리고 이것(기린)에게 먹힐까 봐 두려워해요."라고 말한다.

다음 치료 시간에, 폴은 같은 시나리오를 설정한다. 그리고 원숭이는 여전히 기린에게 잡아먹히면 어떻게 하나 두려워하며 실뭉치 뒤에 숨는데 이 실뭉치는 폴이 이제 "음식"이라고 말한다. 다음 몇 달간 폴은 이 실뭉치를 일관되게 "음식"이라고 언급하는데, 이 음식이 폴에게는 이해심 있는 타인과 연결되어 있는 좋은 느낌과 비슷해 보인다. 같은 기긴 동안, 니쁘고 감정은 연필깎이로 들어가는데 이 나쁜 감정들을 폴은 "나쁜 위험한 사령관 목소리 왕의 뾰족하게 깎은 막대기"라고 말한다.

첫 크리스마스 휴일이 다가올 때, 폴은 자신의 생각에 대해 이야기하며 이 생각을 상당히 구체적인 형태로 묘사하며 자신과 나 사이를 왔다 갔다 하는 물리적 실체라고 설명한다. 폴은 내게 "여기에 와서 나쁜 생각에 대한 이야기를 하는 게 좋은 거는 그 생각들이 저에게 없어진 것처럼 느껴진다는 거예요. 마치 그 생각들이 저를 떠나 다른 사람에게 들어갔다가 아제는 그 생각들을 가지고 있는 것처럼…… 그러면 저 안에 더 많은 공간을 만들어 줘요. 하지만 누군가가 월요일에 돌아오면 그 사람은 나쁜 생각들이 이겨서 선생님을 완전히 다르게 만들 수도 있을 거라고 생각하고 있어요."라고 말한다.

이번 휴일 전 마지막 치료에서, 폴은 매우 철수된 것 같았다. (나는 다가오는 휴일 때문에 폴이 너무 외로움을 느낀다고 말한다.) 폴은 침묵하지만 잠시 후 폴은 "오히려, 그건 선생님이 사라져서 전혀 존재하지 않은 것과 같아요. 나쁜 생각이 선생님을 갉아먹어요, 그러면 선생님은 사라져요. 하지만 이거는 이미지 같은 게 아니라 사령관 목소리 같은 생각이 들어요, 그리고 집에 있을 때는 선생님을 볼 수 없게 돼요. …… 하지만 있죠, 가끔, 이런 나쁜 생각은 제가 여기 왔을 때 선생님은 없을 거고 거기에는 새로운 사람이 있을 거예요. 그리고 선생님을 만날 때마다 새로운 사람이 있을 거고 계속해서 새로운 사람이 생길 거예요. 그 사람은 전혀 선생님이 아니에요……. 아니면 실제로는 그게 선생님일 수도 있죠. 진짜로, 하지만 갑자기 그것은 더 이상 선생님이 아니에요. 하지만 선생님은 누군가로 변했어요, 심지어 선생님이 선생님 자신처럼 보여도요."라고 말한다.

어떤 아동들은 무생물에게 생명을 불어넣지만 인형과 동물은 피한다. 이것은 대상관계의 공격적인, 내면의 구조와 관련된 방어적인 기능을 할 수도 있다. 부수적으로, 같은 종류의 방어적 비인간화는 내전, 인종 또는 종교 청소 중에 저질러진 잔혹 행위와 관련하여 자주 마주치게 된다.

의뢰한 당시 아홉 살인 카를로(Carlo)는 태어난 후 2년 동안 고아원에서 지냈고 그러고 나서 생부와 계모에게 다시 돌아갔다. 치료실에서, 카를로는 장난감을 아주 심하게 다루었다. 그리고 처음 몇 달 동안 장난감 상자와 그 내용물을 고장을 내 엉망진창으로 만들었다. 튼튼한 판지로 만들어진 상자도 막 부서지려고 했는데 가위와 펜으로 찔렀기 때문이다.

주 2회씩 6개월간의 만족할 만한 치료 후 이러한 결과가 나타났다.

카를로는 성인 여성 인형을 찾아서는 무관심하게 무시하면서 치료를 시작한다. 그리고는 세탁기를 인형의 집에 가져다 놓고 세탁기를 흔들면서 "그러고 나서 우리는 세탁기를 청소해. 오, 내 멋진 세탁기"라고 노래를 한다. 카를로는 인형의 집에서 진공청소기를 움켜잡고, 작동시키면서 "그리고 이제, 우리는 그것의 길고 긴 목을 끌 거야. 그래서 그게 '아야, 아야'라고 말해"라고 노래를 한다. 카를로는 인형의 집 화장실을 열고, 화장실 변기에 화분을 놓으며 "그리고 이 애가 여기 있어. 우는 아가. 아가가 똥 누러 간다"라고 노래 부른다. (나는 "무엇보다 너는 우는 아기를 완전히 없애기 바라네, 우는 아기를) 화장실 변기 밑으로 내려가길 말이야."라고 말한다.) 카를로: "맞아요. 하지만 우는 아기만이에요. 그리고 선생님은 우는 아기를 변기 밑으로 내려가게 할 수 없어요. 아기가 너무 크거든요." ("하지만 너는 그렇게 하고 싶구나.") "오, 네, 조금요. 와 저 너무 배고파요."

화장실 변기에 있는 그 식물은 카를로가 질투하는 어린 여동생을 상징적으로 언급하는 것으로 이해할 수 있고 동시에 카를로가 한동안 아주 적대적이었던 치료받으러 오는 다른 아동과 치료자를 언급하는 것일 수도 있다.

놀이와 장난감을 사용하는 것이 모두 아동의 창조적인 자원에서 비롯되는 것은 아니며 따라서 언제나 치료 과정의 순수한 정신 활동의 수단으로 적용되는 것은 아니다. 일부 아동은 간헐적으로, 짧게 짧게 놀거나 수수께끼 같은 순서로 놀기도 하고 또는 전혀 놀지 않기도 한다. 아동들은 장난감을 다른 목적을 위해 사용할 수 있는데 여기에는 쓸모없다고 생각하는 치료자를 마구잡이로 파괴하고 평가절하하는 것이 있을 수 있다. 또는 공격적이고, 취약하거나 공허한 자신을 무한한, 고정된 놀이와 그림 속에 숨기며, 동시에 치료자와의 진정한 접촉을 거부할 수도 있다. 예를 들면, 치료자에게 등을 돌리거나 치료자가 진행 중인 상황에 대한 대화를 시작하려는 시도를 비웃으며 코를 찌푸리는 것 등이 있다.

치료자의 과업은 아동의 정서성, 자기 이해, 그리고 치료 관계에 대한 지각과 관련하여 치료 시간 동안 아동이 하는 놀이의 특징과 기능을 이해하기 위해 최선을 다하는 것이다. 어떤 아동의 놀이는 일반적으로 내적 의미와 의도에 대한 풍부한 이야기를 전달한다. 이와는 반대로, 어떤 아동의 놀이는 치료자에게 주로 '마치 ~인 듯한 놀이'라는 느낌을 치료자에게 주로 전달하는데 이는 상실이나 외로움의 고통스러운 내적 시나리오를 완전히 피상적으로 부정하는 형태일 수 있으며 아동은 이 시나리오를 필사적으로 피하고 소멸시키려고 한다. 일부 아동의 놀이는 추상적인 선 그리기, 구슬을 끝없이 세기, 또는 모래를 한 병에서 다른 병으로 이동하기와 같은 어떤 의미도 전달하는 게 없어 보이기도 한다.

'마치 ~인 듯한' 놀이에는 여러 가지 다른 형태가 있다. 그러나 가장 구체적이고 관련이 없는 반복되는 행동조차도 대상과 관련된 상징 이전의 의사소통을 기반으로 한 의미 있는 관계를 수립하기 위한 출발점이 될 수 있다. 이러한 형태의 관계 발달이 되게 하기 위해서 치료자는 열린 마음을 유지하고 몽상, 투사적 동일시의 수용, 그리고 담아내기(제5장 참조)에 대해 준비되어 있어야 한다.

언어로서 그림과 상징놀이

그림을 이용한 제작물과 상징놀이는 모두 언어로 간주될 수 있으나 구어 및 문어와는 다른 종류의 언어이다. 한 가지 적절한 구분은 바츨라비크와 동료들(Watzlawick et al., 1967)이 의사소통을 디지털 의사소통과 아날로그 의사소통으로 구분한 것이다.

디지털 의사소통에서는 임의적인 기호가 상징으로 쓰이며, 임의적인 기호는 상징과 상징화된 것 사이의 어떠한 유사성도 미리 가정하지 않는 논리적 문법에 따라 처리된다. 이것은 보통 구어와 문어의 특징이다.

반면에, 아날로그 의사소통에서는 기호와 그것이 의미하는 것 사이에 어떤 유사점이 있다. 아날로그 언어는 기호와 그것이 나타내는 대상 사이의 유사성 정도에 따라 다소 쉽고 즉각 이해된다.

아날로그 언어는 디지털 언어보다 훨씬 초기 발달 단계에 뿌리가 있는 것으로 간주된다. 디지털 언어는 특히 대상에 관한 정보 교환에 아주 적합하다. 그러나 관계에 관한한 아날로그 의사소통을 사용하는 것이 필요한 경우가 종종 있다. 바츨라비크와 동료들((Watzlawick et al., 1967)이 표현한 것처럼, "관계가 의사소통의 핵심 문제일 때마다 우리는 디지털 언어가 거의 의미가 없다는 것을 발견한다(p. 63)."

디지털 언어는 정확하고 논리적인 장점이 있다. 지금까지 디지털 매체(명명의 유사성은 우연의 일치가 아님)에서 디지털 언어가 가장 광범위하게 사용되었음이 발견되었다. 반대로 아날로그 언어에는 디지털 언어의 논리적 구문과 견줄 만한 것이 없다. 아날로그 언어는 조건(만약 ……라면), 선택(…… 또는) 또는 어쩌면 가장 중요한, 부정과 같은 중요한 관계를 표현할 방법이 없다. 아날로그 언어에는 과거, 현재, 그리고 미래를 구별할 수 있는 시간을 나타낼 능력이 없다.

언어의 다른 형태를 특징짓는 또 하나의 방법은 프로이트(Freud, 1900a)의 일차 과정과 이차 과정을 구분하는 것이다. 꿈을 지배하는 법칙(대부분 그림 형태)을 기술하면서 프로이트는 일차 과정 용어를 사용하였다. 무의식은 주로 일차 과정에서 기능한다. 그러나 의식적 언어와 사고는 일반적으로 소위 말하는 이차 과정을 따르는데, 이차 과정은 수학, 논리, 그리고 과학적 사고에서 가장 순수한 형태로 나타나는 논리적이고 질서정연한 사고방식을 말한다. 정서가 그 대상과 비교적 안정적인 연계가 되어 있는 것이 이차 과정의 또 하나의 특징이다. 일차 과정에서 정서는 그 대상과 더욱 불안정한 관련성이 있으며 다른 대상으로 대체될 수도 있다. 예컨대, 여기서 우리는 파스 프로 토토(pars pro toto) 현상을 발견한다. 즉, 한 대상의 일부가 전체 대상을 나타낼 수도 있다. 또한 응축이 일어날 수 있는데, 여기서 특징을 공유하는 다양한 대상이 하나로 융합된다. 이것과 밀접하게 연결되어 있는 현상은 서로 상당한 유사점이 있거나 공통점이 있는 두 가지가 동일한 것으로 간주될 수 있다는 것이다. 모순과 분리 또한 일차 과정의 특징이다. 아날로그 언어에 관해 위에서 설명했던 점이 일차 과정에서도 마찬가지인데 일차 과정에서도 시간 또는 부정에 대한 정보가 제공될 가능성이 없다.

일차 과정과 아날로그 언어의 개념들은 정신역동적 아동·청소년 심리치료에서 그림과 놀이를 상징적 제작물로서 이해하는 것과 연결하면 매우 유용하다. 예를 들면, 일차 과정과 아날로그 언어는 그림과 놀이가 시간이나 장소 면에서 어디에 속하는지 아는 것은 불가능하다는 것을 분명하게 해 준다. 따라서 놀이나 그림에 나타나는 무서운 괴물은 아동이 전에 마주친 사람 또는 무언가에 대한 표상이 될 수도 있고, 지금-여기에서 자신 또는 치료자에 대한 아동의 인식을 표현한 것일 수 있으며, 또는 미래에 마주칠 것에 대해 그가 두려워하는 무언가에 대한 표상일 수도 있다. 마찬가지로, 그 괴물이 내적 세계를 말하는 건지 외적 세계를 말하는 건지, 치료실 안을 말하는 건지 밖을 말하는 건지, 또는 다른 장소를 말하는 건지 아는 것은 불가능하다. 아동이 자신이 두려워하는 것을 만들고 있는 것인지 아니면 닮고 싶어 하는 것을 만들고 있는 것인지 아는 것은 불가능하다. 종종 가장 가능성 있는 상황은 그 표상에는 이러한 몇 가지 가능성이 포함되어 있는데, 위에서 언급한 바와 같이 분리와 모순이 아날로그 의사소통의 특징이기 때문이다. 그림이나 놀이 순서는 말로 이해될 수도 있지만, 제안이나 질문으로도 해석될 수도 있다.

언어적 해석

그림과 놀이 순서의 언어적 해석에 대한 질문과 관련해서는 아날로그 언어에서 디지털 언어로 번역하는 것과 관련하여 바츨라비크와 동료들(1967)이 고찰한 몇 가지를 소개하는 것이 도움이 될 수 있다. 이들은 아날로그 자료에는 디지털 언어의 많은 요소가 결여되어 있기 때문에, 번역자가 보완해야 한다고 하였다. 그러나 위에서 설명한 것처럼 아날로그 자료는 모호하기 때문에, 이 번역 과정은 지나치게 명확하거나 단순히 잘못된 해석에 이를 수 있는 위험이 있다. 치료자는 아동이 실제로 말하거나 그림 또는 놀이로 전달했던 것을 충분히 생각하지 않고 자신이 이해한 것에 맞는 가능성을 선택할 위험도 있다.

따라서 제5장에서 설명한 바와 같이, 전이 관계는 치료자가 가설을 수립하고 현실 검증할 수 있는 중심점이다. 그러므로 특히 초기에 치료자의 언어적 개입은 주로 놀이 순서나 그림에 초점을 두는데 이것들은 치료자와 관계에 관한 아동의 현재 환상과 경험을 상징적으로 나타낼 수 있다. 아동이 상징적인 제작물에 대한 해석을 받아들이고, 그 해석을 이용해 발달을 추진하려면 세 가지 중요한 조건들이 필요하다.

1. 치료자는 아동뿐만 아니라 자신의 현재 생생한 감정에도 접촉하고 있어야 한다.
2. 치료자가 말하는 내용은 충분히 구체적이어야 한다, 즉, 아동의 놀이나

그림 그리고 아동과 치료자 사이의 상호작용에서 치료자가 실제로 관찰한 것에 바탕해야 한다.

3. 치료자는 언어적 해석이 고립된 개입이 아니라 지속적인 개방적 대화라는 것을 이해해야 한다. 이 해석은 시간이 지나면서 발달하는 것이며, 아동이 해석의 세부 사항을 수정하거나 채울 수 있는 기회를 얻게 된다.

제7장

부모 상담

아동 심리치료 초기부터, 치료자가 아동의 부모와 하는 상담에 대해서는 기술된 것이 거의 없다. 물론, 치료가 시작되기 전, 부모와 하는 시간이 있었고 치료 과정 동안 부모와 지속적인 접촉이 있었지만, 부모와 체계적인 상담은 설명되어 있지 않았다. 이렇게 된 한 가지 이유는, 치료를 받는 아동이 종종 친구나 동료 아이들인 경우가 많아서 이들은 심리치료가 무엇인지 이미 알고 있었기 때문일 수 있다. 또는 치료자가 친구나 지인인 부모와 치료하는 것이 어려웠을 수도 있었다고 생각해 볼 수 있다.

정신분석 초기에는, 우리가 지금 가지고 있는 아동–부모 상호작용에 대한 지식은 아직 발달되지 않았다. 이는 프로이트의 사례 연구에 분명히 드러나는데, 이 사례에서 보면 아동 자신이 신경증 발달에 기여한 부분에만 초점을 맞추었을 뿐 오랜 기간의 부재와 같이 부모의 문제행동은 중요하게 여기지 않았다.

1989년, 미국의 아동 심리치료자 모턴 체식(Morton Chethik)은 "부모의 지원 없이는 치료받는 아동이 (치료에) 성공할 수 없다는 것은 명백하고, 아동이 치료 경험을 활용할 수 있게 하는 것은 치료에 대한 부모의 지원(p. 217)"이었음에도 부모 상담은 상대적으로 관심을 받지 못했다고 하였다. 체식은 부모 상담은 종종 완전히 무시되거나 심리치료에 대한 지식이 별로 없는 직원들에게 맡겨졌다고 덧붙였다.

볼드윈(Baldwin, 2014)도 또한 아동의 부모와 치료자의 관계가 아동 심리치료의 가장 중요한 요소 중 하나임에도 심리치료 훈련 프로그램뿐만 아니라 실증 문헌과 이론 문헌에서도 가장 강조를 하지 않는 요소 중 하나라고 주장한다. 볼드윈은 정신분석적 부모 상담의 역사를 종합적으로 검토한 몇 가지를 언급하는데 이 문헌들은 아동 심리치료 문헌에서 부모에 대해 상대적으로 관심이 부족하였음을 강조하였고, 볼드윈은 임상 이론 발달에서 부모 상담을 최소화하는 데에는 다양한 요인들이 기여했다고 제안한다(Horne, 2000; Novick & Novick, 2005; Siskind, 1997).

앞에서 언급한 바와 같이, 한 요인은 초기 정신분석적 이론의 정신내적 특징으로 인해 부모(전체적으로는 외부 세계)가 아동의 정신에 미치는 영향을 강조하지 않았다는 것이고, 또 다른 요인은 초기 아동분석가들은 정신분석의 성인 모형을 본떠서 그들의 이론을 만드는 경향이 있어서, 부모 역할과 가족 역동을 탐색할 여지가 거의 없었기 때문이라는 것이다(Novick & Novick, 2005). 이로 인해 정신분석 훈련 프로그램 내에서 부모 상담을 최소화하려는 역사적 경향이 나타났다. 이론과 훈련에서 부모 상담을 최소화하면서 뒤이어 세미나, 학술지, 지도감독에서도 부모 상담이 최소화하게 되었다. 볼드윈(Baldwin, 2014)이 제안한 것처럼, 아동의 생활과 아동 심리치료에서 부모의 역할을 개념화하는 틀이 없다면, 치료자로서는 구원 환상이나 실제 부모보다 '더 나은 부모'가 되고 싶은 욕구 등 강력한 역전이가 나타날 수 있다.

오늘날, 아동 발달과 부모의 중요성에 대한 우리의 지식은 급격히 증가하였다. 부모 상담에 관한 문헌은 상당히 증가했으며(예: Novick & Novick, 2005; Siskind, 1997; Tsiantis et al., 2000), 아동 심리치료 연구는 치료에 부모를 참여시키는 것이 중요하다는 것을 보여 주었다(제13장 참조). 이러한 발달의 자연스러운 결과는 모든 아동 심리치료의 필수 부분으로 부모 상담을 포함시켜야 한다는 것이었다. 제3장에서 설명했듯이, 어떤 경우에는 아동을 참여시키지 않고 부모와 상담하는 것이 가능하기도 하고 적절하기도 하다.

그러나 다른 방향의 움직임도 있었다. 이전에는 사회사업가가 부모와 함께 상담하는 동안 심리학자나 아동 정신과 의사가 아동과 심리치료를 하는 것이 아동·청소년 정신과 병동과 아동지도 클리닉에서 흔히 있던 관행이었다. 해당 사회사업가들은 이 특정 업무에 대한 훈련과 경험을 쌓았고, 대체로 효과가 있었다. 그러나 호른(Horne, 2000)이 언급한 바와 같이, 1980년대 사회사업의 변화로 한편으로는 인지행동치료에 주안점을 두게 되었고 또 한편으로는 더 관리적이고 조정적인 성격의 아동보호 업무 몰두하게 되어, 정신역동적인 부모 상담을 수행할 수 있는 능력이 손상되었다. 호른은 또한 지방예산 삭감으로 많은 아동 및 가족 정신건강 장면에서 다양한 전문직군 직원 채용에 심각한 어려움을 초래하였다고 한다. 게다가 아동 및 청소년에게도 증상에 기반한 진단을 강조하고 그에 따라 가정 및 환경 요인을 무시함으로 인해 현재 진단 체계가 부모 상담에 우선순위를 낮게 부여하는 상태에 이르렀다.

부모 상담의 복합성

전통적인 아동 치료에서는, 보통 어머니가 아동 치료자 외에 직원과 정기적으로 상담을 하고 아버지는 가끔만 참여하였다. 현재 아버지들이 일반적으로 아동의 생활에 더 많이 관여하게 되면서 이러한 그림은 다행스럽게 바뀌었으며 현재는 대체로 부모가 모두 치료에 참여한다. 그러나 부모가 이혼했을 때는 각 사례마다 부모 상담을 어떻게 가장 잘 조직화할지 생각하는 것이 필요하다. 어떤 경우에는 부모를 함께 보는 것이 부적절하거나 불가능할 수도 있는데 이런 경우는 부모를 함께 봄으로써 서로 싸우게 되거나 무능한 부모로 보일 것을 두려워하여, 그들 각자가 자녀에게 가지고 있는 문제를 숨기려고 시도할 때이다. 이혼한 부모가 공동 양육권을 가질 때, 두 사람 모두 아이에 대한 모든 결정에 관여해야 하며, 반드시 같은 정도는 아니지만 각 부모와 시간을 할애할 필요가 있을 수 있다. 전반적으로, 양육권과 관련된 현행법과 규칙에 대해 잘 알고 있어야 하고, 이혼한 부모와 상담할 때는 비밀 보장 규칙을 위반하지 않도록 하는 것이 중요하다.

만약 부모에게 새로운 배우자가 생겼다면, 이들을 상담에 포함시키는 것도 좋은 생각인데 이는 이들이 자녀에게 매우 중요하기 때문이다. 어느 정도로 새로운 배우자가 아동의 생활에 관여하고 양육에 참여할 수 있는지 명확하게 하는 것이 필요한 경우가 종종 있다. 이것은 생부, 생모가 결정할 권한이 있지만, 모든 사람들에게 항상 명확하지는 않아서 그것에 대해 의논하는 것이 매우 유용할 수 있다.

위탁아동이 치료를 받을 때, 이들의 양부모가 이미 감독(상담 또는 교육)을 받고 있는 경우가 종종 있을 것이다. 그들의 감독자가 다행히도 아동 심리치료에 친숙한 경우, 이 지도감독을 계속하면서 아동 치료자를 포함하여 몇 번의 회의로 감독을 보완하는 것이 종종 복잡하지 않다. 그러나 양부모의 감독자가 아동 심리치료가 야기할 수 있는 복잡한 문제를 잘 모를 경우 아동 치료자는 아동과 상담 이외에도 양부모, 그리고 이들의 감독자도 만나야 한다. 그것은 보통 치료에 다른 사람을 끌어들이는 것보다 더 나은 방법이다.

제4장에서 기술한 바와 같이, 아동이 기관에 산다면 그 기관의 직원들은 아동 심리치료자와 가장 잘 협력할 수 있는 방법에 대해 알아야 하며, 반대로 치료자는 그 기관에서 무슨 일이 일어나고 있는지 그리고 직원들과 어떻게 협력할 수 있는지 알아야 한다. 많은 경우, 기관은 직원들을 위한 지속적인 감독을 제공할 것이고, 이런 경우 아동 치료가 논의될 수 있으며 다른 부모의 치료자나 아동 치료자와 정기적으로 만나는 것도 유용할 수 있다.

몇 가지 전반적인 논평

올트먼과 동료들(Altman et al., 2002)은 부모의 역할의 복합성을 "치료의 파트너로서, 치료의 적으로서, 체계의 일부로서, 치료자가 반응해야 하는 지침 및 저항의 원천으로서, 치료자의 환자로서, 그리고 치료자의 고용주로서 다양하게(p. 287)" 기술하였다.

모든 부모가 다르고 아동의 문제 성격도 다르지만 치료를 받는 아동을 둔 대부분의 부모가 자녀가 문제를 겪게 되는 것을 막지 못한 것에 대해 죄책감과 수치심을 느끼는 것은 일반적이다. 보통 부모들은 직접 또는 간접적으로 비판을 받는 경우가 많을 것이고 이런 일이 다시 일어날 수도 있다고 우려할 수도 있다.

수치심은 죄책감보다 더 원시적이고 더 병리적이며 덜 의식적이고 더 고립시키는 특성이 있다. 수치심은 무가치함, 무력함, 발거벗겨지는 느낌, 열등감을 유발한다. 대인관계 차원에서 수치심은 철회나 회피와 같은 거리 두는 행동, 공격 또는 외현화된 분노, 그리고 노출을 피하기 위한 시도로 비밀스러워지는 경향성과 관련이 있다. 이는 수치심은 너무 고통스럽기 때문에 대부분 숨겨져 있으며 따라서 다른 사람들이 알아차리기 어렵기 때문이다. 수치심에 대한 일반적인 방어는 분노인데 분노는 외현화될 수 있고 타인에 대한 비난으로 변형될 수도 있다. 부모가 수치심을 다루는 방법으로 외현화를 사용할 때, 그 대상은 종종 치료자이다. 공격성과 수동성 모두 내재하는 수치심에 대한 방어적인 반응으로 나타나는 것일 수 있다.

죄책감은 일반적으로 수치심보다 덜 쇠약하게 하는 것으로 간주된다. 죄책감은 종종 더 의식적이며 부모에게 변화를 일으키거나, 사과하거나 또는 인정하게 하는 것과 같은 행동뿐만 아니라 자기 성찰에 동기를 부여할 수도 있다. 죄책감이 고통스럽기는 하지만 부모에게 있어서는 죄책감 또한 더 적응적인 양육에 대한 실증적인 예측변수일 수도 있다.

수치심과 죄책감은 대개 함께 발생하며 쉽게 분리할 수 없을 수도 있다. 볼드윈(2014)은 모든 개인이 수치심이나 죄책감을 다양한 수준으로 느끼는 경향이 있다고 말하는 것이 더 정확할 수도 있다고 제안한다. 수치심과 죄책감 그리고 고립감 등의 감정은 문제가 있는 아동의 부모에게 거의 나타난다고 가정해야 한다. 그러므로 치료자는 부모-치료자 관계의 초기 단계부터 부모의 죄책감과 수치심을 인식하고 다루는 데 능숙해져야 한다. 죄책감과 수치심은 부모-치료자 관계 파열의 중요한 근원이다. 볼드윈은 파열을 "환자와 치료자 간의 관계 질의 쇠락 그리고 대인관계의 이정표"라고 정의한다. 아동 치료자들은 불가피하게 자신이 보는 아동의 부모와 치료적 관계에서 파열을 마주하게 되는데 이러한 파열이 종종 간과되거나 부적절하게 다루어진다는 증거가 있다. 이러한 파열을 관리하는 한 가지 방법은 치료자가 부모의 양가감정과 조기 종결하고자 하는 욕구를 예측하여 이런 감정이 올라올 때 부모가 (행동으로 하기보다) 이야기하도록 격려하는 것이다.

파열의 발생을 알려 주는 두 가지 주요 의사소통 유형이 있다. 철수적 파열로는 부모가 자신의 감정이나 자기를 철수하거나 분리할 수 있다. 예로는 상담 일정을 피하거나, 연락이 어렵거나, 또는 치료자를 피함으로써 물러서는 경우가 있을 수 있다. 대면 단절에서는, 환자가 어떤 식으로든 직접 불만을 표현한다. 예를 들어, 부모 치료 진전이 없다고 불만족을 표현하거나 치료가 아동의 증상을 악화시키고 있다고 이야기할 수도 있다.

일부 부모에게는 이렇게 관계가 파괴되고 회복되는 과정 자체가 성장과 긍정적인 결과를 촉진한다. 적어도, 파열에 대해 관심을 두면 치료적 작업이 계속되게 하고 조기 종결을 방지하는 데 도움이 된다. 파열에 대한 관심은 아동의 심리치료와 아동에 대한 부모의 이해에 깊이를 더할 수 있다.

개인 심리치료에서 아동의 부모와 상담하는 것은 간단하게 설명하기 어렵다. 부모는 자녀를 걱정하기 때문에 도움을 청하는 것이지, 부모의 개인적인 문제로 도움을 청하는 것은 아니어서 아동의 문제가 아니라면 오지 않았을 것이라는 점을 항상 명심할 필요가 있다. 따라서 부모가 아동의 치료에 개입하는 것이 부모에게도 치료적 특성이 있게 되기는 하지만 부모에게 심리치료를 제공해서는 안 된다. 아동 발달의 전반적 특징과 같은 몇 가지 정보를 제공한다고 하더라도 상담이나 심리교육을 해서는 안 된다.

러스틴(Rustin, 2009a)은 부모 상담과 관련된 몇 가지 중요한 점을 강조하면서, 성인의 사고방식이 때때로 붕괴되어 부모가 유아적 감정에 압도되고, 그로 인해 책임 있는 부모가 될 수 있는 능력을 상실하게 되는 상황을 설명한다. 예로는 어머니 자신이 어렸을 때 방치되어, 자신의 아이가 자연스럽고 정당한 돌봄 요구를 표현할 때 질투와 분노에 사로잡히는 어머니를 들 수 있다. 이를 인식하고 무엇이 질투와 분노를 유발하는지 깨닫는 것은 부모 상담에서 중요한 부분이 될 수도 있다.

러스틴은 또한 두 가지 종류의 부모 행동을 강조하는데 이 두 가지 부모 행동은 모두 필요한 것으로 여기에는 수용적이고 양육적이며 관계 지향적인 방식과 환경 그리고 아동의 호기심, 야망, 잠재적인 성취를 더 강조하는 한계 설정 방식이다. 러스틴은 이러한 각각의 행동을 모성적 그리고 부성적 태도라고 부르는데 돌봄 방식은 종종 어머니에게서 가장 두드러지는 반면 요구하는 방식은 아버지에게서 더 흔하게 표현되는 것이 사실일 것이다. 하지만 두 방식이 어머니와 아버지 모두에게서 발견되므로 두 방식을 너무 첨예하게 구분하지 않는 것이 유익하다. 예를 들어, 한부모는 두 방식 모두에서 기능할 수 있어야 한다. 그러나 일부 부모들은 두 가지의 방식 사이에서 적절한 균형을 맞추는 것이 어렵다고 여기는데 너무 적은 돌봄을 제공하거나 연령에 적합한 요구를 하는 것을 주저할 수 있다. 이러한 이중 부모 과업에 부모가 관심을 두도록 하여 이 과업을 이행할 수 있도록 지원하는 것이 도움이 될 수 있다.

두 가지 다른 모형

여러 저자들은 부모 상담에 대해 다양한 형태를 구분한다. 다음에는 두 가지 모형에 대해 간략히 논의하는데 하나는 체식(Chethik, 1989)의 모형이며, 또 하나는 러스틴(Rustin, 2000)의 모형이다.

체식의 모형

체식은 부모와 함께 다음 네 가지 형태의 상담을 한다.

1. 부모에 대한 지도

2 전이 양육

3. 부모-자녀 관계 치료

4. 어머니를 통한 자녀 치료

이 장은 아동 치료와 병행한 부모와 상담을 다루기 때문에 네 번째 형태는 설명하지 않는다. 처음 세 가지 형태는 밑으로 갈수록 점점 심층적으로 되는 단계의 부모 상담이라고 볼 수 있다. 체식은 부모 상담이 대부분 부모 지도부터 시작한다고 하는데 이 부모 지도는 주로 의식적인 생각과 감정과 관련되어 있는 형태이다. 체식은 이러한 형태의 부모 상담을 "필요에 따라 간단한 정보나 교육에서 조언, 허가, 그리고 명료화 이르는 연속체(p. 219)"로서 설명한다. 체식은 다양한 형태의 부모 상담에 속하는 영역에 대해 다음과 같은 개요를 제안한다.

1. 부모 지도

A. 첫 번째는 가족에서 정서 균형에 영향을 미치는 문제들로서 여기에는 다

음과 같은 것이 있다.

- 양육능력에 영향을 미치는 일상생활의 일반적인 어려움 다루기
- 자녀와 관계 및 올바른 양육에 관한 부모 간 차이점 다루기
- 자녀가 치료를 받고 있다는 사실로 인해 부모에게 발생하는 스트레스 다루기. 이러한 스트레스에는 실패감, 의심, 치료자에 대한 자녀의 애착에 대한 질투 등이 있다.

B. 두 번째는 아동과 관련된 문제들로서 여기에는 다음과 같은 것이 있다.

- 자녀와 가족의 현재 상태에 대해 부모에게 얻은 정보
- 부모에게 아동 발달과 아동의 내면 정서 생활에 대한 **일반적인** 이해를 전달하기
- 부모에게 자녀가 나타내는 증상이나 행동 변화에 대한 **구체적인** 이해를 전달하기(목적은 부모가 행동이나 증상, 또는 치료에서 나타나는 변화들을 대처하는 데 도움을 주기 위한 것이다.)
- 부모와 자녀 간의 문제가 되는 상호작용에 대해 부모에게 명료화하기(목적은 특정 상호작용을 강조하고, 변화를 조언하며, 변화에 대한 설명을 함으로써 부모의 대응 방식을 변경하는 것이다)(p. 220).

2. 전이 양육

하지만 많은 경우 부모는 위에서 언급한 부모 지도를 활용할 수 없다. 즉, 이는 급성의 스트레스나 개인적인 문제로 인해 부모 지도가 제공할 수 있는 것보다 더 많은 지원이 필요한 부모의 경우이다. 이러한 예로는 사망, 질병, 이혼 또는 직장 문제와 관련된 긴급한 가족 내 문제 등이 있다. 이렇게 되면 치료자는 부모들을 위해 돌보는 부모로서 역할을 하게 되며, 이해와 감정적 지원을 통해 부모들이 자녀를 더 잘 돌봐줄 수 있도록 돕는 것이 목표가 된다. 그런 경우에는 무엇보다도 부모의 고민을 듣고, 일시적으로 자녀의 문제에 덜 집중하

는 것이 필요하다. 어린 시절 충분한 애정적 돌봄을 받지 못한 부모들은 자신의 자녀에게 공감을 표현하는 것을 어렵게 느낄 수 있다. 이들은 무엇이 부족한지 설명만으로는 도움을 받는다고 느끼지 않을 것이며, 이러한 방식을 비판을 듣는 것으로 느낄 수 있다. 대신, 치료자는 공감으로 부모들을 대해야 하며, 이를 통해 부모들이 공감이 무엇인지를 느낄 수 있도록 도와야 한다. 이 과정을 통해 부모는 자신의 자녀에게 자녀의 반응에 맞는 적절한 감정을 점차 표현할 수 있게 된다.

3. 부모-자녀 관계의 치료

체식(Chethik, 1989)은 아동과 부모 간의 무의식적인 갈등 또는 무의식적인 관계에 대한 다양한 사례를 묘사했는데, 이들 사례에서 앞에서 언급한 지도로는 충분하지 않다고 언급하였다. 그는 1958년에 이미 '접촉 수준의 계층, 즉 부모의 인격에 미치는 영향의 깊이에 따라 구분되는 심리치료 과정의 범주'가 필요하다고 설명한 애커먼(Ackerman)을 인용했다(p. 73). 체식은 부모-자녀 관계의 치료를 제한된 통찰력 치료 과정으로 비유하였는데, 이를 통해 부모들이 자녀에게 부여하는 무의식적인 의미를 깨닫는 통찰력을 얻을 수 있다고 했다. 호른(Horne, 2000)과 마찬가지로, 체식은 이 형태의 부모 상담이 1950년대와 1960년대에 초기는 널리 퍼져 있었지만 이후 변화로 인해 부모 상담이 더 현실 중심적인 치료 방향으로 바뀌었음을 강조했다.

러스틴 모형

러스틴(Rustin, 2000)은 부모 상담을 다음과 같이 네 범주로 기술한다.

1. 아동의 치료를 보호하고 지속하기 위해 부모의 지원을 얻는 것이 주요 목표인 상담.

2. 부모의 양육 기능을 지원하는 상담, 즉 자녀의 행동과 관계를 이해하고 해석하며 어려운 생활 상황에 대처하는 데 도움이 필요한 부모 상담.
3. 가족 기능의 변화를 목표로 하는 상담. 여기에는 부부 치료, 가족 내 관계에 중점을 둔 개인치료 또는 가족치료 등이 있다.
4. 부모를 대상으로 한 개인 심리치료

두 모형은 여러 단계를 사용한다는 점에서 유사하다. 각 단계는 상대적으로 의식적인 수준에서 시작하여 점차 더 깊고 무의식적인 수준으로 진행된다. 러스틴이 언급한 네 가지 범주 중 마지막 범주인 부모를 대상으로 한 개별 치료가 모형과 같이 부모에게 제공되는 유일한 지원이라면 아동 정신 치료에서 문제가 발생할 수 있다. 러스틴은 이러한 경우 단점은 현재 가족 내에서 진행 중인 유해한 투사 과정에 충분한 주의가 기울이지 않을 수 있다고 기술한다. 러스틴의 경험에 의하면 부모를 심리치료로 의뢰하는 것은 (성인) 환자의 유아적인 욕구를 우선순위에 두고자 하는 것과 취약한 아동과 청소년에게 필요한 보호를 하는 것 사이에 고통스러운 분리가 발생하기도 한다. 이것은 부모 치료가 아동 치료와는 다른 맥락에서 될 때 특히 그렇다. 따라서 전반적으로 부모가 심리치료가 필요하다면 아동이 끝날 때까지 기다리는 것이 더 낫다.

모형에는 부모치료에서 목표에 대한 몇 가지 참고 사항이 있다. 다음에 우리는 이러한 목표 중 몇 가지에 대해 더 자세히 살펴보고 이 목표가 어떻게 실제에 적용되는지 예를 들 것이다.

부모와 하는 작업을 위한 목표

부모와 하는 작업의 전체적인 목표는 아동의 치료 과정과 그 주변 환경을 보호하는 것이지만, 또한 여러 중간 목표를 기술할 수 있다.

정보의 상호 교환

부모는 치료자로부터 아동의 치료 과정에 대해 정보를 계속해서 받아야 한다. 하지만 이것은 치료자가 비밀보호를 위반해도 된다는 의미가 아니다. 단지 치료자가 부모에게 일상 용어로 진행 상황에 대해 간략하게 설명한다는 것을 의미한다. 치료자는 또한 아동이 힘들어하는 기본 갈등과 주제에 대해 의논할 수 있다. 이러한 부분이 항상 쉬운 것은 아니다. 일부 부모는 자녀가 공개하는 것이 자녀에게 도움이 되는 정도보다 더 자세히 자녀의 치료에 대해 알고 싶어 할 수 있으며, 일반적으로는 부모가 이해하기 쉬운 말로 자녀 치료에서 일어나고 있는 것에 대해 설명하기 어려울 수 있다. 부모가 이러한 내용에 대해 미리 잘 준비되어 있을수록 모든 사람에게 더 쉬울 것이다.

하지만 치료받을 필요가 있는 부모만이 아니라 아동을 치료하는 치료자 또한 부모와 만난 필요가 있다. 첫째, 치료자는 치료 밖 아동의 생활에서 일어나고 있는 일들에 대해 알아야 하는데 일상생활이 아동에게 영향을 미치고 있음에도 아동들은 자발적으로 이야기하지 않는다. 둘째, 치료자는 아동이 집에서 그리고 방과 후 프로그램을 비롯한 학교/유치원에서 어떻게 발달하고 있는지 알아야 한다. 이런 내용을 치료에서 늘 아동의 행동으로 추론하기는 어렵다. 종종 아동의 문제는 전이에서 심화되는 반면 일상생활에서는 향상된다. 이러한 치료 공간 밖에서 일어나는 발달은 치료에서 아동과 만나는 것만으로는 드러날 수 없는데 이러한 점은 아동이 나빠지는 경우에도 마찬가지이다. 아동은 치료자와 이상적이고 상당히 갈등이 없는 관계를 발전시킬 수도 있지만, 아동의 일상적인 문제들은 변하지 않거나 악화될 수도 있다. 물론 이런 문제가 발생한다면 아동 치료를 조절하기 위해서 치료자가 이런 일들에 대해 아는 것이 필수적이다. 따라서 아동과 함께 있는 사람들이 일상생활을 토대로 아동의 발달 평가에 참여하는 것이 매우 중요하다. 만약 두 명의 치료자가 아동과 부모를 별도로 치료한다면, 중요한 정보가 적시에 서로 전달되도록 긴밀히 협력해야 한다.

아동에 대한 이해 향상

여기에는 부모에게 아동의 일반적인 발달에 대한 정보 제공과 아동을 민감하게 이해하려는 노력을 모두 포함한다. 아동의 전반적인 발달에 대한 지식과 관련하여 직접적인 정보가 때때로 중요하다. 예를 들면, 부모는 아동이 혼자 집에 있을 수 있는 시기나 여러 가지 책임을 맡길 수 있는 시기 등과 같이 특정 연령의 아이들에게서 무엇을 기대할 수 있는지 알아야 할 수도 있다. 아동의 성에 대해 의논을 해야 할 수도 있는데 어떤 부모들은 이를 거부하는 경향이 있을 수 있다. 아동이 형제를 질투하는 것은 흔하고 자연스러운 일이라는 것을 부모에게 알려 주는 것 또한 중요한데 어떤 부모는 이를 이해하거나 받아들이기 어려워한다.

부모는 집에서 자녀와 겪는 문제에 대해 의논해야 한다. 학교/유치원 그리고 방과 후 프로그램과 같은 다른 상황에서 상담을 받았을 수도 있고 이 문제를 어떻게 다루어야 할지에 대해 직접적인 조언을 받았을 수도 있다. 이에 따라 부모는 치료자에게서 지시적인 조언을 기대할 수도 있고 어떤 경우에는 조언을 해 달라고 압력을 넣을 수도 있다. 하지만 부모는 다른 사람이기 때문에 치료자의 방법이 부모에게 늘 효과가 있지는 않을 것이라는 사실을 부모가 이해할 수 있도록 하는 것이 중요하다. 그러한 상황에서 부모를 도울 수 있는 가장 좋은 방법은 자녀의 반응을 어떻게 이해할 수 있고 무엇이 그러한 반응을 촉발하는지 부모가 생각해 보도록 하는 것이다. 치료자에게서 이러한 도움을 받아 지금까지 해 왔던 비효율적인 반응에 대한 대안을 찾을 수 있을 것이다. 부모가 더 나은 해결책을 마련하는 데 도움을 받을 때, 이들은 부모로서 자신감이 강화되고 확증이 된다. 이와는 달리 수동적으로 조언을 받게 되면, 부모는 굴욕적으로 느끼면서 자신이 좋은 부모라는 믿음이 약화되고 치료자를 '우월한' 부모로 인식하는 것이 강화된다.

예를 들어, 아동의 학교 공포증의 이유에 대해 의논하게 되면 자녀가 부모에 대한 걱정 때문에 집에 있으려고 한다는 것을 이해하는 데 도움이 될 수 있다. 이러한 이해는 이들이 자녀와 관계를 맺는 새로운 방법으로 이어질 수 있다. 또 어떤 부모는 자녀가 자기 마음대로 하기 위해 짜증을 부린다는 것과 짜증을 부리는 것이 불안에 의해 발생한 것이 아니라는 것을 이해해야 한다. 아동은 부모의 갈등이 시작되려고 할 때 증상을 보일 수도 있고 아동에 대한 죄책감으로 인해 부모가 아동의 행동에 대해 적절한 한계를 설정하는 것이 어려울 수도 있다. 이러한 상황에 대해 의논하는 것은 치료의 상당 부분을 차지한다.

부모가 문제를 예상하고 예방하도록 교육하는 것은 유용하다. 아동이 분리에 문제가 있을 때 부모는 그런 상황을 예상하고 아동을 준비시킬 수 있다. 부모는 자녀와 부모가 무엇을 할 수 있는지 파악하도록 하여 분리가 문제로 발전하는 것을 예방할 수 있다.

부모는 치료 동안 아동에게서 일어나는 변화를 이해하고 받아들이기 위해 도움이 필요하다. 변화는 부모가 가장 먼저 바라는 것이기 때문에 이는 역설로 들릴 수도 있으나 그렇게 단순하지는 않다. 보통 아동의 문제는 부모에게 해당되는 문제와 깊게 연관되어 있어서 아동이 증상을 놓아 버리면 부모는 이 문제를 자신들 내부에서 더 분명하게 느낄 수 있다. 예를 들어, 분리 불안이 있는 아동의 부모 상당수가 유사한 불안을 겪고 있으며, 자녀가 더 독립적으로 성장함에 따라 부모들은 자신에게 있는 분리에 대한 두려움을 더 명확하게 느낀다. 또 다른 예는 지나치게 억제되었다가 치료를 받아 분노를 비롯한 자신의 감정을 느끼게 되어 이로 인해 집에서 더 공개적으로 이러한 감정을 표현하기 시작한 아동을 들 수 있다. 부모 스스로가 억제되어 있고 불안하다면 자녀의 변화에 놀라 치료가 자녀를 자신들이 받아들이기 힘든 식으로 변화시킬까 봐 걱정할 수 있다. 그런 경우에 무슨 일이 일어나고 있는지 부모가 이해할 수 있도록 하는 것이 중요하고 가능하다면 부모가 자신의 감정을 더 느낄 수 있도록 돕는 것이 중요하다. 가능한 한도 내에서, 이러한 변화가 일어나기 전에 부모가 무엇을 예상해야 하는지 미리 준비시켜 주는 것도 도움이 된다.

아동이 치료에서 호전될 때, 이것은 다양한 방식으로 가족에게 변화에 대한 압력을 가하게 되는데, 이는 다른 가족 구성원의 문제가 치료로 의뢰된 아동에게 전치되어 이 아동이 문제를 안고 있는 경우가 많기 때문이다. 이 지점에서 부부 갈등이나 또 다른 자녀가 보이는 증상과 같은 새로운 문제가 나타나는 경우가 종종 있다. 자녀는 가족에서 일종의 '피뢰침' 역할을 하여 부모가 갈등 신호를 보이면 증상을 보인다고 이미 언급하였다. 아동이 이러한 역할을 더 이상 하지 않는다면 부모 갈등은 더 명확해질 수 있다.

가족 내에서 한 자녀는 이상화되고 또 다른 자녀는 '문제 있는 아이'로 간주되는 일은 드문 일이 아니다. 문제 자녀가 성공적인 치료로 호전이 되면 부모는 이상화된 자녀의 흠을 찾기 시작할 수 있는데 이는 이 자녀가 실제로 변했기 때문일 수도 있고 부모가 이 자녀를 다른 시각에서 보기 때문일 수도 있다.

부모 지원

부모를 지원하는 목적은 '2. 전이 양육' 항목에서 논의되었다.

부모가 변화하도록 돕기

체식(Chethik, 1989)이 언급한 목적 가운데 하나는 자녀와 관계나 전반적인 양육관에서 부모 간에 차이나는 점을 다루는 것이다. 부모에게 있어서 부모로서 출발점은 자신의 초기 아동기 경험과 부모와 관계이다. 이러한 초기 경험이 다른 것은 당연한 것이며, 따라서 부모 간에 협상하는 데는 공통된 양육 방식을 찾는 것이 필요하다. 이들의 초기 경험이 매우 다르다면 상호 이해를 하는 것은 어려울 수 있다. 또한 부모가 협상 필요성을 늘 알고 있는 것도 아니다.

부모 중 한쪽이 너무 관대한 경향이 있다면, 이로 인해 다른 한 부모를 항상 통제하는 사람이 되도록 할 수 있다. 최악의 경우 이러한 상호 차이로 부모 각자의 관점이 양극화될 수 있고 갈등이 생길 수 있다. 이런 문제는 부모 치료에 아주 적합하다.

때때로 아동은 부모에게서 무의식적인 투사 대상이 될 수 있다. 예를 들어, 아동은 부모 원가족 중 특별히 존경을 받은 사람이나 특별히 분노나 부러움을 불러일으켰던 사람을 대표하게 될 수 있다. 부모의 환상에서 이러한 표상은 실제 자녀를 덮어 씌워 자녀를 있는 그대로 보지 못하게 한다.

이러한 무의식적인 투사의 예는 반항적인 딸과 희망 없는 싸움을 벌였던 어머니를 들 수 있다. 어머니와 치료를 통해 점차 딸의 반항적인 태도를 은밀히 동경하고 있다는 것이 드러났다. 어렸을 때 어머니는 친정어머니에게 공개적으로 반항하고 싶었으나 감히 그러지 못했다. 이런 연결이 명확해지자 어머니는 딸과 관계가 더 호전될 수 있었다.

방법

이 과정에서 부모 치료에 사용되는 다양한 방법이 언급되었는데, 그중 일부는 잘 사용되지 않는다. 하지만 부모 치료 방법에 대하여 몇 가지 추가로 언급하면서 마무리하는 것이 유용할 수 있다.

부모와 작업은 자녀와 겪고 있는 문제와 자녀에 대한 염려를 출발점으로 삼아야 한다는 것을 기억하는 것이 중요하다. 이런 점에서 이 작업은 기본적으로 심리치료에서 일어나는 것과 유사하다. 이 작업은 아동을 치료하고 있는 치료자에게서 얻는 정보나 부모와 작업하고 있는 치료자가 떠올릴 수 있는 어떤 질문에 기초하지 않는다. 치료를 준비하는 과정에서 치료가 주로 아동의 증상과 행동의 의미에 초점을 둘 것이라는 점을 부모에게 전달했다면 바라기로는 아동의 일상생활에서 일어나는 일에 대한 부모의 정보가 치료 시간에 가져와야 할 중요한 자료라는 사실이 전달되는 것 또한 가능했을 거라는 것이다.

언급한 바와 같이 부모 작업은 부모에 대한 심리치료가 아니다. 한 가지 중요한 차이는 치료에서 전이와 역전이를 거의 해석하지 않는다는 것이다. 물론 그렇다고 해서 치료자가 전이와 역전이를 자각하지 않는 것이 아니고 치료에서 말로 명확하게 하지는 않는다는 것이다. 그러나 여기에 더하여 폭넓은 방법이 사용되는데 여기에는 여러 가지 지지적인 방법을 통한 교육에서부터 부모에게 자신의 무의식적인 부분에 대한 통찰을 제공하는 방법까지 다양하다. 개별 사례에서 다양한 수준과 방법 사이를 번갈아 가며 사용하는 것이 일반적이다. 치료자와 부모 간 라포의 질과 부모의 정신화 능력 또한 방법을 선택할 때 중요한 역할을 한다.

앞서 말한 바와 같이 조언은 가급적 피한다. 하지만 조언이 적절한 영역이 있는데 이는 치료 선택과 관련해서이다. 이것은 치료자의 훈련 덕분에 치료자의 전문 영역으로서 초기 평가를 바탕으로 치료를 제안할 때, 그리고 나중에 치료 계획을 변경하는 것이 필요한 경우 모두 직접적이고 근거가 충분한 조언이 적절하다.

러스틴(Rustin, 2009a)은 모든 부모와 하는 작업에 중요한 핵심 요소를 강조한다. 첫 번째 요소는 안전하고 안정된 치료 환경을 구축하는 것으로 이러한 환경에서는 어려운 주제를 사적으로 의논할 수 있다. 따라서 작업은 부모의 집이 아닌 치료자의 사무실에서 하는 것이 바람직하고 기간과 빈도를 예상할 수 있어야 한다. 러스틴이 언급한 다른 요소로는 감정 및 기타 심리적 상태에 대해 이야기하기에 적합한 언어를 공동으로 만들어 내는 것인데 감정 및 기타 심리적 상태는 많은 부모들이 이야기하는 게 익숙하지 않은 주제이다. 세 번째 요소는 부모와 자녀의 차이 그리고 성인과 성인 자신의 유아적 측면 간 차이를 인식하는 것이다. 네 번째 요소는 치료자가 감정과 관계에 대한 이해를 충분히 복합적으로 언급하는 것이다. 마지막이지만 특히 모든 형태의 행동은 의미 있는 것으로 이해해야 한다. 이는 (아직) 의미를 이해하지 못한 사례에 대해서도 그렇다.

다른 기관과 협력

학교/유치원과 방과 후 프로그램이 가족, 그리고 치료 팀과 협력하고 있다면, 이들 담당자와 정기적인 회의를 하는 것이 필요하며, 여기에 부모도 또한 참여한다. 이러한 협력에는 내재적인 불균형이 있는데 이는 치료자는 교사에게서 개방적인 소통이 필요하지만 비밀 보장의 이유로 치료자는 같은 정도의 개방을 할 수 없다는 것이다. 균형을 항상 유지하는 것은 쉽지 않다. 부모의 치료자가 이 회의에 참여한다면 아동 치료자에게는 아동의 신뢰를 깰 위험을 감수하지 않아도 되기 때문에 안심이 된다. 하지만 다른 참여자는 여기에 늘 만족하는 것은 아니어서 치료가 어떻게 진행되고 있는지 치료자에게서 직접 듣고 싶어 한다.

공공 기관에게서 치료비를 받는 것은 매우 흔한데 이런 경우 그 기관의 대표가 이 팀에 참여해야 한다. 의뢰 기관은 보통 구두 보고뿐만 아니라 진행 상황과 치료가 더 필요한 지에 대한 서면 자료도 요구한다. 한편으로는 아동의 진전을 기술하면서 또 한편으로는 아동이 더 치료를 받을 필요가 있다는 것을 의뢰기관에 설득하는 것은 균형을 맞추기 어려운 일이다. 특히, 심각한 애착 문제가 있는 아동의 경우 수년의 심리치료가 필요한데 아동이 치료자와 신뢰 관계를 발달시킬 때까지 초기의 전전은 미약하다. 치료자는 초기 아동의 진전을 과장하지 않도록 주의해야 하는데 이는 이후에 치료를 계속 해야 할 필요성을 의뢰기관에 설득하는 것이 어려워지기 때문이다. 가능하다면 의뢰 기관과 초기에 연락할 때 치료 기간에 대한 비교적 현실적인 예측치를 제공하는 것은 좋은 생각이다.

아동이 종결할 시기를 결정하는 것은 종종 어렵다. 이러한 결정에는 치료자와 아동의 주변 사람들 간의 협력이 필요하다. 물론 중요한 한 가지 기준은 아동의 증상이 사라지는 것이나 그것 자체로 충분한 경우는 거의 없다. 종종 아동의 성격에서 조직적인 변화 또한 필요한데 이를 달성하는 데는 시간이 걸린다. 팀에 참여한 모든 사람들이 아동이 언제 치료를 마무리할 준비가 되었는지 의논하는 데 참여하는 것이 중요하다.

치료자가 치료를 계속하려고 아무리 노력하더라도 치료의 조기 종결을 피하는 것이 늘 가능한 것은 아니다. 부모에게는 아동이 치료를 받음으로 인해 생기는 어쩔 수 없는 실제적 · 재정적 부담을 덜고 싶은 타당한 이유가 있다. 아동 치료의 조기 종결에 관한 연구에서 카즈딘 및 동료들(Kazdin et al., 2006)은 또한 치료자가 파악하지 못한 부모와 치료자 간의 초기 관계에서 조기 균열이 조기 종결에 영향을 미치는 요소 중 하나였다는 것을 발견하였다. 주거시설에서 양육되거나 위탁된 아동을 대상으로 한 치료는 보통 지역사회가 치료비를 부담하는데 이 경우도 조기 종결이 발생할 수 있다. 사례 담당자가 직장을 바꾼다면, 심리치료의 필요성을 잘 이해하던 사람이 다른 견해를 가지고 있는 사람으로 대체될 수도 있고, 지방 자치 단체가 의뢰 관련 정책을 변경할 수도 있으며 양육 보호소가 문을 닫을 수도 있고 아동이 너무 멀리 이사 가게 되어 치료를 받을 수 없을 수도 있다. 이러한 모든 경우에서 가장 좋은 방법은 적어도 아동과 감정을 토로할 시간을 확보하고 종결에 대한 아동의 느낌을 이야기하고 아동에게 작별 인사를 하는 것이다(제9장 참조).

제8장

청소년 심리치료

약 13~18세 사이의 청소년들은 어떤 점에서는 사춘기 이전의 아동들과 다르다. 이러한 차이점은 두 집단 사이에 심리치료의 내용과 방법에 차이를 가져왔다.

소녀들의 경우, 일반적으로 신체적 사춘기는 10세 중반쯤부터 시작하여 12세에 최고조에 도달하는 반면 소년들은 평균적으로 약 2년 뒤에 사춘기에 접어든다. 오늘날, 사춘기는 몇 세대 전보다 몇 년 더 일찍 일어난다. 하지만 개인마다 상당한 차이가 있는데, 예를 들면 월경의 시작은 10세 중반에서 15세까지 다양하고 심지어 더 일찍 혹은 더 늦게 시작하기도 한다(예: Berk, 2009 참조; Bjorklund & Blasi, 2012). 사춘기에 실제적인 성적 성숙 외에, 많은 중요한 신체적 변화가 청소년기에 일어나는데, 여기에는 신장이나, 체격의 변화, 그리고 목소리 변화 등이 있다. 이러한 변화에 대해서는 더 상세한 설명은 하지 않을 것이므로 상세한 설명을 원하면 앞에서 언급한 문헌을 참조하기 바란다.

사춘기의 시작은 생물학적인 과정에 의해서 결정되는데, 앞에서 말한 것처럼 사람마다 상당히 다를 수 있다. 결과적으로, 사춘기가 시작할 때는 아동기와 청소년기 사이에 명확한 경계선은 없다. 반면에, 청소년기의 끝은 명확한데 청소년이 성년에 이르러 성인이 되는 때 법적이고 공식적인 기준에 의해 결정된다. 이러한 전환은 중요한 심리적 의미가 있는데, 이 점은 나중에 다루게 될 점이다. 물론 이것이 청년들이 모든 면에서 심리적으로 성숙하다는 의미는 아니다. 청소년기 브렌트 청소년 센터/청소년 좌절 연구 센터의 소장이었던 영국의 정신분석학자 모세스 라우퍼는 청소년기가 사춘기 시작부터 약 스물한 살까지 지속된다고 보았다. 그가 추정하기로는 그때까지도 불안을 다루는 예측 가능한 기제는 아직 발달하지 않았다(Laufer, 1997).

청소년 심리치료는 청소년들이 심리치료에서 가장 다루기 힘든 연령 집단되었다는 사실에도 불구하고 아동 치료보다 주목을 덜 받았다. 부모는 어린 아동에 대해 가지고 있는 것만큼 동일한 권한을 청소년에게는 가지고 있지 않다. 이 말은 청소년 스스로가 심리치료에 대한 동기를 가져야 함을 의미한다. 반면, 청소년들은 성인들이 가지고 있는 자기 자각과 성숙함을 아직 갖지 못해서 자신이 심리치료가 필요하다는 것을 깨달을 정도로 자신의 문제에 대해 충분하게 이해하고 있는 것은 아니다. 마지막이지만 중요한 것은, 청소년들은 성인에게서 육체적으로 그리고 정신적으로 분리하여 독립을 키워 나가야 하는 나이대이다. 따라서 치료 관계의 핵심 부분인 애착 과정은 분리를 향한 청소년기의 자연스러운 경향성과는 대척점에 있어서 청소년에게는 위협으로 느껴질 수도 있다.

청소년기의 중요한 발달 과업

청소년은 달성해야 할 많은 핵심 과업에 직면해 있다.

1. 신체적 그리고 심리적으로, 청소년들은 변화하는 신체, 외모, 그리고 더 강해진 성적 욕구에 적응해야 한다.
2. 그들은 부모에 대한 의존에서 독립으로 나아가야 한다. 이것은 신체적 의미에서도 적용되는데, 예를 들어 자신의 욕구에 책임을 지는 것과 집을

떠날 준비를 하는 것을 들 수 있다. 이것은 또한 심리적 의미로도 적용되는데 이들의 일차 애착이 부모에게서 또래로 옮겨 간다.

3. 오늘날, 많은 청소년들이 여전히 성인이 된 후에도 학교에 가고 있지만, 이들은 적어도 자신의 미래와 자신이 생계를 위해 무엇을 하고 싶은지에 대해 생각하기 시작해야 한다. 이들은 학동에서 학생이나 직장인이 되고 어떤 직업적 정체성을 얻는 변화에 대해 준비를 해야 한다.

우호적인 환경에서, 아동들은 아동기 동안에 운동, 인지, 정서, 그리고 사회적 영역에서 광범위한 신체적 · 정신적 기술을 익히면서 급속한 발달을 한다. 이러한 모든 전제 조건은 사춘기 문제를 단단한 기반 위에서 마주할 수 있도록 하는 데 중요하다. 그렇지 않으면 이런 기술을 습득할 운이 없었던 청소년에게 사춘기는 해결해야 할 더 큰 과제를 준다.

라우퍼(Laufer, 1997)는 청소년기의 발달 과제에는 아동기보다 발달 과정의 붕괴 위험이 더 크다는 사실에 주목했다. 라우퍼는 건강한 청소년이라고 하더라도 자신의 생각이나 감정 중 일부에 죄책감이나 수치심을 느낄 수 있고, 이들이 부모에게서 의존심을 줄여 가는 과정에서 공허감과 불안을 느낄 수 있지만, 어린 시절부터 지녀 온 자기애가 있어 청소년들이 미래를 기대할 수 있게 한다고 기술하였다. 반면 '좌절한' 청소년들은 자신을 존중하는 마음을 유지할 수 없다고 느낄 수 있으며 비정상적이라는 생각과 느낌에서 절대 벗어날 수 없다고 느낄 수도 있다. 이들의 성적으로 성숙한 신체는 이들이 비정상이라거나 미쳤다거나 가치가 없다고 느끼는 주요 원인 중 하나가 된다. 그래서 라우퍼는 '청소년기 좌절'이라는 용어를 사용했는데 이는 아동이 자신의 성적 신체를 거부하도록 하는 발달적 좌절을 말한다. 이 좌절의 결과는 철수와 고립에서부터 살고 싶지 않다는 생각, 자신의 신체를 망가뜨리는 것이 답이 될 것이라는 믿음, 또는 이 세상과 단절하고 그로 인한 정신병적 상태에 이르기까지 엄청나게 다양할 것이다. 그러므로 어린 시절에는 거의 나타나지 않는 여러 심리장애가 이때 나타난다는 건 이상하지 않다. 이러한 심리장애에는 조현병과 다른 정신병, 섭식장애 및 기타 자해 행동, 학대, 폭력, 심각한 우울증, 자살 시도 등이 있다.

호른(Horne, 2006)이 지적하듯이, 자신의 몸과 성을 주체적으로 받아들이는 과업은 초기 정신적 외상을 경험한 청소년들에게는 특별한 도전과제를 부여하는 것이다. 그런 청소년들의 방어는 언어 이전, 즉 표상으로 표현되기 이전의 것이고 신체적 자기에 집중되어 있다. 이것은 자기파괴와 자해 또는 다른 사람들에게 향하는 폭력과 공격과 같은 다양한 형태의 행동화 위험을 초래한다.

그러나 청소년기는 현재의 환경이 발달을 위한 충분한 지원과 가능성을 제공한다면, 초기 발달의 갈등을 숙달하고 통합할 수 있는 '두 번째 기회'의 가능성도 제공한다(Tonnesmann, 1980). 하지만 인내과 욕구 사이에서 적절한 균형을 맞추는 것은 환경에 큰 부담을 줄 수도 있다. 만일 적절한 균형을 찾지 못하면 청소년의 발달은 정지되거나 성인기에 문제가 더 커질 수도 있다.

청소년기의 첫 번째 단계는 특히 반항과 분리로 특징지어지는 반면, 약 16세 이후부터 계속되는 두 번째 단계에서는 새로운 정체성을 확립하고 공고하게 하는 것이 중심이 된다.

신체적 발달의 심리적 결과

위에서 언급한 바와 같이, 더 강해진 욕동 압력과 아동기 때만큼 자신의 신체를 통제하지 못한다는 느낌이 불안하게 할 수도 있고, 일부 청소년들에게는 '미쳐 가고' 있다고 걱정하게 할 수도 있다. 이것은 당연히 정신질환이 실제로 있는 가정에서 자란 청소년들에게 특히 그렇다. 그러나 성적 발달과 신체적 성장이 불가피하고 멈출 수 없는 과정이라는 느낌이 일부 청소년들에게는 너무 두려운 일이어서 결국 자신의 몸을 자신을 압도하려고 위협하는 적으로 인식할 수도 있다.

많은 청소년은 자신의 신체에 불만족하고 자신이 경험하는 변화를 걱정하며, 자신이 '정상인지', 그리고 성적으로 제대로 기능할 수 있을지 걱정할 수도 있다. 청소년의 가장 중요한, 다소 의식적으로 공식화된 질문은 "내가 정상인가?"이다(Wrangsjö & Salomonsson, 2007). 눈에 보이는 것뿐만 아니라 눈에 보이지 않는 신체의 모든 새로운 변화에 대한 해석은 이 근본적인 질문으로 틀이 잡힌다.

청소년 남녀 모두 '충분히 좋은 사람'이 아니거나, 성적으로 기능할 수 없거나, 또는 자신의 주변 사람들에게 받아들여지지 않을 것에 대한 두려움이 있다. 소년에게 있어서, 불안은 종종 동성애자가 되는 것에 대한 두려움으로 나타나는 반면, 소녀는 한편으로는 고지식하고 성적 매력이 없는 것으로 보이는 것과 다른 한편으론 성관계의 특징과 횟수를 토대로 '싸구려'로 여겨지는 것 사이에서 균형을 유지하려고 노력한다.

랑요와 살로몬슨(Wrangsjö & Salomonsson, 2007)은 소녀들이 소년들보다 종종 더 어려운 사춘기를 겪는다는 것을 발견한다. 아동기 동안, 신체적 기술이 성별에 따라 크게 다르지 않았지만, 소녀들은 이제 신체적인 힘에서 소년들이 자신을 능가하는 것을 본다. 이와 동시에, 가슴 및 넓은 엉덩이의 발달과 같은 소녀들의 신체적인 변화는 다른 사람들에게 눈에 띄고 입에 오르는 경우가 종종 있다. 어떤 소녀들은 이러한 변화를 수치스럽거나 당혹스러운 것으로 인식한다. 소녀들은 또한 매우 날씬한 몸매를 지니는 것이 이상적인 몸매라는 지배적인 이상으로부터 자신들이 멀어져 가고 있음을 느낀다. 한 연구(Levine & Smolak, 2002)에 따르면 거의 모든 다른 10대 소녀들이 자신의 외모에 불만족해하며 다이어트 등으로 외모를 바꾸려고 한다는 것으로 나타났다. 그들의 신체에 대한 이러한 불만족은 12세에서 15세 사이에 나타나지만 후에 반드시 바뀌는 것은 아니다. 조숙한 소녀들은 종종 만숙한 소녀들보다 더 큰 불만족을 느낀다.

덴마크 고등학교 학생들을 대상으로 한 최근 연구에서, 오토젠과 동료들

(Ottosen et al., 2014)의 연구에 따르면 이들은 심리적 불만 수준이 높은 것으로 나타났는데 남학생보다 여학생의 불만 수준이 더 높은 것으로 나타났다. 소년들은 소녀들보다 공격적인 행동이나 자기파괴적인 생활양식을 통해 자신들의 불만을 표출할 가능성이 더 높은 반면 소녀들은 문제를 내면으로 돌리는 경향이 있다. 소녀들은 더 낮은 삶의 만족도를 보고하였으며 소년들보다 더 불안정하하고 스트레스를 많이 느낀다. 이들은 종종 외로움, 스트레스, 죄책감, 그리고 완벽주의에 대한 요구를 경험하는데 이는 종종 소셜미디어에 의해 지지된다.

장애가 있는 청소년들에게, 사춘기는 특히 어려운 경우가 많다. 왜냐하면 이들은 이미 자신이 정상이냐라는 질문에 부정적으로 답하도록 강요받기 때문이다. 이전과는 다른 방식으로, 자신들이 다른 사람들과 다르다는 사실을 인식하게 되고 그 사실에 대해 한탄한다(Lagerheim, 1988). 예를 들어, 아동기 동안 당뇨병을 잘 다루다가 이제는 그것을 부인하기 시작하면서 약을 잘 안 먹기 시작하거나 다른 식으로 필요한 조치를 취하기 시작하는 청소년들을 드물지 않게 본다.

성적 욕구뿐만 아니라 분노도 청소년들에게는 다루기 힘들 수 있다. 분노는 신체적으로나 정신적으로 모두 격렬하게 표현될 수도 있고 다른 사람에게는 물론 자신에게도 향할 수가 있다. 힘이 세져서 이들이 자신의 감정을 알고 인식하게 되는 것이 그들에게 특히 더 중요한데 이는 정당한 분노를 어떻게 수용 가능한 방법으로 다룰 수 있는지 배우는 것이다.

사춘기 동안 그리고 사춘기 이후 일어난 많은 신체적 그리고 심리적 변화의 결과로 그리고 가족 내외에서 그들의 변화된 위치의 결과로, 청소년들은 그들 자신에 대한 새로운 이미지를 형성하도록 강요받는다. 이러는 동안 이들은 종종 방어적인 성격인 자기에 대한 과대평가와 무가치함 및 무능력에 대한 느낌 사이를 오락가락할 수 있다.

부모로부터 독립

부모에 대한 의존에서 독립으로 변하는 과정은 상실과 애도를 내포하는 복합적인 과정이다. 청소년들은 실제 부모에게서 독립해야 할 뿐만 아니라 다소 이상화되어 있거나 평가절하되어 있을 수도 있고 다소 현실적일 수도 있는 이들의 내면 구조인 부모상을 다시 조정해야 한다. 아동이 자신의 부모에게 느껴온 강렬한 감정과 애착은 새로운 애착을 위한 여지를 만들기 위해 약해져야 한다. 이 과정은 청소년들에게 때때로 '대상 갈망'이라 묘사될 수 있는 공허감과 새로운 정서적 투입에 대한 욕구만을 남길 수 있는데 이는 처음에 일시적이고 다소 무작위적일 수 있다(Sandell, 1997).

분리는 부모에게 안정적으로 애착된 청소년들이나 아동기 동안 소년기와 성인기에 필요한 신체적 · 정신적 기능을 개발할 기회가 있었던 청소년들에게는 매우 쉽다. 하지만 아동기 동안 충분히 독립하지 못하거나 방임된 청소년들은 훨씬 더 어려운 과업에 직면하게 된다.

부모로부터 분리는 매우 다양한 형태를 띨 수 있다. 어떤 청소년들은 부모에 대해서는 유대를 느슨하게 하는 반면 선생님과 같이 부모와 그다지 다르지 않은 다른 성인에게는 애착을 느끼거나 심지어는 이상화한다. 또 어떤 청소년들은 부모와 대조되는, 어쩌면 일반적인 사회규범과도 대조가 되는 특성과 태도를 지닌 성인을 찾아낸다. 만약 이러한 유형의 저항이 과도해진다면 청소년들은 폭행, 범죄 행위, 또는 다른 종류의 반사회적 행동과 같은 자기파괴적인 행동의 위험을 감행할 수 있다. 하지만 다른 청소년들은 부모에게서 독립하지 않고 부모에게 긴밀한 의존을 지속한다. 이것도 다양한 형태를 띤다. 어떤 청소년들은 자신의 긍정적인 감정을 부정적인 감정으로 바꾸어 항의와 분노로 부모에게 압도감을 주는 반면 또 어떤 청소년들은 그들의 부모 모두 또는 한 명에게 과도하게 무비판적인 관계를 유지한다. 후자의 전형적인 예는 자신의 모든 생각과 감정을 어머니와 공유하면서 어머니의 절친한 친구 역할을 하는 딸을 들 수 있다. 그러한 분리 부족은 지나치게 격렬한 저항만큼이나 해로울 수 있다. 독립과 독립 부족에는 많은 차이가 있으며 치료자는 개개의 사례에 따라 그 과정의 건설적이고 파괴적인 요소를 분류해야 한다.

보통, 청소년들은 부분적으로 부모와 동일시를 통해 미래에 대한 생각과 소망을 형성한다. 부모가 만성 신체 질환 혹은 정신질환이 있거나 학대를 했거나 전과가 있는 청소년들에게는 어려움을 야기한다. 이런 청소년들은 불가피하게 자신이 부모에게서 이런 부정적인 성격을 물려받은 것은 아닌지 그리고 부모처럼 되는 것은 아닌지 의심하게 된다. 이들은 다른 가능성이 있다는 것을 보거나 믿는 것이 어려울 수 있어서 부모보다 더 잘한다면 죄책감을 느낄 수도 있다. 치료자는 청소년 내담자에게 있는 그러한 생각을 보는 눈이 필요하다.

앞에서 언급했듯이, 부모에 대한 의존에서 독립으로 변화하는 과정은 심리치료에 대한 청소년들의 태도에도 영향을 미친다. 치료자의 형태로 다른 성인과 밀접한 애착을 형성하는 것은 청소년이 가장 가까운 부모상에 대해 의존했던 것에서 벗어나는 것과 어떤 면에서 보면 상충된다. 청소년들은 이러한 과정이 위협적이고 퇴행하는 것으로 인식할 수도 있어서, 저항할 수도 있다. 때때로 청소년들은 치료자와 일대일로 하는 것보다 치료 집단에서 또래에게서 지지받는다는 느낌을 느끼기 때문에 청소년들이 치료 집단에 참여하는 것이 쉬울 수도 있다.

의뢰

아동들은 거의 항상 주변 성인들이 의뢰하기 때문에 아동이 치료를 받겠다고 직접 나서는 경우는 거의 없는 반면, 일부 청소년들은 적극적으로 도움을 원하고, 도움을 구한다. 이런 경우는 학교와 같이 치료를 쉽게 받을 수 있는 상황에서 발생한다. 하지만 대부분의 청소년들은 그들 주변 성인이 의뢰한다. 이런 경우, 제3장에서 설명하였듯이, 먼저 의뢰한 사람이 무엇을 원하는지 탐색하는 것이 중요하다. 청소년을 의뢰하는 성인들에게는 청소년을 심리치료에 의뢰하는 다양한 동기가 있을 수 있다. 이들은 청소년이 문제가 있다거나, 불안하다거나, 우울하다거나, 또는 자기파괴적이라고 볼 수도 있다. 이런 경우에는 청소년 본인과 작업 동맹을 형성하는 것도 가능할 것이다. 하지만 성인들은 청소년을 제대로 통제하지 못한다거나 소통할 수 없다는 느낌 때문에 의뢰할 수도 있다. 이는 부모와 주거시설의 교사 모두에게 적용될 수 있다. 이러한 경우라면 청소년은 도움이 필요 없다고 느낄 수도 있다. 청소년에게 동기를 부여하고 동맹을 형성하는 것이 가능하지 않다면 치료를 시작하는 것은 거의 불가능하다. 부모에게 자문하거나 교사나 청소년과 친한 성인을 지도감독하는 것은 더 나은 생각인데 이들이 청소년을 더 잘 통제하거나 소통할 수 있도록 하는데 도움이 되기도 하고 경우에 따라서는 청소년을 통제하거나 소통하는 것이 현실적인 목표로 보이지 않는다는 것을 깨닫도록 하는 데 도움이 된다.

마찬가지로 그 성인들이 청소년과 무엇에 대해 이야기했는지, 어떤 전망을 제시했는지, 그리고 무엇보다도 청소년이 어떤 도움을 받고 싶은지 탐색하는 것은 중요하다. 어떤 경우에는, 성인들이 청소년에게 치료자를 만나고 싶은지만 물어보았을 뿐, 그 심리치료의 목적이나 심리치료가 어떤 것인지에 대해서는 아무런 설명도 하지 않는다. 청소년은 심리치료가 어떨지 궁금해할 수도 있는데 치료자가 즉각적인 안도를 해 줄 무언가를 할 수 있다고 생각하면서 받아들인다. 이러지 않고 자신이 어떤 도움을 받고 싶어 하는지 질문을 받게 되면 청소년은 놀라서 아무 말도 못한다. 주변 성인들이 보는 대로 청소년의 어려움을 명료화하고, 기분이 나아지거나 상황을 개선하기 위해 자신이 취할 수 있는 단계들이 있다는 것을 깨닫게 하면서 청소년을 준비시키는 것이 중요하다.

청소년 심리치료의 일반적인 특징

청소년기의 인생 과업 또한 청소년 심리치료에 영향을 미친다. 우리가 언급했던 첫 번째 사항은 변화하는 몸과 발달하는 성적 욕구에 적응하는 것이었다. 이미, 사춘기 전기 시기 동안, 성적인 내용이 치료에서 상징적이거나 직접적인 그림으로, 또는 생식기에 대한 언급으로, 또는 성적인 주제들에 대한 질문으로 나오는 경우가 종종 있다. 청소년들은 또한 자신이 매력을 느끼고 있고 또 치료자의 이목을 끌고 싶어 하는 이성에 대해 말할 수도 있다. 때때로, 성에 대해서는 더 모호하게 말하지만 성에 대한 주제도 치료 시간에 말할 수 있다는 것을 청소년들이 알게 하고 보여 주는 것이 중요하다. 청소년들이 너무 부끄러워 주제를 명확하게 드러내지는 못하더라도 이것 또한 청소년들이 원하는 것이다.

부모와의 관계는 대부분의 청소년에게 중요한 주제이다. 청소년들은 종종 부모에 대해 경멸하거나 평가절하하는 태도를 표현하지만 이것은 부모에게 계속 되어 온 애착에 대한 방어인 경우가 종종 있다. 치료자는 부모에 대한 청소년의 불만을 공감적으로 듣는 것과, 동시에 랑요와 살로몬슨(Wrangsjö & Salomonsson, 2007)이 지적한 청소년을 희생자로 보는 역전이 위험을 피하는 것 사이의 섬세한 균형을 유지해야만 할 수도 있다. 이렇게 되면 치료자는 청소년의 조종하려는 특성이나 가학적인 특성을 보지 못할 수도 있다. 청소년과 함께 어떻게 다르게 행동할 수 있었을지 그리고 무엇을 바꿀 수 없는지에 대해 생각해 보는 것이 도움이 될 수 있다. 청소년이 부모에 대해 이야기하는 모든 것을 곧이곧대로 받아들이는 것을 조심하는 것이 필요하다. 또한, 청소년들이 치료자에게 말한 것에 대해 치료자의 의견을 물어보더라도 치료자는 자신의 의견을 너무 성급하게 말하지 않도록 주의해야 한다. 하지만 때로는 자신의 의견을 표현하는 것이 중요하다. 예를 들어, 청소년이 신체적 학대나 성적 학대 또는 절대 받아들일 수 없는 상황에 처했다고 말하면 치료자가 자신의 의견을 말하는 것이 옳다. 치료자가 이러한 행위가 실제로 일어났다는 것을 확인했을 때, 만약 청소년이 이러한 행위들이 용인될 수 있는지 확신하지 못한다면, 이는 흔히 있을 수 있는 상황인데 치료자는 그러한 행동은 용납할 수 없는 거라고 단호하게 말해야 한다. 이러한 경우에는 청소년이 자신의 판단을 믿을 수 있도록 치료자의 현실 검증 역량이 필요할 수 있다.

청소년들은 종종 성장하려는 욕구, 그리고 부담감이 느껴지는 책임감을 회피하려고 아동기의 특권을 계속 유지하려는 소망 사이에서 분리를 느끼는 경우가 종종 있다. 청소년이 성인이 되어 성인의 통제를 벗어나기를 바라는 것만큼이나 새롭게 발견한 자유를 관리할 자신의 능력에 대해 의문을 가질 수도 있다. 이것은 특히 주거시설에서 자란 청소년과 같이 어려운 아동기를 보낸 청소년들에게 적용된다. 대부분의 경우, 이들은 보통 부모가 도와주는 성인 생활의 상황에 점차 적응할 수 있는 기회를 얻지 못했다. 일반적으로, 이들은 다른 청소년들이 성인이 된 후에도 부모로부터 받는 도움과 같은 방식으로 교사로부터 지속적인 도움을 받지 못할 것이다. 따라서 이들은 그들이 일상생활의 모든 책임을 어떻게 질 것인지에 대해 당연히 걱정할 수 있다. 치료자에게는 성인이 되는데 대한 양가감정을 자각하고 지원이 한정된 삶에서 기대와 두려움을 탐색하고 받아들이는 과정에서 청소년에게 함께하는 것이 중요하다. 다음 예시로 설명이 될 것이다.

열일곱 살의 로버트(Robert)는 기숙학교에 살았는데, 열여덟 살이 되었을 때 기숙학교를 떠나야 했다. 로버트의 어머니는 심한 만성 정신병이었고, 아버지가 누구인지 몰랐다. 유아 때, 로버트는 수양 가족에 위탁되었지만, 로버트가 어렸을 때 양부모를 잃었다. 로버트는 처음에 아동 보호시설에 위탁되었다가 지금 살고 있는 기숙학교로 옮겼다. 그는 매주 치료를 받았다. 떠날 날짜가 가까워지자, 로버트는 자신이 학교를 떠나기를 얼마나 기대하고 있는지에 대해 이야기하기 시작하였다. 동시에, 로버트는 직원들에게 분노를 점점 많이 표현했는데, 이들은 로버트가 이전에 애착을 느꼈던 사람들이다. 무엇보다도, 로버트는 직원들이 자신과 친구들의 용돈을 훔쳤다고 비난하였다. 로버트가 교사들에게 강탈당하고 박해당하고 느끼는 것을 이해하는 것은 어렵지 않았는데, 그 교사들은, 로버트의 경험에서 로버트의 모든 것이었던 애착과 안정감을 박탈했던 것이다.

부모의 정신질환이나 신체질환 또는 약물 남용으로 인해 너무 일찍 부모에 대한 성인의 책임을 떠맡아야 했던 청소년들은 자기 자신과 관계자들을 자신이 실제로는 그렇지 않음에도 불구하고 더 성숙하다고 믿게 만들 수 있다. 이로 인해 이들은 성인으로 취급되어 자신이 실제로 감당할 수 있는 것보다 더 큰 책임을 부여받을 수 있는데, 예를 들면 혼자 살아야 하면서 자신의 경제적 상황과 기타 의무를 감당해야 하는 경우를 들 수 있다. 그러한 경우 치료자가 청소년의 취약성에 주의를 돌리도록 하고 관계자들이 충분한 책임을 맡도록 하는 것은 중요한 과업이 된다.

많은 청소년들은 정서적 긴장을 견디는 것에 어려움이 있어서 이 긴장을 행동으로 바꾸려고 노력한다. 그러므로 이들은 빠르고 충동적으로 행동하는 경향이 있으며, 자신의 행동 결과에 대해 충분히 생각하지 않으며 이로 인해 파괴적이거나 자기파괴적인 성격을 띨 수 있다. 발달의 일부인 상실과 갈등은 고통스러울 수 있으며, 청소년들은 흔히 격렬한 행동에 대한 욕구로 표현되는 조증 방어로 자신을 방어한다.

만약 청소년이 자신의 감정을 견디고 감정에 대해 깊게 생각하도록 돕는 것이 불가능하다면 심리치료는 불가능한 것이 될 수 있다. 랑요와 살로몬슨(Wrangsjö & Salomonsson, 2007)이 말한 것처럼, 청소년을 대상으로 심리치료를 해야 하는가 하지 않아야 하는가 문제는 공식적인 기준이나 적응증의 문제가 아니라 청소년과 치료자 사이에 치료 과정이 발달하는 것이 가능한가의 문제이다. 치료자의 유연성, 창의성, 그리고 경험은 매우 중요하다. 심리치료의 일반적인 설정을 벗어나는 것이 필요할 수도 있지만, 그러기 위해서는 치료자가 자신이 만들어 내는 변화와 그 이유에 대해 특별히 주의를 기울여야 한다.

방법론상 차이

아동 심리치료에서는 필요하다면, 처음부터 장기적인 개입을 계획하는 것이 가능하다. 하지만 그러한 시간적 관점은 청소년을 불안하게 할 수 있다. 여기서, 역시, 유연성을 보여 줄 필요가 있는데, 초기에는 치료 시간 끝날 때마다 청소년이 다름 시간이 올 건지 물어보고 온다면 언제 올 건지 이야기하는 것이다. 또 다른 대안으로는 포괄적인 문제의 경우 청소년이 치료자를 더 신뢰하고 장기치료에 참여하려고 할 때까지는 놔두고 가장 손쉽게 접근할 수 있는 문제를 해결하기 위해 단기치료로 합의하는 것이다. 45분이나 50분의 시간을 힘들어 하는 청소년의 경우에는 치료 시간을 단축할 필요가 있다.

랑요와 살로몬슨(Wrangsjö & Salomonsson, 2007)이 설명한 바와 같이, 청소년 치료는 치료 시간에 청소년이 오느냐 안 오느냐의 주제를 중심으로 되는 경우가 종종 있다. 취소를 하건 하지 않건 간에 결석하는 것은 흔하며 아동이나 성인보다 더 많다. 호른(Horne, 2006)은 청소년을 '탈출곡예사'라고 기술하고 있는데, 전문가들과 관련하여 특히 그럴 것이다. 성인에게서 거리를 두는 것은 정상적인 청소년기의 속성이지만 심각한 관계 문제가 있는 청소년들에게는 친밀감은 특히 위협으로 느껴진다. 호른은 행동은 하고 생각은 하지 않는 쪽으로 충동이 향해 있다면 생각할 수 있는 공간을 만드는 것이 어렵다고 기술한다. 호른은 청소년이 자신에 대한 호기심을 일깨우도록 노력할 것을 권고하면서 청소년들이 비난 받을 거라고 예상하는 행동에 대해 호기심 있고 탐색적인 중립적 언급을 하는 것이 얼마나 청소년의 흥미를 일깨우는가에 대해 언급하고 있다.

호른은 주변 사람들과 갈등을 일으키려고 시도하는 청소년에게 부드러운 피드백을 사용하여 결국 청소년이 갈등을 자신의 것으로 받아들이도록 한 사례를 제시하고 있다. 이 아이는 치료에 항상 15분 늦었다. 상황을 통제하는 것이 청소년에게 얼마나 중요한 것인가를 지적하고 인정한 후에 치료자는 치료로 인해 상당 부분의 시간을 빼앗겨 청소년이 얼마나 짜증이 났는지에 대해서도 지적하였다. 결론적으로 치료자는 청소년에게 청소년이 흥미로운 딜레마에 직면하고 있다고 간략하게 설명했다. 이런 식으로 치료자는 반박이나 비판 없이 갈등을 청소년에게 돌려주었는데, 이렇게 하지 않았다면 대인관계 갈등을 초래했을 수도 있다(Home, 2006, pp. 153-154).

성인에 비해 청소년들은 대화를 계속하는 것이 힘든 경우가 많지만 그렇다고 해서 아동처럼 놀이를 통해 표현할 수도 없다. 게다가 청소년들은 기나긴 침묵을 견디기는 어렵다. 침묵의 지속시간을 제한하는 것은 치료자의 책임이다. 따라서 대화할 때는 성인과 할 때보다 치료자가 다소 더 적극적이어야 한다. 청소년이 표현을 잘 못하는 것은 종종 치료자를 '감염'시킬 수 있는데, 그 결과 치료자도 명확하게 생각하기 어려워지고 자신의 생각을 명확히 말로 표현하기는 더더욱 어려워진다. 믹스와 버넷(Meeks & Bernet, 2001)은 치료자가 말하기와 배려 사이에 적절한 균형을 유지하는 것과 이와 동시에 끼어들거나 대화의 방향을 통제하는 것을 피하는 것이 얼마나 중요한지 지적하고 있다. 너무 적극적이면 심문자의 역할을 할 위험이 있을 수도 있다. 이는 청소년의 침묵을 더욱 강화시키고 치료자가 치료 시간을 이끌어 가는 결과를 낳는데 두 경우 모두 바람직하지 않다. 하지만 청소년이 침묵을 어떻게 경험하는지 알고 침묵하는 시간 동안 청소년에게 무슨 일이 일어나는지 관심을 가지는 것이 중요하다. 예를 들어, 치료자는 질문하는 대신 자신이 생각하는 청소년의 생각과 느낌을 말할 수도 있다. 이때 치료자가 틀리다면 교정할 기회가 된다. 청소년들을 치료할 때에는 유연하고 창의적인 것이 중요한 경우가 종종 있다. 극적이고 유머러스한 반응은 종종 더 나은 분위기를 조성한다. 자기를 관찰할 수 있는 역량이 아직 성인만큼 발달하지는 않았기 때문에, 청소년들은 무의식에 대한 해석을 쉽게 견디지 못한다. 무의식에 대한 해석은 청소년들에게 치료자가 자신을 '꿰뚫어 보고' 있을 수도 있다고 의심하고 걱정하게 만들 수도 있다.

청소년들은 심리치료에서 장난감을 사용하기에는 보통 너무 커버려서 장난감을 사용해서는 안 된다. 그렇다고 해서 이들이 성인처럼 말로 잘 표현하는 경우는 드물기 때문에 치료가 완전히 대화로만 하는 것도 어렵다. 어떤 청소년들에게는 그림 그리기가 상징놀이와 말로 하는 대화 사이에 도움이 되는 중간 지점을 제공할 수 있으며, 치료자와 눈맞춤을 잠시 쉬어 갈 수 있게 해 주는데 도움이 되기도 하는데 이는 일부 청소년의 경우 눈 맞추는 것이 너무 긴장되기 때문이다. 어떤 청소년들은 치료에 그림의 비중을 많이 두는 반면 또 어떤 청소년들은 그림을 간헐적으로만 사용한다. 하지만 그림을 이용하는 것은 좋은 생각이다. 청소년이 자신이 쓴 시를 가져오는 것 또한 흔한 일이다.

청소년들은 등장에서부터 극적일 수 있으며, 때때로 그들의 외모로 도발하길 좋아하는데, 눈에 띄는 새로운 머리 색깔이나 파격적으로 다른 헤어스타일이 치료를 시작할 때 치료자를 놀라게 할 수 있다. 또한 청소년들은 다양한 물건을 가져오는 것을 좋아하는 경우가 종종 있는데 여기에는 흔한 스마트폰이나 다른 전자 장치뿐만 아니라 스케이트보드나 그 밖의 스포츠 장비 등이 있다. 치료자는 그런 것들을 인내해야 한다.

청소년들은 종종 생생한 신체언어로 혐오와 반항을 표현한다. 예를 들면, 앉아 있는 자세나 의자에 앉는 방식을 통해서 표현할 수도 있는데 이들은 현저한 운동성 불안을 보이기도 하고 가만히 앉아 있지 못할 수도 있다. 반대로, 청소년이 의자에 앉아 잠이 드는 것 또한 드문 일이 아니다. 물론, 이것은 치료자와의 접촉에 대한 방어로 이해될 수도 있지만, 많은 경우, 이것은 신뢰의 표현에 더 가깝다고 느껴진다. 이는 청소년이 자신의 경계를 완전히 내려놓음으로써 치료자를 신뢰해 보려는 신호일 수 있다.

청소년 심리치료에서는 성인 심리치료보다 옳고 그름에 대한 자신의 견해를 밝히는 것과 같이 자신의 생각을 표현할 준비가 되어 있어야 한다. 하지만 도덕적으로 판단하는 태도와 어떤 행동에 내포된 위험을 현실적으로 강조하는 것은 명확하게 구분하는 것은 중요하기 때문에 늘 신중하게 살펴보는 것이 필요하다. 예를 들어, 만약 청소년이 무방비 상태에서 성관계를 한다면 치료자는 이것에 대해 경고를 해야 하는데, 이는 도덕적 이유 때문이 아니라, 이것이 그 청소년에게 심각한 부정적 결과를 가져올 수 있기 때문이다. 범죄, 학대, 등에 대해서도 마찬가지인데 청소년들은 종종 인식하지 못하기 때문에 이러한 태도 간의 차이를 설명하는 것이 중요하다.

특징적인 역전이 감정

청소년을 치료하는 치료자에게서 일어나는 역전이 감정은 종종 강렬하다. 예를 들어, 치료자는 때로는 정당한 이유로, 청소년이 자해하거나 타인에게 해를 끼치는 행위(자살 시도, 범죄 저지르기, 폭력 행위 등)를 할까 봐 무력감과 두려움을 느낄 수 있다. 치료자가 청소년이 오기를 기다렸으나 오지 않았을 때 이때는 염려와 함께 짜증이나 분노를 불러일으킬 수 있다.

랑요와 살로몬슨(Wrangsjö & Salomonsson, 2007)가 설명한 바와 같이, 치료자이든, 교사이든, 다른 전문가이든 청소년과 일하는 사람들에게는 몇 가지 전형적인 위험이 있다. 한 가지 위험은 자기파괴적인 충동, 섭식장애 또는 강박적인 행동의 징후를 과소평가하고 그러한 특징을 정상적인 청소년 행동의 일부로 간주하는 것이다. 또한, 내성적이고 수줍어 보이는 청소년은 강한 불안과 편집증과 같은 심각한 정신병리를 은폐할 수 있다,

청소년 심리치료자로서, 역전이 감정에 의해 어떤 특징적인 입장에 빠지기 쉽다. 이 입장 중 하나는 청소년과 과도하게 친밀해지는 것인데 이런 예로는 치료자의 연령대에서 사용하는 언어가 아닌 청소년들이 사용하는 언어를 사용하는 것을 들 수 있다. 이러한 경향은 젊거나 청소년보다 나이가 그리 많지 않은 치료자에게 특히 위험이 될 수 있다. 청소년들이 종종 자신보다 나이가

많은 사람들에 대해 경멸하는 말을 하기 때문에 치료자는 자신을 (지루한) 어른이자 책임 있는 사람이라는 역할에서 벗어나 청소년의 세계관을 이해하고 있다는 것을 보여 주려고 청소년과 크게 다르지 않게 표현하려고 할 수 있다.

또 다른 위험은 좋은 부모의 입장을 취하는 것이다. 청소년은 때때로 자신의 부모에 대해서는 비판적인 데 반해 앞에서 언급한 바와 같이 치료자를 포함하여 다른 성인을 최소한 한동안은 이상화한다. 치료자는 자문 역할을 떠맡은 것과 같이 어느 정도는 이상화된 부모 역할에 매혹될 수 있다. 치료자는 또한 청소년이 부모에 대해 하는 말을 액면 그대로 받아들여서 부모에 대한 부정적인 인식을 가지게 되거나 심지어는 표현할 수도 있다. 부모가 아무리 부적절하게 행동하고, 자녀를 제대로 보살피지 못하더라도 청소년에게 다른 부모는 없는데 만일 치료자가 이미 상당한 단절에 일조했다면 안타까운 일이다. 반대로, 언급한 바와 같이, 치료자는 청소년에게 분명히 부적절하고 해로울 수 있는 행동을 용인해서는 안 되는데 때때로 부모가 말하거나 한 행동이 전혀 용납될 수 없음을 확실하게 할 필요가 있다. 이것은 어려운 균형일 수 있어서 벌어지고 있는 일에 자신의 의견을 표현하기 전에 다시 한번 생각해 볼 필요가 있다. 이는 종종 어려운 일이다. 왜냐하면 청소년은 치료자의 입장을 알고 싶어하고 갈등 상황에서 치료자가 자신의 편인지 부모의 편인지 알고 싶어 하기 때문이다.

믹스와 버넷(Meeks & Bernet, 2001)이 지적하듯이, 치료자(그리고 다른 전문가들) 자신의 미해결된 사춘기 갈등이 청소년 치료를 복잡하게 할 수 있다, 예를 들어 치료자가 저항 욕구가 해결되지 않았다면 청소년기의 반항적인 충동과 무의식적으로 동일시할 수도 있다. 이것은 청소년이 갈등에 기여하는 것을 간과할 위험을 의미하는 것이다. 일부 치료자들은 자신의 감정을 인식하는 감수성의 편에 서는 것이 매력적이지는 않다고 느낄 수 있지만 이는 청소년의 항의만큼 중요하다. 특히, 미해결된 사춘기 갈등이 있는 사람은 문제를 일으키는 청소년과 치료하는 것을 선택하는 경향이 있기 때문에 이러한 위험을 인식하는 것은 중요하다.

치료자가 청소년의 반항에 현혹될 수도 있는 것처럼, 청소년의 활력과 에너지에 매료될 수도 있다. 이러한 특성은 보통 긍정적으로 간주되어 이들이 나타내는 행동에 있는 조증 비약의 요소를 놓칠 가능성도 있다.

부모 또는 청소년과 가까운 다른 성인을 대상으로 하는 상담

청소년 치료를 준비할 때, 아동을 치료할 때처럼 가족과 관계를 살펴보는 것이 중요하다. 칼버그(Carlberg, 1999)는 아동 심리치료와 관련된 부모 상담에 대한 지식은 아동 치료 자체보다는 덜 발달되어 있다고 주장하였는데 랑요와 살로몬손(Wrangsjö & Salomonsson, 2007)은 여기에 덧붙여 청소년 개인 심리치료와 관련하여 부모를 병행해서 하는 치료에 대한 지식은 더욱 덜 연구되었다고 한 바 있다. 우리는 이러한 의견에 전적으로 동의한다.

어떤 부모들은, 생부모와 양부모 모두 자녀에게 '충분히-좋은' 보호자이더라도 아동이 사춘기에 접어들 때 이들의 과업에 대처하는 것이 어렵다고 느낀다. 이들은 자란 자녀들과 관련된 자신의 역할에 대해 불안해지고 너무 지나치게 철수되거나 사소한 규칙들을 엄격하게 고수하는 위험을 무릅쓰게 될 수도 있는데 이런 것들은 불필요하고 갈등을 초래할 수 있다. 어떤 청소년들은 자신이 실제로 감당할 수 있는 것보다 더 어른처럼 보이고 또 행동하려고 노력한다. 이런 경향은 부모와 다른 어른들이 지나치게 많은 책임을 청소년에게 떠넘기게 할 수도 있다. 또 다른 경우에는, 부모들이 청소년의 독립하려는 시도를 지나치게 반대할 수도 있다. 베일리(Bailey, 2006)는 어떤 부모들은 자녀들에게 10대 동안 부모가 필요하다는 것을 과소평가하는 반면 또 어떤 부모들은 아이를 놓아줄 엄두를 못 낸다고 주장한다. 부모 자신의 청소년기는 의식적이든 무의식적이든 불가피하게 작동하게 되며 부모가 자녀를 대하는 방식에 영향을 미치게 된다.

어떤 부모들은 청소년의 철수와 반항을 오해하여 이것을 자녀들이 더 이상 자신들을 사랑하지 않으며 이제는 부모로서 자신들이 필요 없어졌다는 신호로 여긴다. 자신들이 아직도 자녀에게 얼마나 중요한지, 그리고 부모로서 역할을 이양하지 않는 것이 얼마나 중요한지 이해하도록 돕는 것이 중요하다. 영국의 치료자 샬럿 자비스(Charlotte Jarvis, 2005)는 많은 연구가 부모들이 자신의 권위를 유지하거나 발전시켜야 할 필요성을 보여 주고 있다고 언급하고 있다. 부모들이 청소년의 행동 배후에 무엇이 있는지 이해하도록 돕고, 적절한 돌봄과 보호 그리고 자녀의 경계를 존중하지 않는 것의 차이를 구분하는 것을 돕는 것이 치료자의 중요한 과업이다. 부모와 상담을 위해 위에 기술한 일반 원칙은 청소년과 치료에도 적용된다. 하지만 이 치료는 때때로 더 극심하고 거의 극적인 성격을 띠기도 하는데, 일부는 (때로는 위험한) 행동을 하려는 청소년의 경향성 때문이기도 하고 또 일부는 자녀 양육에 관하여 항상 존재했을 수도 있지만 아동기 동안에는 눈에 덜 띄었던 부모 간 갈등 때문이기도 하다.

문제가 주로 청소년이 부모로부터 독립하는 데 있거나 가족 내 협력에 있다면 가장 좋은 접근 방식은 모든 가족이 이른바 합동 가족치료의 형태로 모든 가족이 함께 치료하는 것인데 이는 치료 시간에 모든 가족이 오는 것이다(예: Micucci, 2009; Sachs, 2013 참조). 청소년과 개인 심리치료를 하기로 했더라도 가족을 충분히 인식하고 가족이 무엇을 필요로 하는지 평가하는 것은 여전히 중요하다. 가정이든 기관이든 청소년이 살고 있는 곳과 지속적으로 접촉하는 것은 청소년 주변 성인들뿐만 아니라 치료자를 위해서도 필요하다.

청소년 가족과 상담하는 방식은 한정된 노력부터 철저한 가족치료까지 다양하다. 정확하게는 부모로부터 독립이 청소년기의 가장 핵심 과업이기 때문이고, 이 과정이 관련된 모든 사람들, 심지어는 가장 잘 기능하는 가족에게도 부모와 관계는 필연적으로 청소년 치료에서 상당한 공간을 차지한다. 많은 경우 부모 상담이 청소년을 대상으로 한 성공적인 치료의 전제 조건이 된다. 부모와 자주 만나지 않아도 될 때 가장 간단한 해결책은 청소년을 치료하는 치료자가 부모도 만나는 것이다. 그것이 올바른 해결책인지 여부는 무엇보다도 그 청소년과 그의 부모 사이의 상호작용과 관계의 질에 달려 있다.

어떤 모형이 사용되든지 간에 청소년, 부모, 그리고 한 명 또는 두 명의 치료자가 참여하는 합동 치료 시간을 때때로 두는 것이 종종 도움이 된다. 예를 들어, 각 당사자가 갈등을 해결하기 위해 치료자의 직접적인 도움을 원한다면 이는 권장할 수 있다. 합동 치료 시간은 갈등 해결에서 가족의 전반적인 협력을 얻어 치료할 수 있는 좋은 기회로 이 시간 동안 치료자는 모범이 되는 사람으로서 행동할 수 있다. 그러한 합동 치료 시간에는 모든 참가자가 의논할 것과 의논하지 않을 것에 대해 동의하도록 충분한 준비 작업이 필요하다.

부모를 대상으로 한 일반적인 상담에 어떤 형태가 적용되든지 간에 준비에는 아동의 부모를 대상으로 하는 상담만큼이나 많은 주의가 필요하다. 부모들은 치료의 배경과 목적을 이해하고 동의해야 하며 공유하는 정보와 비밀의 한계를 양측 모두에게 명확하게 해야 한다. 특히, 심각한 급성 문제가 발생할 수 있는 청소년의 경우, 부모는 짧은 통지로 전화나 이메일로 치료자와 연락할 수 있어야 한다고 느낄 수 있는데 대개는 이러한 기회를 제공하는 것은 좋은 생각이다. 결과적으로 부모가 치료자와 연락한다면 청소년에게 늘 알린다는 데 대해 동의가 필요하다. 이처럼 연락할 가능성은 종종 있지만 우리 경험에 따르면 남용되는 경우는 거의 없다.

외현화 문제가 있는 청소년들 또한 자신에게 정신내적 문제가 있다는 것을 납득할 수 없으면 치료자와 접촉을 빠르게 끊는 경향이 특히 강할 수 있다. 자비스(Jarvis, 2005)는 자녀의 치료가 끝난 뒤에도 부모가 자기 치료를 이어가는 경우가 많고 청소년의 치료가 끝나더라도 부모를 지원하는 것은 가능하다고 설명한다. 우리 경험에 따르면 청소년의 심리치료를 원하는 않는 경우 청소년의 부모와 상담하는 것은 매우 유용할 수 있다. 하지만 베일리(Bailey, 2006)가 설명한 것처럼, 그런 상담은 쉽지 않다. 치료자는 압도적인 불안, 증오, 절망,

그리고 문제에 대한 빠른 해결책을 찾기 위한 조언과 도움에 대한 끊임없는 요구에 종종 직면한다.

하지만 가끔은 함께 상담할 가족이 없는 경우가 있다. 청소년이 부모와 같이 살지 않기도 하고 같이 살지 않은 게 몇 년이 되는 경우도 있으며 부모가 협력에 참여할 의사나 능력이 없는 경우도 있다. 어떤 경우에는 정신질환이나 학대로 인해 부모가 치료자와 지속적인 협력을 하는 것이 어려운 경우도 있다. 하지만 우리들의 경험상 부모가 결정에 참여하고 치료의 배경과 목적에 대해 듣게 되는 치료 초기에 잠깐이라도 만나면 자녀와 관련하여 열외로 취급받는다고 느꼈을 수 있는 부모에게는 매우 좋은 경험이다. 치료에 대한 부모의 지지는 일반적으로 생각하는 것보다 청소년이 치료를 받아들이려는 데 있어서 매우 중요할 수 있다. 반대로, 어떤 청소년들은 부모가 치료에 참여하거나 자신이 치료를 신청했다는 것에 대해 알려지는 것을 거부한다. 청소년이 부모와 아주 피상적인 관계를 맺고 있지 않는 한 이것은 장기적으로 유지하기가 어렵다 하지만 일정 기간 동안 아동이 치료에 참여하는 데 필요 조건이 될 수는 있다.

Psychodynamic Child and Adolescent Psychotherapy:
Theories and Methods

제3부

대상관계 관점에서 본 시간 경험

제9장

아동·청소년 심리치료의 시작과 종결

이 장은 아동·청소년 심리치료의 시작과 종결에 관한 전형적인 주제들에 관한 것이다. 이 주제는 치료 초기에 시간과 공간을 서로 공유하는 관계 개념으로 설정하는 것과 관련이 있으며, 이는 아동과 부모 상담을 구성하는 틀로 작용한다. 이번 장은 심리치료의 시작과 종결에서 아동과 부모를 준비시키기 위한 지침에 대해 이야기한다. 초기에는 잘 모르는 것에 대한 특정 불안을 견뎌야 하고, 더 세심하게 명료화가 필요한 실제 문제가 종종 있기 마련이다. 이와 마찬가지로 치료와 부모 상담을 끝내는 것은 아동과 치료자 사이에 그리고 부모와 치료자 사이에 감정을 처리하는 데 충분한 시간이 필요한 애도 과정이다.

초기

정신역동적 관점에서, 시간에 공간과 대한 아동의 초기 경험, 그리고, 그에 따른 정서적-인지적 개념들에 대한 발달은 아동의 초기 대상관계의 정서적 특징과 밀접하게 얽혀졌다.

시간에 대한 가장 초기의 경험은 아마도 본질적으로 리드미컬하고 신체-심리적인 성격을 띠며, 감각 경험, 욕구, 리듬에 의해 구조화된다. 예를 들어, 잠/

깸, 밝음/어둠, 함께/혼자(눈, 귀, 피부, 입, 운동감각을 통해 인식되는 인간 접촉의 존재/부재), 배부름/배고픔, 흠뻑 젖음/깨끗하고 건조함, 따뜻함/추위, 그리고 약간 더 통합된 수준에서는 담아내기/분열 등이 있을 수 있다. 시계에 의해 측정되는 선형 현상으로서 시간을 이후에 내면화하고 인식하는 것은 외적 및 내적 현실이 제공하는 한계와 가능성에 자신을 조화시키는 인간의 존재론적 과업과 밀접하게 연결된 발달적 진전으로 보인다. 아동의 발달 과정에서 대부분의 아동은 시간이 지남에 따라 자신의 감정, 생각, 그리고 환상이 연속성이 있는 주관적인 경험이고 자신의 내면세계에 국한되는 것이라는 것을 인식하게 된다. 예를 들어, 대상은 순간적이고, 파하기 쉽고, 변덕스럽고, 예측할 수 없으며, 무너지거나 쌀쌀맞고, 경직되며 침투할 수 없는 것처럼 느껴질 수 있으며, 그렇지 않으면 자기 자신이 신뢰감을 가지고 관계를 맺을 수 있을 만큼의 충분한 영속성, 견고성, 유연성, 접근성 및 개방성이 결여되어 있다고 느낄 수 있다.

따라서 아동이 치료의 시공간적 경계에 대해 관계를 맺는 방식은 아동의 내적 대상의 특성과 상태, 즉 자신, 타인, 그리고 전이 관계에서는 치료자와 관련된 시간과 공간에서 내적 대상의 움직임에 대한 아동의 주관적인 경험을 반영한다. 심리치료 시간을 위한 고정된 시간과 지리적인 공간을 수립하는 것은 내면세계의 환상과 관계를 위한 특정한 정해진 시간과 공간이 있다는 것, 그리고 일상생활의 과업과 관계를 해야 하는 또 다른 시간이 있다는 것을 나타내기 때문에 중요하다.

특히, 치료의 초반부에, 시간과 공간은 뚜렷한 관계 중요성을 얻게 되며 치료 환경의 이러한 측면을 치료자가 관리하는 것이 중요하다(제4장 참조). 그러므로 치료 과정의 초반부에, 시간과 공간은 종종 특정 논의를 자주 유발하는데 치료자와 치료 과정의 견고성을 시험하려는 다양한 많은 시도와 같이 다양한 문제를 일으킬 수 있다. 시간 구조는 치료 시간과 일시 중단의 기간 및 빈도와 관련된 반대와 의문을 제기할 수 있다. 따라서 부모들이 그러한 반항의 가능성에 대해 충분히 준비하고 부모들이 예정된 치료 시간을 왜 준수해야 하는지 충분히 이해하는 것이 중요하다. 대부분의 아동은 시간 구조의 신뢰성을 시험하려는 이런 시도들을 비교적 일찍 그만둔다. 하지만 어떤 아동들, 특히 불안정한 내적 구조와 취약하거나 모호한 윤곽의 대상관계를 가진 아동과 청소년은 치료자라는 개인보다는 상담소, 치료실, 그리고 시간 구조에 많은 중요성을 부여하는 등 치료 과정의 더 실재적인 면에 자신의 감정들을 투입한다. 마찬가지로, 경직되게 내적 대상을 통제하는 아동과 청소년은 시간 구조가 끔찍한 감옥이고, 치료 과정 그 자체가 도저히 빠져나올 수 없는 강제 노동인 것처럼 반응할 수 있다.

치료 시작 전 부모와 아동을 준비시키기

평가의 일환으로, 부모들은 자녀의 심리치료에서 무엇을 기대할 수 있는데, 그리고 이런 기대가 자신들의 자원과 협력에 어떤 요구를 할 것인지 들었을 것이다. 그러나 부모와 작업하는 치료자는 이것이 잘 받아들여졌는지 확신할 수 없다. 적절하게 준비를 했더라도 대부분의 부모는 치료 첫 시간을 위해 아동을 어떻게 준비시켜야 하는지에 대한 조언이 필요하다. 같은 이유로, 부모와 하는 첫 시간은 아동이 치료를 받기 전에 해야 한다. 또한, 부모들은 초기 평가 동안 아동 치료자를 만나고 치료실로 안내받았을 수 있다. 하지만 만약 그렇지 않다면 부모와 치료자의 초기 만남 중 한 번은 그렇게 할 필요가 있다.

부모와 만난 첫 시간에 부모와 하는 작업의 목적과 범위에 대해 합의하고 강화해야 한다. 따라서 부모와 작업하는 치료하는 주로 부모와 동맹을 이룩하고 유지하는 것인데 이는 부모로서 자기 자신의 발전을 지원하는 데 목적이 있다. 따라서 첫 시간 동안, 치료자는 아동과 관계에서 부모가 바라는 변화에 대해 이야기하도록 격려한다. 이 주제를 부모와 작업의 중심에 두는 부모와 동맹은 필수적인 토대가 되는데 이어지는 부모와 하는 작업은 이를 더 확장하고 더 자세하게 의논하려고 노력하게 된다.

평가 동안 아동의 심리치료에 대해 자세하게 정보를 얻게 되더라도 아동 치료의 첫 몇 주와 몇 달 동안은 아동 심리치료자가 아동과 하는 것이 정확히 무엇인지에 대해 새로운 의구심과 의문이 들게 된다. 부모의 치료자가 부모의 의구심과 질문에 대해 진실된 개방적인 대화를 촉진하는 것은 중요한데 이렇게 되면 부모가 의구심이나 질문을 자유롭게 이야기할 수 있고 다룰 수 있는 공간을 만들 수 있기 때문이다. 이러한 의논을 할 때는 주관적인 생각과 감정에 대한 가능한 해석을 비롯하여 아동을 치료받도록 하는 것이 옳은 결정인지에 대한 부모의 우려를 충분히 고려하여 진행해야 한다. 예를 들어, 아동이 치료 첫 시간 후에 왜 치료에 가야 하는지 물었을 때 또는 만약 아동이 치료자가 한 것에 대해 불평할 때 부모들은 치료자와 이에 대해 의논할 기회가 필요하다. 보통, 부모를 지원하는 가장 좋은 방법은 부모가 자녀에게 아동의 행복과 발전에 대한 부모의 실제 염려를 구체적이고 아동이 이해할 수 있도록 아동에게 어떻게 이야기 할 수 있을지 생각해 보도록 하는 것이다. 보통, 부모를 지원하는 가장 좋은 방법은 아동의 행복과 발달에 대한 진정한 우려를 직접적이고 구체적이며 이해하기 쉬운 방식으로 아동에게 전달하는 방법을 생각하도록 돕는 것이다. 예를 들어, 아동이 슬프고 불행하며 수동적인 모습을 보이고, 또래와 가족으로부터 스스로를 차단하며, 잠자리에 들고 자신의 침대에서 자는 것을 두려워하고, 집중하는 데 어려움을 겪으며, 항상 신경질적이고 일상적인 변화에 반대하며, 매우 화를 내며 소리를 지르거나, 끊임없이 논쟁을 벌이고 학교에서 또래 및 교사들과 싸움을 벌이는 등의 행동을 보인다는 것을 전하는 것이다.

심리치료 초기부터 치료에서 부모가 알아야 할 어떤 일이 발생하면 통보를 받을 수 있다는 사실을 확실히 해 둘 필요가 있기 때문에 부모 치료자와 아동 치료자 사이의 협력에 대해 부모에게 알려 주어야 한다. 하지만 아동 심리치료가 아동과 심리치료자 간의 친밀한 정서적 관계를 발전시키는 것을 목표로 한다는 것과 그 관계에서 아동은 유아적 환상과 개념을 다루게 된다는 사실을 부모에게 반드시 알려 줘야 한다. 그러므로 아동 심리치료는 주로 아동의 치료 밖 일상생활이 아니라 아동의 사적, 내면세계에 관심을 두고 있는 것이다. 이런 까닭에 부모의 치료 시간이 부모의 사적 공간인 것과 마찬가지로 부모가 아동의 치료 시간을 아동의 사적 공간으로 존중하는 것이 필요하다. 따라서 일반적으로 치료자들은 상담을 통해 알게 된 아동에 대한 상세한 정보를 부모와 공유하는지 않으며, 그 반대로, 부모에 대한 것도 아이와 공유하지는 않는다.

같은 이유로, 치료가 시작될 때부터 부모와 협력하여 아동이 진전되는 상황을 정기적으로 평가한다는 사실을 부모와 합의하는 것이 일반적으로 도움이 된다. 이러한 평가는 보통 부모, 부모의 치료자, 아동 치료자가 참여하는 반년마다 열리는 회의를 의미하며 아동의 나이와 성숙도에 따라 아동 자신도 참여할 수 있다.

일부 아동(예를 들면, 분리 불안과 부모에게 매달리는 것, 양가적 애착관계로 외뢰된 아동)은 치료 첫 시간에, 특히 부모와 떨어지지 못할 수도 있다. 부모는 보통 이 문제를 알고 있으며 이미 평가 시간 동안 말했을 수도 있다. 만약 그런 경우라면, 이 문제는 부모가 곰곰이 생각해 보는 것을 돕기 위해 부모와의 첫 시간에 의논해야 한다. 부모가 생각해 봐야 할 것은, 첫째, 어떻게 이 불안한 아동이 부모와 떨어져 치료자와 함께 스스로 치료실에 들어갈 수 있도록 잘 준비시킬 수 있는지, 둘째, 만일 아동이 이렇게 하지 못한다면 어떻게 해야 하는지이다. 그런 상황에서는 부모의 치료자가 부모에게 자녀가 놓아 주는 것을 돕는 일이 아동 치료자의 몫이 아니라 부모들의 몫이라도 설명하는 것이 매우 중요하다.

아동과의 첫 번째 치료 시간

모든 아동과 청소년은 자기 나름의 무의식적 대상관계의 형판을 모형으로 하여 자기 방식대로 치료자에게 다가간다. 예를 들어, 어떤 아동은 명랑하고 제멋대로지만 인위적으로 웃긴 작은 소년으로 나타날 수 있다. 이는 유명한 스웨덴 아동 도서 작가 아스트리드 린드그렌(Astrid Lindgren)이 창조한 가상의 캐릭터 '론네베리의 에밀(Emil of Lönneberga)'을 연상시킬 수 있다. 또 다른 아동은 걱정스럽고 심각한 얼굴 표정으로 인해 치료자에게 인상이 남을 수도 있다. 이런 아동은 지나치게 많은 책임감을 짊어진 불안한 작은 어른처럼 행동한다. 반면 또 다른 아동은 상황을 장악하려고 경직되게 노력할 수도 있다. 이 아동은 자신이 이 상황을 완전히 장악하고 있고 치료자가 없는 것처럼 행동할 수 있다.

치료자가 아동을 처음 만나는 것은 어머니와 신생아의 첫 만남에 비유할 수 있는데 이는 어머니의 경우는 처음 순간부터 아기를 알아가기 시작하기 때문이다. 유사하게, 치료자는 자신의 감정을 솔직하게 표현하고 아동의 감정을 이해하는 그런 방식으로 아동과 관계를 맺고 치료자가 치료 시간에 아동에 대해 형성한 즉각적인 주관적인 인상을 유지하면서 아동에 대한 느낌을 마음에 기록한다. 앞서 언급한 바와 같이, 치료자는 의뢰 사유나 아동의 가정환경, 또는 초기 발달에 대한 내용 등을 의식의 뒤편으로 밀어내는 것과 같이 자신의 선입견을 배제하려고 노력해야 한다. 이런 이유로, 상담 초기부터 지금-여기에 머무르며 치료자는 치료 공간에서 아동의 움직임을 관찰하는 데 집중해야 하는데 아동이 관계를 어떻게 맺기 시작하고 끊는지 그리고 장난감 상자에 하는지 주목해야 한다. 치료자는 주의를 분할하여 치료자와 치료에 대한 아동의 기대에 주목할 뿐만 아니라 아동에 대한 치료자 자신의 인지-정서적 반응에도 주목해야 한다.

치료자는 자신의 수용 능력을 바탕으로, 아동의 내면세계에서 초기 접촉과 부모 돌봄 경험과 관련된 차원을 위한 공간을 관계 내에서 만들기 위해 최선을 다 해야 한다. 즉, 치료자는 치료받는 아동의 마음속에 주관적으로 형성한 신생아와 연결하는 데 목적이 있는 것이다. 이 과정은 치료자의 세심하고, 비지시적이며, 비판단적인 태도에 의해 촉진되며 일상생활과는 구별되는 특별한 치료 환경 내에서 강조된다. 이는 아동이 정서적 관계에 대한 자신의 근본적이고 주관적인 가정, 특히 부모상에 관한 가정을 치료 과정으로 가져오도록 격려한다. 따라서 초기 치료 시간부터 무의식적인 전이가 치료 관계에서 작용하는데 대부분 병렬적 부모 역전이를 통해서 아동의 초기 정서 경험과 욕구가 치료자에게 전달된다(제5장 참조). 따라서 치료 초기에 치료자의 핵심 과업은 "이 아동은 나를 어떤 사람이라고 보는가? 이 아동에게 어떤 존재인가?"라고 자문하면서 치료 시간 동안 일어나는 모든 일을 검토하여 아동의 전이와 관련된 가정을 풀어내는 것이다(Hunter, 2001, p. 13).

치료실에서 아동의 첫 번째 움직임은 새롭지만 아직은 낯선 이것은 무엇인지, 무슨 용도인지, 여기서 어떤 요구와 좌절을 맞닥뜨리게 될지에 대해 탐색하려는 욕구를 반영하는 경우가 많다. 일반적으로, 그런 낯선 상황에서 대부분의 아동은 복잡한 심경으로 반응하는데 이는 한편으로는 불안해하는 불신감과 다른 한편으로는 희망적이고 탐색적인 태도를 나타낸다. 아동의 행동은 치료자에게 일련의 질문을 쏟아내는데 이러한 질문들은 "이건 뭐예요?", "선생님은 무엇을 위해 사용할 수 있나요?", "여기서 저는 뭘 할 수 있나요?", "선생님은 저와 제 문제를 견딜 수 있나요?", "제가 치료실에서 나가도 되나요?", "이걸 할 수 있나요?", "왜 안 되죠?"와 같이 말로 표현하는 경우가 종종 있다. 어떤 아동들은 황급히 놀이치료실 전체를 살펴보고, 이 장난감 만졌다 저 장난감 만졌다 하는데 이는 치료자가 잘못이라고 치료자가 느끼게 하려고 하고 치료자가 충분하게 준비하지 않았으며 자신에게 도움을 줄 수 있는 것을 가지고 있지 않다는 비판을 하는 것일 수도 있다. 제5장에서 논의했던 것처럼, 치료자에게 가장 중요한 것은 자신의 감정이 무엇이든지 간에 자신의 감정에 머무는 것인데, 아동이 치료자를 어떻게 경험하고 어떻게 활용하려고 시도하는지 파악하기 위해 치료자의 역전이를 곰곰이 생각해 보는 것이다(예로는 제5장 네 살 조셉 참조).

대부분의 아동의 경우, 심지어 첫 번째 치료 시간에도 진실한 접촉의 순간이 있어서 여기서 치료자는 잠깐 보는 동안에도 강박, 좌절, 갈망, 그리고 상실과 같은 아동의 특정 불안과 정신적 고통을 알아차릴 수 있게 된다. 그러한 현재-순간의 만남은 몇 초 동안만 지속될 수도 있지만, 취약한 자기는 즉시 침묵을 통한 철수, 자동차를 이용한 정신없는 놀이, 또는 추상적인 패턴의 깔끔한 그림과 같은 방어적 태도로 보호된다. 하지만 아동과 치료자 모두 이제 이해의 순간이 생겼다는 것을 안다는 사실이 중요한데, 이는 두 사람 사이에서 진실한 치료 동맹을 위한 씨앗을 심을 수 있기 때문이다.

치료를 시작하면서 정신역동 치료자는 일반적으로 공간을 만들고 아동이 먼저 시작하기를 기다린다. 때때로 있는 일이지만, 만약, 아동이 불안해지거나, 소극적으로 있거나 침묵을 지키는 것과 같이 시작하는 데 어려움을 겪는다면, 치료자는 낯선 상황에 직면하여 아동이 주저하고 불안해한다고 해석한다. 이러한 초기 해석에는 아동의 반응을 치료자가 관찰한 것이 들어 있어야 하는데 아직은 완전히 낯선 사람으로서 치료자에 대한 아동의 부정적인 기대와 치료가 무엇인지 여기서 무엇을 해야 하는지 그리고 자기 문제를 치료자가 누구에게 말하지는 않는지 등 아동이 궁금해하는 것을 언급하면서 있는 그대로 설명하고 구체화되어야 한다. 때때로, 치료자가 아동이 치료를 받기로 결정하게 된 배경, 치료 요일을 받는 것, 장난감 상자의 내용, 치료에서 할 수 있는 것 등에 대해 조금 얘기하는 것이 도움이 될 수 있다. 그러나 아동이 어느 정도 진정되고 나면, 치료자는 다시 몸을 뒤로 기대고 아동이 먼저 말할 때까지 기다린다. 비유하자면, 첫 번째 치료 시간의 시작은 몽상의 상태에서 신생아와 신생아가 주의를 기울이는 어머니 사이에 주고받는 세심한 몸의 움직임을 떠오르게 하는데 어머니는 아기의 역량과 욕구를 관찰하고 거기에 맞추어 정서적 소통을 한다. 첫 치료 시간 후반 또는 두 번째 치료 시간 동안 치료를 왜 받는다고 생각하는지 아동과 함께 탐색해 보는 것도 적절할 수 있다. 단순히 이러한 생각들을 털어놓는 것만으로도 불안을 일으킨 부정적인 환상을 누그러뜨릴 수 있다. 이와 관련하여, 치료자가 부모가 아동의 문제에 관하여 치료자에게 말한 것을 언급하는 것이 적절할 수도 있는데, 이런 식으로 아동에게 부모가 치료와 치료자를 확실히 인정하고 있다는 것을 다시금 알려 준다.

치료 초기 내내, 아동이 장난감 상자를 어떻게 다루는지 관찰하는 것은 도움이 될 수 있다. 이는 치료와 치료자에 대한 아동의 환상 그리고 전반적인 아동의 대상과 같은 아동의 무의식적인 내면세계의 중요 측면을 알려 주는 경우가 종종 있기 때문이다. 아동과 함께 있을 때 자신의 경험을 숙고해 보기 위해, 특히 관계가 치료자 마음에 어떤 생각과 감정을 일으키는지 고찰하기 위해 치료 전후에 필요한 시간과 공간을 확보하는 것이 중요하다.

종결: 부재의 경험으로 형성된 과정

종결은 사실상, 심지어 치료의 시작 전부터 시작되는 과정이다. 왜냐하면 치료 과정의 기간에 상관없이, 치료자는 평가 중에 일찍이 종결을 위한 가능한 각본을 예상하고 예측하는 것이 필요하기 때문이다. 이러한 이유로, 평가, 시작 그리고 종결은 연관되어 있는 주제이다. 예를 들어, 치료가 실제로 시작되기 전에 치료자는 최적의 그리고 필요한 빈도와 지속 기간 사이에 가능한 범위를 가늠하고자 치료의 범위와 목적을 반드시 예측해야 한다. 따라서 보통 평가와 진단이 더 정확하고 능숙할수록, 그리고 치료에서 아동의 발달 과정에 대해 부모나 모든 의뢰 기관과 함께 하는 정기적인 평가가 더 현실적일수록, 조기 종결이 적을 것이다.

심리치료에서는 정서적으로 강렬한 관계에 있는 두 참가자의 상호 참여를 요구하는데, 이는 장기간 지속될 수도 있다. 특히, 아동 및 청소년의 경우 그러하며 부모의 참여는 필수이다. 아동이 어릴수록 그 중요성은 더욱 커진다. 치료 관계는 근본적인 정서 문제를 수반하는데, 이것은 내담자뿐만 아니라 치료자에게도 영향을 미치며, 치료자는 자신의 감정, 즉 자신의 마음을 필수적인 도구로 적용한다. 따라서 언제 그리고 어떻게 심리치료를 종결할 것인가라는 질문은 복합적이고 민감한 것이어서, 종결에는 특정한 기간의 과정이 필요하다.

앞서 언급했듯이, 정신분석적 발달 이론의 근본적인 가정은 부모상의 일시적인 외적 부재를 상징화/정신화하는 주체의 능력에 관한 것이다. 이러한 인지적-정서적 성취는 특히 사고의 발달과 연관되어 있는 정상적인 발달의 필수적인 측면으로 간주된다. 따라서 한편으로는 유아에게 다정하게 정서를 담아내고, 거울처럼 비춰 주고, 그리고 유아에게 조율을 할 수 있는 부모의 능력은 아동의 건강한 발달에 중요하다. 다른 한편으로는, 적절한 정도로 부모가 자신의 일시적 부재에 자녀를 노출시킬 의향이 있고 할 수 있는 것은 유아의 건강한 성격 발달에 중요하고 필수적 요소이다(제2장과 제10장 참조).

비온(Bion, 1962a)은 아동이 대상의 부재를 견뎌내고 상징화하는 능력을 발달시키는 것은 아동의 좌절 인내력, 즉 증오, 갈망, 절박감이 뒤섞인 감정과 같이 부재에 의해 생기는 그 자신의 고통스러운 감정을 소유하는 능력에 달려 있다고 주장하였다. 생각할 수 있는 것은 기억할 수 있고 수정할 수 있다는 원리에 근거하여, 결국에 이러한 발달로 인해 아동은 부모의 부재 동안에 자신의 고통스러운 갈망을 진정시키기 위해 좋은 부모 대상에 대한 자신의 기억을 적극적으로 활용할 수 있게 된다. 달리 말하면, 부재와 분리에 직면하여, 아동은 자신이 신뢰하는 부모가 돌아올 것이라는 믿음을 가지고 좋은, 다정한 상호작용과 재회를 생각하고 회상함으로써 자신의 감정 상태를 조절할 수 있게 된다.

1964년에 요쇼네시는 "부재하는 대상은 '중대한' 선택을 제공하는 특성이 있으며, 이는 비온 박사의 말에 따르면 '좌절을 회피하기 위한 절차와 이를 수정하기 위한 절차 사이의 선택'이다"라고 하였다(Bion, 1962b, p. 29; O'Shaughnessy, 2004[1964], p. 21). 오쇼네시는 정상적인 발달에서, 아동은 부모 대상의 부재를 인내하고 숙달하고자 하는 선천적 욕구에 의해 나아가게 된다고 주장하였다. 오쇼네시는 이것을 발달 필요성으로 여겼는데 그 이유는 만약 부재(및 거리)가 불가능하거나 견딜 수 없다면 그 관계가 공생관계가 되어 결과적으로 아동이 분리되는 것과 분리된 정체감을 경험하는 데는 파괴적이 되기 때문이다. 비온의 복합적인 사고 이론과 관련하여, 오쇼네시는 이 문제를 "부재한 대상이 어떻게 나쁜 대상으로 되지 않을 수 있는가?"(p. 22)라고 명확하게 표현하였고, 이 발달은 세 가지 조직화 원리에 중점으로 된다고 제안하였다.

1. 아동은 부재한 대상을 '존재하는 나쁜 가슴'으로 경험할 수 있고, 여기서 '가슴'은 대상, 부모상, 또는 치료자를 나타낸다.
2. 아동은 부재한 대상을 원래는 좋은 대상인 대상의 나쁜 측면으로 경험한다.
3. 아동이 자신의 좌절을 소유할 수 있는 정신 상태에서(이 경험을 잃어버린 좋은 대상에 대한 자신의 고통스러운 갈망으로 인식하는 아동), 아동은 또한 그 대상을 신뢰하여 돌아올 수 있음을 기억하기도 한다. 결국 그 아동은 대상과 떨어져 있는 시간이 자신의 경험을 감정적으로 조망할 뿐만 아니라 자신을 대상과 구분된 존재로 알기 위해 필요하다는 것을 인식하게 된다.

오쇼네시의 모형은 문자 그대로, 뚜렷한 고정된 발달 단계의 시간적 순서를 나타내는 것이 아니라 대상에 대한 정신적 자리와 관련이 되어 있는 것으로 이해되어야 한다. 이러한 조직화 원리는 아동이 자신과 그의 대상을 볼 수 있는 디딤돌로 인식될 수 있는데 자기 자신의 의존성 또는 분리를 더 인정하기도 하고 덜 인정하기도 하면서 다양한 관점으로 자신의 시각을 바꾸게 된다. 결과적으로, 아동의 현재 입장은 앞으로 있을 종결에 대한 인식을 윤색할 것이다. 클라인의 자리와 관련하여, 이것은 평생에 걸쳐 나타나는 편집증적이고 우울한 경험과 기능 사이에서 지속적으로 변화하는 또 다른 예이다. 따라서 아동이건 청소년이건 성인이건 사람이면 누구나 외상, 상실, 질환, 그리고 다른 고난 앞에서는 고통과 역경을 면할 수는 없다(Klein, 1959).

종결에 가까워지고 있는 치료 과정에서, 휴일이나 다른 일시 중단에 의해 이전에 불러일으켜졌던 감정이 강력하게 다시 떠오르는 경향이 있다. 이러한 감정은 다시 한번 주목을 받고 그에 따라 치료 종결에 다가가는 아동의 경험을 윤색한다. 이러한 감정이 실제로 나타나는 것은 이제는 강화되었기 바라는 부재를 견디고 대처하는 아동의 능력과 밀접하게 관련되어 있다. 하지만 이별의 과정은 험난한 과정으로서 이를 극복하기 위해서는 시간이 필요하고 따라서 종결을 위해 따로 충분한 시간이 준비되어야 한다. 종결은 치료자뿐만 아니라 초기의 또는 지속된 또는 반복된 방임, 상실 그리고 외상을 겪었던 아동, 청소년, 그리고 성인에게 특히 힘들고 고통스럽다는 것은 말할 것도 없다. 이러한 경험을 한 내담자에게, 치료자는 특별히 심사숙고면서 공감으로 치료 종결을 신중하게 계획하고 검토해야 한다. 이는 종결 기간 동안 아동의 반응에 세심한 주의를 기울이고 만약 필요하다면 치료 시간 사이의 정서적 후폭풍을 대비해 부모를 준비시키는 것이다.

언제 치료를 종결할지 어떻게 알 수 있나

만약 어떤 다른 것도 명시적으로 합의되지 않았다면, 사람들은 대부분 아동의 증상이 없어졌거나 적어도 뚜렷하게 감소했다면 치료가 끝나야 한다고 생각한다. 실제로, 선택한 치료가 인지치료일 때는 전형적으로 그렇다. 하지만 많은 아동에게(예를 들어, 초기 관계 불안, 복합적 외상, 그리고 성격 발달과 관련된 다른 문제들의 후유증으로서 정서적 또는 행동적 장애로 고통받고 있는 아동), 증상 개선이 아동의 성격 구조에서 특정 변화가 일어나지 않는 한 이러한 개선은 지속적이지 않을 수 있다.

15세의 마이아(Maia)는 자신이 레즈비언이 될 수도 있다는 반복되는 불안한 생각과 강박적인 성적 특성의 생각 때문에 심리치료에 의뢰되었다. 이러한 강박적인 생각을 매일 어머니와 나누어야 한다는 느낌이 들었고 어머니는 당연히 걱정을 하게 되었다. 마이아는 또한 다른 형태의 불안이 있었는데 폭풍우가 치는 동안에는 공황 상태에 빠졌고 밤에는 혼자 잠을 자지 못하였으며 어머니가 옆에 있어 달라고 요구하는 일이 잦았다. 마이아는 더 어렸을 때, 강박적으로 정돈하는 형태의 강박적인 불안이 있었다. 어려서부터 쭉, 마이아는 자기가 소년이기를 바랐다. 전반적으로 마이아는 불안하여 다른 사람과 그들의 관점에 순종적으로 의존하였다. 최근에, 마이아는 자살에 대해 이야기해 왔고 삶이 무의미하게 느껴졌다고 말했다.

마이아는 주 1회 개인 심리치료를 받았고 이와 동시에 부모님은 자문을 받았다. 1년 후, 마이아는 더 이상 성적인 생각에 쫓기지 않았고 혼자서 잠들 수 있게 되었으며 그녀는 동네 가게에 시간제 근무에 지원했다. 마이아는 또한 전반적으로 훨씬 행복해 보였으며 기분이 좋다고 말했다. 마이아는 숙제를 할 때 더 이상 어머니의 도움을 받지 않았으며 눈맞춤을 피하는 경향은 현저하게 개선되었다. 그에 따라, 이 시점에서 마이아는 치료를 끝내기 원했다.

하지만 나는 마이아가 시간이 조금 더 필요했다고 느꼈다. 이 문제를 의논할 때 마이아는 자신이 여전히 잘못된 것을 할 것에 대해 불안감을 느꼈으며, 걱정이 많고 숙제에 대해 심하게 부담을 느꼈다는 것을 인정했다. 마이아는 치료를 이어 가는 것에 동의하였고 그 결과 상당한 향상이 있었다.

앞의 사례는 일부 아동과 청소년(그리고 성인)들이 진정으로 만족스럽고 충만한 삶을 살아 본 적이 없어서 그 결과 삶에 대한 기대가 지나치게 소박할 수 있다는 한 예로 볼 수 있다. 삶이 상당히 개선되었다고 느끼면서도 이들은 자력으로 기분이 더 좋아지게 할 수 있다는 생각은 하지 못한다. 더욱이 아동들 그리고 아동의 부모도 대개 심리치료의 효과를 과대평가하기 쉬우며 스스로 잘 해내는 것이 치료자의 지속적인 지원이 아직 가능한 상태에서 잘해내는 것보다 낫다는 것을 알지 못한다.

반대로, 치료자는 또한 내담자를 대신해서 지나치게 야망을 가지는 '치료자 전능'으로 칭해질 수 있는 것을 조심해야 한다. 때때로, 경험이 많은 치료자도 치료의 강도와 기간, 내담자의 성격 구조와 자원, 그리고 아동 · 청소년 치료에서, 하다못해, 내담자의 현재 관계와 생활 여건의 질과 자원에 의해 부과된 제한점에 대해 충분하고 자세하게 생각하지 않은 채 실제로 치료가 달성할 수 있는 것을 과대평가한다.

초기부터 정신분석 및 정신역동적 심리치료는 치료에서 무엇을 기대할 수 있는지 그리고 언제 끝내야 하는지에 대한 질문에 몰두해 왔다. 프로이트는 정신분석의 목적을 인생에서 즐기고 일할 수 있는 충분한 능력, 즉 종종 표현하듯이, 사랑과 일을 할 수 있는 능력의 회복과 연관 지었다. 프로이트는 또한 현실 검증이 향상된 것을 애도와 훈습의 중요한 결과로 인식하였다(1916-1917, 1917e, 1937c). 아동 및 청소년과 관련하여, 안나 프로이트(Anna Freud)는 치료를 종결하기 위한 적절한 때를 건강한 발달 과정, 즉 아동의 타고난 자원과 연령에 적절한 숙달에 회복되었을 때와 관련지었다. 안나 프로이트는 이러한 자연스러운 발달 과정에 대한 장애물이 제거되면 치료는 종결되어야 한다고 생각했다. 하지만 장애물이 제거되었다고 하더라도 이러한 결과가 지속될 수 있을지 현실적으로 평가하는 것은 어렵다는 사실을 인정하였다(Sandler et al., 1980). 클라인(Klein)은 한편으로는 편집-분열 자리의 분리 과정과 다른 한편으로는 우울 자리에서 방어적인 분리의 통합이 증가하는 것 간의 균형, 비율, 그리고 변환을 강조하였다. 클라인은 또 다른 중요한 결과는 자아의 깊이가 증가한 것으로 환상과 창의성에 접근하는 것을 촉진한다고 덧붙였다.

보통의 아동 · 청소년 심리치료에서, 한 가지 문제는 그러한 목표가 충분히 달성되었는지 그리고 언제 달성되었는지를 어떻게 평가하는가이다. 초기에 아동 성격을 평가하는 일부로 아동의 안녕감을 평가하는 표준화된, 심리측정 도구를 사용한다면, 이 도구를 이용해 반복해서 측정할 수 있다. 하지만 포괄적이고 심층적인 평가에는 더 많은 것이 요구된다. 종결은 부모와 의논해야 하는 것은 말할 나위가 없는데 아동이 좋아진 점과 남은 문제에 대한 부모의 의견과 평가를 고려해야 하는 것이다. 우리의 경험에 따르면, 다음에 언급된 다섯 가지 기준이 심리치료 안과 밖에서 상당한 변화가 있었는지 철저히 평가하는 데 도움이 된다. 그러므로 다섯 가지 기준은 아동 또는 청소년이 치료를 종결할 준비가 된 시기에 대해 부모와 의논할 때 지침으로 사용할 수 있다.

1. (의뢰에서 설명되었듯이) 아동 또는 청소년의 증상이 확실히 없어졌거나 적어도 상당히 감소되었다.
2. 대인관계를 맺고, 헌신하고, 대인관계로부터 배울 수 있는 아동의 능력이 현저히 향상되었다.
3. 아동의 충동과 느낌을 정신화하는 능력이 현저히 향상되었다.
4. 아동은 자신의 정신적 자원을 고려하여 그 나이 수준의 발달 과업에 적절하게 대처할 수 있다.
5. 드물게 언급되는 지표로는 치료의 일시 중단 동안 그동안 달성한 진전을 유지할 뿐만 아니라 새로운 발달을 성취하는 아동의 능력이다.

일반적인 상담에서, 이 기준은 관찰하고 평가하기 아주 쉽다. 이 지표들은 심각한 초기 방임, 복합 외상, 또는 자폐로 고통받는 아동 및 청소년 치료에서 특히 중요할 수 있다(Grünbaum, 2014; Houzel, 2004).

네 가지 추가적인 기준이 아동 심리치료 교과서에 종종 언급된다(Lanyado, 1999; Sandler et al., 1980). 하지만 이 기준은 앞에서 언급한 조건을 실현하기 위한 암묵적인 전제 조건으로 이해될 수 있다.

1. 불안이 감소되고 방어가 안정되어 원시적인, 조증의, 또는 융통성 없는 방어 기제에 대한 욕구가 감소.

2. 현실감각 및 현실검증의 안정화.
3. 외상과 박탈의 충분한 내적 치유.
4. 건설적이고 창의적인, 그리고 즐거운 놀이를 할 수 있는 능력의 향상.

종결의 정서 주제

치료자와 헤어지는 것, 즉 작별하는 것, 분리하는 것, 그리고 어쩌면 다시는 만나지 못하는 것에 대해 생각하는 것은 부모상과 관련된 부재 및 재회에 대한 아동의 초기 경험을 재활성화한다. 이것은 모든 수준에서 친밀감과 관련된 몹시 양가적이고 분리된 느낌과 환상을 불러일으키고, 결과적으로 의존–분리와 관련된 주제들, 특히 초기 상실, 외상, 환멸의 잔여물이 종종 다시 떠오른다. 따라서 치료를 종결하는 것은 다른 개인적인 상실과 같은 수준의 개인적인 상실인 것이다. 이런 이유로, 아동이 애도, 분노, 분리 감정, 불안, 그리고 그 자신이 두 발로 설 수 있는 자신의 능력에 대한 의구심을 훈습하도록 하기 위해 종결 기간은 명확하게 구분되어야 하고 기간은 충분해야 한다. 아동은 치료적 공간 안에서 이러한 감정을 분명히 표현하도록 도움을 받아야 하는데, 그렇지 않으면 치료 밖의 가까운 관계에서 애도, 분노, 불안이 터져 나올 위험이 상당하다.

심리치료를 의뢰하게 된 동기인 증상이 사라진 지 오래라고 하더라도, 치료가 끝날 무렵에는 가벼운 형태로 이전 문제가 재발하는 경우가 종종 있다. 어떤 아동에게는 이러한 부분적이고 종종 다소 짧은 역행 현상은 치료자의 도움 없이 대처해야 한다는 아동의 불안에 원인이 있을 수도 있고 또 어떤 아동에게는 치료를 끝내기로 한 치료자의 결정이 진짜인지 여부를 시험하는 형태로 나타날 수도 있다.

아동에게 위태로운 것은 이중 상실이라는 것을 기억하는 것이 중요하다. 이는 전이 대상으로서뿐만 아니라 개인적으로 중요한 새로운 대상관계의 실제 대상으로서 상담자에 대한 것이다. 따라서 조부모, 좋아하는 선생님, 놀이친구, 그리고 심지어 반려동물의 상실과 같은 이전의 상실과 어떤 면에서 유사한 상실 관련 주제들이 직간접적으로 치료에서 드러날 수 있다. 이 단계에서, 치료자의 중요한 과업은 두 단계 모두에서 훈습의 병행 처리 과정과 관련된 것인데, 이는 과거(재활성화된 이전 상실)와 미래(다가오는 치료자 상실) 모두와 관련된 기억과 감정을 다루는 것이다. 때때로, 아동은 치료자의 상실과 관련된 감정을 직접 말로 표현하는 것이 쉽다고 느낄 수 있는 반면 분리와 상실의 원래 경험은 오직 전이나 행동을 통해서만 전달될 수 있다. 때때로, 그 반대의 경우도 그렇다. 어느 상황에서든, 아동의 향후 발달에 도움이 되는 비외상적 종결이 되기 위해서는, 두 수준 모두를 다루는 병행적 훈습을 보장하는 것이 필요하다.

일반적으로, 누구나 예상하다시피, 종결 시기 내내, 어떤 아동 또는 청소년이라도 정서적 주제는 수시로 변화할 것이며, 대상, 전이에서는 치료자에 대한 아동의 순간적인 감정 자리와 방어 조직에 따라 편집-분열 또는 우울 감정에 의해 윤색된다.

우울 감정이 우세할 때, 아동은 왠지 자신이 치료자로 하여금 자신을 버리게 했을 수도 있었겠다고 걱정할 수 있다. 이는 자신의 결함이나 잘못된 행동 때문에 치료자가 다른 아동을 가장 좋아하는 아동으로 선택하게 했을 수 있다는 것이다. 일반적인 주제는 아동이 자기 스스로 해내기 위해 치료자를 놓아줄 준비가 되었다고 실제로 느낀다는 것을 치료자가 알아내는 경우 아동이 느끼는 죄책감에 관한 것이다. 이러한 반응은 종종 자율적 기능에 문제가 있는 부모를 둔 아동에게 특징적인데, 때로는 만성적인 신체질환이나 정신질환으로 인해, 때로는 부모들이 무의식적으로 그들 자신의 자신감을 유지하기 위해 아동의 의존이 필요하기 때문이다.

앞에서 제시한 바와 같이, 박해 감정이 지배적일 때 아동은 다가오는 이별이 치료자가 가치가 없다는 또 다른 증거라고 느낄 수 있는데 아동은 치료자를 완전히 무능하고 쓸모없다고 지각한다. 이런 상태의 마음에서는 이전에 얻은 이

득에 대해서는 전혀 모르는 것 같고 평가절하가 심지어는 소급력을 얻기도 해서 현재 상황이 과거의 기억을 바꾸어 아동은 치료자나 치료가 너무 부족하여 전혀 도움을 받지 못했다고 느끼게 한다. 따라서 이 자리에 있는 아동은 다가오는 이별에 대한 생각에 슬픔보다는 분노와 비난을 하는 경향이 있다(Klein, 1940; 1950).

특히 청소년기에, 이별은 어떤 형태의 실행을 만들어 내는 경우가 종종 있어서 치료에 결석하는 것은 꽤 흔한 일이다. 이런 방식으로, 청소년은 치료에서 회피하기 어려운 이별의 고통스러운 감정에 직면하는 것을 극도로 피한다. 더욱이 아동은 자신이 통제하고 있다고 느낄 수도 있는데, 아동은 자신의 환상 속에서 치료자와 역할을 바꾸어, 자신의 행동을 통해, 치료자에게 버림받는 기분이 어떤 기분인지 알게 하려고 한다.

종결에는 헤어짐의 슬픔도 있으나 신나는 시작과 발전의 희망과 가능성 또한 있다는 것을 기억하는 것이 중요하다. 어떤 아동들은 한편으로는 친구들과 더 많은 시간을 보낼 수 있다고 얘기하면서 또 다른 한편으로는 치료에 내재되어 있는 안전감을 떠나보내야 하는 슬픔과 불안을 이야기하는 것과 같이 종결의 장단점을 직접적으로 말할 수 있다.

타인을 붙잡고 있는 것과 놓아주는 것 사이에 균형을 잡는 것은 일생에 걸쳐 어려운 주제이다. 치료자들은 내담자가 아동이든, 청소년 또는 성인이든 내담자의 발달에 정서적으로 관여하게 된다. 이런 점에서, 치료 관계는 부모의 돌봄과 비유적인 유사성이 있는데, 부모의 돌봄에서도 부모가 놓아주고, 자녀가 분리되도록 허용하여, 마침내는 독립적인 사람이 되어, 집을 떠나, 스스로 결정을 내릴 것을 요구한다. 가족의 애착을 벗어나 새로운 관계, 탐색, 그리고 발달에 전념할 수 있는 능력에는 충분한 애도 과정을 전제로 한다. 따라서 일반적으로 실생활과 치료적 관계에서 새로운 친밀한 관계를 맞이할 수 있기 위해 종결에서는 작별하기 위한 적절한 과정을 요구한다.

종결의 틀

종결의 설정은 치료의 빈도와 기간에 따라 구성되어야 하는 것으로 주 1회의 비교적 짧은 과정이 아닌 더 많은 시간을 요하는 길고 집중적인 과정이다. 집중적이고 오랜 기간의 치료 과정에서는 최종 치료 시간 날짜에 대한 합의가 대략 6개월에서 12개월 전과 같이 실제 종료 이전 가급적 수개월 전에 해야 한다. 단기치료의 경우, 3개월에서 6개월(때로는 더 짧은 기간)이 더 적절할 것이다.

상당히 많은 치료가 사전 합의 없이 예상치 못하게 끝난다(아래 참조). 이런 상황에서는 무해한 종결을 위한 최선의 틀을 구성하는 것이 종종 불가능할 수도 있다. 어쨌든 치료자는 조기 종결을 포함하여 종결이 무해한 과정이 되기 위하여 충분한 시간을 마련해야 한다. 항상 그런 것은 아니지만 대부분의 경우, 종결 기간이 길수록 보다 잘 협의할 수 있다. 이것이 불가능하다면, 치료자는 적어도 종결을 위해 적어도 세 번은 해야 하는데 한 시간은 아동에게 종결을 알리기 위해서이고 또 한 시간은 담아내기를 위한 시간으로 이 시간에는 다가올 이별에 대한 아동의 감정과 생각을 다루며 마지막 시간은 작별을 앞두고 아동이 재적응하는 데 도움을 주기 위해서이다.

실제로, 모범적인 종결과 실현 가능한 종결 사이의 간극은 종종 발생하지만 횟수가 정해져 있지 않은 정신역동적 아동·청소년 치료에 대한 질서 정연하고 계획된 종결에서는 일반적으로 다음 단계를 고려해야 한다.

1. 부모, 치료자 그리고 아동일 수도 있는데 이들 사이의 상호 구속력 있는 서약을 하는 것으로 여기에는, ① 아동이 종결 기간에 들어갈 준비가 되어 있고, ② 치료는 정확한 날짜에 끝날 것이라고 명시되어 있다.

2. 현재 치료 빈도를 유지할지 감소시킬지에 대한 결정과 같이 종결 틀에 대한 합의. 한편으로는, 이별의 고통은 치료 시간 사이에 간격을 둠으로써 완화될 수 있지만, 다른 한편으로는, 이것이 애도, 분리, 상실과 관련된 감정을 회피하고 있다는 것을 의미할 수 있어서 아동이 종결 상담에서 전적인 혜택을 받지 못하게 될 수도 있다. 하지만 아동의 현재 보호자가 이별의 고통을 훈습할 수 있는 충분한 지원을 할 수 없다면 치료 시간을 줄이는 것이 최선인 상황도 있다. 하지만 이런 경우는 치료자가 보통 생각하는 것보다 훨씬 더 드물다. 그러므로 치료가 종결을 고려하는 단계에 이르게 되면 치료자는 종결에 이르는 최선의 방법을 의논하기 위해 지도감독을 받아야 하는 경우도 있다.
3. 종결 기간 동안, ① 치료 효과 ② 향후 아동 발달에서 (있다면) 어떤 문제가 발생할 수 있는가 ③ (있다면) 어떤 향후 치료나 지원이 필요한가에 대해 서로 생각해 보기 위해 한 회 또는 그 이상 부모와 팀이 모여 이야기하는 시간을 마련해야 한다.
4. 종결로 치료가 완결된 것인지 부모나 또는 의뢰 기관에 알려 주는 것인데 즉, 아동과 부모가 같은 치료자에게 다시 올 수 있는지 여부 또는 그렇지 않은 경우 미래 도움을 얻을 수 있는 곳에 대한 정보를 제공하는 것이다.

치료자가 아동이나 청소년에게 주제를 먼저 얘기하라고 하더라도 종결 단계에서 아동과 청소년은 이런 어려운 주제를 보통 피하는 경향이 있다. 따라서 치료자는 치료 종결과 관련된 감정과 환상을 반영하는 해석을 하는 데 있어 더 적극적으로 주도해야 한다.

종결이 고정된 단기 치료와 관련하여 치료자는 치료가 제한된 시간 동안만 지속된다는 것을 미리 알고 있으며, 따라서 처음부터 치료자는 종결을 어떻게 다루어야 할지 생각해 둘 필요가 있다. 그러므로 시간이 제한된 치료에서는 특히 초기부터 이별에 관한 주제에 주의를 기울이는 것이 중요하며, 처음 몇 시간 동안 치료자는 분리 불안과 상실이 어떻게 처리되는지 관찰해야 한다. 더욱이 치료 마지막 달 동안은 특히 이런 주제를 직접 다루는 것이 중요하다.

마지막으로, 치료자와 아동이 모두 치료 과정에 정서적으로 참여했기 때문에 이별의 고통이 항상 상호적이라는 것을 치료자들은 기억해야 한다. 그러므로 전이의 발달에 따라서 아동 또한 치료자의 내부 대상 세계의 일부로 구성된다. 오랜 시간 동안 치료자는 강렬하고 부담이 큰 사건에 자신의 감정을 투여해 왔기 때문에 치료자는 자신의 마음에서 애도 과정을 훈습하기 전까지는 아동을 놓아 줄 수 없다. 치료 과정 동안, 아동은 다른 사람에게 다가갈 수 있는 사람으로서 치료자에게 아마도 더 생생하게 다가갔을 것이기 때문에 더욱 그렇다.

예상치 못한 종결

아동·청소년 치료에서 예상치 못한 종결은, 안타깝게도, 매우 흔해서, 모든 아동·청소년 심리치료자들이 조기 종결을 경험한다. 예를 들면, 미즐리와 나브리디(Midgley & Navridi, 2006)는, 1999년부터 2003년까지 안나 프로이트 센터의 심리치료 사례 중 40~60%가 조기 종결에 이른다는 것을 발견했다. 소수의 사례를 가지고 추가로 질적 분석한 자료에서는 부모의 제한된 정신화 능력과 자녀의 조기 종결 사이에 연관성이 있다는 점을 지적하였다.

일반적으로 조지 종결의 배경에는 다양한 현실적인 그리고 행정-조직적인 이유가 있을 수 있다. 이런 예로는 부모가 이사하거나, 이혼하거나, 또는 자녀의 치료로 인한 현실적 그리고 경제적인 부담이 너무 크게 되는 경우가 있는데 문제가 있는 아동에게는 가족 자원을 공평하게 나누어야 하는 형제자매가 있다는 것을 명심해야 한다. 만약 공공 서비스에서 치료비를 충당한다면 조기 종결의 요인에는 직원 교체, 지자체 관행 변경, 예산 삭감, 자격 있는 아동 심리치료자의 부족 등이 있을 수 있다. 하지만 가장 중요한 원인은 성인은 치료 기간을 스스로 정하는 반면 아동의 경우에는 아동의 치료 기간을 많은 대리인들이 아동 대신 결정한다는 것이다. 성인들이 분리 및 상실과 관련된 자녀의 어려움을 간과하는 경향이 있어서 이별과 관련된 아동의 정신적 고통을 과소평가하고, 결과적으로, 아동의 지지 체계에서 사람에 대한 안정성에 중요성을 덜 부여한다는 것 또한 한몫을 할 것이다. 이러한 사실은 광범위한 초기 방임 및 상실을 겪은 아동에게 특히 중요할 수 있는데, 이는 이런 아동이 읽기에 특히 어려움이 있고, 더구나 분리 및 상실과 관련된 슬픔 그리고 불안을 부인할 가능성이 있기 때문이다.

치료자의 통제를 벗어난 결정이나 치료자의 조언에 반하는 결정으로 인해 조기 종결이 발생하는 경우에 치료자는 종결 기간이 특히 상담하기 힘들다고 느낄 수 있다. 그런 경우, 치료자는 아동의 애도와 버림받은 느낌뿐만 아니라, 슬픔, 화, 그리고 실망 등 치료자 자신의 역전이 감정도 견뎌내야 한다. 이러한 경우, 지금까지 받아온 치료가 아무리 짧더라도 아동이 이득을 얻게 하려면 계획되지 않은 종결과 계획된 종결 사이의 감정적 차이가 크다는 것을 인식해야 한다.

때때로, 치료자가 위 기준에 근거하여 다소 이르다고 느끼더라도 부모는 치료를 종결하기 바랄 수 있다. 마찬가지로, 현명한 치료자는 계획된 종결을 보장하기 위해 부모가 바라는 대로 따를 수 있다. 따라서 주된 관심사는 심리치료 또는 다른 종류의 치료에 대한 향후 가능성을 배제하거나 방해하지 않도록 치료를 종결하는 것이다. 마찬가지 이유로, 치료에서 달성한 것을 부풀리지 않고 오히려 부모나 아동 보호자에게 향후 발달에서 부딪칠 수 있는 문제와 필요한 미래 지원이나 치료에 대한 현실적인 평가를 제공하는 것이 치료자의 책임이다. 여기에서, 치료자 자신이 치료를 제공할 수 있을지 여부는 중요하지 않다.

만약 조기 종결이 치료자 또는 치료자가 속한 기관의 한계에 의해 발생한다면, 다른 아동 심리치료자 또는 청소년 심리치료자에게 의뢰하는 것을 생각해 보아야 한다. 만약 의뢰가 가능하다면 치료자 또는 기관은 이 가능성을 빨리 안내하고 싶어 할 수 있는데 심지어는 부모나 아동이 종결을 통보받음과 동시에 안내하고 싶어 할 수도 있다. 하지만 아동과 부모가 치료자 상실과 관련된 감정을 훈습하도록 시간과 공간을 주기 위해 이 권고는 조금 늦추는 것이 바람직하다. 다른 치료자와 치료를 계속할 가능성을 말하기 전에 아동(그리고 그의 부모)에게 애도할 기회를 주는 것이 중요하다. 사실 이런 가능성에 대해 치료자가 아닌 내담자 자신이나 부모 또는 다른 보호자가 먼저 언급하는 것이 훨씬 좋다.

치료자가 바뀐 이후에, 새로운 치료자의 첫 번째 과업 중 하나는 아동이 이전 치료자를 상실했다는 주제를 꺼내는 것으로 가능하다면 상실과 관련되어 있는 감정에 대해 대화를 시작하는 것임을 기억해야 한다. 특히, 아동과 치료할 것을 고대했던 열정 있는 새 치료자에게는 이 문제는 꽤 무겁게 느껴질 수 있다. 그럼에도 불구하고, 치료자의 자질과 태도에 대해 아동이 이상화해서 말하는 것을 포함하여 이전 치료자의 상실에 대해 아동이 애도하는 것을 듣는 것은 치료 관계를 재건하는 과정의 중요한 부분으로서 빠뜨릴 수 없는 것이다.

치료 종결에서 확인할 사항

앞의 내용을 요약하면, 아동 · 청소년 심리치료 종결에서 어떤 주제는 치료시간에 아동이나 청소년 그리고 부모가 혼자 오든 같이 오든 부모와 함께 의논하는 것이 도움이 될 수 있다.

- 아동이나 청소년이 치료에서 어떻게 도움을 받았으며 어떤 면에서 (뭐라도) 변했다고 느끼는가?
- 치료자는 아동이나 청소년, 부모, 그리고 가족 전체가 미래에 성장할 거

라고 어떻게 믿는가?

- 치료자가 생각할 때 부모가 스스로 또는 다른 치료자의 도움을 받아 상담을 계속할 필요가 있는 문제나 영역이 있는가?
- 미래에, 아동 또는 청소년의 향후 발달에서 어떤 면이 부모의 관심과 개입이 특히 필요할 수 있는가?
- 미래에 이떤 상황에서 부모가 아동 또는 부모 자신들을 위해 전문적인 도움을 다시 요청해야 할 것인가?

제10장

일시 중단:
중요한 관계 주제를 엿보는 창

치료자 또는 내담자의 일시적인 부재로 인해 계획된 시간 구조에서 (계획되었거나 계획되지 않은) 짧거나 긴 방해로 인한 일시 중단이 없는 심리치료는 존재하지 않는다. 따라서 치료자 훈련을 통해서, 대부분 정신역동적 치료자들은 일시 중단의 중요성을 알게 된다. 하지만 경험이 많은 치료자도 일시 중단이 특히 내담자에게 분리 불안을 일으킨다고 일반적으로 가정하지만 일시 중단의 심리는 사실 훨씬 더 복합적이다. 이는 특히 치료 과정의 간극이 내담자뿐만 아니라 치료자에게도 영향을 미치며 전이 관계에서 발생하는 관계적 사건으로 감정을 드러내게 되기 때문이다.

이번 장의 핵심 메시지는 아동 심리치료에서 일시 중단은 치료받는 아동에게 고유한 핵심적이고 무의식적인 관계에 다가갈 수 있는 열린 창으로서 간주될 수 있다는 것이다. 이런 이유로, 아동의 내면세계에 일어나고 있거나 일어나고 있지 않은 변화를 쉽게 관찰할 수 있는 중요한 지표는 일시 중단 전후 아동의 반응을 비교하는 것이다.

아동 · 청소년 심리치료에서 중요한 관계 주제

앞에서 언급한 바와 같이, 유아의 초기 관계 경험은 아동의 내적 세계에 무의식적 구조를 만들어 내는데 이것은 이른바 대상관계라고 하는 것으로 중요한 타인과 관계에 대해 조직화고 무의식적인 환상으로 이해될 수 있다. 이러한 대상관계는 특정한 기본적이고, 독특한 주관적 관계 주제나 갈등으로 물들어 있는데 이러한 주제 또는 갈등을 표현하는 것은 자신의 관계 경험을 해결하고 성격에 통합시킬 수 있는 개인의 능력에 달려 있다.

더욱이 특정한 관계 반응 패턴을 반복하는 것은 그 사람의 정신이 고통스러운 '핵심 대상관계'를 중심으로 조직되어 있다는 것을 나타내는데, 핵심 대상관계는 자기와 중요한 타인(대상) 간 관계에 대한 무의식적 환상들로 구성되어 있다. 관련된 환상들은 다른 사람들과 관계에서 최악의 시나리오에 대한 이 사람의 독득하고, 주관적인 생각의 기빈울 형성하거나, 힌셜우드(Hinshelwood)가 언급한 것처럼 '고통이 가장 큰 지점'이 될 가능성이 크다(p. 172). 이러한 고통스러운 환상의 핵심은 불안과 관련 방어를 불러일으키며 관계에 대한 방어적 환상을 형성하는 교착상태를 만들어 내는데 이 교착 상태의 기능은 자신의 가장 근본적인 관계적 상처와 갈등을 견디고 조절하며 참으려는 시도로 이해될 수 있다.

특정 내담자의 근본적인 관계 문제를 세부적으로 의미 있게 기술하기 위해 적합한 정신역동 공식화를 찾기 위해서는 세 가지 각각의 대상관계 영역에서 관찰할 수 있는 특정한 관계 주제나 패턴을 찾아야 한다. 전체적으로, 이 세 영역은 관계 삼재로 명명되어 왔다(Luborsky, 1997; Luborsky et al., 1992; Popp et al., 1990).

1. 치료 관계와 과정은 치료 초기부터 이 치료에 고유한 특정 관계 주제를 나

타내며 이 주제는 이 치료에 고유하며 다른 주제보다 더 자주 반복된다.

2. 비슷한 주제들은 치료 밖의 관계에서 반복해서 발생하는 관계 패턴으로 관찰될 수 있다.
3. 비슷한 관계 패턴은 주 양육자와 유아 시기의 관계에 대한 설명에서 다시 발견할 수 있는데, 예를 들면 유아기에 대한 부모의 설명이나 성인 내담자의 어린 시절 기억에서 발견할 수 있다.

고통스러운 관계 주제의 핵심과 치료 과정의 특정 사건 간 밀접한 연관성은 성인들을 대상으로 한 정신분석적 심리치료에 대한 연구에 대해 면밀하게 입증되고 있다(Albani et al., 2003; Eels, 2013; Glasser, 1994; Luborsky & Luborshy, 2006). 하지만 아동 · 청소년을 대상으로 한 정신역동치료에서 핵심 관계 주제와 관련된 연구는 드물어서 단지 몇 연구만이 이 주제를 명시적으로 다루고 있다.

아동 심리치료에서 정신역동적 핵심 대상관계 주제

루보르스키 등(Luborsky et al., 1996)이 수행한 정량적 실증 연구에서는 내담자가 아닌 건강한 미국 어린이 표본을 대상으로 세 살 때와 다섯 살 때 한 이야기 줄거리 서술에서 핵심 관계 주제가 존재하며 시간이 지나도 일관된다는 것을 보여 주었다. 성인 대상 심리치료 연구와 비교해 보면 아동에게 지속되는 타인과 자신에 대한 관계와 관련된 소망과 기대는 놀랍도록 긍정적인 것으로 나타났는데, 특히 '사랑받고 이해'받고 싶다거나 '기분 좋고 편안'하고 싶은 바람과 관련해서는 두 바람 모두 지지하고 이해해 주는 사람과 관련된 것이었다. 이러한 연구 결과들은 임상에 적용하기에는 한계가 있는데 이는 건강한 아이들 집단은 심리치료가 필요하지 않았고, 이들의 반응이 실제 일상생활의 관계 패턴을 관찰한 것이 아니라 비임상적 환경에서 이야기 줄거리를 통해 생성된 것이기 때문에, 연구 결과는 임상적으로 적용하는 데 한계가 있다.

스미스와 동료들(Smith et al., 2009)이 제사한 해석적 현상학적 분석의 원칙을 체계적으로 적용하여 6~10세 아동을 대상으로 한 치료에서 모은 사례 파일을 분석한 사례 연구에서 그룬바움(Grünbaum, 2014)은 치료 과정을 기록한 자료와 부모, 수련원 직원, 양부모, 그리고 교사가 ① 치료 밖 아동의 관계 ② 친부모, 사회사업가, 그리고 거주 직원의 사례 파일에서 기술된 대로 초기 관계에 대해 각자 말한 내용, 그리고 ③ 치료 종결 후 대략 2년 반 이후에 관계 스트레스에 대한 아동의 반응을 기술한 친부모와 양부모와 한 면접에서 비슷한 핵심인 갈등 관계 주제가 존재한다는 것을 발견하였다.

생애 초기에, 사만다는 심각한 외상을 주고 방치하는 양육 관계를 경험하였다. 한 살 반에, 사만다는 유아와 어린 아동을 위한 기관에 맡겨졌다. 이 시점에서, 평가 결과 사만다는 대인관계에서 철수되어 있었으며 심각한 영양실조 상태였고, 모든 발달 영역에서 연령 규준에 훨씬 뒤처져 있었다. 세 살 반에, 사만다는 안정적이고 화목한 가정에 막내로 입양되었다. 다섯 살에 사만다는 인지-정서 발달이 멈추어 치료에 의뢰되었다.

치료의 처음 2~3년 동안, 치료 시간에 사만다는 적대적인 부모 인형, 형제 인형에 완전히 몰두하였다. 이러한 상상과 환상 속에서, 부모 인형과 형제 인형은 다양한 다소 환상적인 형태로 나타났는데 예외 없이 당혹스러울 정도로 악의적이고 폭력적인 모습이었다. 묘사된 관계가 인형놀이나 그림에서 나타나는 것처럼 환상적인 인물과 관련이 있는지, 치료 외의 관계나 과거 생활과 관련이 있는지, 또는 치료자의 가족, 동료, 또는 다른 내담 아동에 대한 사만다의 상상과 관련이 있는지는 중요하지 않았다. 거의 큰 차이 없이 사만다는 근본적으로 유사한 몇 가지 놀이 상황극을 반복했는데 이 상황극에서는 굶주리고 얼어 죽을 듯이 추운 아기와 또는 탐색을 많이 하는 여동생이 잔인하고 가학적인 부모 인형, 그리고 형제 인형과 부딪치고 치명적으로 위험스럽고 한정된 공간, 예를 들면 얼음처럼 차갑거나, 불타듯이 뜨겁거나, 숨이 막히거나, 불안정한 공간에 갇혀 있는 상황이거나 아니면 반대로 완전히 버려지거나 즐거움에서 배제되거나 사랑이 거부되거나 쫓겨나거나 빙하나 사막에 버려져 스스로 돌봐야 하거나 무작위로 낯선 사람들에게 도움을 청하게 되는 것으로 축소되는 그런 공간에 갇히는 상황이었다. 동시에, 전이에서 나는 사만다의 반응이 대단히 예측 불가능하다고 느꼈는데 이로 인해 사만다와 정신적 및 공간적 거리를 적절하게 설정하기 어려운 상황이 만들어졌다. 나는 너무 개입하지도 않고 너무 철수하지도 않는 적절한 치료적 중립성을 유지할 수 있는 위치를 찾기 위해 노력하였다.

또 다른 특징은 사악한 마음을 가진 부모와 형제 인형이 너무 밀접하게 결합되어 있어서 때때로 그 둘을 구별하기가 거의 불가능하였다. 동시에 사만다가 다섯 살이었을 때 실시한 심리검사에서는 부모와 형제 인형을 구분할 수 있는 능력이 부족하고 불확실하다는 결과를 보여 주었다. 치료에서, 박해를 받는 형제자매 인형은 혼자 나타나는 경우는 거의 없었고, 적대적인 부모 인형과 함께 나타났다. 순차적인 분석에서는 부모 인형의 정서적 특성이 형제 인형의 정서적 특성에 결정적이었으며 그 반대는 아니라는 것을 보여 주었다.

세 번째 특징으로, 인지-정서적 탐색에 대한 사만다의 동기와 용기 그리고 내적-외적, 그리고 자기-대상을 구분할 수 있는 능력은 보호해 주는 좋은 부모상과 안전하게 연결되어 있다는 사만다의 느낌에 전적으로 달려 있는 것처럼 보였다. 이런 특성(즉, 사만다의 탐색 및 학습 능력과 다른 한편으로는 기본적인 안정/불안정 경험과 좋은/나쁜 부모 양육 경험 사이의 밀접한 연관성)은 사만다가 겨우 한 살 반이었을 때 주거시설에서 묘사되었다. 나중에 그 특성은 치료 기록과 사만다의 양부모와 교사에게서 반복적으로 기술되고 예시로 나타났다.

일시 중단: 중요한 대상관계에 대한 창

클라인(Klein, 1945, 1961), 오쇼네시(O'Shaughnessy, 1964, 1989) 및 픽(Pick,

1967)의 고전 연구를 제외하면 어린이와 청소년을 대상으로 한 심리치료 일시 중단의 심리에 직접적으로 초점을 맞춘 체계적인 연구는 거의 없다. 최근 연구에는 라바스티다(Labastida, 1976)의 다중 사례 연구와 앞에서 언급한 그리인바움(Grünbaum, 2014)의 질적 단일 사례 연구가 있다.

이와는 대조적으로 수많은 단일 사례 연구에서는 일시 중단과 더불어 치료적 전이 관계나 부모 또는 전문가 네트워크 구성원과의 외적 관계에서 복잡한 문제가 발생한 것을 간접적으로 드러내고 있다. 따라서 저자가 일시 중단의 영향을 연구의 핵심 주제로 다루려는 의도가 없었더라도 검토한 사례 연구는 일시 중단이 실제로 종종 아동과 치료자 모두에게 협상하기 어려운 영향을 미쳤다는 인상을 남겼다(예: Azarian et al., 1997; Canham, 1999; Kronengold, 2010; Mikardo, 1995; Salo, 2004; Silverman, 2004; Susman, 2001).

이들 연구와 이와 유사한 사례 연구에서 공통점은 일시 중단 전후 기간에 대해 기술한다는 것인데 여기서는 아동의 경우에는 강화된 핵심 관계 주제, 이전 외상과 관련된 반복 행동, 그리고 이와 관련된 방어 패턴을 강조하고 치료자의 경우에는 일시 중단에 대한 아동의 반응을 예측하고 견디는 어려움을 강조한다. 아동의 반응이 치료자의 부재를 처리하고 상징화하기 위한 아동의 정신 능력에 달려 있다고 가정할 때, 앞에서 상세하게 설명한 바와 같이, 이 능력은 결국 좌절된 그리움의 상황에서도 온전하고 생생한 상태로 남아 있을 수 있는 좋은 내적 대상의 신뢰성과 지속성에 달려 있을 것이다.

오쇼네시의 세 가지 조직화 원리(1964, 제9장 참조)에서 영감을 받아, 일시 중단(즉, 치료자 부재)은 세 가지 방식으로 경험될 수 있다.

1. **치료자의 부재는 학대하는 치료자의 존재로 경험된다.**

   이러한 입장에서 보면, 아동은 학대하는 대상과 이와 관련된 기존의 내적 형판에 따라 인간적이고 전문적인 한계가 크게 과장되고 왜곡된 치료자를 경험할 수 있다. 일시 중단 전후 아동은 치료자를 가학적이라고 느낄 수도 있고, 공감이 매우 부족하다고 느낄 수도 있으며, 침범한다고 느낄 수도 있고 아동의 적들과 공모 중에 있다고 생각할 수도 있으며 학대에만 어울리는 나약한 존재로 여길 수도 있다. 더 심각한 왜곡에서는, 치료자와 그 전의 학대자 사이의 구분이 무너지거나 아동은 치료자가 일시 중단 동안 다른 완전히 나쁜 사람과 바뀌었다고 의심할 수도 있다.

2. **치료자의 부재는 이전에 도움이 되었던 치료자의 치명적인 변심으로 경험한다.**

편집-분열성과 우울의 관점 사이를 오가는 아동에게, 일시 중단은 다소 실망하는 경험을 불러일으킬 수 있는데 이는 치료자가 예상치 못하게 좋은 대상에서 나쁜 대상으로 변하기 때문일 수 있다. 예를 들어, 비밀 보장 누설에 대한 의심, 아동의 복지에 대한 진정한 관심의 결여, 다른 아동에 대한 더 많은 관심 또는 단순히 돈을 벌려고 아동을 치료에 붙들어 두려는 의도 등이다. 이와 같은 환상은 생산적인 치료가 일시 중단 후 갑자기 종결하게 되는 이유일 수 있는데 이러한 사건은 크로넨골드(Kronengold, 2010)가 예를 기술하고 있다.

3. **치료자의 부재는 주로 도움이 되었다고 기억하는 치료자에 대한 갈망으로 경험된다.**

이 우울 자리의 관점에서, 아동은 부재한 치료자의 지지하는 특성을 마음에 계속 지니고 있을 수 있고 분노, 상실, 그리움과 같은 감정이 이런 부재와 관련이 있다는 것을 인식하게 된다. 이것은 공감적 이해와 해석을 통해 불안과 고통을 견디고 누그러뜨릴 수 있는 치료자 능력을 기억하고 동일시할 수 있는 아동의 능력과 관련이 있다. 일시 중단 동안 좋은 기억들을 생생하게 지속시키기 위한 능력에는 자기와 치료자가 분리된 존재임을 인식하면서 자신의 고통, 양가감정, 질투, 그리고 증오를 자기 것으로 하고 정신화할 수 있는 능력이 요구된다.

클라인(Klein)의 자리 이론(theory of positions, 1959)과 비온(Bion)의 사고 이론(theory of thinking, 1962a)에 따르면, 이 모형은 별개의 발달 단계가 아니라 정신적으로 조직화하는 관점으로 생각해야 한다. 즉, 계단의 단계처럼 아동이 치료자의 과거 또는 다가오는 부재를 바라보고 정신적 고통을 피하는 게 아니라 처리하는 능력에 따라 자기의 위치를 변화시키는 것이다. 그러므로 좋은 내적 내상과의 신뢰롭고 지속 가능한 정신적 연결을 부드럽고 이상적인 연결로 오해해서는 안 되고 격동적인 상황에서도 주의 깊고 현실적이며 생동감을 잃지 않는 대상에 대한 안정적인 내적 연결로 이해해야 한다. 우울 자리에서 의미하는 바와 같이 이것은 갈등의 부재에 대한 것이 아니라 보상 능력에 대한 것이다. 다시 말해서, 일시 중단 동안 그리고 이와 관련한 좌절/공격성 기간 동안 안정되고 분리된 자기의 좋은 내면 이미지를 기억하고 복구하는 능력 그리고 친근한 내면 부모 형상 및 공감적이고 회복탄력적인 치료자의 전이 이미지에서 친근하고 탄탄한 부모쌍을 복원하는 것이다. 만약 아동이 이런 능력이 부족하다면 아동의 정신은 박해 불안과 분열된(해리된) 즉 종종 감각 기반의 외상 기억과 이와 관련된 환상의 흔적으로 넘쳐날 수 있다. 그런 경우, 아동은 신체적 차원과 행동적 차원에서 과거 외상 외상을 주는 관계의 특정 측면을 되풀이하고 반복할 가능성이 있다.

사만다의 치료에서 일시 중단 즈음하여 나는 막을 수 없는 악순환에 빠졌다고 느꼈다. 경과는 사만다가 나머지 아이들에게 훨씬 더 좋은 장난감을 주었다고 의심해서 잠겨져 있는 찬장에 집착하여 찬장을 열려고 미친 듯이 망치로 두드리고 발길질하려고 하였다. 가끔씩 멈춰서 사만다는 비밀 활동에 몰두하는 차분하게 아름답고, 냉정한 인물들을 그리고서 더 작고 관련이 없는 다른 인형은 제외함으로써 진정하곤 했다. 사만다는 평소에 그림을 잘 그렸으나 치료가 일시 중단되기 전에 특히 무질서하고 불완전한 얼굴과 사람들을 무작위로 배치한 종이를 한 장 또 한 장 빠르게 그렸다. 순식간에, 사만다의 정신 상태는 전능하고 가학적인 취한 아버지 상과 동일시한 해리된 상태로 바뀌어 피해자를 무자비하게 학대하고 고함을 지르고 걷어찼다. 이 시나리오에서 사만다는 자신의 행동을 통해 임의적인 처벌과 거부를 당하는 무력한 피해자 역할을 나에게 부여하는 것처럼 보였다. 결국, 나는 사만다의 광란의 행동을 멈추게 하기 위해 사만다를 붙잡아야겠다고 느꼈고, 그 순간 사만다는 트라우마로 압도된 영아처럼 정신적으로 붕괴되어 의식을 닫아 버렸다. 이 일이 발생했을 때 사만다의 얼굴은 멍해지고 무표정하게 되어 몸을 흔들고 머리를 아무데나 부딪쳤다. 내 마음속에, 이러한 행동은 방문 간호사와 보육 교사가 9개월의 사만다를 정신과 육체의 차단 상태라고 기술한 사례 파일의 약한 메아리를 불러일으키는 것 같았다.

사만다의 반응은 치료자의 과거 혹은 미래의 부재가 근본적인 죽음의 공포, 비온의 말로 이름 없는 두려움을 불러일으켰으며 연관된 관계 핵심 갈등 혹은 주제를 활성화시켰다는 것을 나타낸다. 여기에는 필수 영양과 다정한 돌봄에 대한 갈망 대 반항하는 분노, 폭력에 대한 예상, 정서적, 신체적 표현에 대한 오해, 관계적 학대, 상실 그리고 절망 등이 있다(Bion, 1962b, p. 96). 그러므로 심리치료에서 일시 중단에 대한 아동의 독특한 반응은 아동의 내면에 있는 아기가 치료자의 부재를 어떻게 경험하는가를 아동이 다소 정신화해서 표현한 것으로 이해할 수 있다. 사만다의 사례처럼, 중단이 정신적 외상을 입은 아동이나 청소년에게 심각한 파급효과를 가져오는 것은 드문 일이 아니다. 이는 초기의 참혹한 반응 그리고 이와 관련된 신체적-심리적 기억 조각을 떠올리게 할 수 있다. 그러므로 일시 중단은 초기의 외상, 상실 그리고 유기의 기억 흔적을 떠올리게 하며 아동은 투사적 동일시를 통해 현재 일시 중단과 관련한 감정-속의-기억을 전달할 수도 있다. 따라서 일시 중단은 과거를 회상하여 이야기하는 것이 아니라 과거 외상을 전이 관계의 지금-여기에 존재하는 생생한 정서 경험으로 전환하는 것이다. 이러한 의사소통 방식과 방어 방식을 통해 아동은 수동적인 고통을 능동적인 복수로 바꾸고, 이에 따라 참을 수 없는 감정과 기억에서 자기를 일부 또는 완전히 해방시킨다. 이후로는 이러한 감정과 기억이 치료자에 속한 것이라고 인정하고 이에 따라 치료자는 참을 수 없는 감정의 끝에 위치한다. 따라서 일시 중단 동안의 아동의 반응, 그리고 이와 관련된 투사적, 그리고 함입적 동일시의 전이 과정을 주의 깊게 관찰하는 것은 치료자에게 오직 행동을 통해서만 전달될 수 있는 깊게 박힌 고통스러운 핵심 대상관계의 흔적에 대한 특별한 통찰을 제공한다.

치료 과정의 초반에 발생하는 일시 중단은 특히 혼란스럽고 고통스럽게 되는 경향이 있다. 대부분의 아동은 자신의 고통스러운 반응을 자연스럽게 일시 중단으로 돌리지 않아서 이러한 연결은 차츰 다루어야 한다. 초기 외상과 방임에 덜 영향받은 아동뿐만 아니라 덜 집중적인 치료 과정이나 단계에서 아동과 청소년은 일반적으로 일시 중단의 중요성을 최소화하려는 경향이 있는데 이때 자기만족의 전능한-자기애적인 환상으로 이어질 수 있다. 이러한 상황에서, 치료에 대한 일반적인 양가감정이 사라지면서, 아동은 취소가 전혀 중요하지 않다거나 오히려 치료가 어차피 지루해서 기쁜 일이라고 말한다. 이러한 태도는 치료보다 다른 것이 훨씬 더 중요하다고 아동이 부모를 설득하고 따라서 일시 중단 전 마지막 또는 이후 첫 시간을 취소할 위험이 있다. 이와 마찬가지로 일시 중단이 길게 되면 아동 또는 부모는 문제가 사라져서 치료를 즉각 중단하고 싶어 하기도 한다. 이렇게 서두르는 것은 치료를 시작하는 것이 문제만 다시 나타나게 할 것이라는 불안을 반영한다. 앞 장에서 설명한 것처럼, 일시 중단 동안 호전된 것을 유지할 수 있는 아동 또는 청소년의 능력은 실제 변화, 즉 치료가 효과가 있다는 것을 의미하는 것이다. 하지만 이것은 갑자기 획득된 능력이 아니라 점진적으로 변화하여 생긴 것이다. 그리고 치료가 마무리되기 전에 훈습해야 할 마지막 작별이 있다.

정신역동적 치료는 관계적인 노력이어서 일시 중단을 둘러싸고 일어나는 문제에 치료자가 어떤 영향을 미쳤는지 늘 생각해 보아야 한다. 치료자의 개인적인 감정과 앞으로 있을 일시 중단을 이야기하고 다루는 치료자 방식, 특히 분리 불안 및 상실과 관련된 감정을 정신화하는 치료자의 능력은 아동의 반응에 중요한 역할을 한다. 치료자로서 그리고 지도감독자로서 우리 경험에 따르면 치료자의 자기 이해는 이 영역에 문제가 될 수 있다. 이는 치료자의 휴식 필요성과 이로 인한 일시적 접근 불가능성이 사실상 아동의 고통스러운 감정과 반응을 촉발시키는 원인임을 인정하는 것이 고통스럽고 종종 어렵기 때문이다.

일시 중단이 시작되기 전 적어도 3회나 4회 전에 미리 알려서 아동이 앞으로 있을 일시 중단에 대비할 수 있도록 하는 것이 중요하다. 치료자는 앞으로 있을 일시 중단에 대해 각 아동이 할 수 있는 환상, 가령 치료자의 가정생활과 관련된 질투나 부러움과 관련된 환상에 열린 마음을 가져야 한다. 특히, 어린 아동에게는 일시 중단 전 마지막 치료 시간과 중단 이후 첫 치료 시간 사이의 날짜를 아동과 셀 수 있도록 달력을 준비하는 것이 유용하다. 이 달력은 치료 관계의 일부로서, 아동이 집에 가져가기 위한 것은 아니다. 치료 시간 사이에 그리고 일시 중단 동안 이 달력은 아동의 폴더/박스에 넣어 둔다. 마지막으로, 특히 정신적으로 질환이 있거나 장애가 있는 아동은 집이나 학교에서 문제 악화나 행동화의 증가 위험에 대비해 부모가 준비할 수 있도록 하는 것이 중요하다.

일시 중단 전과 후: 차이가 있는가

일시 중단은 아동이 환상 속에서 정신적 및 실제적 거리와 분리를 연결할 수 있는 정신 능력을 요구하는데 여기서 아동은 좋은 내적 대상과 자원에 안정적이고 실현 가능한 연결을 동원한다. 이러한 능력의 전제 조건은 치료자에 대한 전이 관계를 포함하여 중요한 타인과 관련한 분리를 인식하고 수용하는 것이다. 일부, 어쩌면 대부분의 아동에게 일시 중단의 전과 후 경험에 중요한 차이가 있는 것 같다. 이러한 차이는 덜 명확하기는 하지만 아동이 치료 시간을 시작하고 끝내는 아동 특유의 방식에서 발견할 수 있다. 그러므로 정신역동적 치료의 일반적인 과정에서 예를 들면, 주 2회 치료에서는 치료 시간 사이의 규칙적인 일시 중단이 있다는 점을 기억하는 것이 중요하다. 이 중, 주말 일시 중단의 영향력은 특히 결정적일 수 있다.

다가오는 이별과 관련된 고통은 일시 중단 후 치료자를 다시 눈 맞추며 보게 되는 고통과는 다르다. 하지만 어떠한 아동의 반응도 당연하게 여기지 않고 해석 전에 관찰자라는 격언을 따르는 것이 현명한 치료자이다. 아동은 앞으로 있을 일시 중단과 있었던 일시 중단을 다루고 대하는 아동 나름의 방식이 있다(치료자도 마찬가지다.). 전이 관계에서, 한 아동에게 앞으로 있을 중단의 은유적 의미에는 무섭고 위험한 심연의 끝자락에 서 있는 것과 같은 버림이 포함되어 있다. 이와는 대조적으로, 또 어떤 아동은 초기 경험의 틀을 바탕으로 가까운 접촉을 숨 막히게 하고 억압적일 것으로 예상하기 쉬운데 이런 아동은 앞으로 있을 일시 중단을 자유로 가는 관문으로 인식할 수 있다. 역설적으로, 어떤 아동이든 둘 다 독성 있는 혼합물로 경험할 수도 있고, 또는 그 경험이 치료 동안 이 경험에서 저 경험으로 바뀔 수도 있다. 따라서 일시 중단 이후 치료자와 재회하는 것은 때때로 탐험의 대장정을 마치고 안전한 기지로 돌아오는 것처럼 느껴질 수 있으며 이는 치료자가 뒤에 남겨졌더라도 치료자는 여전히 안전하고 건강하다는 것을 자신에게 재확인시켜 준다. 반대로 다른 때에는 고통스러운 이별에서 돌아와 보니 치료자가 그동안 변해서 숨막히고 공허하거나 주의를 기울이지 않고 다른 일에 몰두하는 사람으로 느낄 수 있다. 후자의 경우, 아동은 재회에도 불구하고 마치 치료자가 여전히 부재한 것처럼 느낄 수 있는데 치료자가 달라진 것처럼 보일 수 있고 아동은 치료자가 다른 사람이라고 생각할 수도 있다.

중단 전 마지막 치료에서, 일부 아동들은 분리 불안을 보일 수도 있지만, 더 흔한 현상은 상징적 표현과 의사소통 능력의 감소와 함께 분리와 투사적 동일시 경향이 증가하는 것이다. 대개 이러한 상황은 인지-정서 기능의 상당한 퇴보로 이어지며, 예를 들어 사고, 학습, 시간과 공간 개념, 정체성, 사회적 기술

등과 관련된 기능이 이에 포함된다. 이러한 경향은 자폐 아동들(Houzel, 2004, 2008)을 대상으로 하는 치료와 심한 초기 외상과 방임을 겪었던 아동들을 대상으로 하는 치료에 설명되어 있다(Grünbaum, 2014). 이러한 치료 시간에 치료자들은 중립성과 위치 설정 관련 문제와 더불어 작업 관계를 수립하고 유지하는 데 어려움을 겪는 경우가 종종 있는데 이는 친밀감과 거리감 사이의 양극단이 갑자기 조절하기 불가능한 것처럼 보이기 때문이다. 관계는 재앙 같고 고통스럽게 느껴질 수 있는데 이는 아동이 거부하면서 치료자를 가혹하게 거부하고 조롱하기 때문이다. 일부 아동에게 이것은 승리의 열광적이고 기쁜 마음 상태로 격앙되어, 끊임없이 크게 말하기, 소리 지르기 또는 이리저리 돌아다니는 행동으로 이어질 수 있다. 특히, 초기 심각한 학대와 방임을 겪었던 아동의 경우, 이것은 치료실이나 치료자를 향한 폭발적인 과민함과 불시의 사나운 공격으로 이어질 수 있다. 또 어떤 아동에 대해서는, 치료자가 아동이 매달리는 것에 죄책감과 짜증을 동시에 느낄 수 있는데 치료자는 다소 공격적으로 좌절, 격리, 그리고 분리를 피하려는 절박한 아동에 의해 침범당한다고 느낄 수 있다. 고통스러운 혼란 삽화를 전이 관계에서 경험할 수도 있는데, 이는 아동의 내적 일관성이 무너지면서 완전히 혼란스럽고 분열되며 해리된 마음 상태를 허용하고 때로는 공허하고 회색이며 심하게 우울한 분위기가 번갈아 나타날 수 있다.

일시 중단 전 마지막 두 차례의 상담에서, 사만다는 평소보다 더 민감해 보였다. 예를 들면, 사만다는 심신의 고통이나 혼란에 휩싸일 가능성이 있었으며 내-외부 그리고 자기-타인 사이를 구분하는 능력이 평소보다 더 불안정하다는 인상을 주었다. 놀이에서 이야기 내용이 더욱 반복적이고 파편화되었으며 공격적인 부모 인형과 형제 인형 사이의 적대적 동맹 시나리오는 치료 시간에 완전히 사라졌다. 하지만 이목을 끄는 것은 이번 치료 과정에서 몇 안 되는, 전적으로 좋은 부모와 형제자매 인형이 오직 일시 중단 바로 전과 치료가 종료될 때만 나타났고 다른 어느 때에도 나타나지 않았다는 점이다. 게다가 일시 중단 전 치료는 고요함, 감각적 활동 및 계속적인 그림 그리기로 가득 차 있었으며 사만다는 이를 치료자에게 숨기고 종종 치료가 끝날 때 파괴했다. 나는 이러한 그림 중 하나를 다시 그리게 했는데 그림에는 평온해 보이는 여자가 포대기에 싸인 유아를 흐르는 물에 떨어뜨리거나 의도적으로 던지는 것이 그려져 있어 부주의하고 잔혹한 부모상, 전이에서는 나에 의해 구렁텅이에 버려지는 느낌을 실제로 전달하였다. 실행을 통해 유사하게 전달하는 것은, 그러한 치료 시간 끝 무렵에 사만다는 문 근처를 계속해서 돌며 의기양양하게 치료 시간이 끝나기 전에 가겠다고 으름장을 놨지만 치료 시간이 실제로 다 되었을 때는 떠나지 않으려고 하면서 모래 상자나 긴 의자 밑으로 숨었다.

일부 사례에서, 저자들은 일시 중단 동안 일어나는 사건들이 치료 동맹과 치료 환경을 손상시키거나 파괴한다고 언급한다. 더 자세히 검토해 보면, 이것은 정신적으로 조절하기 어려운 상태에 있는 아동의 불안과 관련 행동을 견딜 수 있는 부모나 전문가 및 기관의 능력과 관련된다. 이 아동은 이전 마음 상태와 이와 관련된 행동들 가령 반사회적 행동, 산만한 행동, 치료자에 대한 비난, 매우 혼란된 편집증적인 분노 공격 또는 이전의 외상적 경험(Ironside, 1995; Rustin, 1989, 1998)에 대한 파편화된 재실행이 다시 재발한다. 그러한 삽화 동안, 어떤 아동은 말 그대로 다소 상당한 슬픔에 빠졌으며 우연이든 의도이든 스스로를 실제로 다치게 하거나 위험에 빠뜨리거나 해를 가했다(Alvarez, 1992; Dale, 1984; Watson, 1990).

가장 강렬한 전이 관계를 형성한 치료 중반에, 사만다의 부모와 선생님은 계획된 일시 중단 동안 사만다가 이전의 행동문제, 가령 무분별한 분노와 동급생들에 대한 폭력적인 공격, 학교를 떠돌아다니며 안전을 위협하고 스스로 내려오기 어려울 정도로 높은 곳에 오르는 등의 문제를 다시 보인 것을 설명했다. 더욱이 사만다는 사라져서는 낯선 사람에게 경계심 없이 굽신거리는 태도로 대했는데 이는 사만다가 한 살에서 세 살 때 주거시설의 보육교사와 돌보는 사람이 마지막으로 묘사한 행동이었다.

일시 중단 이후 첫 몇 번의 치료 시간 동안, 반응은 다양하게 나타나기는 하지만 주 양육자와 다시 만나면서 나타나는 분리와 양가감정의 일부 양상을 반영한다. 특히, 자폐나 정신병이 있는 아동과 청소년뿐만 아니라 초기, 복합 외상을 겪은 아동과 청소년은 일시 중단 이후 다소 혼란스러운 마음 상태, 즉 파편화된 자기를 유지하는 불안정한 모습으로 되돌아 갈 수 있는데 이는 이들이 치료자에 대한 연결뿐만 아니라 자기의 중요한 부분도 잃었다고 느끼기 때문이다(O'Shaughnessy, 1989; Tustin, 1966).

강렬한 전이 감정 기간 동안, 일시 중단 후 치료자와의 첫 번째 만남은 특히 고통스러울 수 있다. 따라서 특히 초기 학대와 방임을 겪은 아동에게, 첫 만남은 처음에 원초적인 갈등을 불러일으킬 수 있는데 이는 따스한 친밀감과 의존에 대한 견딜 수 없는 갈망과 여전히 믿을 수 없는 치료자에 대한 복수심 가득한 격한 증오 사이에서 갈등을 겪기 때문이다. 따라서 일시 중단 후에, 이런 아동은 필사적으로 그들의 친숙한 방어를 강화하려 노력한다. 이런 노력에는 치료자에게 과장된 신체적 및 정신적 거리를 유지하고, 눈맞춤을 피하며, 무관심한 척하거나 실제로 무관심한 태도로, 치료자의 이름을 잊어버렸다고 주장하거나, 환상 속에서 생생한 투사적 동일시를 통해 아무도 돌보지 않는 치료자에게 원하지 않는 무가치하고 배척된 아동의 정체성을 강제로 부여하는 것 등이 있다(Grünbaum, 2014; Labastida, 1976: Rustin, 1989).

치료 중반에, 일시 중단 이후 첫 번째 치료를 시작하면서 사만다는 주기적으로 강렬한 접근-회피 갈등을 겪었다. 사만다가 클리닉에 들어와 나를 처음 봤을 때 사만다는 얼굴이 밝아지면서 행복한 웃음을 지었으나 이내 곧 겁에 질려 등을 돌리고서는 어떠한 접촉도 거부했다. 이때 사만다는 그야말로 치료실 문 앞에서 멈춰 버려 옴짝달싹 못했으며 나가서는 다시는 돌아오지 않겠다고 횡설수설 위협했고 이와는 반대로 치료실로 들어가 나를 포함하여 치료실 내의 모든 것을 파괴하겠다고 위협했다. (내 역전이로, 문턱에 멈춰 서 있는 사마다를 보면서 가정 내 폭력 상황에 대한 고통스러운 내적 이미지가 떠올랐다. 게다가 이 기간 동안, 나는 치료실 안팎에서 소리에 대한 특정 과민증이 생겼다.).

사만다 같은 아동에게, 일시 중단은 압도적으로 무서운 이중 불안과 관련된 딜레마에 갇히는 경험을 초래할 수도 있다. 이 딜레마는 내부에 또는 공격적인 대상과 함께 갇히는 두려움 그리고 다정하게 보호해 주고 챙겨 주는 대상에게서 고립되고 배제되는 두려움을 말한다. 이러한 핵심 대상관계 갈등은 레이(Rey, 1986), 그린(Green, 1974), 슈타이너(Steiner, 1993)가 상세하게 설명하였듯이 성인의 폐소–광장 경계선 딜레마와 비슷해 보인다. 이야기 관점에서 이 환상에는 무력하고, 공포에 떠는 유아–자기가 포함되는 것으로 보인다. 이 유아–자기는 친절함–돌봄–탐색을 제공하는 대상을 열렬히 갈망하지만 두 가지 모두 무서운 선택지 사이에서 강박적으로 왔다 갔다 한다. 한 선택지는 살인적으로 공격적인(형제) 경쟁자로 가득 차 있는 나쁜 부모 대상 안에 갇힌 것이고 또 다른 선택지는 보호해 주고 돌봐 주는 대상으로부터 배제되어 더 특권을 가진 경쟁자들이 풍성하게 즐기는 동안 자신은 최소한의 양식조차도 박탈당하는 것이다.

일시 중단의 시련을 견디는 것: 변화를 위한 전제 조건

정신적 발달과 건강은 탐색, 개별화, 분리에 대한 가능성뿐만 아니라 의존적인 개인적 관계에 대한 유아의 근본적인 욕구를 충족시키고 균형을 맞출 수 있는 부모의 초기 돌봄 관계가 전제되어야 한다(Blass & Blatt, 1992; Blatt & Luyten, 2009). 따라서 일시 중단은 스트레스가 많은 골칫거리 그 이상이다. 약속이 충분히 짜임새 있고 안정되어 있으며 예상치 못한 일시 중단이 없다면 규칙적으로 순환되는 계절별 휴일(부활절, 여름휴가, 크리스마스 휴일)은 신뢰할 수 있는 반복적인 리듬을 이루게 할 것이다. 이러한 경험은 유아가 순환하는 시간 개념을 발달시키는 것을 연상시키는데 이는 부모가 떠났다가 다시 돌아오는 사이의 한정되고 견딜 만한 시간과 공간에 대한 기대와 관련이 있기 때문이다. 이러한 이유로, 이미 확정된 일시 중단을 감안하여 치료하는 것은 치료자의 정신건강과 치료가 아동의 진정한 변화를 이루기 위한 전제 조건이 될 수 있다.

아동과 청소년은 자신의 욕구, 느낌, 정신적 상태에 대한 자각과 같은 자기 이해의 순간과 구별하고 정신화할 수 있는 자신의 능력을 보류하는 방어적 마음 상태 사이를 오락가락하는 경향이 있다. 전이 관계가 발달하고 깊어짐에 따라, 이러한 변동성(예: 자신의 느낌과 타인의 느낌을 구별하는 능력에서)은 일시 중단에 즈음해서 심화되고 강렬해질 수 있어서 특히 어려움을 겪을 수 있다. 일시 중단과 마찬가지로 치료 시간을 끝내고 시작하는 것도 아동이 치료 공간 내 관계에 대한 환상과 실제 관계 사이의 차이를 알도록 직면시키는 것이기 때문에 유사한 어려움을 일으킬 수 있다.

그러나 이와 같이 직면시키는 것은 정신적 성장을 위한 중요한 추진력을 제공할 수 있어서, 자기, 자기의 대상, 그리고 자기가 살아온 삶을 알고자 하는 소망을 자극한다. 따라서 혼란 중에 일시 중단은 자신의 정체성, 애착, 그리고 가족의 뿌리에 대한 핵심적 문제를 훈습하는 순간을 불러일으킬 수 있는데 이러한 주제에는 '나는 누구인가?', '왜 나의 친부모는 이러한 일들이 일어나게 내버려두었는가?', '왜 나는 양육 시설에 맡겨졌는가?', '나는 친부모 또는 입양 부모와 얼마나 닮거나 닮지 않았는가?', '내 문제에서 누가 비난받아야 하는가?', '어쨌든 내 문제는 무엇인가?', '내 미래는 어떨 것인가?' 와 같은 것들이 있다.

개인 정체성 및 심리사회적 뿌리에 관한 이러한 정신적 탐색은 전이 관계에 대한 유사한 탐구와 평행하게 일어나는데 아동이 '치료는 무엇인가?', '나는 왜 치료를 받는가?', '치료자는 뭐하는 사람인가?', '타인과 비교하여 치료자는 어떤가?', '나와 치료자 간 관계의 진정한 본질은 무엇인가?'와 같은 질문에 대해 생각하면서 발생한다. 입양된 또는 위탁된 아동들에게, 이러한 탐색은 특히 외상과 상실을 애도하는 과정의 중요한 부분이다.

세 번째, 종종 병행되는 발달로서, 일시 중단 동안 가정에서 아동은 부드러운 갈망과 사랑의 새로운 능력을 보일 수 있으며, 이는 아동이 돌봄과 의존을 받아들이고 찾도록 한다. 예를 들어, 외상을 경험한 아동은 부모의 돌봄을 잃은 충격적인 상황에 대한 반응으로 얼어붙고 방어적인 상태로 철수할 수 있다. 치료 동안, 이러한 얼어붙은 자기가 녹기 시작하면서, 일시 중단 동안 아동은 부모로부터 사랑과 돌봄을 받게 되고 심지어 이전의 상실과 외상에 대해 의미 있는 대화를 나누기도 한다. 따라서 일시 중단 동안 부모의 친밀함을 느끼게 하는 것은 부모와 아동 간 관계의 회복에서 중요한 전환점을 나타낼 수도 있다. 다시 말해서, 일시 중단은 아동이 부정했지만 필수적인 슬픔과 갈망을 느낄 수 있게 하고 부모의 다정함에 개방할 수 있게 하며 아동과 부모가 이전의 상실과 시련을 함께 애도할 수 있는 기회를 준다(Gaensbauer, 1995; Grünbaum, 2010b).

대부분의 아동과 청소년에게, 치료 과정에서 일시 중단은 의존-분화, 분리 불안, 질투, 그리고 부러움의 갈등과 딜레마와 관련된 근본적인 관계 주제들을 자극하고 두드러지게 한다. 일시 중단 전 마지막 몇 번의 치료에서 이러한 딜레마를 상징화하고 정신적으로 표상할 수 있는 아동의 능력은 약화되거나 심지어는 완전히 무너질 수 있다. 일시 중단 후 처음 몇 번의 치료는 아동이 초기(또는 그 이전)에 겪었던 충격적인 상실과 외상을 경험하고 처리하며 방어한 방식의 흔적을 드러낼 것이다.

효과적인 정신역동치료 과정에서, 재발 없이 일시 중단을 견딜 뿐만 아니라 심지어 일시 중단 동안 긍정적으로 발달할 수 있는 아동의 능력이 증가하는 것은 진정한 변화를 의미하며 치료의 종결을 준비하는 것이 현실적일 수 있음을 나타내는 것이다. 따라서 일부 사례 연구에서는 일시 중단 동안 재발 없이 역량이 증가하는 것은 변화에 대한 손쉽고 체계적인 평가 기준으로 이용될 수도 있다고 제안하고 있다(Houzel, 2008; Grünbaum, 2014).

결론과 요약

일시 중단과 관련하여, 아동 및 청소년을 치료하는 치료자들은 적어도 네 가지 핵심 요소에 주의를 기울여야 한다.

1. 아동의 핵심적인 무의식적 대상관계 주제와 아동이 일시 중단을 경험하는 방식 사이에는 아동마다 개별적이고 고유한 연관이 있다.
2. 일시 중단에 대한 아동과 청소년의 반응은 불안했던 초기 관계, 상실, 방임, 학대, 그리고 외상의 결과로서 의존-분리의 내적 딜레마에 연결되어 있다. 따라서 중단은 자극에 의해 촉발된 외상적 기억-감정의 전이 관계에서 직접적인 훈습을 용이하게 한다.
3. 일시 중단은 재발하게 할 수도 있고 점진적인 발달을 촉진할 수도 있다.
4. 각 아동의 일시 중단 경험은 손쉽고 신뢰할 수 있는 변화의 지표가 될 수 있으며, 종결이 정해지지 않은 치료 과정에서 종결 계획을 세우는 것이 적절하다는 것을 의미한다.

Psychodynamic Child and Adolescent Psychotherapy: Theories and Methods

제4부

학대 및 복합 외상을 겪은 아동을 대상으로 한 심리치료

제11장

초기 방임과 학대를 겪은 아동을 대상으로 한 심리치료

이 장에서는 생애 초기에 심각한 심리사회적 박탈, 방임 또는 학대를 당한 아동과 심리치료를 복잡하게 만들 수 있는 문제들을 검토한다. 경험에 따르면, 그리고 수많은 사례 연구에 기록되어 있듯이 이런 아동을 대상으로 한 치료에는 치료 장면과 적용되는 심리치료 기법에 대한 세심한 검토가 요구된다. 따라서 압도적인 공황과 공격성 그리고 부모와 형제자매를 박해하는 환상은 담아내기와 자기 조절에 어려움을 일으키는 경우가 많다. 따라서 이 장의 마지막 부분에서, 우리는 경험에 비추어 치료를 용이하게 하고 이 집단의 아동의 특별한 요구를 수용할 수 있는 정신역동 기법의 특정 변용에 대해 간략하게 설명하고자 한다.

이 책에서, '초기 심리사회적 박탈', '초기 결핍', '초기 방임'이라는 용어들은 동의어로 사용되며, 한 명 또 그 이상의 보호자와 2세까지 아동 사이의 관계에서 아동의 정서적 · 신체적 안녕의 근본적인 욕구가 무시되고, 아동이 반복되는 외상적 스트레스에 능동적 또는 수동적으로 노출되는 상황으로 정의된다.

되돌아보기: 역사적 맥락

초기 박탈, 방임 그리고 학대는 혼합된 개념으로서 초기 관계의 다양한 장애를 포괄한다.

따라서 (지금은 좀 더 나이를 먹은) 아동의 과기 관계에 대한 이러한 정보는 아동의 성격 발달에 대한 설명도 아니고 정신과적 진단도 아니다. 그것은 단지 생애 첫 몇 년 동안, 이 아동이 부모 돌봄에서 심각한 결손과 장애를 경험했다는 것을 말해 주는 것이다. 그럼에도 불구하고 이것은 중요한 지표로서, 아동·청소년 심리치료자에게 앞으로 심리치료에서 전이 관계가 초기 관계 경험의 고통스러운 주관적 흔적과 관련성, 좌절 감내 능력, 정서조절 능력, 공감 능력, 그리고 자기 인식에서 약점 또는 특수한 특징도 포함될 수 있음을 나타낸다.

오랫동안 발달심리학은 초기 모성 박탈 또는 결핍이라고 지칭해 온 초기 방임과 학대가 모든 아동은 아니지만 많은 아동에게 심각한 발달상의 영향을 초래할 수 있다는 것을 알고 있다. 이것은 세계보건기구에 의해 시작된 고전 연구 검토에서 이미 결론이 지어졌는데 이 연구는 개인적인 돌봄과 자극 없이 비인간적인 대형 주거시설에서 양육된 유아들에 대한 체계적인 관찰을 바탕으로 하였다(Ainsworth, 1962). 이 연구가 일반적으로 받아들여지는 데는 시간이 걸렸다. 더욱이 '모성 박탈'에서 형용사는 여성의 권리와 관련된 치열한 논쟁뿐만 아니라 초기 돌봄과 애착관계의 효과와 질에 대한 유익하고 획기적인 연구를 불러일으켰다. 특히, 유아기 동안 시설에 수용된 아동들을 추적하며, 아동기부터 청소년기까지, 일부 경우에는 이들이 부모가 될 때까지 정기적으로 발달을 평가한 일련의 신중하게 수행된 전향적 연구들이 언급될 필요가 있다(Hodges & Tizard, 1989).

지금까지는 몇몇 특정 보호자와 불안정하거나 공감이 결여된 관계와 또는 생애 첫해 동안 반복해서 겪는 외상이 되는 스트레스는 정서성, 행동 및 성격에 광범위한 장애의 위험을 심각하게 높인다는 것이 입증되었고 널리 인정받고 있다(Fox & Rutter, 2010). 일반적으로, 이러한 장애는 애착 형성, 정서 조절, 정신화, 사회적 적응 및 또래 관계와 관련된 것이다. 하지만 관련된 위험 중에서 성인으로서 손상된 양육 능력뿐만 아니라 행동 및 주의력 장애의 범위에 대해서도 특별한 언급이 필요하다. 장기간의 심리사회적 · 인지적 박탈이 있는 시설의 생활 또는 만성 심리사회적 긴장이 있는 가족에서 반복되는 복합적인 급성 스트레스 요인은 전반적인 인지-사회적 발달의 빈곤과 지체를 초래할 수도 있다. 게다가 주거시설에서 발생하는 대규모의 전반적인 박탈은 자폐 유사 행동 패턴 및 반응이 발생하는 것과 관련이 있는 것으로 보인다(Downey et al., 1985; Zeanah & Gleason, 2010).

ICD-10과 DSM-5에서, 초기 아동기의 애착장애는 5세까지 분류되며 극히 불충분한 부모 돌봄의 정서적 영향을 나타낸다. ICD-10은 애착장애의 두 가지 다른 형태를 구별한다. ① 반응성 애착장애. 이 장애는 두려움, 과잉 경계, 또래와의 불충분한 사회적 상호작용과 같은 아동의 대인관계 패턴에서 지속적인 이상성이 특징이다. 이 증후군은 심각한 부모의 방임, 학대 또는 심각한 폭행으로 인해 야기되는 것으로 추정된다. 이러한 행동 패턴의 존재는 잘 인식되어 있고 정서적 장애와 관련된 것으로 알려져 있다. 반응성 애착장애는 환경 상황의 변화에 민감하다.

② 탈억제 애착장애. 이 장애는 관심 끌기, 무차별적인 우호적인 행동, 잘 조절되지 않는 상호작용과 같이 혼란 애착과 장기간의 미성숙한 애착 행동이 특징이다. 이 증후군은 심각한 보호시설의 박탈과 상대적으로 연관성이 있기는 하지만 매우 빈번한 아동의 양육자 교체로 인해 영아가 선택적 애착을 발달할 기회가 지속적으로 없는 환경 상황들로 인해서도 발생할 수 있다.

DC:0-3R에서 박탈/학대장애라는 용어는 4세까지 사용되며 박탈과 학대로 인한 세 가지 다른 패턴을 설명한다. ① 정서적 철수와 억제가 특징인 패턴,

② 구별력 부족이 특징인 탈억제 패턴, ③, ①과 ②의 혼합. 여기에 DC:0-3R은 아동과 이들의 주 양육자 간의 관계 패턴 분류가 포함되어 있다. 초기 관계 장애에 대한 다른 의미 있는 설명 중에서, DC:0-3R은 적대감, 방임 그리고 학대가 특징인 양육 관계에 대한 상세한 설명을 제공한다(ZERO TO THREE, 2005).

지난 20년간의 신경과학 연구는 심리적 발달을 위한 초기 경험의 질과 시기의 결정적인 중요성에 대한 지식을 크게 발전시켰다. 따라서 극도로 심각한 초기 방임 및 학대는 뇌기능 및 지각 감각 기관이 초기에 발달하는 데 어떤 해로운 영향을 미칠 수도 있는 것으로 추정된다(Fox et al., 2010; Music, 2009). 기존의 증거가 극단적인 감각적 · 인지적 · 정서적 박탈의 부정적인 결과를 강조하는 데 있어 인상적이기는 하지만 더 광범위한 결론을 내기에는 충분한 근거를 제공하는 것 같지 않기 때문에 이에 대해서 더 자세한 설명을 하지 않는다. 더욱이 마음과 뇌의 다른 개념적 수준을 고려할 때 이 특정 연구 분야가 아동 · 청소년 심리치료의 발달에 직접적으로 기여할 수 있을 거라고 생각하는 것은 불가능하다고 생각한다(제1장 참조).

일반적으로, 유해한 후유증의 범위와 지속성은 박탈과 학대의 지속기간과 정도에 달려 있는 것으로 추정되지만 아동이 회복될 가능성은 이후의 돌봄 관계, 아동의 나이, 그리고 어느 정도는 아동의 선천적 자원의 질에 달려 있는 것 같다(Rutter, 2002; Zeanah & Boris, 2000). 개선된 돌봄 관계와 환경 조건은 일반적으로 정상적인 잠재력을 가진 아동이 전반적인 인지 발달에서 현저한 지연을 겪더라도 이를 따라잡을 수 있게 하는 경우가 종종 있다. 마찬가지로 정서적 기능과 사회적 기능에서도 상당한 개선이 일어날 수도 있지만 이 발달 영역에서는 어려움을 지속시키는 위험이 더 두드러지는 것 같다. 초기 방임 및 학대의 해로운 후유증을 겪는 아동들은 일반적으로 산만하고(즉, 산만하게 하는), 공격적인, 또는, 반대로, 불안하고, 수동적이며, 그리고 어쩌면 이상한 행동 패턴 때문에 심리치료에 의뢰된다. 이런 문제들은 사회 적응의 두드러진 어려움, 집중과 주의력 장애, 조증(과잉) 행동, 그리고 이와 관련된 학습문제와 결합하여 나타난다. 따라서 이러한 종류의 문제를 열거하는 의뢰의 발달 배경에는 종종 (항상 그렇지는 않지만) 심각한 초기 방임과 학대가 관련되어 있다.

방임, 박탈, 그리고 학대는 사회적 맥락 전반에서 발생할 수 있는데, 다음에 열거한 바와 같다.

1. 광범위한 보호시설의 박탈은, 전부는 아니지만, 오늘날에도 일부 다른 나라로 입양된 아동들이 경험하고 있다. 이 아동들은 어린 시절을 크고 비인격적인 거주 기관에서 보냈는데, 개인적인 관심과 애정 어린 돌봄을 받을 기회가 충분하지 않았다. 그 결과, 몇몇 성인 부모와의 애착 관계를 형성할 기회도 부족하였다. 기관에서 발생한 박탈은 거주 기간과 정서적, 사회적, 감각적, 인지적, 영양 부족 정도에 따라, 아동의 정서적 · 사회적 · 인지적 발달에 지속적인 장애와 손상뿐만 아니라 심각한 지연을 초래할 수 있다.
2. 가족 내에서 결핍되어 있고 외상을 유발하는 초기 돌봄 관계는 극도로 불충분하고, 변덕스러우며, 학대적인 부모의 돌봄 패턴의 조합으로 인해 발생할 수 있다. 이러한 관계는 정신적 또는 신체적 질병, 가정 폭력과 학대, 또는 약물 남용과 같은 부모 자신의 문제와 종종 관련되어 있다. 아동들은 어린 시절부터 기본적인 신체적 욕구에 대한 간섭이 심한, 결핍된, 또는 예측할 수 없는 돌봄, 신뢰할 수 없고, 방해받고, 공감하지 않는, 또는 무심한 정서적 돌봄 관계, 반복되는 애착 인물 상실, 여러 명의 예측할 수 없게 바뀌는 양육자, 신뢰의 상실 그리고 관련된 환멸, 즉 폭력 및 다른 형태의 인격 학대, 그리고 형제자매에 대한 또는 부모 모습 간의 폭력을 목격하는 등의 조합에 노출되었을 수도 있다.
3. 초기 돌봄 관계의 불연속성은 쉽게 간과되지만 어려운 가족 환경에서 살고 있는 심리사회적으로 취약한 아동의 초기 어린 시절에서 빈번하게 나타나는 특징이다. 이는 슬픈 현실이지만 과거와 최근의 검토 모두 초기

개입과 아동 보호 개입의 질이 낮고 지속성이 결여되어 있다는 사실이 돌봄과 애착의 지속성에 대한 유아와 어린 아동의 욕구를 얼마나 훼손시킬 수 있는지 보여 주고 있다. 이 위험에 기여하는 요인들로는, 부모의 방임과 학대의 이전 가족력에 대해 전문가 팀이 충분히 감안하지 않는 것, 위기에 처한 아동의 정서적 욕구와 발달 상태를 평가하지 않는 것, 아동의 실제 신체적 및 정서적-인지적 건강에 대한 개입의 영향을 평가하지 않는 것 등이 있다. 또한, 부모의 기술을 향상시키는 것을 목표로 하는 개입의 영향은 거의 평가되지 않는다. 돌봄의 지속성이 중요한 것으로 입증되기 전에, 아동 보호 안전 개입의 의도치 않은 부작용은 많은 경우 어린 아이들이 수많은 사례 관리인과 지원 교사들에게 노출되고, 불안정한 정신 상태와 학대적인 부모의 가정과 출생 가족 네트워크 내의 단기 위탁 또는 거주 돌봄 시설 사이를 오가며 여러 번의 이동을 경험하는 것이었다. 이로 인해 여러 번의 입원, 그리고 일일 돌봄이나 거주형 부모-자녀 프로그램에서 여러 명의 다른 직원들과 만나는 등의 상황이 발생하였다 (Bunn, 2013; Griinbaum & Gammeltoft, 1993; Munro, 2011; Ofsted, 2015).

심리치료 효과의 전제 조건

생애 초기에 심한 심리사회적 박탈, 방임 또는 학대를 겪은 아동과 청소년들을 대상으로 한 심리치료는 치료자 또는 치료자의 지도감독자에게 이 분야에 대한 충분한 경험을 쌓을 것을 요구하는 어렵고 까다로운 과업이다. 언급한 바와 같이, 이 아동들은 해리성 삽화뿐만 아니라 파괴적 및 이상한 행동, 과잉행동, 사회적 적응 및 학습의 어려움 등의 여러 문제로 인해 이들 주변의 사람들이 이들의 행동을 참기가 어렵다고 느껴 의뢰되는 경우가 많다. 또 다른 어려움은 갑작스러운 기분 변화로 인해 화를 자주 내거나 소극적이고 멍한 상태가 되는 것이다. 아동은 치료에 대해 노골적으로 반항하거나 더 위장된 수동적인 저항을 보이는 경우가 종종 있다. 치료에서, 전이 관계는 결국 대부분의 치료자들이 견디기 어렵다고 느끼는 절망적인 무력감을 일으킬 수 있다. 따라서 이 치료는 오랜 시간 동안 치료자의 공감능력, 담아내기, 회복력, 인내, 그리고 개인적 권위에 큰 부담을 준다. 이것이 아마도 많은 전문가들이 이전에 이 집단의 아동을 대상으로 한 심리치료가 성공할 가능성이 없으며, 심지어 아동에게 해로울 수 있다고 주장한 이유 중 하나일 것이다. 그러나 아래에 나타난 바와 같이, 이러한 믿음은 오래전에 반증되었는데 이는 수많은 정성적 연구뿐만 아니라 사례 연구에서도 입증되었다(자세한 내용은 아래 및 제13장 참조).

이 아동들의 정신역동적 치료에 대한 첫 번째 체계적 연구는 일주일에 1~2회의 치료로 최대 2년 동안 타비스탁 클리닉에서 수행되었으며, 수년간 연구자들과 치료자들이 치료 경험을 모으고 분석했다(Boston & Szur, 1983). 이 연구의 보고에 따르면 대다수의 아동들은 상당한 개선을 보였는데, 특히 그들의 대인관계, 기분, 어른에 대한 자신감, 그리고 학습과 성찰능력에 있어 개선이 나타났다. 이러한 잠정적인 결과의 신뢰도와 타당도는, 안타깝게도, 높은 탈락률, 타당화되지 않은 평가 도구, 그리고 통제 집단의 결여로 인해 한계가 있었다. 그럼에도 불구하고, 이 연구의 주목할 만한 중요한 결과는, 지금까지 처음으로, 훈련된 아동 심리치료자들이 이러한 아동을 대상으로 의미 있는 치료를 할 수 있다는 것이 체계적으로 입증되었다는 것이다. 이 연구의 또 다른 중요한 정성적 결과는 이러한 치료가 공통적으로 가지고 있는 심리치료 과정의 주요 특징들을 처음으로 설명했다는 것이다. 이 결과는 이후 수많은 단일 사례 질적 연구를 출현시켰는데 이는 자신과 타인에 대한 아동의 경험, 치료 과정, 그리고 전이 관계의 본질 등에 대한 아주 중요한 새로운 이해에 기여하였다.

후기 아동기와 청소년기에, 초기 방임과 학대의 영향은 복합적이어서 특정 진단 범주들로 명확하게 구분되기는 어렵다. 이 문제도 윤리적 고려 사항과 불충분한 표본 크기 문제와 더불어 이러한 아동을 대상으로 한 잘 통제된 통계 연구의 구현을 복잡하게 한다. 따라서 양적 연구의 통계적 검증력은 종종 약하다(제13장 참조). 그러나 최근 몇 년 동안, 보다 엄격한 양적 연구가 이 집단과 부분적으로 중복되는 파괴적인 행동장애가 있는 아동 집단에서 심리치료의 좋은 효과를 강력하게 입증하고 있다.

초기 방임을 겪은 아동을 대상으로 한 다양한 종류의 심리치료에 대한 21개의 통제된 연구 프로젝트를 검토한 결과 이들 중 71%가 심리치료를 받지 않았거나, 평소와 같은 지역사회 개입(예를 들어, 교육적 지원만)을 받았거나, 아무런 지원을 받지 않은 아동보다 더 나은 상태를 보인 것으로 나타났다(Skowron & Reinemann, 2005). 분명히, 개인, 집단, 가족, 부모-자녀, 또는 다중-형식 형태의 치료 등 어떤 치료 방식을 적용하든 결과에는 아무런 차이가 없는 것으로 나타났다. 그러나 통상적인 결과와는 반대로, 치료자의 이론 틀은 치료 효과와 관련이 있는 것처럼 보였다. 결과는 정신역동적 치료(예: 정신분석적, 분석적, 실존적, 대인관계적 등)가 인지행동적 방법보다 조금 더 나은 결과를 보인다는 것을 보여 주었다. 정신역동치료가 특정 치료 목표와 평가 기법의 공식화보다는 치료적 관계에 초점을 맞추는 경향이 있다는 사실이 중요한 역할을 했을 수도 있는데, 이런 아동들은 종종 과업 지향적인 치료에 대한 동기부여가 매우 어렵기 때문이다. 아마도, 또 다른 기여 요인은 치료 기간의 차이였을 것인데, 인지행동치료는 일반적으로 정신역동치료(최소 1년)보다 기간이 상당히 짧기(최대 3개월) 때문이다.

더 체계적인 연구가 필요하기는 하지만 이 시점에서, 자격을 갖춘 개인 정신역동적 치료가 초기 방임과 학대로 후유증을 겪고 있는 아동의 회복에 중대한 기여를 할 가능성이 있다고 결론 내리는 것은 무리가 없어 보인다. 이렇게 기여를 할 수 있는 것은 비치료적 개입으로는 달성할 수 없는 정서와 성격 발달의 변화가 포함되어 있어서인 것으로 보인다. 오늘날, 널리 인정받고 점점 더 흔해지는 치료 방식은 개인 아동 · 청소년 심리치료를 특수교육, 심리교육 과정, 환경 치료와 같이 다양한 형태의 개입과 결합시키는 것인데 그 못지않게 중요한 것은 항상 부모 및 가족과 함께 하는 다양한 형태의 상담으로 보완하는 것이다.

이 집단을 대상으로 한 정신역동적 심리치료의 타당성과 효과를 위해서는 네 가지 조건이 필수 전제 조건으로 보인다.

1. 계속되는 상실, 방임, 학대를 완전히 끝내야 한다. 만약 아동의 생활 상황이 이런 면에서 개선되지 않는다면, 치료 효과와 유지 가능성이 저하되어 아동은 향후 정신적·신체적 건강 및 발달에 어려움과 장애를 겪을 뿐만 아니라 환멸이 심화될 위험에 처하게 된다.
2. 심리치료의 기간과 빈도는 이전 박탈과 학대의 정도와 기간뿐만 아니라 아동의 현재 심리장애와 고통의 심각도와 복잡성 모두 부합해야 한다. 따라서 충분한 심리치료는 유익하고 지속 가능한 효과의 필수 전제 조건으로 보이며 너무 드물고 짧은 치료는 아동의 병리를 악화시킬 위험이 있다. 우리의 경험으로 볼 때 우리는 일반적으로 일주일에 적어도 2회 진행하는 심리치료를 최소 2년 동안 지속하는 것을 추천한다.
3. 치료 환경과 치료 방식의 일부 수정. 이유와 방법은 아래에 설명되어 있다.
4. 현재 양육에 책임이 있는 성인과 아동이 치료를 받는 기간 동안이라도, 가능하다면 그 이상 작업을 유지하기. 보호시설에 있는 아동의 경우 아동 심리치료와 부모 상담은 입소를 담당하는 아동보호 전문기관이 참여하는 지속적인 전문가 팀워크에 포함시켜야 한다. 또한, 가능하다면 친부모 한 명 또는 모두 성찰할 수 있는 시간을 갖게 하거나 최소한, 아동보호 전문기관과 정기적인 연락을 하는 것이 아동에게 유익할 수 있다.

심리치료 과정과 관계

일반적으로 이러한 아동과 청소년의 심리치료 과정은 전이 관계에 대한 상대적 기여도가 다음과 같은 방식으로 달라지는 세 가지 입장 사이를 끊임없이 왔다 갔다 하는 것이 특징이다.

1. 아주 초기부터, 자기 자신, 자신의 대인관계, 자신의 정체성 및 자신의 실존적 문제에 대해 알고자 하는 동기를 엿볼 수 있는 기회가 잠깐씩 나타난다. 이러한 기회는 주목하고 생각해 볼 중요한 것들이지만 안타깝게도 아동과 치료 관계를 만들어 가는 어려움으로 아주 쉽게 사라질 수 있다.
2. 오랜 기간 동안 아동은 치료자에게 마지못해 하는 수동성, 매서운 경계심, 반항적인 무시, 또는 반대로, 인위적으로 아첨하는 달콤한 방식으로 치료자에게 대할 수 있다. 이러한 방어적인 관계 방식은 진실한 정서적 소통을 방해하며, 치료자의 역전이에서 진정한 정서 접촉이 불가능하다는 절망적이고 희망이 없는 느낌으로 울려 퍼질 수 있다.
3. 일부 아동의 경우, 갑작스러운 충동과 조증 상태가 자주 발생하여 아동의 자기통제와 성찰하는 능력을 완전히 압도한다. 이러한 상태에서는 절망적이거나 가학적인 공격적 충동, 감정, 환상이 아동의 의식을 휩쓸어 치료 환경, 치료 또는 치료자에 대한 격렬하고 종종 망상적인 공격으로 이어질 수 있다. 이러한 삽화의 영향은 무력감, 과잉 경계, 직업적 헌신을 철회하려는 경향과 같이 치료자의 역전이에 울려 퍼질 수 있다.

대개, 아동의 치료 동기는 찰나의 순간에 나타나기 때문에 치료자가 쉽게 놓칠 수 있다.

여덟 살의 바버라(Barbara)는 전속력으로 놀이치료실로 뛰어든다.

바버라는 재빨리 펠트팁 펜과 종이를 찾으며, 동시에 "뭔가 어려운 것……"을 했다며 거의 이해할 수 없는 말을 한다. 바버라는 문장의 중간을 끊고, 다음 순간 의기양양하게 분명히 말한다. "나는 나 자신을 그려, 아니, 이건 엄마야, 이건 너야, 너, 너. 봐, 네가 얼마나 못생겼는지, 완전히 까매, 호호호." 바버라는 그림을 검은색으로 칠하고, 의자를 쓰러뜨리고, 그림을 쓰레기통에 버리고 방의 다른 쪽 끝에 있는 모래상자로 달려간다. 바버라는 나에게 등을 돌려 바닥에 모래 한 줌을 던졌다. (나는 당혹스럽고 무슨 일이 일어나고 있는지 이해하지 못한다. 나는 거절당한 기분이 들면서 이 치료에 대해 정말 회의적으로 느낀다.) 나중에야 지도 감독을 통해, 내 상담 기록에서 내가 희망적인 시작, 바버라의 초기 열의, 어려운 생각에 대한 바버라의 언급, 그리고 뒤이어 바버라의 갑작스런 감정 변화를 꼼꼼하게 묘사했다는 것을 알게 되었다.

초기의 부정적인 관계 경험은 아동의 주관적인 내면세계에 상처받기 쉬운 관계성을 남겼을 수도 있는데, 이는 고통스럽게 분리되고 양가적이며, 혼란스럽게 혼합된 종종, 대개 부정적인 전이 감정을 자주 일으키는 대상관계를 중심으로 조직된 것으로 보인다. 긴 초기 단계에서 많은 아동은 불안정하고 실망스러운 부모와의 관계에서 반복되는 상실과 재회 경험으로 인해 발생하는 공격적인 감정, 부인된 갈망, 또는 혼합된 감정을 인정하지 못한다. 따라서 대부분의 시간 동안 치료자는 깊이 느끼는 주관적인 생존 전략에 대해 민감하게 시기를 맞춰 해석하는 것과 조롱과 적대적인 공격을 확고하게 수용하는 것 사이의 섬세한 균형을 유지해야 한다.

때때로, 역전이에서 치료자는, 예를 들어 아동의 작업 동기와 내면 상태와 외부 현실을 구분하는 능력이 혼란스러운 패턴으로 오락가락하는 경우, 적절한 지리적 및 정신적 거리를 유지하는 것이 거의 불가능하다고 느낄 수 있다. 또한, 치료 관계에서 암묵적으로 제공되는 정서적 이해와 친밀감이 상처, 상실, 그리고 갈망의 고통스러운 감정을 다시 불러일으키는 경향에 매우 주의를 기울여야 한다. 오랫동안 아동은 이러한 감정을 자신의 내면세계의 일부로서 소유하는 것은 물론 인식하거나 담아내고 싶어 하지 않을 수 있으며, 대신에 박해받는다고 느끼거나, 치료자가 의도적으로 고통스러운 기억을 일으키는 말이나 행동을 하여 자신을 괴롭히고 싶어 한다고 믿고 있을 수도 있다.

전지전능한 마음 상태와 감정적으로 압도된 마음 상태

언급한 바와 같이, 치료 관계의 암묵적인 면인 이해하려는 노력은 시간이 지남에 따라 오랫동안 얼어붙었던 다정한 부모의 돌봄에 대한 갈망을 녹여내어 이전에는 느끼지 않았던 외로움의 고통스러운 공허함, 환멸, 그리고 관련된 절망과 분노와 같은 감정을 표면으로 끌어올릴 수 있다. 이런 종류의 고통스러운 감정은 아동의 견고한 방어 전략을 전복시킬 수 있는 위협이 된다(Henry, 1974). 따라서 치료가 초기에 생산적으로 시작된 이후 일부 아동은 치료를 위협으로 인식하게 되는데, 이 경우 치료 과정은 점점 더 어려워진다.

아동이 안정적이고 주로 우호적인(충분히 이용 가능하고, 공감적이며 견뎌 주는) 부모 관계를 내면화하는 데 있어 결함이나 장애가 있으면 나중에 아동이 치료를 시작할 때 치료자를 전반적으로 불안정하고 조절이 안 되며 버림받고 학대하는 인물로 인식하게 되는 경우가 많다. 치료자가 얼마나 믿을 만하고 민감한가와는 상관없이, 치료자는 어쩔 수 없이 때때로 아동을 오해하기도 하고 일시 중단 동안, 그리고 치료 시간 사이에 자리를 비움으로써 아동을 실망시킨다. 아동은 이것을 어른을 신뢰해서는 안 된다는 확증으로 인식할 수 있는데, 이것은 아동의 내면세계에서 비온이 '이름 없는 두려움'이라고 명명한 것과 유사하게 견딜 수 없는 고통, 불안한 혼란, 그리고 외상으로 압도된 마음 상태를 불러일으킬 수 있다.

반복해서 발생하는 혼란스러운 초기 관계 경험은 발달에 깊은 영향을 미칠 수 있어서 유아는 자신이 너무 이르게 발달시킨 방어 반응에 의지하는 것 외에 다른 선택의 여지가 없는 외상에 대한 초기 발달 적응의 형태를 일으킬 수 있다. 따라서 억제되거나, 이상하거나 또는 충동적인 행동 반응의 주관적 의도는 외부 사건, 그리고 외부 사건과 관련된 외상적 혼돈을 최소한 어느 정도는 통제하는 것을 목표로 하는 초기의 방어 패턴과 관련이 있을 수 있다. 치료 중에 심한 스트레스를 받을 때 일부 아동은 뒤로 물러서서 초기 방어 전략을 연상시키는 방식으로 반응할 수 있다. 예를 들면, 정신적, 때로는 신체적 차단으로 갑자기 잠이 들거나, 리듬을 타며 흔들거나, 멍해지거나, 갑자기 멈추거나, 또는 달래거나 매달리는 행동 패턴을 반복하는 경향이 있다(제12장 참조).

네 살 조셉(제5장에 상세하게 설명함)은 광적으로 흥분한 상태로, 수도꼭지를 최대로 틀곤 해서 놀이치료실 바닥을 물로 넘치게 하거나, 모래로 가득 찬 양동이를 주위에 던지곤 하는 경우가 많았다. 내가 그렇게 하지 못하도록 하자 조셉은 좌절하여 다리가 4개인 낮은 커피 탁자 밑에 기어들어 가곤 했는데, 커피 탁자에 조셉은 엉금엉금 기어가 쭈그리고 앉아서 조용한 상태로 얼마 동안 리드미컬하게 앞뒤로 흔들고, 가끔 자기 머리를 벽에 부딪치곤 했다. 이런 상태에서, 조셉은 말이나 접촉에 대해 반응을 하지 않았다. (내 역전이로, 나는 이런 행동을 보는 것이 마냥 고통스러웠고, 인원이 턱없이 부족했던 주거시설에서 아동용 침대에서 한 살 반 아동들을 관찰했던 첫 직장생활 기억이 떠올랐다.

같은 시기에 조셉의 부모는 차로 조셉을 주거시설로 데려가 조셉의 병동을 방문할 생각이었다고 나에게 말했다. 하지만 이들이 주차장에 들어갔을 때 조셉은 완전히 붕괴되어 소리를 지르면서 차 내부에 자신의 머리를 부딪쳤다.

어떤 문제를 가지고 있든, 모든 연령의 아동들은 상징적 놀이와 그림에서 표현되는 전능적 환상 속에서 혼란과 고통을 일시적으로 피할 수 있다. 하지만 여기서 설명한 아동들은 이와 동시에 상징적 놀이를 강제적인 행동으로 대체하는 경우가 많은데, 이는 치료자와 아이의 역할을 역전시키려는 무의식적인 시도일 수 있다. 이 아동들은 방임, 학대, 상실을 극복하기 위해 성숙한 기술 숙달에 의존해 왔으며, 이는 강제적 행동 경향에 영향을 줄 수 있다. 아동들은 가짜 성인 역할을 불안하게 방어하는데, 치료 작업의 시작점으로서 치료자는 이러한 능력의 가치를 과소평가하지 않는 것이 중요하다는 사실은 이해할 만하다. 이러한 방어는 아동들의 개인력에서 생존과 관련된 의미가 있을 수 있다.

공격 행동을 담아내고 이해하기

치료자와 치료 관계를 통제하고자 하는 아동의 욕구는 미묘한 상황을 만드는데, 이는 치료자의 사소한 실패와 오해로도 쉽게 균형을 잃을 수 있다. 이는 관심, 이해, 그리고 애정에 대한 인정받지 못하거나 거부된 아동의 갈망과 라포를 형성하기 위한 적절한 거리나 위치를 찾는 문제와 연결되어 있다.

쌓여 가는 불안, 폭발적인 감정, 그리고 이와 관련된 자기통제의 상실을 이해하고, 예방하기 위해 치료자는 자신의 역전이와 아동의 덜 명확한 반응 모두에 섬세하게 주의를 기울여야 한다. 치료자는 아동이 치료자의 의사소통을 너무 강렬하고 침범당한다고 느끼지 않으면서도 너무 멀리 떨어져 있어서 닿을 수 없거나 단절되었다고 느끼지 않도록 적절하게 자신의 위치를 조정해야 한다. 구체적인 지리적인 의미에서, 치료자는 놀이치료실에서 치료자 자신이 어떻게 위치할지 생각해 볼 필요가 있다. 정서적인 그리고 상징적인 의미에서 치료자는 자신의 목소리, 얼굴 표정, 그리고 단어 선택에 대해 인식해야 한다. 치료자의 언어적 의사소통과 관련하여, 특히 감정이 강렬한 동안에는 행동, 감정, 동기에 숨겨진 특정한 의미를 부여하고 이 의미를 아동에게 귀속시키는 '왜'와 '누구'에 대한 자세한 해석을 삼가는 것이 가장 좋을 수 있다. 이처럼 강렬한 순간에는 단순히 느껴지는 것을 묘사하는 것이 도움이 될 수 있다. 즉, 앨버레즈(Alvarez, 2010)가 경험의 '본질(whatness)'이라고 명명한 표현을 사용하여, 왜 그리고 누구에 의해 느껴지는 것보다 우선시하는 것이 더 도움이 될 수 있다.

아동 · 청소년 치료자들은, 보통 자신의 능력이 닿는 대로, 해석과 이러한 명확한 설명 사이에서 세심하고 건설적인 균형을 유지하려고 노력하지만 그럼에도 불구하고 때때로 고착된 난관이나 압도적인 혼란에 부딪칠 수 있다. 따라서 압도되고 혼란스러운 마음 상태에 있는 아동이 치료자에게 자신의 이전 경험인 방임, 공감 부족, 수동성, 일관되지 않은 반응, 또는 심지어 중대한 비행과 일부 유사한 행위에 대해 비난을 퍼붓는 것은 매우 흔한 일이다. 아동은 현재 순간의 감정에 고통스럽게 휩싸이기 때문에, 이런 유사성을 직접적으로 언급하는 것은 보통 도움이 되지 않는다. 하지만 나중에, 아동이 자신의 정체성과 치료적 관계를 적극적으로 질문하고 탐색할 때 말을 꺼내는 것은 유용하다.

그럼에도 불구하고, 아동이 치료실 또는 치료자에게 모래, 물, 또는 주변의 장난감을 던지는 식으로 화를 직접적인 공격으로 표출한다면, 정서적인 긴장을 완화시키고 치료적 중립성과 거리를 늘리는 것이 보통 중요하다. 만약 그렇게 해도 아동의 흥분한 상태를 해소하거나 한계를 설정하지 못한다면 핵심 목표는 경계, 치료 환경, 아동과 치료자 자신의 안전을 단호하게 보호하고 누구도 신체적으로 다치는 일이 없도록 하면서 담아내는 마음 상태를 유지하는 것이다. 앞에서 언급한 바와 같이, 치료 시간을 빨리 끝내는 것이 필요한 경우가 있다(제4장 참조).

이러한 치료에서, 치료자는, 언급한 바와 같이, 그들 자신의 역전이에 특히 주의를 기울여야 하는데, 역전이는 감당할 수 없는 상황을 예방하는 데 필요한 결정적인 정보를 제공한다. 치료자들은 빈곤해지는 느낌이 늘어나고 치료 역량이 약해지는 것에 주의를 기울임으로써 자신의 안녕감과 마음 상태를 검토하려고 한다. 따라서 아동의 혼란스러운 해리 그리고 절망적인 분노로 반복해서 무너지는 것은 어떤 치료자의 회복탄력성이라도 약화시킬 수 있는데, 치료자는 공격적인 회피, 평가절하, 그리고 경멸에 지속적으로 노출되는 것을 자신이 영향을 미칠 수 없는 끝없는 모욕으로 느낄 수 있다. 이러한 행동은 통제하기 어려우며 치료자에게서 운명론적이고 도덕주의적인 태도를 불러일으킬 수 있다. 또한 이는 실질적으로 아동을 보복, 사회적 고립, 또는 추방에 처하는 이상화된 개입 경향을 유발할 수 있다. 따라서 심각한 초기 방임을 겪은 아동과 청소년은 후기 아동기와 청소년기에 치료와 일상생활에서 초기의 착취적이고 학대적인 관계를 무의식적으로 재연할 위험성이 있다. 이러한 현상을 헨리(Henry, 1974)는 '이중 박탈(double deprivation)'이라고 명명하였다.

아동의 궁극적인 자제력 상실 이전에 나타나는 흔한 단계는 자신의 장난감이나 창의적 작품에 대한 절박한 공격이나 노골적인 자해 행위일 수 있다. 여기에는 곰인형이나 껴안을 수 있는 좋아하는 장난감에 대한 가슴 아픈 폭력이 있을 수 있는데, 인형은 잘려서 속에 있는 내용물이 나온다거나 털이나 팔다리가 잘리는 것과 같이 잔인하게 공격을 당한다. 이러한 상황에서, 치료자는 수동적으로 무감각하게 있지 않으면서도 도덕주의적으로 금지하는 태도로 개입해야 한다는 강박관념도 갖지 않는 것이 중요하다. 필요한 것은 일부는 자기에게 향하고 또 일부는 밖을 향해 있는 절망을 견디는 것이다. 이러한 상황에서, 중립적인 태도로, 치료자는 가해자와 무력한 희생자의 역할로 나타날 수 있는 감정과 환상을 침착하게 설명해야 한다. 언급한 바와 같이, 재치 있게 역할 선정을 열어 놓고 아동이 두 역할 중에 어느 하나로 동일시하도록 강요하지 않는 것이 중요하다. 따라서 치료자에게 실질적인 이해와 간섭하지 않는 거리를 취할 수 있는 역량이 있다면 아동은 격렬하게 실행하지 않고 놀이와 행동을 통해서 테디베어를 유기된, 학대받은, 원치 않는 유아로 의인화할 수 있는데 이는 가혹하거나, 신뢰할 수 없거나 혹은 연약한 부모상과 대비된다. 이러한 일이 일어날 때, 아동은 종종 치료자가 테디베어의 감정에 대해 신중하게 표현한 언어적 설명을 소화할 수 있다.

아동의 내면세계에 있는 적대적인 형제자매 상

초기 방임과 학대를 겪은 아동들은 일반적으로 놀이치료실에서 다른 아동들의 흔적에 몹시 예민하다. 마찬가지로 이들의 치료에서 우세한 주제는 종종 적대적인 형제자매와의 치열한 경쟁 위협이다. 때때로, 이는 친가족, 입양가족, 위탁가족, 혹은 주거시설에서 폭력적인 형제자매 관계나 또래관계와 같은 초기 또는 심지어는 현재의 경험과 유사점이 있다. 하지만 이것 또한 아동의 전이와 관련된 환상일 수 있다. 이 환상에서 아동은 결핍과 욕구의 감정 상태를 극심한 불안과 질투의 환상과 무의식적으로 동일시하며, 치료자가 다른 좋아하는 아동들에게만 신경을 쓰고, 그 아동들이 자신에게 주어졌어야 할 모든 관심과 애정을 빼앗아 가고, 모든 좋은 것을 누리고 있다고 여긴다.

이와 관련하여, 아동이 갑자기 절망하여 장난감 상자에서 특정 인형이 사라졌다거나 좋아하는 인형이 망가졌다거나 그림이나 제작물이 볼품이 없다거나 엉망이 되었다고 할 때 이에 대한 흔한 이유는 이전의 치료 이후에 인형의 집 가구가 옮겨졌거나, 혹은 모래 상자의 모래가 물에 젖었다는 것을 전의식 수준에서[Smith(1990)가 '전이의 지각 가장자리에서'로 명명한 것과 같이] 알아차렸을 수 있기 때문이다(제5장 참조). 만일 그렇다면, 순식간에, 좋은 작업 관계는 혼돈스럽고 비협조적인 거부로 바뀔 수 있는데, 이는 공격적으로 침범하는 형제와 적대적 동맹을 맺은 무관심한 부모에 대하여 거부당하고 학대받는 아동이 등을 돌리고 숨긴 비밀스러운 놀이를 하는 것으로 나타날 수 있다. 이러한 강렬한 박해 감정과 공격적인 형제자매와 부모 사이에 적대적인 동맹에 대한 환상은 이러한 치료에서 자주 나타나며 정신적인 침수, 신체적 반응, 그리고 격렬한 공격의 이면의 주관적인 원인으로 작용한다. 게다가 이러한 마음 상태는 상당 기간 동안 두드러지며 개선하는 것이 매우 어렵다. 따라서 아동의 정서적 내면생활에서, 즉 사랑하고 미워하는 감정 사이의 균형에서 진정한 변화의 첫 번째 지표 가운데 하나는, 다른 아동들을 지독하게 적대적인 형제자매

상에서 좋은 정서적 특징과 나쁜 정서적 특징을 모두 가지고 있는 또래로서 보는 일반적인 혼재된 관점으로 변화하는 것에서 볼 수 있다.

또한 이런 아동들에게는 초기 몇 년 동안 형제자매 또는 형제자매 같은 또래와의 긴밀한 애착이 생명을 구하는 부모 같은 역할을 했을 수 있음을 치료자가 기억하는 것이 중요하다. 성인과 독점적인 관계를 형성하기 위해 응집력 있는 형제자매 집단을 떠나도록 하는 개인 심리치료의 암묵적인 초대는 심각한 죄책감과 생존과 관련된 불안을 불러일으킬 수도 있다. 그것은 심지어 위험한 항복으로 느껴질 수도 있는데, 이러한 경우에는 치료를 시작할 때 시간을 조금 더 할애해서 형제자매 집단을 치료적으로 지지하고 탐색하는 것이 필요하다. 이 접근의 목표 중 하나는 아동과 (가능한 경우에는) 이들의 부모 또는 보호자가 각 아동의 개인적 욕구와 특성을 구분하고 설명하는 명확화 과정을 지원하는 것이다(Grünbaum, 1998). 또 다른 목표는 또래 집단의 압력을 줄여서 돌봐주는 성인에 대한 신뢰와 애착이 발달하기 위한 공간을 만드는 것이다. 이러한 노력이 성공한다면, 형제자매간의 시기 및 질투와 관련된 내용이 더욱 두드러지게 될 가능성이 있으며 이를 위해 아동의 현재 보호자들은 정서적으로 준비되어 있어야 한다(A. Freud, 1955; A. Freud & Dann, 1951).

특히, 깊은 환멸을 경험했던 아동의 경우에 아동이 회복의 기로에 서 있을 때 어려운 분리가 일어날 수 있다는 것을 치료자는 인식해야 한다. 따라서 부모와 교사는 치료실이 아닌 일상생활에서 아동의 사회적 발달과 정서적 발달이 현저하게 진전되고 있음을 보고하는 반면에, 치료에서 치료자에 대한 아동의 행동과 태도는 점점 가학적이고 적대적으로 변하고 있다. 이것은 복합적인 상황을 나타낸다. 설사 아동의 가학적인 행동이 반사회적인 비행 청소년 집단과 깊은 공격적인 동일시를 보인다고 하더라도 치료자에 대한 전이에서 보이는 가학적인 행동은 돌봐 주는 대상에 대한 거부당한 의존심에 의해 유발된 불안으로부터 보호해 주는 기능을 무의식적으로 한다. 만일 그렇다면, 한동안 조증 상태와 배타적이고 반사회적인 비행 청소년 집단에 대한 이상화가 평범한 형제자매 같은 또래 집단의 구성원이 되고자 하는 우울한 갈망을 이길 수 있다(Grünbaum, 2014).

이 특정한 조합인 조증 행동, 평가절하적 거부, 그리고 동질적이고 적대적인 또래들과 함께 성인 권위에 대한 음모적 환상, 특히 치료자에 대한 음모적 환상의 기원은 깊은 분리와 성인 및 성인이 대표하는 모든 것에 대한 의심에 있다. 더 나아가, 이러한 정신 상태는 아동의 마음속에 계속해서 숨겨진 채로 존재하는 분리된 주머니 형태의 비밀 환상들, 즉 말할 수 없는 두려움을 억제하기 위해 전능한 동일시를 유지하는 비밀 환상들이 있음을 나타낸다. 앞서 언급한 바와 같이, 이는 무의식적인 폭력적이고 무서운 내적 대상에 대한 환상과 연결된 것으로 보이며, 이 내적 대상은 이들의 외형에서 나이와 성별의 차이를 혼합하고 흐리게 하여 기괴하게 결합된 형제-부모 쌍의 주관적 내적 이미지를 만든다.

초기 방임과 학대를 겪은 아동들은 안정된 정체성을 발달시키는 데 있어서 특별한 시험대에 놓이게 된다. 가족적 비극의 견디기 어려운 과거로부터 자신의 정체성을 훈습하고 통합하고 분리할 때, 청소년은 한동안 또래 집단 구성원에 대한 다소 전능한 환상에 의지할 필요가 있다. 따라서 치료 후반부에, 정체성 문제를 다루게 되면 또래 집단 또는 비행 청소년 집단의 구성원과 관련된 문제가 종종 제기된다. 그러한 환상의 병리적인 방어적 측면과 일반적인 발달적으로 건강한 분화를 구분하는 것은 어려울 수 있다. 여기서 아동은 다소 더 많은 자율성을 얻기 위해 부모상에 대한 유아의 의존성을 분리하는 수단으로 또래 집단을 이상화한다. 안타깝게도, 청소년이 너무 조기에 자신이 회복되었고 그래서 치료가 더 이상 필요 없다는 것을 부모와 또는 의뢰 기관을 설득시키는 경우가 종종 있다. 하지만 또래 집단에 대한 이상화가 절정일 때 치료를 끝내는 것은 문제가 된다. 특히, 후기 잠복기/초기 청소년기에 있는 아동은 외부 세계에서의 행동 개선뿐만 아니라 내면의 발달도 중요한 실제적이고 지속적인 변화라는 사실을 받아들여야 하기 때문이다. 이는 아동에게 부정된 의존성과 진정한 자율성 사이의 실존적 선택을 맞닥뜨리게 한다. 이러한 문제가 핵심으로 등장하면, 치료자는 또래 집단 구성원이 될 것인가 아니면 비행 청소년 집단 구성원이 될 것인가에 대한 아동의 선택에 대해 이야기해야 한다. 이 시점에서, 치료자는 아동이 이것은 운명의 문제도 아니며, 양자택일의 문제도 아님을 이해하도록 해야 한다. 이것은 일반적의 삶의 딜레마 가운데 하나로서 직면해야 하고 또 오이디푸스 딜레마와 같이 아동이 자신의 해결책을 찾기 위해 해결해야 할 발달 딜레마인 것이다.

심리치료 전략: 초기 방임과 학대 극복하기

다음에 요약하는 추천하는 전략은 개인 경험과 아동 청소년 치료 사례 연구를 검토한 자료를 바탕으로 한 것이다(Grünbaum, 2014; Moestrup, 2016).

1. **확고하게 정의되고 안전한 환경 내의 능동적인 중립성**

   한편, 치료자는 변화에 대한 아동의 잠깐의 진정한 감정과 동기를 포착하고 언급할 수 있도록 주의 깊게 관찰해야 한다. 또 다른 한편으로, 치료자는 갑작스러운 충동적, 공격적, 또는 공황에 빠진 방어적 공격이 환경, 치료사 또는 아동 자신에게 가해질 경우, 단호한 권위로 신속하게 개입할 준비가 되어 있어야 한다.

2. **거리와 관련한 딜레마에 대한 섬세한 관찰**

   아동과 자신의 역전이에 대한 관찰에 근거하여, 치료자는 아동과 자신 간 공간적인 거리와 정신적인 거리를 지속적으로 지켜봐야 한다. 이는 너무 가까워져서 지나치게 강렬하고 무서운 관계가 되지 않도록 노력하고 또는 너무 멀리 가서 피상적이고 활기 없는 관계가 되지 않도록 노력하는 것이다. 이는 갓 태어난 연약한 신생아에 비유할 수 있는데 신생아는 부모가 현재 이용 가능한 감각적 및 의사소통 채널뿐만 아니라 휴식이 필요한 시기에도 완전히 수용적이고 조율된 상태로 있어야 한다.

3. 안전한 환경에서 해석

해석하기 전에, 치료자는 아동이 해석을 어떻게 이해하고 반응할지 심사숙고해야 한다. 결국에는, 감정과 무의식적 환상에 대한 해석은 아동의 자기 통찰력, 담아내기, 그리고 통제를 용이하게 하는 것을 목표로 하는데 이는 아동이 유쾌하건 불쾌하건 자신의 감정을 자기 것으로 할 수 있도록 돕는 것이다. 이를 위해, 긴 초기 단계에서 치료자는 아동이 심인성 통증이나 충동적인, 외현화된, 또는 자해하는 행동에 의존하지 않고 정서적 경험을 견딜 수 있는 자신의 능력과 신뢰할 수 있는 도와주는 사람으로서 치료자에 대한 신뢰를 천천히 쌓아 간다는 점을 알아야 한다.

4. 역전이 감정과 환상을 담아내기

건설적으로 개입하기 위해, 치료자는 항상 자신의 역전이에 대해 마음을 다하여 의식해야 한다. 하지만 치료자는 끈기 있게 기다릴 수 있어야 하고 자신의 인상을 억제할 수 있어야 한다. 이는 개입할 적기를 찾는 것은 아동이 듣고 견딜 수 있는 능력을 관찰하는 데 달려 있기 때문이다.

5. 해석이 아동에 미치는 영향을 고려할 때 세심한 관찰, 적절한 시기, 그리고 정확한 표현이 중요함

특히 상실, 갈망, 실망, 환멸, 절망, 그리고 관련된 경험들과 같은 고통스러운 감정을 언급할 때, 치료자는 아동에 대한 자신의 관찰을 바탕으로 할 필요가 있는데 이는 아동이 정서적 거리를 유지할 수 있도록 잠정적이고 과하게 구체적이지 않게 자신이 이해한 바를 표현하는 것이다. 여기에는 아동 스스로 채울 수 있는 충분한 열린 공간을 마련하는 해석이 있을 수 있다. 이 해석은 아동에게 감정과 행동이 같은 것이 아니라는 것을 상기시키는 것이며 또한 아동이 어떤 감정을 가지고 있던 치료자와 치료가 살아남을 수 있다는 것을 의미하는 것이다.

6. 상징적 사고(정신화)의 어려움

이런 아동 중 상당수가 전이 해석의 가상적(as-if) 특성을 이해하기 어렵다고 느낀다. 그러므로 자신의 전이 역할을 해석할 때, 치료자는 구체적인 용어로 아동과 관련한 자신의 실제 역할을 명료화하는 설명을 덧붙이는 것이 적절하다. 물론 아동에게 치료자가 부모만큼 중요하지는 않다고 말할 수 있다. 하지만 그럼에도 불구하고 대부분의 아동은 치료에서 휴일과 다른 일시 중단을 초기 상실과 분리를 상기시키는 것으로 경험한다.

7. 이중 박탈의 위험에 대한 자각

아동에게서 나오는 절망, 쓸쓸하고 애정에 굶주린 상태, 부러움, 그리고 정서적 궁핍은 치료자의 역전이에 울릴 뿐만 아니라 협동 상담에 퍼질 수도 있다. 이는 아동의 실제 관계, 그리고 전체적인 치료 조직을 담당하고 있는 부모와 지역사회 복지사와의 치료 동맹을 위태롭게 한다. 따라서 아동과 부모를 대상으로 치료하는 치료자들에게 있어 한 가지 중요한 과업은 전문가 팀이 감정과 관점을 환기하고 자신들의 노력이 아동 발달에 미치는 영향을 의논하기 위해 정기적으로 만날 수 있는 기회를 마련하여 이러한 참을 수 없는 경험과 감정이 쌓이지 않도록 예방하는 것이다.

8. 해리된 정신병적 사고의 방어적인 부분에는 복합 외상에 이르게 한 실제 경험의 핵이 포함되어 있을 수 있음

초기 관계 장애, 박탈, 그리고 학대는 종종 아동의 현실 인식에 있어 특정한 취약하고 불안정한 상태를 남긴다. 그러므로 특정 시점에서, 치료자는 한편으로는 외상을 초래하는 과거의 압도적인 실제 사건과 다른 한편으로는 애정을 갈구하는 상태, 무력감, 질투, 그리고 절망적인 분노와 슬픔으로 가득 찬 내적 현실을 구분하는 아동의 능력을 확인해 줄 필요가 있다.

9. 상실, 방임, 학대의 고통을 훈습하는 것

치료의 핵심 부분이 아동의 과거 고통스러운, 주관적인 기억들을 극복하는 것을 중심으로 다루는 것이라고 하더라도 이것은 치료가 시작되는 곳이 아니다. 치료 초기에, 아동 또는 청소년은 보통 이러한 사건 및 관련된 고통을 감정을 드러내면서 이야기하는 것이 불가능하다. 치료적 관계, 특히 아동이 치료자에 대한 자신의 우울한 감정을 담아내고 인식할 수 있는 전이 양상의 능력이 발달되는 것이 필요한데 이는 이 능력이 더 깊고 진정한 정서적 공명과 초기 대상 경험과 관련된 기억을 다시 일깨우고 생생하게 할 수 있기 때문이다.

제12장

복합 외상을 겪은 아동을 대상으로 한 심리치료

이 장에서는 반복적이고 장기간에 걸쳐, 의도적으로 가해진, 복합 외상의 광범위한 후유증을 겪는 아동 및 청소년을 대상으로 한 심리치료에 대해 다루고 있다. 따라서 급성 외상 후의 예방적 대규모 개입 및 사후 보고와 최근 단일 외상 경험에 따른 외상적 스트레스 반응을 다루기 위한 단기 개인 치료(보고 및 예방적 심리치료 포함)는 포함되지 않는다.

외상, 외상화, 방임, 학대, 박탈이라는 개념들의 공통 요소는 부정적인, 외적 사건과 이러한 사건들을 경험하는 사람의 주관적 반응 간 상호작용이다. 그 결과 초기 방임 및 학대, 그리고 관련한 초기 외상의 후유증을 겪는 아동과 복합 외상의 영향을 받고 있는 아동 간에는 어느 정도 겹치는 부분이 있다. 따라서 복합 외상의 영향으로 고통받는 아동들은, 반드시 그런 것은 아니지만, 초기 방임과 학대의 후유증으로 고통받는다. 이러한 서두적인 단서가 불필요하게 신중하게 보일 수도 있다. 그럼에도 이렇게 포함시킨 이유는 우리의 임상 경험에서 보면 이 두 집단의 아동을 대상으로 한 치료 과정은 상당히 다르기 때문이다.

외상화란 무엇인가

지금은 고전이 된 아동기의 다양한 외상 노출에 대한 개관에서 파이누스(Pynoos, 1993, p. 208)는 고의적이고 의도적인 폭행의 정도에 따라 네 가지 주요 범주를 구분하였다.

1. 대규모든 소규모든 자연재해 및 기술적인 재해로 인한 무작위의 재앙으로서 여기에는 지진, 화재, 쓰나미, 원자로 사고 등이 있다.
2. 아동과 아동의 가족이 우연히 당하게 된 무작위의 사고로서 여기에는 교통 참사, 화재, 돌발적인 총격 등이 있다.
3. 가족 내 그리고 가족 외, 의도적인 폭행으로서 다음과 같은 것이 있다.
   ① 범죄 조직에 의한 납치, 인질 상황, 지역사회 폭력
   ② 정치적, 민족적, 또는 종교적인 박해;
   ③ 국가 간 전쟁 및 내전, 테러, 고문;
   ④ 강제수용소 수용
   ⑤ 신체적, 성적 학대 및 타인에 대한 폭력 목격(예를 들어, 근친상간, 강간, 살인, 배우자 간 폭력, 자살 행위).
4. 생명을 위협하는 질병과 그에 따른 의료적 처치는 치료나 완화에 목적을 두기 때문에 성격이 다르다. 그럼에도 불구하고, 질병, 그리고 관련 의료 행위 모두 병에 걸린 아동뿐만 아니라 아동의 형제자매, 부모, 그리고 조부모에게도 반복적인, 광범위한 고통을 유발할 수 있으며 따라서 이들 역시 복합 외상화의 위험에 노출될 수 있다.

앞에서 시사한 바와 같이 그리고 사이럴닉(Cyrulnik, 2001)이 강조한 바에 따르면 외상적인 사건은 보통 두 번 충격을 준다. 첫 번째 타격은 외부에서 오는

잠재적으로 외상을 유발하는 사건으로부터 오며 이는 아동의 일상생활과 애착관계에 즉각적이고 파괴적인 결과를 가져온다. 두 번째 타격은 이러한 외부 사건에 대한 개인의 심리적 반응으로 구성되어 있는 내적 세계에서 비롯된다. 따라서 위협적인 외부의 사건이 얼마나 무섭고 지속되는지에 상관없이, 외적 사건들은 위험을 내포하지만 그것 자체로는 아동이나 청소년이 지속적인 외상화를 발달시킬지 여부에 대해서는 확정적이지 않다. 따라서 어떤 아동들은, 환경적 지원 덕분에, 이러한 외상이 되는 사건을 견디고 정신화할 수 있으며 물론 완전히 문제가 없는 것은 아니나 성격 발달이나 정신건강에 영구적인 손상을 받지 않고 삶을 살아간다.

세계보건기구(WHO)의 정신 및 행동장애 분류인 ICD-10은 급성 스트레스 반응과 외상 후 스트레스 장애(PTSD)를 구분하는데 급성 스트레스 반응은 예외적으로 스트레스가 되는 생활 사건과 연결되어 즉각적으로 발생하는 것이고 외상 후 스트레스 장애(PTSD)는 예외적으로 위협적이거나 재앙적인 사건 또는 상황에 대한 지연되고 지속적인 반응이다(pp. 106-110). 외상 후 스트레스 장애는 일반적으로 스트레스성 사건의 6개월 이내에 특정 증상이 발생할 것을 요구한다.

1. 대단히 위협적이거나 재앙적인 성격의 스트레스 사건이나 상황(단기적이든 장기적이든)에 노출되는 것으로, 이러한 사건이나 상황은 거의 모든 사람에게 만연한 고통을 유발할 가능성이 있다.
2. ① 사건에 대한 지속적인 기억 또는 '재생'(예: 침입적 회상, 생생한 기억 또는 되풀이되는 꿈) 또는 ② 스트레스원(상기시키는 것들)과 유사하거나 연관된 상황에 노출되었을 때 고통을 경험하는 것
3. 스트레스원과 유사하거나 연관된 상황을 실제로 피하거나 피하려는 경향
4. ① 스트레스원에 노출된 기간의 어떤 중요한 측면의 일부 또는 전부를 기억 못함

② 고조된 심리적 민감성과 생리적 각성의 지속적 증상(적어도 두 가지, 예: 수면장애, 과민성, 집중의 어려움, 과잉각성, 과장된 놀람 반응)

5. 기준 2, 3 및 4는 모두 스트레스성 사건의 6개월 이내 또는 스트레스 기간이 끝난 시점에 발생한다.

이러한 외상 후 스트레스 장애 진단의 공식화는 반복적이고, 침습적이며, 종종 생명을 위협하는 폭력 형태의 장기간에 걸쳐 인간의 악의와 잔인함에 노출된 아동, 청소년, 심지어 성인의 증상과 발달 손상을 포착하기에는 너무 제한적이라는 비판을 받아 왔다. 성인과 관련하여, 그러한 복합 외상에 대한 기술은 DESNOS[달리 명시되지 않은 극심한 스트레스의 장애(disorders of extreme stress not otherwise specified)'(Luxenberg et al., 2001)]로 명명되었다. 더욱이 7세까지의 어린 아동에 대해서는, 세계보건기구의 진단 기준이 특히 적합하지 않은데 단일 외상 관련해서도 그렇고 복합 외상에 대해서는 더더욱 그렇다. 하지만 아동을 대상으로 한 보충 진단 분류 시스템이 있다. DC:0-3R(0~3세, 2005). 이 진단 시스템에서 PTSD의 증상 패턴은 매우 중요하게 여겨져 다른 진단보다 우선적으로 목록의 맨 위에 위치한다. 아동이 명확한 스트레스 상황이나 외상 사건에 노출된 것과 증상 발현 사이에 관계가 있는 경우 한한다.

DC:0-3R에 따르면, 외상 후 스트레스 장애 진단은 증상이 적어도 한 달의 지속 기간이 있어야 한다고 요구하는데, 다음에 언급된 모든 4가지 기준을 반드시 충족해야 한다.

1. 아동이 단일 사건이든, 일련의 연결된 사건들이든 영구적으로 반복되는 스트레스 상황이든 외상 경험에 노출되었다.
2. 다음 증상 중 적어도 하나가 아동이 외상 사건을 재경험하고 있다는 증거를 보여 준다.

① 외상 후 놀이, 즉 외상의 일부를 재실행하고 있어서 강박적으로 진행되며 불안을 경감시키지 못하고 보통보다 더 융통성 없고 정교하지 못하며 상상력이 부족한 놀이

② 계속되는 질문으로 나타나는 경우와 같이 놀이 외에서 반복적이고 침습적인 외상 사건의 회상

③ 반드시 외상 사건에 관한 것은 아니지만 반복되는 악몽

④ 외상 사건을 상기시키는 자극에 노출되었을 때 언어나 행동으로 표현되는 생리적 고통

⑤ 반복적인 침습적 회상 또는 해리 삽화, 즉 아동은 이러한 생각이나 행동의 근원에 대한 인식 없이 사건을 반복적으로 재실행한다. 이 증상은 응시하거나 얼어붙는 반복되는 상태로도 나타날 수 있다.

3. 외상 사건 이후에 반응의 둔화 또는 발달 가속이 지장을 받거나 더 심해지며, 다음 증상들 중 적어도 하나로 나타난다.

① 사회적 철회의 증가

② 한정된 감정 범위

③ 놀이, 사회적 상호작용 및 일상생활 등 중요한 활동에 대한 관심 또는 참여의 현저한 감소

④ 외상과 관련된 생각, 감정 및 대화를 피하려는 노력을 포함하여 외상 기억을 불러일으키는 활동, 장소 또는 사람을 피하려는 노력. 회피 성향은 특히 아동기에 일반적이다.

4. 각성 증가 증상은 외상을 입은 아동에게서 일반적으로 자주 발생하며 위에서 기술한 성인 증상과 유사하거나 나타난다. 이 체계에 따르면, 다음 증상 중 적어도 두 가지가 나타나야 한다.

① 수면문제가 있는데 여기에는 잠을 자려고 하지 않는다든가 잠들기 어려워한다거나 악몽을 반복해서 꾼다든가 하는 등이 있다.

② 집중하는 데 어려움

③ 과잉 각성

④ 과장된 놀람 반응

⑤ 짜증의 증가, 분노 폭발, 극도의 까다로움, 또는 생떼 부리기

아동기 외상 후 스트레스 장애가 생길 위험은 여러 가지 요인에 따라 달라지는데, 그중 외상 사건의 성격과 지속 기간이 중요해 보인다. 장기간에 걸친 반복적인 사람에 의한 외상은 위험을 상당히 증가시키는 것으로 보인다. 또 다른 요인에는 부모의 태도, 회복 환경에서 돌봄 관계의 질, 아이의 연령과 성별 등이 있으며 초기 애착의 질과 아이의 타고난 자원도 영향을 미치는 듯하다. 동반질병, 특히 우울증, 행동장애, 행동과 감정이 혼재된 장애, 불안장애 및 심신의 질환이 일반적이다.

아동 및 청소년의 외상 후 스트레스 장애의 유병률(하나 또는 그 이상의 외상 사건을 경험한 이후의 외상 후 스트레스 장애 비율) 외상 후 스트레스 장애의 평생 발생률(특정 연령대의 아동 중 어느 시점에서 PTSD 증상을 보인 비율)은 연구에 따라 상당히 다양하다. 이는 유병률과 발생률은 관련된 외상의 종류, 그 연구가 어떤 사회문화적 집단을 대상으로 했는지, 그리고 외상 후 스트레스 장애 증상이 언제 그리고 어떻게 평가되었는지에 따라 달라지기 때문이다(Perrin et al., 2000). 최근 체계적인 연구 검토를 통해 나온 증거에 따르면 난민 아동과 청소년 중에서 PTSD의 유병률은 7~17%로 평균 11%의 범위에 이를 수 있다고 한다(Fazel et al., 2005). 이는 덴마크에서 실시한 연구와 일치하는 것으로, 이 연구에서는 대규모 폭발 재난에 노출된 초·중등학교 아동 집단의 16%가 사건 이후 정확히 16개월 후에도 여전히 외상 후 스트레스 장애로 고통 받고 있었던 반면, 22%는 외상 후 스트레스 증상이 임상 수준 이하로 나타났다. 가장 어린 아동들과 소녀들이 가장 큰 영향을 받았다. 게다가 이 연구에서는 신체적인 호소가 빈번하였고, 부모가 자녀의 고통을 종종 과소평가한다는 것을 보여 주었다(Duch & Elklit, 2008).

전쟁의 잔혹 행위와 같은 집단적인 재난에 직접 노출된 직후, 재난을 겪은 아동과 청소년의 외상 후 스트레스 장애 유병률은 일정 시간이 지난 시점에 비해 상당히 높을 가능성이 있는데, 이는 이들 대부분은 시간이 지나면서 증상 발현이 감소되는 경향이 있기 때문이다. 18개 연구를 조사한 바에 따르면 사건 한 달 후 직접적으로 노출된 아동 중에서 특히 높은 외상 후 스트레스 장애 발병률을 시사했는데 38%에 이르는 것으로 나타났다(Neria et al., 2008). 청소년 시절 난파선에서 살아남았던 217명의 젊은 성인들을 대상으로 한 종단 연구에서는 외상 후 스트레스 장애가 51%까지 있었으며, 그중 3분의 1은 사고 후 5~8년이 지난 후에도 여전히 회복되지 않은 것으로 나타났다(Yule et al., 2000). 중학교 청소년을 대상으로 한 덴마크의 연구에서는 무려 87%의 여학생과 78%의 남학생이 적어도 한 번의 외상 사건을 겪었음을 보여 주었는데, 이들 중 평생 유병률은 9% 그리고 임상 수준 이하의 외상 후 스트레스 장애 증상은 14%였다.

복합 외상화에 대한 발달적 적응: 정신역동적 관점

외상이라는 용어는 그리스어에서 유래된 의학 용어로, 피부를 뚫음으로써 생긴 신체 부상이 끝내 상처를 남기게 되는 폭력적인 사건을 일컫는다. 급성 정신적 외상과 관련하여, 이 용어는 갑작스럽고 무서운 외부 사건이 폭력적인 충격을 일으켜 심리적 '상처'를 만들어 내는데, 이는 피해자의 존재 전체에 영향을 미치고, 그 결과로 일반적인 정신적 평형, 안정성, 적응을 급격히 교란시킨다는 의미를 내포하고 있다. 다음에서, 우리는 그러한 급성 충격 외상과 복합 외상화를 구별한다.

급성 충격 외상은 정상적인 방어와 적응적 정신 작용이 고장 나는 갑작스러운 압도적 경험으로 외부 세계와 내부 세계 사이의 일반적인 경계의 붕괴를 초래한다. 그 결과 외상을 겪은 사람의 의식은 혼란스럽고, 혼란스러운 인상으로 가득 차며, 외부 사건에 대한 인식이 대개 무의식적인 근본적인 불안에 사로잡힌 환상의 조각들과 합쳐질 수 있다. 이것은 마비된 무력감, 혼란, 그리고 죽음에 대한 근본적인 두려움의 고통스러운 정신 상태로 이어진다.

복합 외상은 오랜 기간 동안 반복적으로 발생하는 인간에 의한 충격 외상이 지속적으로 축적되는 외상 스트레스의 배경에서 발생하는 다소 만성적인 상태를 의미하며, 종종 여러 발달 기간에 걸쳐 나타난다. 이러한 맥락에서, 만성적인 과잉각성 상태에 있는 아동은, 어느 정도(의식적 그리고 무의식적으로), 그 이상의 외상적 타격을 예측할 수 있고 이 타격을 피하기 위해 최선을 다할 수 있다. 이러한 지속적이고, 복합적인 상황은, 시간이 지나면서, 지속적인 외상화에 대한 발달적 적응으로 이어질 수도 있는데, 이 경우 회피 경향은 영구적인 성격 성향으로 자리 잡을 수 있다(아래 추가 설명 참조).

이것은 특히, 외상에 시달리는 난민 가정에서 자라나는 많은 아동과 청소년들의 경우 그렇다. 이들은 종종 전쟁, 인종적, 종교적, 또는 민족적인 이유로 인한 학살, 그들 부모에 대한 정치적 박해, 또는 고문으로 인해 고통스러운 반복된 상실과 폭력적인 인격적 모독을 겪었다. 이러한 현실의 안타까운 점은 복합 외상화가 세대를 거쳐 전달될 수 있다는 것이다. 이는 박해와 고문이 부모의 능력에 영향을 미쳐서 약화시키고 왜곡시킬 수 있기 때문이다. 가령 피해자의 자기통제를 약화시키고 자녀에게 공감적인 돌봄을 제공하는 역량을 약화시킬 수 있다(Dalgaard & Montgomery, 2015; van Ee et al., 2016). 또한, 새로운 나라로 이민가기 전과 후 모두, 아동과 청소년들은 종종, 사회경제적 소외, 기본적인 신뢰와 안전감에 대한 침해, 사회적 고립, 또래와 놀이 기회의 부족, 학습 어려움, 그리고 주기적인 학교 교육과 의료 기회의 부족으로 인한 건강문제 등으로 인해 스트레스를 받는다.

복합 외상화의 위험이 증가하는 다른 집단에는 심리사회적 박탈과 또는 성적 · 신체적 · 정신적 학대를 겪은 아동과 청소년, 그리고 부모 간의 목력과 형제자매에 대한 폭력을 목격한 아동 등이 있다. 또한 종종 간과되는 집단은 생명을 위협하는 질병과 장애가 있는 아동의 형제자매인데, 이들은 복합 외상에 노출될 위험이 두 배에 이르며, 때때로 이러한 위험이 아동기 내내 이어진다. 이것은, 첫째, 만성적으로 또는 말기 환자인 형제자매에 대한 자신의 상실, 애도, 죄책감과 관련이 있다. 둘째, 부모가 아픈 아동뿐만 아니라 다른 자녀의 필요를 충족시키기 위한 감정적 및 실질적 자원을 모으는 데 있어서 어려움을 겪으면서, 동시에 자신들의 애도와 절망을 견디기 위해 고군분투하는 동안, 이들은 부모의 돌봄과 관심을 오랫동안 못 받을 수 있다. 셋째, 가족 내 건강한 자녀는 부모와 고통 받는 형제자매에 대한 고통을 목격함으로 인해 외상을 겪을 수도 있다. 따라서 건강한 자녀가 부모에 준하는 책임감으로 부담을 지는 것은 드문 일이 아니다.

복합 외상화에 대한 발달적 적응의 역동

신체적 그리고 정신적 생존에 위협으로 인식되는 위협적이고 압도적인 사건과 관계로 가득 찬 일상생활에 익숙해지게 되면 아동이나 청소년의 정신은 이 만성적인 상태에 적응하게 된다.

따라서 복합 외상화에 대한 발달적 적응은 외상적 자극이 위협적인 외부 사건에 반복되는 노출로 인한 것이든 굴욕감, 패배, 절망과 같은 예기 불안에 의해 만성적으로 스트레스를 받고 있는 내부 세계에서 비롯된 것이든 잠재적으로 외상적 자극으로부터 정신적 및 신체적 거리를 두기 위한 방어와 적응에 관계된 전략의 지속적인 (재)구조로서 이해된다. 이런 종류의 발달적 적응은 장래의 외상 반응 위험을 최소화하는 것을 목표로 하는 보호 장치가 무의식적으로 생성되는 것을 의미하는데 주로 다음과 같은 이중 초점이 있는 회피적 방어기제를 통해 달성된다.

1. 내면으로 향하는 방어 전략은 충격적인 외상과 관련된 죽음에 대한 공포의 흔적을 지우거나 무디게 하거나 최소화함으로써 추가적인 외상적 붕괴의 위험을 줄이는 것을 목표로 한다.
2. 외부 세계를 향한 적응 전략은 사회적 행동의 특정 변화를 통해 추가적인 공격의 위험을 줄이는 것을 목표로 한다. 이러한 변화는 생존과 관련된 근본적인 방어 행동 패턴의 주관적 변화를 포함할 수 있다. 이러한 패턴에는 싸우기, 도망치기, 순종적 의존, 또는 더 강한 또래와의 연합 등이 있으며, 비온(Bion, 1961)은 이를 낯설고 불안을 유발하는 상황에서 나타나는 특징적인 행동 패턴이라고 하였다.

복합 외상에 적응함으로써, 아동은 어느 정도의 내적 평화를 얻는다. 하지만 이러한 완화는 자신의 경험을 정신화하기 위한 능력의 무의식적인 마비 등과 같이 다른 발달적 영역에서 높은 대가가 따르게 된다. 게다가 이룩한 마음의 평화는 깨지기 쉽고 일정한 간격으로 무너질 수밖에 없는데, 이는 강박적인 반복으로 대체된다. 따라서 아동은 행동을 통해 더 이상 자신의 일부로 인식되지 않아 말로 전달할 수 없는 지속적인 내면의 재앙적인 사건을 전달한다. 이러한 일이 발생할 때, 공감적 관찰자는 아이가 반복적인 외상화의 관계와 상황에 대한 자신의 초기 경험을 주관적으로 서술하기 시작하는 행동의 조각들을 인식할 수 있을 것이다(예를 들어, 제11장을 참조, 네 살의 조셉). 회피와 재경험을 향한 경향성 사이에 이러한 끊임없는 긴장 상태를 종종 외상의 변증법이라고 부른다.

아동과 청소년에게서, 외상성 반복 강박은 특히 조용한 순간이나 급성 스트레스의 순간 동안 나타나는 경향이 있다. 이는 이러한 두 상황에서 모두, 분리되고 파편화된 형태의 재경험이 의식 속으로 고통스럽게 침입할 수 있기 때문이다. 따라서 의식과 무의식 사이의 정상적인 장벽에 일시적인 균열이 생기면서, 이전에 억압되었거나 잊혀졌거나 이해되지 않았던 외상적 경험들의 조각들이 결합되어 아동의 의식을 일시적으로 범람할 수 있는데 이는 불쾌한 부유물처럼, 아동의 회복에 대한 희망을 깨뜨리고, 아동 대상의 선함에 대한 신념을 상실하는 내적 재앙과 실망을 야기한다. 은유적으로 말하면, 아동의 내적 세계는 아동의 마음을 침수시키는 말할 수 없는 공포의 무서운 심연에 비유될 수 있는데, 이를 비온의 용어(Bion, 1926b)를 차용하자면 '이름 없는 두려움'의 상태를 야기하는 것이다. 아동과 청소년은 이러한 내적 이미지와 감정을 완전히 인식하지 않기 위해 무엇이든 하려고 할 것이고, 따라서 일순간에, 이들로 인해 가득 찬 정신 상태는 예를 들어 분리 불안, 조증성 행동, 편집성 공포-분노, 마음의 공허한 상태 등으로 급격히 대체될 수 있다.

영구적인 외상에 적응하기 위해 치러야 하는 발달적 대가에는 아동의 현실감각의 지속적인 불안정성, 반복적인 해리성 삽화의 위험 증가, 감정적이고 때로는 심지어 인지적인 억제, 자기 통찰력 및 사회적 기술의 방해 그리고 사회적 고립의 결과로 일어나는 위험 등이 있다. 이러한 장애는 아동의 이후 성격 발달을 방해하는데, 아동이 더 성숙한 성격 발달을 위해 필요한 사회적 상호작용을 기피할 뿐만 아니라 사회적 및 정서적 경험으로부터 배우는 것을 완전히 또는 부분적으로 놓칠 수도 있기 때문이다. 시간이 흐르면서, 이것은 아동의 성격 구조에 포괄적인 손상을 입힌다.

심리치료적 통찰과 과제

복합 외상을 겪은 아동과 청소년을 심리치료에 의뢰하는 가장 흔한 이유로는 부모-자녀 관계의 어려움, 사회적 고립 또는 또래와 관련된 집단 괴롭힘(아동을 피해자 또는 가해자인 경우), 학습장애, 공황 발작, 불안 그리고 또는 부모와 교사가 이해할 수 없고 의도가 의미 없이 나타나는 기이한 행동 패턴 등이 있다. 지배적인 수동성 또는 그 반대로 조증/과잉 행동이 흔히 설명의 일부를 차지한다. 몇 년이 흐르면서 부모는 아동의 성격이 일상적인 갈등과 고민이 있는 평범한 자신감이 있는 아동에서 사회적으로 냉담하고 갑작스러운 우울, 불안, 혼란, 분노의 상태로 인해 고통받는 아동이나 청소년으로 바뀌었다고 인식할 수 있는데, 이는 사전 경고 없이 마른하늘에 날벼락처럼 나타난다.

불안정해진 부모 대상은 아동이 현재 실제 부모와 맺고 있는 관계에 반영된다

복합 외상화는 부모에 대한 아동의 기본적인 신뢰에 영향을 미치며 부모-자녀 관계에 영구적인 손상을 일으킬 수 있다. 이는 부모 자신이 복합 외상화를 겪은 적이 있다면 훨씬 더 두드러진다. 그러므로 아동 심리치료와 부모를 대상으로 한 동시 상담의 실행 가능성과 영향은 적절한 가족 중심의 평가를 완료하는 것이 일반적으로 요구된다. 이 평가에서는 개인과 가족의 치료 및 지원 필요성을 파악하고 관련된 지역사회 개입을 구현하는 데 중점을 둔다.

고문을 받은 성인과 관련하여 라브와 아우에어한(Laub & Auerhahn, 1993)은 환상에서 내적 세계의 부모상을 비난하며 이들에게 복합적인 일련의 외상 사건에 대한 책임을 부여하는 경향을 설명하였다. 우리의 경험에서, 아동과 청소년에게도 마찬가지로 적용되는데, 아동과 청소년은 발생한 일이 근원적이고 용서할 수 없는 부모의 잘못의 결과라고 전반적으로 느낄 수 있다. 반복적인 외상적 폭력에서 친부모의 실제 역할과는 무관하게, 이 느낌은 아동의 주관적 · 내적 세계를 덮는 경향이 있다. 그러므로 부모가 가해자였든 아니면 무자비한 공격의 무력한 희생자였든 간에, 또는 양부모로서, 그 사건 이후에야 아동을 만날 수 있었건 간에 아동의 무의식적인 환상에서, 그들은 비난의 대상이 될 수 있다. 이는 심지어 실제 외상적 폭력이 몇 년이 지나 아동의 가정생활이 개선이 되었을 때도 계속될 수 있는데 아동의 내적 세계를 지배하는 광범위하게 범람하고 공포에 떠는 마음 상태로 인해 끊임없는 외상적 절망을 불러일으킨다. 이는 반복적으로 아동의 내면에서 좋은 (지지적이고 신뢰할 수 있는) 부모 대상과의 연결을 외상적으로 붕괴시키게 만든다. 이런 식으로, 복합 외상을 겪은 아동의 배신에 대한 뿌리 깊은 주관적인 확신은 강박적으로 반복될 수 있다. 예를 들어, 해리 삽화, 놀이의 단편, 그리고, 특히, 재앙이 이야기식으로 전개되는 악몽에서 부모상이 박해적이고 이기적인 역할을 맡게 되는 경우가 이에 해당될 수 있는데 심지어 초자연적인 방식으로 부여받을 수도 있다. 좋은 대상관계에 대한 무의식적인 내적 파괴는 부모상의 좋은 전능성에 대한 아동의 근원적인 신뢰를 지속적으로 약화시킨다. 따라서 복합 외상의 후유증에서 지속되는 내적 과정은 아동과 부모 사이의 일반적인 애증의 편집증적 측면을 확대하는데 이 편집증적 측면은, 특히 청소년기 동안 아동과 부모 사이의 실제 관계를 심하게 악화시킬 수 있다(Grünbaum, 2010).

이런 식으로, 복합 외상은 아동의 성격과 미래의 발달에 악영향을 줄 뿐만 아니라 아동의 가족 관계를 악화시킬 수도 있다. 따라서 병행 부모 작업은 아동과 청소년의 급성 외상적 반응에 대한 심리교육, 그리고 일반적인 발달 위기 및 일시적인 발달 문제와 복합 외상의 후유증 간의 차이에 대한 심리교육으로 보완되어야 한다. 부모 자신이 복합 외상을 겪었든 아니든 간에 언급한 바와 같이 부모는 심적 외상을 겪은 아동의 고통을 과소평가하는 경향이 있으며 불행한 가족사를 이야기하는 것이 어렵다고 종종 느낀다. 따라서 부모는 종종 치료자와 함께 자녀가 알고 있는 것과 자신이 알아야 하는 것을 의논할 필요가 있고, 가능하다면, 가족 자문으로 치료를 보충하는 것이 적절할 수 있다.

심리치료의 초기: 생존과 회피

후기 아동기와 성인기에, 복합 외상을 일으키는 사건이 반드시 의식적인 삽화 기억으로 마음에 남아 있지는 않지만, 대신에 회피 경향, 혼란스러운 상태,

이상한 환상, 신체적 감각, 강박 사고나 행동, 그리고 특히, 경직된 상태, 고통스럽게 붕괴된 상태 또는 공허한 상태로 나타날 수 있다. 이러한 상태와 행동의 의미가 종종 모호하고, 아동이 일반적으로 자신의 존재를 부정하는 경향이 있지만, 부모나 교사가 하는 설명은 자아 이질적인 무언가가 아동을 지배하고 있다는 것을 명확하게 시사한다(Kaplan, 2006; Terr, 1991).

의뢰 당시, 부모를 가장 괴롭히는 것은 종종 특정 외상 사건이 자녀를 바꾼 것 같다는 불안하고 슬픈 인식이다. 예를 들어,

"우리가 X와 함께 살았던 그렇게 가혹한 3년 동안 아이가 완전히 바뀌었습니다."

"아이는 X-land 교도소에서 저와 떨어진 이후로 본래 모습이 아니었습니다. 몇 주 동안, 우리 중 누구도 아이가 어디에 있는지 몰랐어요. 사실 아직도 몰라요."

"고통스러운 시련은 ○○이의 여동생의 병이었습니다. 여동생이 떠난 이후로, ○○이는 완전히 달라졌습니다. 우리는 여동생의 병과 죽음에 압도되어 몇 년이 지난 후에야 깨달았습니다. 하지만 지금 ○○이는 어렸을 때 알고 있던 행복한 소년과는 전혀 다릅니다."

부모가 자녀가 심각하고 반복적이거나 장기적인 외상, 긴장, 상실을 경험한 후 그들 자녀의 성격이 '변했다'고 느끼는 것은 그 자체로, 아동 또는 청소년에게 심리치료를 하고 부모에게 동시 지원을 하는 정당한 이유이다. 하지만 일단 실제 치료가 시작되면, 치료자는 이를 비롯한 다른 인과적 설명을 일단 제쳐두고 아동의 주관적인 이야기에서 드러난 문제를 기반으로 치료를 진행해야 한다.

복합 외상을 겪은 아동은 과거의 학대와 고난에 대해 직접적이고 자세하게 말하지 못하는 경우가 많다. 대신, 이들은 이러한 경험들에 대한 생각하지 않으려고 매우 애를 쓴다. 치료에 대한 이들의 동기는 오히려 이들의 현재 문제

에 대한 개인적 경험에서 찾을 수 있다. 이 문제들은 종종 강박적인 반복과 회피 및 생존 전략에서 비롯되거나, 또는 예를 들어 악몽이나 갑작스러운 플래시백, 경계 상태, 특정한 소리를 참을 수 없는 상태, 내면의 공허함과 스트레스에 대한 고통스러운 감정, 무너질 것 같은 두려움, 그리고 또래, 교사, 부모와의 갈등 등에서 엿볼 수 있다. 초기 치료에서 아동이나 청소년과의 만남은 종종 침묵, 분리 불안, 수동성 또는 정반대로 과도한 활동의 특징이 있다. 따라서 이러한 마음 상태를 다루어야 치료 과정이 진행될 수 있다.

아델(Adel)(위탁 7세 반)은 외동으로서 일반적인 돌봄이 있고 안전한 대가족에서 다섯 살까지 지냈으며 친할아버지와 친밀했다. 끔찍한 내전이 발발하자 부모님은 즉시 아델과 함께 조국을 떠나게 되어 다른 가족들과 헤어지게 되었다. 이들은 똑같이 위험한 이웃 국가로 도망쳤는데, 여기서 이들은 위조 신분증 서류로 억류되어 잔인하고 박탈적인 상황으로 감금되었으며, 어머니와 아델은 함께 다른 감옥에 갇혔다. 그 후 8개월 동안, 현재 5~6세인 아델은 어머니와 다른 여성 수감자들이 폭력적인 정신적 · 육체적 학대를 당하는 것을 목격했다. 특히, 무섭고 혼란스러운 일련의 사건 동안 아델은 어머니와 떨어져 있었는데, 몇 시간 후에 말 그대로 엄청난 겁에 질린 채 충격 상태로 어머니에게 발견되었다. 이들이 석방된 후 가족은 덴마크에서 망명을 허가받았고, 6개월 후, 아델은 공황을 일으키는 분리 불안, 광적인 붕괴가 있는 일반적 과민성, 그리고 다른 아이들에 대한 이유 없는 폭력적인 공격으로 심리치료에 의뢰되었다. 아델은 잠깐이라도 혼자 있는 것을 견디지 못했고, 새로운 불행을 예상하면서 끊임없이 경계하는 것처럼 보였다. 특히, 아델은 부모가 사라질까 봐 걱정하면서 끊임없이 부모를 주시했다. 수업 시간에는 괴로워하면서, 끊임없이 울었고, 그래서 학습이 되지 않았다. 부모님에 따르면, 아델은 도주 전에 알고 있던 아델과는 매우 다른 아이로 성장하였다. 아델과 치료자는 같은 언어를 사용하지 않았기 때문에 치료 시간 동안 통역사가 참석했다. 다음은 그의 주 2회 치료의 첫 번째 시간에서 발췌한 것이다.

아델은 병사들을 서로 마주 보게 세운다. 많은 병사들이 잔인하게 배를 찔려, 소수만이 살아남는다. 이것이 전개되면서, 아델은 아무런 표정 없이 테이블 위의 병사들을 움직이며 조용히 있고, 병사들은 싸우다가 소리 없이 쓰러진다. 싸우는 당사자 간 구분은 혼란스럽다. 친구와 적을 구별하는 것은 거의 불가능하고, 아델이 어느 쪽을 선호하는지도 불분명하다. (나는 아델의 외상 경험과 놀이에서 보이는 고도로 통제된 감정이 배제된 분위기 사이의 대조에 놀랐다. 시간이 어느 정도 지난 후, 나는 전쟁 중에 잡히는 것은 무서운 일이라고 말한다. 사실, 너무 두려워서 마치 죽은 것처럼 안에서 굳어 버리고 얼어붙는다.) 아델은 내 말을 무시하는 것처럼 보이지만 활동을 멈추고 강렬하게 눈을 깜박이며 눈을 비빈다. 아델은 이에 대해서 말하기를 무언가를 오래 쳐다보면 항상 눈물이 난다고 말한다. 아델은 더 많은 병사와 다른 장난감을 가져와서 한동안 가만히 앉아 매우 멍한 상태로 보이다가 보이며 손톱으로 장난감을 조용히 할퀴며 물끄러미 바라보고 있다. 나중에, 아델은 탁자에서 놀면서 울타리로 둘러싸인 구역을 만들고 거기에는 소와 개가 있다. 조용히 있으면서 무표정하게 어머니 인형 한 개와 할아버지 할머니 인형 각각 한 개씩 가져와 싸우고 있는 병사들과 가능한 멀리 떨어뜨려 놓는다. 아델은 점점 더 많은 인형을 추가하는데, 어떤 체계도 없이 다양한 연령의 남아와 여아 인형을 무작위로 흐트러뜨린다. 아델은 유아 인형을 집어 들어, 엄마 인형의 팔에 안기게 할 생각이었지만, 엄마 인형은 넘어져 아기를 떨어뜨려서 아기가 바닥으로 떨어진다. 아델은 멈추고 다시 눈을 힘차게 비비며 "제가 무언가를 너무 오랫동안 바라보면 항상 눈물이 나요."라고 말한다. (나는 엄마가 아기를 바닥에 떨어뜨렸기 때문에 아델의 눈이 울고 싶어 할 수도 있다고 말한다.) "아니, 아니에요." 아델이 짜증을 내며 "눈은 그냥 그래요."라고 말한다. 아델은 '학교에 가기 위해' 인행을 울타리가 있는 공간에서 꺼낸다. 그러고 나서 놀이에 흥미를 잃는다. 치료 시간 나머지는 장난감 상자 옆의 바닥에 앉아 다양한 물건이 다 나올 때가지 잡아당기고 할퀴는데, 분명히 알아차리지 못하는 것 같다. 때때로, 아델은 몇 시인지 묻는다.

다음 몇 달 동안, 아델은 짧은 놀이를 이어 가다가 갑자기 중단하거나, 조용히 가만히 있거나, 장난감과 다른 물건을 파괴하는 등 행동을 반복했다. 그는 감정 없이 조용히 장난감을 손톱으로 긁고 찢어내는 모습을 보였다. 아델이 나에게는 말을 안 하고 무관심한 상태이다. (나는 아델의 조용한 파괴가 너무 슬퍼서 차마 눈뜨고 보기가 어려웠다.) 평소에, 아델은 연단에 서 있는 여성 모형을 겨냥하고서는 여성 모형이 쓰러질 때까지 냉담하게 벽돌을 던졌다. 이 행동은 누군가가 돌에 맞아 죽는 것과 비슷했으며 내 마음에 깊은 불안감을 주는 울림으로 남았고 탈출하기 전에 모국에서 아델이 이런 공개 처형을 목격했을 수도 있겠다는 걱정을 불러일으켰다.

돌을 던지는 그 행위는 몇 달 동안 계속됐지만 아델의 현재 전이 감정을 해석한 (아델이 나에게 진짜 화가 났을 때 그 인형이 돌에 맞아야 한다는 내 제안) 후에는 사라졌다.

반복 강박과 상징 형성의 억제

이런 아동과 청소년을 치료할 때 교착 상태에 빠지는 경향은 일반적으로 언제든지 발생한다. 처음에, 교착 상태는 거의 알아차릴 수 없을 정도로 미묘하게 나타나는 것 같고 아동의 놀이와 치료자의 생각에서 평행하게 억제된 것으로 보인다. 무언의 교착 상태에서 흔히 그렇듯이, 치료자의 역전이는 정보의 중요한 원천이고, 때로는 치료자의 역전이가 정보의 유일한 원천이 되기도 한다. 점차, 아동의 놀이 능력이 쇠퇴할 수 있으며 결국 완전히 멈추고 과잉경계 상태의 얼어붙은 자세로 대체될 수 있다. 이러한 정신 상태는 마음을 마비시키는 감각 활동으로 전환될 수 있는데 여기에는 아이가 손가락으로 모래를 쓰다듬거나 갈아내기, 단조롭게 장난감을 만지기, 강박적으로 손가락이나 볼 안쪽, 다른 신체 부위나 저지를 빨고 물기, 리듬감 있게 앞뒤로 흔들거나, 벽돌이나 손, 심지어 머리로 물건에 부딪히기 등이 있다.

이와 동시에, 치료자는 상징적 의미가 점점 없어진다는 것을 인지할 수 있는

데 깊은 침묵이 치료실의 외적 현실뿐만 아니라 치료자 마음의 내면에서도 퍼져 나가는 것 같기 때문이다. 이와 동시에 치료자는 아동의 침묵하거나 초조해하거나 조증인 마음 상태를 담아내는 데 어려움을 느낄 수 있다. 조증 상태는, 예를 들어 모래상자의 바닥에 차나 다른 장난감을 반복적으로 긁어 금속성의 날카로운 소리를 내는 등, 폭발적인 야단스러운 행동으로 나타날 수 있으며, 치료자는 이를 강렬하게 침범하는 것으로 인식한다. 또 다른 경우에는, 침묵이 치료자의 마음과 치료실에 모두 퍼질 때인데 이때 치료자는 반은 신체적인, 반은 마음의 불편함, 피곤함, 혼란, 또는 심지어 편집증적 느낌과 환상에 휩싸이는 것을 느낄 수 있다.

상징놀이, 반복 강박 그리고 전이 관계에서 외상의 재실행

특히 위니콧(Winnicott, 1971a)과 케이퍼(Caper, 1996)가 명료하게 설명한 것처럼, 놀이나 다른 형태의 창조적인 활동은 내적 환상과 외적 현실 사이의 실험적인 공간을 정신적으로 유지할 수 있는 능력을 가정한다. 이 능력은 건강한 보통 아동이 급성으로 경험한 단일 외상을 단기 정신역동 놀이치료와 동시에 부모 지지를 통해 정신적으로 처리하고 견딜 수 있도록 한다(Ryan & Needham, 2001).

앞에서 설명한 바와 같이, 복합 외상화는 종종 외적 현실과 내적 현실을 구분하는 능력을 손상시킨다. 이러한 예로는 자기 자신과 다른 사람의 감정과 마음 상태를 구분하지 못하는 것을 들 수 있다. 이렇게 해서 가끔 놀이가 가상이라는 특성을 잃고 과거의 외상이 되었던 현실이 의식에 너무 가까이 다가와 갑자기 너무 현실적으로 느껴져서 놀이가 갑작스럽게 중단되기도 한다. 갑작스러운 중단은 아동이 고통스럽게 외상화된 정신 상태를 통제하려는 시도로 이해될 수 있다. 이는 아마도 과거 외상 삽화의 주관적 기억 조각이 보통 무의식적인 관계에 대한 발달적 환상을 침범하려고 위협하는 순간일 것이다. 이러한 경향은 아마도 무의식적인 발달적 환상 이미지와 고문, 성적 학대 및 기타 잔혹 행위에 내재되어 있는 신체적 및 정신적 학대 사이의 특정 유사성에 의해 증폭될 가능성이 높다. 같은 무의식적 기제가 꿈을 꾸는 능력이 정신적으로 차단되는 것과 관련되는 것으로 보이며 이는 외상 후 악몽을 야기한다 (Grünbaum, 2010a).

따라서 복합 외상을 경험한 대부분의 아동은 잠시 놀이에 참여할 수 있을지 모르지만, 이러한 짧은 창의적이고 상징적인 놀이의 연속은 이내 단조로운 활동으로 줄어들고 강박적으로 아픈 지점, 즉 외상으로 인한 억제의 근원을 중심으로 맴돌게 한다. 그러므로 공허한 상태 이전과 이후에 치료자가 무슨 일이 일어나고 있었는지 놀이와 전이 관계에서 상세하게 인식하는 것이 중요하다. 따라서 일시 중단 직전에, 의미 있고 중요한 상징적 작업이 일어났을 수도 있는데, 여기서 아동은 아무리 작고 분산되어 있다고 하더라도 외상 기억의 특정 측면을 놀이, 말, 그림 등 다양한 방법으로 치료자에게 전달할 수 있다.

그럼에도 불구하고, 제5장에서 설명한 바와 같이, 외상을 경험한 아동을 치료할 때 정신역동적 치료자의 주된 과업은 역사적 과거에 관심을 기울이는 것이 아니라 과거가 현재 순간에 미치는 영향을 인지-정서적 형판으로 보고 이 형판이 아동의 현재 경험과 치료 관계를 형성하는 방식에 중점을 두는 것을 의미한다. 외상 기억이 현재 치료자와 내담자 관계를 윤색하는 방식에 주의를 기울이면서 치료자는 차츰 아동이 전이 환상과 반복 강박 간의 정서적 연결을 할 수 있도록 도울 수 있다. 이 연결은 종종 과거 정신적 외상을 초래한 공격에서 비롯된 소화되지 않은 기억 파편들이 아동의 의식에 떠오르게 하여 생존과 회피 전략이 강화되고 치료 관계에서 재현되는 원인이 될 수 있다. 이것은 치료에서 중요한 순간으로 치료자에게는 특히 감동적인 경험이 된다. 따라서 더 혼란스러운 상징놀이, 구체적인 반복-실행, 그리고 공허한 기간이 점차 혼란스럽게 조합되는 가운데 과거 외상 경험과 어떤 유사성이 있는 삽화가 발생한다. 처음에는 너무 잠깐이어서 치료자는 확신이 서지 않아서 아동의 개인사와 발달에 대해 자신이 알고 있는 것이 현실감각을 방해하고 있는지 스스로 따져 보아야 할 수도 있다. 예를 들어, 아델의 눈과 관련하여 '울음'이라는 단어가 정말 적절한 표현인지 고민하게 될 수 있다. 아델과 같은 아동을 치료할 때, 치료자 자신의 현실감각에 대한 갑작스러운 의심이 드는 것은 매우 흔하고 종종 어떤 중요한 것을 아동이 부인하고 있음을 의미한다. "나는 내 눈을 믿을 수 없었다"라는 말과 관련하여, 이러한 특정 역전이 현상은 다중 외상을 겪은 아동의 자기 보호를 위해 분열성 회피의 반향을 반영할 수 있으며 이로 인해 비현실감, 이인증, 그리고 통제 상실의 느낌을 초래할 수 있다.

아동과 청소년들은 자신의 정신병리에 적응하는 경향이 있다. 처음에는 반복 강박이 의미 있는 이유로 일어나는 증상이라는 것을 깨닫지 못하고 우연히 일어나는 자아-이질적 습관으로 치부할 가능성이 훨씬 더 크다. 궁극적으로 그런 아동은 치료자가 설명한 현재-순간의 행동 파편이 전혀 발생하지 않았다고 단호하게 부인할 수도 있다. 아동의 경험에서, 이것들은 의미 없는 우연한 사건들인데, 이는 어떤 것을 너무 오래 바라보는 것 그 자체가 자신를 울게 한다는 아델의 믿음과 비슷하다. 이 시점에서, 치료자가 묵묵히 공감적으로 머무를 수 있는 것이 중요하다. 치료자는 아동을 포기하거나 압박을 가하지 말고 아동이 상세한 내용을 인식하고 채워넣을 수 있는 적절하고 강렬하지 않은 언어적인 반응을 찾기 위해 노력을 지속해야 한다.

파편화된 복합 외상 기억을 극복하는 것

자주 논의되는 중요한 기법상 문제는 치료자가 아동의 실제 외상 이력에 대해 더 적극적으로 언급해야 하는지, 만일 한다면 언제, 어떻게 해야 하는지와 관련된다. 이에 대한 의견은 치료자가 느끼기에 외상 사건 가운데 정서적으로 두드러진 것을 초기에 직접 언급해야 한다는 의견(Gaensbauer, 1994)부터 직접적인 언급은 완전히 삼가야 한다는 의견까지 다양하다.

우리의 경험에서 보면, 치료자가 어떤 시점에서 아동의 반복 경향에 대해 자신이 관찰한 것을 직접 설명하고 이것을 관련된 환상 형성과 연결시키며, 아동의 외상 이력의 특정 측면과 잠정적으로 연관지어 설명하는 것이 일반적으로 도움이 된다. 그러나 이런 종류의 개입은 너무 초기에 해서는 안 된다. 왜냐하면 이러한 개입을 정신적으로 소화할 수 있으려면, 아동이 어느 정도의 위험을 감수할 수 있도록 지원하는 풍성한 전이 관계의 틀이 필요하기 때문이다. 아동이 이러한 해석을 의미 있는 것으로 인식하는지는 이전 작업이 전이 관계에서 그가 복합 외상 상황에 대해 불안하고 공격적-수동적인 적응을 반복하는 경향을 충분히 명료화했는지에 달려 있다. 이 디딤돌은 과거 외상 사건에 대한 해석이 현재 순간에서 인지-감정적 생명을 얻어, 아이가 자신의 현재 경험과 관계에서 관련성을 갖게 되는 데 필요한 전제 조건이다.

과거의 외상과 연결하는 작업은 언어적 해석을 통해 직접적으로 될 수 있다. 예를 들면 현재의 반응과 증상을 과거 트라우마 사건의 특정 측면과 연결하여 설명하는 것이다. 또한, 아동의 놀이 활동에서 행위로서 개입하는 방식으로도 이루어질 수 있다. 여기에는 치료사가 이전에 아이와 함께 작업하면서 알게 된 중심적인 세부 사항이나 인물들을, 그리고 부모와의 인터뷰와 사례 파일에서 얻은 정보를 바탕으로 부족한 세부 사항과 인물을 도입하는 등의 방식이 있다.

이러한 부드러운 자극을 주는 방식이 어떻든 간에, 치료자는 아동이 보이는 단서를 주의 깊게 관찰하고 민감하게 따라가는 것이 중요하다. 실제 트라우마 사건에 대한 언급을 임의로 도입하지 않고, 오직 아동의 주관적인 의사소통에 반응하여 이를 도입해야 한다. 이는 아동이 처음에는 원하지 않는다고 느낄 수 있는 과정이지만, 이를 통해 더 많은 내면 이미지와 다양한 종류의 기억 조각이 아동의 마음속에 떠오르게 할 수 있다. 따라서 조각난 기억과의 의미 있는 작업은 울퉁불퉁한 길을 여행하는 것처럼 고르지 않게 진행되며, 종종 회피로 인해 중단된다. 아동은 반복적으로 이전의 치료적 진전이 갑자기 사라져버린 듯한 상태로 돌아가며, 알지 못하는 상태로 돌아가곤 한다. 이러한 반응은 심한 불안이 자기 보호를 위해 내면세계를 분열시키는 분열성 반응을 일으키는 상태를 나타내며, 이는 전체적 또는 부분적인 외상성 기억 상실 상태를 초래한다.

시간이 흐르면서, 외상성 기억이 점차 극복됨에 따라 보통 동시에 여러 가지 발달이 일반적으로 촉진된다.

1. 연속적인 외상 사건의 특정 부분 또는 여러 부분에 대한 진정한 상징적 표상이 두드러진다.
2. 공격자와 동일시 경향이 때때로 외상적 대상관계에 대한 가학적 또는 피학적 실행을 유발할 수도 있는데 이는 주로 놀이 각본과 그림으로 표현되거나 치료자에게 고정되어 전이 현상으로 재경험할 수도 있다.
3. 새로운 삽화 기억의 단편들이 등장하여 치료자와의 대화 속에서 말로 표현되고, 재구성되며, 공유된다. 이러한 대화에서 중요한 치료적 개입의 측면은 아동이 학대에 대한 분노를 표출하고 이를 동원하는 것이다. 따라서 앞서 설명한 바와 같이, 외상에 대한 발달적 적응으로 인해 아동은 보통 무의식적으로 차단하고, 이러한 정당한 분노를 자기 자신이 아닌 외부로 공격적인 감정을 향하게 하는 데 도움을 필요로 한다.

치료 과정에서 어느 순간, 치료자가 어느 정도 직관적으로 아동이 외상 경험과 근본적인 발달적 환상, 예를 들어 의존 대 독립 및 오이디푸스적 구성과 같은 것들 사이의 연결을 (재)구성하도록 돕는 상황에서 중요한 전환점이 나타날 수 있다.

복합 외상화 치료 전략: 요약

이 장에서 제시된 주요 방법론적 요점들은 다음에 요약되어 있다.

1. 복합 외상이 있는 아동을 의뢰할 때 의뢰를 받는 기관은 복합 외상화의 부정적인 후유증이 가족 전체에 영향을 줄 수 있다는 사실을 알아야 한다. 따라서 효과적인 개입에는 가족 전체를 평가하는 것이 필요한데 여기서는 부모와 형제의 욕구를 포함시켜 평가한다.
2. 치료 과정을 시작할 때, 치료자는 아동의 개인적 외상 이력을 제쳐두고 아동이 치료자와 치료 관계를 이용하는 방식에 초점을 맞춰야 한다. 따라서 치료자는 아동의 주관적인 호소 문제, 특히 생존 전략, 회피, 및 반복이 치료자와 관계에서 어떻게 전개되는지에 주목해야 한다.
3. 치료자는 전이의 현재 순간에서 작업하며, 아동의 고통스러운 증상에 대한 주관적 경험을 행동 패턴의 강박적 반복, 주제별 놀이 순서, 악몽에 대한 경향성과 연결 짓기 위해 최선을 다함으로써 서술적 기억의 출현을 촉진할 수 있다.
4. 외상적인 일련의 사건에 대한 기억을 극복하는 것은 강한 전이 관계를 필요로 한다. 이 전이 관계에서 치료자는 아동의 재앙적인 경험, 반복되는 외상화에 대한 예상, 그리고 몽상, 담아내기, 그리고 개인적인 이미지, 느낌, 생각의 형태로 치료자 자신의 주관적인 이해를 하도록 하는 정신화의 과정에서 자신의 마음에 와닿는 방어 전략을 허용하기 위해 자신의 마음을 열어야 한다.
5. 이 시점에서, 치료자가 아동의 외상이 되었던 과거의 핵심 요소를 언급하는 것은 중요한 촉매 효과가 될 수 있다. 이는 그 언급이 아동이 이러한 과거 경험에 개인적 의미를 어떻게 덧붙였는지 치료자가 이해하고 있다

는 것을 전달하는 경우에 해당된다.

6. 외상 기억을 극복하는 것은 불규칙한 과정으로 외상의 변증법, 즉 대부분 무의식적인 (때로는 의식적인) 외상 기억과 감정에 대해 가까이 가거나 멀어지는 것이 특징이다.
7. 과거의 혹사, 학대, 소외를 극복하는 중요한 부분은 아동의 정당한 분노를 다루어 이 분노를 자신에게서 돌려 가해자들에게 향하게 하도록 노력하는 데 있다.

제5부

정신역동적 아동 · 청소년 심리치료에 관한 연구

제13장

정신역동적 아동·청소년 심리치료에 대한 연구 현황

수년간, 아동 · 청소년 심리치료에 대한 체계적인 실증적 연구는 성인 심리치료에 대한 해당 연구보다 뒤처지고 있다고 반복적으로 얘기되어 왔다(예: Boëthius & Berggren, 2000; Mortensen, 2010; Windaus, 2006). 이렇게 뒤처지는 것은 아동 · 청소년의 정신역동적 치료와 정신분석과 관련하여 특히 두드러졌다(Kazdin, 2003). 이것은 여전히 사실이지만 그럼에도 불구하고, 그 분야는 상당한 발전이 있었고, 오늘날 우리는 일반과 특수 집단 모두를 위한 아동 · 청소년 심리치료의 결과에 대해 꽤 완전한 지식을 가지고 있다. 우리는 나중에 이 지점으로 돌아올 것이다. 하지만 먼저, 성인 심리치료와 비교하여 이 분야의 느린 발전에 영향을 미치는 아동 및 청소년의 심리치료 연구와 관련된 특별한 문제를 자세히 살펴보는 것이 정당해 보인다.

아동 · 청소년 관련 연구에 나타나는 특별한 어려움

성인 연구와 비교하여 아동 및 청소년 연구의 더 큰 어려움은 아동 · 청소년 심리치료의 복잡성에서 비롯되는 부분이 있다. 이는 이전 장에서 설명하였다. 우리는 아동이 신체적, 심리적, 또는 법적 측면에서 독립적인 사람이 아니라, 이들의 부모(또는 다른 보호자)에 많이 영향을 받고 있음을 강조하였다(제3장 참조). 따라서 부모는 연구과제를 계획하고 준비하는 것과 관련하여, 시작부터 고려해야 한다. 무엇보다도, 이들은 자신과 자녀 참여 여부에 모두 동의해야 하고 또 평가와 치료 과정 단계마다 참여한다.

연구는 심리치료의 성과를 위해 치료자와 내담자 간 작업 동맹의 중요성을 계속해서 입증해 왔다. 그러나 아동 · 청소년 심리치료에서, 아동과의 동맹뿐만이 중요한 것은 아니다. 대부분, 부모와의 동맹 또한 심리치료하는 데 모두 필수적이다.

치료의 모든 단계에서, 맨 처음 만남부터 종결까지, 부모의 참여는 비용, 필요한 시간 할당, 연구 설계의 복잡성, 변인의 수, 그리고 연구 결과의 가능한 해석 범위를 증가시킨다.

또 다른 문제는 아동들이 그들의 문제를 말로 표현할 수 있는 능력이 제한적이라는 사실이다. 그것은, 물론, 특히 더 어린 아동들에게는 사실이지만, 심지어 청소년들도 자신의 감정과 생각을 말로 표현하는 데 어려움을 겪을 수 있다. 따라서 설문지나 면접과 같은 다수의 일반적인 평가 도구는 가치가 제한적이다. 시험, 관찰 또는 부모와 교사로부터의 정보와 같은 보다 간접적인 방법이 필요한 경우가 종종 있다. 투사적 검사와 놀이를 통해, 아동은 자신에 대한 정보를 상징적인 형태, 즉 채점자가 이해하기 위해 해석해야 하는 언어로 드러낸다. 그것은 연구자 측의 임상 경험을 필요로 하고 또한 결과를 검증하는 것을 더욱 어렵게 한다.

부모와 교사로부터 얻는 정보는 종종 아동과 청소년들이 자신에 대해 제공하는 정보와 상당히 다르다(예: Achenbach & Rescorla, 2007; Cantwell & Rutter, 1994; Fonagy & Target, 1996). 이것은 신뢰성과 타당성 문제를 더욱 복잡하게 만든다.

그러나 아동 · 청소년 심리치료 연구의 복잡성에 영향을 미치는 또 다른 요인은 아동이 지속적으로 발달한다는 사실이다. 어떠한 상황에서도, 심리치료 과정 동안 아동은 변할 것이며, 그 변화가 치료로 인한 것인지 또는 단순히 아동의 일반적인 연령 발달 및 성숙을 반영하는 것인지 판단하기 어려울 수 있다. 이러한 모든 요인들은 아동 및 청소년을 대상으로 한 연구가 성인 대상 연구보다 시간과 경제적 자원 모두 더 많은 요구를 하는 결과를 낳는다. 또한, 이미 언급했듯이. 신뢰성과 타당성에 관한 특별한 문제가 있다.

실무와 과학 간 관계

심리치료 분야에서 실무자–과학자의 이상은 오래되고 근거가 충분하다(Shakow et al., 1947). 실무 경험이 없고 자신이 연구하는 분야에 대한 개인적인 경험이 부족한 연구자들은, 특히 정신역동적 아동 · 청소년 심리치료와 같이 실제 임상의 복잡한 상황을 다루지 못하는 연구를 할 위험이 있다.

이러한 이상은 항상 충족시키기가 어려워서, 종종 임상가와 과학자 사이에 더 크거나 더 작은 격차가 존재하였다. 역사적으로, 임상 현장의 문화는 과학의 문화와 상당히 달랐고, 그 둘은 조화하기 어려웠다. 오늘날에도, 치료 문화에서 연구자만 되는 것은 쉽지 않다. 그런 사람은 불청객으로 보이기 쉬운데, 왜냐하면 이들은 임상가의 없는 시간을 낭비하고 있고 가치 있는 것을 생산하지 못하며, 일을 너무 느리게 하는 사람이기 때문이다. 반대로, 연구 문화에서 실무자는 제대로 검증된 지식 없이 행동하는 돌팔이로 보일 수 있다. 미즐리(Midgley, 2008)가 언급한 바와 같이, 최근 몇 년 동안 상황이 개선되었다고 하지만 연구자와 치료자 간 실제 관계는 오랫동안 상호 불신과 심지어, 때로는 경멸로 특징지어졌다.

심리치료자로 활동하고 있는 사람들은 종종 연구 결과를 그들의 실무에 통합하는 것에 관심이 없다는 이유로 비난을 받아 왔다. 대신에, 이들은 종종 연구 결과가 따분하고 임상과는 무관하다고 느꼈다. 실무자들을 겨냥한 비판은 잘 알려져 있고 널리 받아들여지고 있다. 연구 분야에 대한 비판의 어떤 측면 또한 정당화되었다는 것은 잘 알려져 있지도 않고 인정되고 있지도 않다.

심리치료의 효과 평가와 관련하여, 무선 할당 실험(RCTs)은 일반적으로 연구의 가장 높은 기준으로 간주되며, 이 형식은 종종 치료가 증거 기반으로 간주될 수 있음을 정당화하는 데 사용된다. 무선 할당 실험(RCT)은 통제 집단을 포함시키고 피험자를 처치 및 통제 집단에 무작위로 분배하는 것을 요구한다. 하지만 이러한 유형의 연구는 아동 · 청소년 심리치료에는 쉽게 적용되지 않는다. 그러한 종류의 연구는 일반적으로 특정 진단 또는 종합적 증상과 관련하여 일치하는 비교적으로 큰 집단의 피험자의 참가를 요구하고, 동반질병이 있는 환자는 제외해야 한다. 하지만 이것은 매우 부자연스러운 모집단을 만드는데, 실제의 대부분 아동 및 청소년의 대다수가 여러 진단을 받고 있기 때문이다. 예를 들어, 치료에 의뢰된 모든 아동들 중 단지 20%만이 복합 요인이 없는 것으로 알려져 있다(Kennedy, 2004).

아동 · 청소년 심리치료에 대한 무선 할당 실험(RCT) 연구의 대부분은 임상 모집단을 포함하지 않고, 실험실 환경에서 선택된 아동들만을 대상으로 하였다. 종종, 피험자들은 초등학교 학생들이었지만, 치료를 위해 의뢰된 아이들은 아니었다. 결과적으로, 이들의 문제는 임상 현장에서 발견되는 것만큼 심각하지 않았고, 아이들의 가정환경은 더 좋은 경우가 많았다. 또한, 치료 기간은 종종 8~10주 정도로 짧았던 반면 일반적인 임상치료는 보통 1년에서 2년 정도 지속된다. 더욱이 치료는 종종 집단으로 실시되었고, 치료자들이 늘 훈련이 잘된 것은 아니었다. 부모가 포함되지 않은 경우 또한 종종 있었다. 호전의 기준도 증상이 소멸되는 것과 같이 단순하였다(예: Kazdin, 2002).

현재의 진단 체계인, ICD(국제 질병 분류)와 DSM(정신질환 진단 및 통계 편람)은, 연구에서 특별한 문제를 제기한다. 우리가 아동과 보호자 간 초기 관계의 중요성에 대해 그 어느 때보다 많이 알고 있는 상황에서, 우리가 증상의 설명에 전적으로 의존하며 관계적 상황을 거의 완전히 배제하는 진단 체계를 사용하는 것은 역설적이다. 실증적 성과 연구에서는 한 번에 제한된 수의 변인만 처리하는 것이 가능하기 때문에, 단순한 증상 기반 진단을 사용하는 것이 아주 적합하다. 하지만 더 광범위하고 복잡한 상태의 치료에 대해서가 아닌 동반질병이나 심각한 합병증 없는 단순한 장애의 치료에 대해서만 많이 알게 되었으며 치료의 장기적인 효과보다는 단기 효과에 대해서만 알게 되었다(Kennedy, 2004).

하지만 아동에게 있어서 심리적 장애의 대부분은 만성적이거나 재발하며, 다양한 심리장애가 함께 발생하는 경우가 빈번하고, 동반장애가 흔하며, 증상과 장애 모두 아동의 발달 과정에서 변하는 경우가 종종 있다(Carlberg, 2009). 가족과 다른 환경적 문제 역시 한몫하는 경우가 흔하다. 이 모든 것은 결국 진단만을 고려한 성과 연구는 불충분하다고 보아야 한다는 것이다. 정신역동적 아동·청소년 심리치료에서, 진단이 가장 중요한 요소는 아니며 오히려, 초점은 아동의 전체적인 성격과 아이와 환경과 상호작용하는 방식에 있다. 그 목적은 명백한 증상을 해결하는 것이 아니라 아동의 내며 세계를 이해하고 영향을 미치려는 것이다. 물론, 아동의 생활환경에 영향을 미치는 외부 요인은 필요할 경우 이 요인을 감안하고 수정하려고 노력하는 것 역시 중요하다. 연구와 관련해서, 증상의 잠재적 소멸을 바탕으로 치료 성과를 측정하는 것은 충분하지 않고 아동의 다른 특징 또한 살펴볼 필요가 있다는 것을 의미한다. 하지만 어떤 척도가 성과를 측정하는 데 최선인지 아는 것은 항상 쉬운 일은 아닌데 이는 새로운 성과 척도를 개발할 필요가 있다는 것을 의미하기도 한다.

심리치료 연구와 관련하여 통제 집단이나 무선 할당 문제는 간단하지 않다. 윤리적 이유로, 어떠한 종류의 치료도 받지 않는 통제 집단을 두는 것은 정당화될 수 없다. 이 문제는 종종 다른 종류의 치료법으로 의뢰된 환자 대조군으로 해결된다. 하지만 실증 연구 관점에서 가장 적절한 방법인 다양한 형태의 치료에 대한 환자의 무선 분포는 좋은 해결책이 아니다. 환자들은 자신들이 선호하는 치료가 있으며, 자신들이 싫어하는 치료를 제안받으면 치료를 철회할 수 있다.

양적 연구가 얼마나 중요한가와 관계없이, 정신역동적 아동 · 청소년 심리치료의 성과를 연구하는 것만으로는 충분하지 않다는 것을 인정할 필요가 있다. 앞서 언급했듯이, 양적 연구는 한 번에 제한된 수의 변수만 처리할 수 있으며, 더 중요한 것은, 예를 들어 내적 상태 또는 더 복잡한 심리 패턴을 기술하는 데 적합하지 않다. 그것이 하고자 하는 목표일 때, 질적 방법 또한 사용할 필요가 있고 연구는 현상학적 및 해석적 토대에 두어야 한다.

실무자가 중요하다고 인식하는 결과를 내기 위해서 연구에는 임상에서 실제로 발견되는 문제에 대해 개인적으로 아는 것이 요구된다. 따라서 임상가는 연구와 연구 방법에 대한 지식이 있어야 하고 연구자 또한 임상 현장에서 훈련을 받고 경험을 할 필요가 있다. 하지만 두 유형의 훈련은 모두 시간이 많이 걸리고 비용이 많이 들어서 이것이 가능하기 위해서는 기관이 두 분야를 통합해서 하는 훈련을 제공하는 것이 필요하다.

하지만 지난 10년에서 15년 동안, 실무자와 연구자 사이에 상호 관계 회복이 되었다. 런던의 타비스톡 연구소와 스톡홀름의 에리카 재단과 같은 심리치료자를 위한 대규모 훈련 기관 중 일부는 현재 아동 · 청소년 심리치료 훈련과 연구 훈련을 결합하고 있다. 지난 20년 동안, 타비스톡 연구소에서 임상 기반 연구 프로그램이 개발되었으며, 여기서 모든 미래의 심리치료자는 박사 과정이 가능한 연구방법론에 관한 기본 교육을 받게 된다.

또한 체계적인 질적 방법을 개발하고 사용할 필요가 있었는데, 이는 원래 종종 사회학이나 심리학에서 사용하기 위해 개발되었다. 이로 인해 연구 설계 및 방법이 상당히 증가하고 새로 갱신되어 기존의 무선 할당 실험(RCT) 형식이 아닌 다른 형태의 연구를 가능하게 하였고 여태껏 유효한 결과를 제공하고 있다.

어떻게 충분히 큰 표집을 모집할 것인가에 대한 문제는 몇몇 치료기관(예: 여러 치료 학교) 간의 협력을 통해 해결할 수 있다. 이러한 접근법은 조직적으로 요구되는 부분이 많고 변화로 인해 참여 기관이 부정적인 영향을 받을 가능성을 증가시키기는 하지만 여러 연구에서 나타난 바와 같이, 실행 가능하다(예: Nissen & Hansen, 2006; Trowell et al., 2007).

아동 · 청소년 심리치료에 대한 연구는 그 어느 때보다 중요하며, 사회 전반적으로 심리치료의 유용성과 효과에 대한 인식이 증가하는 것은 정당하다. 그러므로 심리치료자로서, 우리가 치료 효과를 입증하는 것은 중요하다.

어떤 증거 개념이 조사 연구의 평가 기준가 되어야 하는가에 대해서는 논란이 있을 수 있으나 치료가 증거 기반이어야 한다는 사실은 계속될 것이다.

역사적 발전

아래에서 우리는 연구 발전의 몇 가지 주요 특징과 일부 연구 결과를 설명한다. 매클라우드(McLeod, 2001)에 따르면, 정신역동적 아동 · 청소년 심리치료에 대한 연구는 세 단계로 발전하였다. 약 1950년까지는 기술과 탐구에 중점을 두었고, 주요 연구 접근법은 단일 사례 연구였다. 두 번째 단계인, 대략 1950년부터, 아동 · 청소년 심리치료의 효과를 검토해야 한다는 정치적 압력이 증가하고 있었다. 이러한 압박은 증거에 기반한 의학과 정신의학의 확산과 함께 더욱 증가했는데, 여기서는 치료의 효과에 대해 충분한 과학적인 증거가 없다면 치료를 해서는 안 된다(특히, 공적 기금으로 지불되어서는 안 된다.)고 한다. 앞에서 언급한 대부분의 성과 연구는 이 단계 동안 되었지만, 설명한 바와 같이, 정신역동적 아동 · 청소년 심리치료에 있어서는 그 가치가 다소 제한적이었다. 카즈딘(Kazdin, 2002)은 아동 · 청소년 심리치료에 관한 거의 1,500개의 연구가 그 효과를 보여 주었다고 언급하지만 앞에서 언급한 이유들로 인해, 이 연구의 결과 중 많은 부분이 일반적인 임상 현장으로 일반화될 수 없다는 인식이 증가하고 있다.

세 번째 단계인 현재 단계에서 '과학적' 실증적 방법을 통해 증거 기반을 확립하려는 노력이 여전히 되고 있지만, 정신역동적 의문을 설명하기 위해 사용할 수 있는 새로운 정교화된 질적 방법 역시 존재한다.

마이클 러스틴(Michael Rustin, 2009)이 지적한 바와 같이, 정신역동적 심리치료에 대한 연구는 처음부터 존재해 왔으며, 원래는 단일 사례 기술, 개념 분석, 임상 워크숍에서의 논의 등의 형태로 되었다. 이러한 연구 활동이 새로운 이론 개념과 변화하는 방법론에 있어서 아동 · 청소년 심리치료의 발전을 가져왔는데 이러한 중요성이 과소평가되어서는 안 된다. 이러한 종류의 연구는 여전히 존재하며 아마도 그 어느 때보다 중요성이 계속될 것이다. 언급한 바와 같이, 가치가 있고 없음과는 상관없이 질적 연구는 오늘날 증거 기반 결과의 요구 사항을 충분히 충족시키지는 못하고 있다.

지난 20년 동안, 이 분야의 연구를 특징짓는 문제와 새로운 연구 발견을 모두 기술하는 많은 검토 보고서가 출판되었다.

이러한 저서 중 첫 번째는 보에티우스와 베르크그렌(Boëthius & Berggren)의 저서 『아동 · 청소년 심리치료 연구(Forskning om barn-och ungdomspsykoterapi)』(2000)이다. 이 책은 아동 · 청소년 심리치료 연구에 내재된 방법론적 어려움에 대한 자세한 설명뿐만 아니라 세기가 전환될 시기까지 아동 및 청소년 연구 분야의 상태에 대한 철저한 설명을 제공한다.

이후에, 영국에서 수행된 연구에 대한 두 개의 검토 보고서가 출판되었는데, 하나는 케네디가 2004년에, 다른 하나는 케네디와 미즐리(Kennedy & Midgley)가 2007년에 작성한 것이다. 이 두 보고서는 영국에서 최초로 아동 · 청소년 심리치료의 증거 기반에 대해 체계적으로 검토한 것이다. 이 보고서들은 매우 철저한 데이터베이스 검색을 기반으로 하고 있으며 다른 나라의 연구 또한 포함하고 있다. 2004년 케네디의 검토 보고서는 30개의 연구를 기술하고 있는데, 거의 모든 연구가 다발성 및 중증 장애가 있고 높은 수준의 동반질병이 있는 아동의 임상 표집을 대상으로 수행되었다. 이 연구는 연구 설계의 특성에 따라 4가지 집단으로 분류된다.

케네디와 미즐리(Kennedy & Midgley, 2007)의 다른 검토 보고서는 이 분야를 전반적으로 다루는 연구를 포함하고 있다는 점에서 첫 번째 보고서와 다른데 여기에는 아동, 청소년 및 부모-유아 심리치료 전반적인 분야를 포괄하고 있다. 후자의 분야는 본문의 범위를 벗어난다. 이 검토 보고서는 또한 성과 연구뿐만 아니라, 상당한 양의 과정 연구를 포함함으로써 첫 번째 보고서와 다르다.

과정 연구는 치료 도중 실제로 일어나는 일에 대한 실증 연구로 이는 치료적 개입의 결과로 변화가 일어나는 이유와 방법에 대한 체계적인 연구이다(Midgley et al., 2009). 따라서 심리치료의 효과에 대한 평가는 하나의 문제이고, 또 다른 더 어려운 문제는 변화를 일으키는 과정을 이해하려고 노력하는 것이다. 케네디와 미즐리(Kennedy & Midgley, 2007)는 과정 연구의 부족과 필요성이 지난 10년 이상 많은 사람들에 의해 지적되어 왔다고 언급한다(예: Russell, 1999; Rutter, 2005). 카즈딘(Kazdin, 2002)은 정신분석적 심리치료가 항상 치료적 변화와 변화의 방법에 관심을 가지고, 그에 대한 이론을 발전시켰기 때문에 이러한 종류의 연구에 적합하다고 정당하게 강조했다.

또한 언급되어야 하는 것은 에리카 재단의 임상가와 연구자를 위한 워크숍의 아동·청소년 개인 정신역동적 심리치료에 대한 연구 개요이다. 이 세 보고서는 모두 EFPP 홈페이지(www.efpp.org)에 있다. 2000년 베르그렌과 보이티우스(Berggren & Boëthius)의 저서 출판부터 이러한 검토 보고서의 출판까지 이르는 비교적 짧은 몇 년 동안 일어난 발전을 보는 것은 흥미롭다.

마침내, 최근 아동·청소년 심리치료 연구에 대한 몇 권의 책이 출판되었는데, 여기에는 포나기와 동료들(Fonagy et al., 2002b), 카(Carr, 2009), 미즐리 등(Midgley et al., 2009), 그리고 티안티스와 트로웰(Tsiantis & Trowell, 2011)의 저서 등이 있다.

다음에서 우리는 성과와 과정 연구 각 연구에서 가장 중요한 결과의 일부를 기술하고 현재 우리가 알고 있는 것을 요약할 것이다.

성과 연구 결과

앞에 언급한 문헌의 주된 결론은 정신역동적 아동·청소년 심리치료는 다양한 정신장애가 있는 아동·청소년에게 효과가 있다는 것이다. 다양한 성과 측정 도구가 이들 연구에 적용되어 왔다. 한 연구는 생리학적인 도구만을 사용한 반면 다른 연구들은 사회적 기능, 학교 수행, 행동, 증상, 가족 기능, 그리고 정신과적 심리적 장애 등을 평가하였는데 이 영역 모두에서 호전된 것으로 나타났다. 많은 연구들은 또한 호전이 지속되며 장기 추적 조사에서 심지어 증가한다는 것을 발견하였다.

일반적인 연구 결과 중 하나는 광범위하지 않은 장애가 있는 아동은 단기 치료로 도움을 받을 수 있는 반면, 범위한 장애가 있는 아동은 장기적이면서 집중적인 치료를 요구한다는 것이다. 또한, 여러 연구(예: Baruch et al., 1998; Muratori et al., 2002)에서 행동장애가 있는 아동은 정서장애가 있는 아동보다 더 치료하기 어렵고 더 집중적인 치료를 요구한다는 것을 발견했다.

아마도 정신역동적 심리치료가 정서 문제와 행동장애에 효과적인 것 같다는 것은 그리 놀라운 일이 아니지만, 치료 범위를 넘어서는 것으로 간주되는 복합 장애에 대한 심리치료의 효과를 평가한 특정한 연구에 주목하는 것은 의미가 있다. 이러한 예에는 심각하게 불우한 아동에 대한 보스턴과 러시(Boston & Lush, 1994)의 연구, 성적으로 학대당한 아동에 대한 트로웰과 동료들(Trowell et al., 2002)의 연구, 위탁 양육, 입양, 보호시설에 사는 아동에 대한 보스턴과 동료들(Boston et al., 2009)의 연구에 관한 사례 등이 있다. 정신역동적 심리치료는 또한 학습문제(Heinicke & Ramsey-Klee, 1986), 자폐(Reid et al., 2001), 그리고 신경성 식욕 부진증(Robin et al., 1999; Vilsvik & Vaglum, 1990)에 효과적이라는 것이 밝혀졌다.

케네디(Kennedy, 2004)는 장기적인 추적 조사의 중요성을 강조했는데, 이것은 장기치료의 이점을 보여 주는 데 더 적합하기 때문이다. 기술한 연구 중에서, 7개의 연구는 1년에서 1년 반 동안 아이들을 추적했고, 7개의 연구는 2년에서 4년 동안 추적했으며, 4개 연구는 4년, 1개 연구는 5년 동안, 그리고 1개 연구는 아동의 이후 성인이 될 때까지 추적 조사하였다.

마찬가지로, 몇 연구는 가족을 포함하는 것이 중요하다는 것을 강조한다. 우울이 있는 아동의 치료를 연구한 트로웰과 동료들(Trowell et al., 2007)은 아동이 좋아지기 시작할 때 가족 역동이 어떻게 변화되는지 기술했는데 이는 그때 부모가 자신의 문제에 더 직면하고 자기 자신에 대해 작업할 수밖에 없게 되기 때문이다. 한 사례에서, 아동이 개인 치료를 받았을 때 저하된 가족 기능이 발견되었는데 부모는 어떤 치료도 받지 않았다(Szapocznik et al., 1989).

안나 프로이트 연구

회고한 내용을 바탕으로 하고 있고 통제 집단도 없었지만 특별히 언급할 만한 연구는 1952년에서 1991년까지 런던 소재 안나 프로이트 센터에서 실시한 763건의 아동 심리치료를 다룬 포나기와 타깃(Fonagy & Target, 1996)의 종합적인 연구이다. 언급한 바와 같이, 이 연구는 약간의 제한점이 있지만, 다양한 심리치료의 매우 많은 자료를 포함하고 센터에서 작성된 철저한 사례 기록에 토대를 두고 있다. 아동의 76%는 주 4~5회 집중적인 분석을 받은 반면에, 24%는 주 1~2회 비집중적인 심리치료를 받았다. 이 연구는 두 집단에서 상당한 호전을 발견했는데, 집중적인 분석을 받은 집단에서 약간 더 호전된 것으로 나타났다. 특히, 아동이 어릴수록 집중 치료에서 도움을 받았는데 청소년의 경우에는 차이가 없었다. 대체로, 아동이 어릴수록 청소년보다 더 많이 호전되었다. 일반적으로, 조기 종결될 가능성이 많은 행동장애가 있는 아동보다 정서장애가 있는 아동에게서 호전이 더 많이 보였다. 하지만 행동장애가 있는 아동이 최소 3년 이상 장기치료를 받은 경우 차이는 없었다.

이 연구의 핵심적인 발견은 광범위하지 않은 장애가 있는 아동은 집중적인 치료나 비집중적인 치료에서 모두 호전이 되자만 치료 빈도는 심각한 장애가 있는 아동에게 더 큰 차이를 일으켰다는 것이다. 그중에서, 비집중적인 치료를 받은 아동의 26%만이 호전된 것에 비해 집중적인 치료를 받은 아동의 79%가 호전되었다. 이 결과는 아동기 동안 충분하지 않은 치료를 받은 아동은 치료를 전혀 받지 않은 통제 집단보다 성인기에 더 많은 문제를 나타낼 수도 있다는 사실과 비교될 수 있겠다(Target & Fonagy, 2002). 이러한 사실은 심각한 문제가 있는 아동에게 부적절한 치료를 하지 않는 것이 중요하다는 사실을 강조하는 것으로 이들에게 적절하지 않은 치료를 하게 되면 이들의 상황을 더 악화시키는 위험이 있기 때문이다. 이것은 어쩌면 놀랄 일이 아니다. 많은 혼란과 상실을 겪은 아동과 이미 주변 어른을 불신하는 아동은 도움의 약속을 지키는 치료로 들어감으로써 이 불신을 쉽게 더 강화시킬 것인데, 아마 아동이 희망과 신뢰를 느끼기 시작했을 때 깨지게 될 것이다.

추적 연구는 이 연구에 참여했던 참가자 중 성인이 된 25세에서 50세 사이의 일부 대상자에게 실시하였다(Schachter, 2004; Schachter & Target, 2009). 참가자는 철저하게 평가되었으나, 안타깝게, 전체의 34%만이 후속 연구에 참가하여 결론을 내리는 데는 한계가 있었다. 그러나 조심스럽게 말하자면, 어린 시절 치료가 보호 효과를 끼친 것으로 보인다는 결론을 내릴 수 있다.

우리의 현재 지식

칼버그와 동료들(Carlberg et al., 2008)은 치료 효과에 대한 연구 기반 지식의 현재 상태를 요약한다.

1. 정신역동적 심리치료는 도움이 된다. 효과의 정도는 성인을 대상으로 한 다른 유형의 심리치료와 유사하다. 심리치료를 받은 아동의 약 4분의

3은 치료를 받지 않은 아동보다 상당히 많이 호전된다.

2. 긍정적인 변화 과정은 치료의 종결 후에 지속된다. 검토한 사례에서, 그 효과는 성인기까지 지속되었다.
3. 어린 아동과 10대들은 그 사이의 연령 집단보다 심리치료로 더 많은 도움을 받는 것으로 보인다.
4. 장애가 덜한 아동은 매주 한 번씩 심리치료를 받는 것이 도움이 될 것 같다.
5. 장애가 심한 아동은 더 장기적이고 더 집중적인 치료를 요구하는 것 같다.
6. 내현화 문제가 있는 아동은 외현화 문제가 있는 아동보다 심리치료로 더 많은 도움을 받는 것 같다. 그러나 만약 외현화 문제가 있는 아동의 경우 종종 탈락하는데 탈락하지 않는다면, 이 아동들 역시 도움을 받는데, 특히 이 아동들이 불안 증상을 함께 가지고 있다면 특히 그렇다.
7. 만약 치료가 너무 짧거나 충분히 집중적이지 않다면, 또는 부모에게 병행상담을 하지 않는다면 심리치료는, 가끔, 심각한 장애가 있는 아동에게 해로울 수도 있다.

저자들은 추가적으로 심리치료가 아래의 특정한 장애 또는 문제가 있는 아동에게 명백하게 유익한 효과가 있다는 것을 기술하고 있다.

- 우울
- 잘 관리되지 않는 당뇨병
- 불안장애
- 행동장애
- 성격장애
- 특정 학습 문제
- 전반 발달장애
- 섭식장애

• 심각하게 불우한 아동과 위탁 보호받는 아동
• 성적 학대를 당한 소녀

과정 연구

과정 연구는 더 광범위하고 정교하게 발전해 왔다. 그것은 심리치료 과정이 가장 잘 연구할 수 있는 방법에 대한 많은 질문을 불러일으킨다. 이러한 방법에는 치료자의 관찰, 비디오 녹화, 단일 사례에 대한 심도 있는 분석, 또는 더 포괄적인 도구 사용 등이 있다. 그것이 양적 방법을 통해 가장 잘 연구되는가 아니면 질적 방법을 통해 가장 잘 연구되는가? 여러 가지 평가 방법을 사용하는 것은 과정 연구의 특징인데 이는 관계를 확인하고 반증하는 기회를 제공하고 더 포괄적인 자료를 얻을 수 있게 한다.

루웰린과 하디(Llewellyn & Hardy, 2001)는 지난 20년 동안 발전해 온 과정 연구의 3가지 유형을 구분하고 있다.

1. 기술 연구(놀이의 질 또는 치료 동맹과 같은 치료의 중요한 측면에 대한 측정 방법을 개발하고, 다른 아동 치료로부터 정신역동적 심리치료를 구분하는 것을 연구한다.)
2. 기설 검증 연구(특정한 심리치료 과정과 치료 결과 간 관련성을 연구한다.)
3. 이론 개발 연구(변화에 대한 이론을 생성한다.)

케네디와 미즐리(Kennedy & Midgley, 2007)는 검토한 대부분의 연구는 첫 번째 범주에 해당되지만 다른 두 유형의 연구도 있다고 적고 있다. 가설 검증 연구에 대한 예로, 이들은 트럭스와 위트머(Traux & Wittmer, 1973), 그리고 고린(Gorin, 1993)의 연구를 언급하고 있다. 세 번째 범주에 속하는 연구로는 필립(Philps, 2003, 2009), 칼버그(Carlberg, 1997), 그리고 몇몇의 다른 연구 등이 있다.

이들의 검토 보고서에서는 연구 결과뿐만 아니라 과정을 기술하는 데 사용할 수 있는 몇 가지 측정치와 많은 측정 도구도 강조한다. 따라서 이 검토 보고서는 또한 연구자에게 유용한 매뉴얼로 사용할 의도도 있다.

여기에 언급된 연구나 연구 도구를 모두 언급하는 것은 너무 지나친 것이 될 것이다. 중요한 연구 중 단지 몇 가지만 예로 들겠지만, 검토 보고서는 임상 실무나 임상 연구에 관심이 있는 누구에게나 추천할 수 있다.

저자들은 3가지 주된 질문을 한다.

1. 아동 청소년 심리치료는 어떻게 작동하는가?
2. 누구를 위해 작동하는가?
3. 어떠한 아동 청소년이 어떠한 종류의 치료로부터 도움을 받는가?

많은 연구들이 놀이를 하는 방식과 같이 치료 시간 동안 아동들이 실제로 하는 것을 기술하려고 하였다. 그 목적을 위해, '놀이치료 관찰 도구'(Howe & Silvern, 1981)나 '아동 정신분석 놀이 면접'(Marans et al., 1991)과 같은 많은 관찰 도구들이 개발되었다. 아동들이 사용하는 방어를 설명하기 위해 '방어 기제 목록'(Cramer, 1991)나 '방어 방식에 대한 포괄적인 평가'(Laor et al., 2001) 등과 같은 도구가 개발되었다. 또한 '아동 애착 면담'(Target et al., 2003)이나 '대상관계 목록'(Blatt et al., 1998)과 같은 도구를 사용하여 아동의 대상관계 질을 평가할 수 있다.

특히, 어떤 연구에서는 아동과 치료자 간 상호작용을 평가한다. 또 다른 연구에서는 치료 동맹과 전반적 치료 과정을 평가하는 데 초점을 맞추는데, 여기서 이들의 상호작용뿐만 아니라 아동과 치료자의 행동과 태도 모두가 이전의 결정된 많은 범주에 따라 평가되고 분류된다. 이것은 치료 과정을 설명하는 데 사용될 수 있는 의미 있는 패턴을 발견한다. 연구자들은 또한 이 목적을 위해 많은 도구를 개발해 왔다.

어떤 연구자들은 아동 심리치료에서 소위 '전환점'을 검토하기로 결정했는데, 그들 중에는 칼버그(Carlberg, 1997, 2009)와 테르 등(Terr et al., 2005)이 있다. 예를 들어, 놀이를 할 수 없었던 아동이 놀이를 하기 시작 허가나 접촉을 피했던 아동이 그의 치료자와 상호작용하기 시작할 때 전환점이 될 수 있다.

여러 기관의 결과를 결합한 연구의 예는 아동 우울증에 대한 치료에 관한 트로웰과 동료들(Trowell et al., 2009)의 성과 연구이다. 다양한 현장 연구는 런던, 헬싱키, 그리고 아테네에서 시행되었고 양적 방법과 질적 방법을 함께 사용하였다. 통틀어, 42명의 아동이 연구에 참여하였다. 아동은 가족치료 또는 개인 치료에 무작위로 할당되었다. 연구에서는 두 가지 심리치료 방식 모두에 대해 긍정적인 결과를 보여 주었고 추적 조사 기간 후에 더 많은 진전을 보였다. 질적 연구에서는 다른 무엇보다 정체성 문제가 중요한 역할을 하는 것으로 나타났다. 대부분의 사례에서, 공격성 관리에 대한 작업을 하는 것이 중요하다는 것이 드러났다.

EPOS(Erica 과정 연구와 성과 연구)(Carlberg, 2009)는 여러 기관에서 진행된 총 19건의 심리치료를 다루는 연구 과제도 포함하고 있다. 이 연구에서 모든 아동이 치료 동안 개선되었으며, 대부분의 아동이 보였던 동반질환이 사라졌다는 것이 드러났다. 이 연구는 아동이나 아동과 치료자와 관계에서 변화가 어떻게 나타날 수 있는지에 대한 예시를 보여 준다. 종종, 특정한 전환점이 아닌 점진적인 발전 과정이 보였다. 어떤 사례에서는, 부모 상담이 긍정적 변화를 가져오는 것으로 기술되었다.

마지막으로, 가장 최근의 질적 연구의 한 예로 우울증이 있는 청소년을 위한 단기 정신분석 심리치료의 새로운 치료 매뉴얼(Catty, 2016)이 영국에서 '정신분석 치료와 인지치료(IMPACT)로 기분 개선하기'라는 다기관 임상 시험에서 무작위 통제 실험으로 진행되었으며 이는 전 세계적으로 확장되고 있다. 이러한 연구의 결과는, 특히, 미즐리와 동료들(Midgley et al., 2015, 2016) 그리고 스태플리와 동료들(Stapley et al., 2016)에 의해 발표되었다.

케네디와 미즐리(Kennedy & Midgley, 2007)의 연구 검토에서 알 수 있듯이, 정신역동적 아동 · 청소년 심리치료의 과정을 연구하고 이 과정이 결과 및 다른 종류의 심리치료 과정과 어떻게 관련되어 있는지 탐구하는 상당한 양의 연구가 이제 존재한다고 결론내릴 수 있다.

루엘린과 하디(Llewellyn & Hardy, 2001)가 강조했듯이, 과정 연구는 성과 연구만큼의 관심이나 연구비를 유치하지 못했는데 이는 많은 사람들이 어떤 치료가 어떤 내담자에게 가장 효과적인지에 대한 명확한 답을 주지 않는다고 가정하기 때문이다. 하지만 이는 심리치료가 잘되고 있을 때와 그렇지 않을 때 무엇이 작동하는지에 대해 치료자가 아는 것을 돕는 과정 연구의 잠재력을 과소평가하는 것이다. 과정 연구는 치료에서의 특정 요인을 분석하고 개인차를 강조함으로써 심리치료의 효과성을 향상시키는 방법을 제공한다.

결론

처음부터, 집중적인 연구가 사례 연구, 사례 회의, 토론, 그리고 사례 모임의 형태로 정신역동적 심리치료에서 수행되었다. 이것이 아무리 가치 있는 일이라고 해도 오랜 기간 이 분야를 특징짓는 양적 연구의 부족을 상쇄하지는 못했다. 존재했던 양적 연구는, 또한, 정신역동 아동 · 청소년 심리치료의 실제적인 치료에서 복잡한 조건을 반영하는 그러한 특징이 거의 없었다. 더욱이 오랫동안, 과학자와 실무자 사이의 관계는 서로 접촉이 부족했다는 점과 서로에 대해 충분한 지식이 없었다는 특징이 있다.

최근에, 이러한 경향은 변했다. 심리치료적 작업과 관련된 증거에 대한 요구는 점차 아동 · 청소년 심리치료 분야에서 상당히 포괄적인 실증 연구로 이어졌다. 게다가 이 연구는 상당수의 이전 연구보다 양질인데다가 임상 작업에 더 많이 바탕을 두고 있다. 협의의 실증주의적인 과학적 이상은 무엇이 양질의 연구를 구성하는가에 대한 이해를 넓혔으며 이로 인해 질적 연구과 과정 연구가 포함되게 되었다. 특히, 이는 상당수의 과정 변인을 측정하기 위해 고안된 도구가 개발되는 결과를 가져왔다. 하지만 가장 중요한 점은 아마도 실무자들과 과학자들이 그들의 기본적인 훈련을 통해 임상 실제와 연구 모두에 대한 지식을 습득할 필요성에 대한 이해일 것이다.

이러한 발전의 결과로, 우리는 이제 정신역동적 심리치료가 다양한 심리장애에 효과적이며 탄탄한 증거 기반에 있다는 것을 알고, 문서로 기록할 수 있는 상황에 있다. 특히, 중요하게 언급할 것은 정신역동적 심리치료가 단순하고 비교적 가벼운 장애 및 증상 범위가 제한된 아동뿐만 아니라 학대박거나 성적으로 학대받거나 보호 시설에 있는 아동과 같은 심각한 초기 장애가 있는 아동에게도 효과가 있다는 점이다. 마지막으로, 심각한 장애가 있는 아동이 충분하게 장기적이고 집중적인 심리치료를 받고 이들의 부모와 다른 보호자 또한 치료에 참여하는 것이 얼마나 중요한지 증명되었다.

참고문헌

Achenbach, T. M., & Rescorla, L. A. (2007). *Multicultural Understanding of Child and Adolescence Psychopathology.* New York: Guilford Press.

Ackerman, N. (1958). *Psychodynamics of Family Life.* New York: Basic Books.

Ainsworth, M. D. (1962). The effects of maternal deprivation: a review of findings and controversy in the context of research strategy. In: M. D. Ainsworth, R. G. Andry, R. G Harlow, S. Lebovici, M. Mead, D. G. Prugh, & B. Wootton (1962). *Deprivation of Maternal Care: A Reassessment of its Effects* (pp. 97-165). Geneva: World Health Organisation.

Ainsworth, M. D. S., Blehar, M. C., Waters, E., & Wall, C. (1978). *Patterns of Attachment: Assessed in the Strange Situation and at Home.* Hillsdale, NJ: Lawrence Erlbaum.

Albani, C., Blaser, G., König, S., Thomä, H., & Kächele, H. (2003). Study of a psychoanalytic process using the Core Conflictual Relationship Theme (CCRT) method according to the Ulm Process Model. *European Journal of Psychotherapy and Counselling, 4*: 11-32.

Alpert, A. (1959). Reversibility of pathological fixations associated with maternal deprivation in infancy. *Psychoanalytic Study of the Child, 14*: 169-185.

Altman, N., Briggs, R., Frankel, J., Gensler, D., & Pasqual, P. (2002). *Relational Child Psychotherapy.* New York: Other Press.

Alvarez, A. (1992). *Live Company: Psychoanalytic Psychotherapy with Autistic, Borderline, Deprived and Abused Children.* London & New York: Routledge [reprinted London: Routledge, 1999].

Alvarez, A. (2010). Levels of analytic work and levels of pathology: the work of calibration. *International Journal of Psychoanalysis*, *91*: 859–878.

Axline, V. M. (1969). *Play Therapy*. New York: Ballantine Books.

Azarian, A., Miller, T. W., Palumbo, A. J., & Skriptchenko-Gregorian, V. (1997). Anniversary reactions in a five-year-old boy. *Psychoanalytic Study of the Child*, *52*: 214–226.

Bailey, T. (2006). There is no such thing as an adolescent. In: M. Lanyado & A. Horne (Eds.), *A Question of Technique* (pp. 180–199). London: Routledge.

Baldwin, E. N. (2014). Recognizing guilt and shame: therapeutic ruptures with parents of children in psychotherapy. *Psychoanalytic Social Work*, *21*: 2–18.

Baruch, G., Fearon, P., & Gerber, A. (1998). Evaluating the outcome of community-based psychoanalytic psychotherapy service for young people: one year repeated follow up. In: F. Davenhill & M. Patrick (Eds.), *Rethinking Clinical Audit* (pp. 157–182). London: Routledge.

Bentzen, M., & Hart, S. (2015). *Through Windows of Opportunity: A Neuroaffective Approach to Child Psychotherapy*. London: Karnac.

Berk, L. E. (2009). *Child Development*. Boston, MA: Pearson Education.

Bernstein, I., & Sax, A. M. (1978). Indications and contraindications for child analysis. In: J. Glenn (Ed.), *Child Analysis and Therapy* (pp. 67–108). New York: Jason Aronson.

Bion, W. R. (1961). *Experiences in Groups*. London: Tavistock [reprinted in: *Experiences in Groups, and Other Papers* (pp. 24–103). London: Routledge, 2013].

Bion, W. R. (1962a). A theory of thinking. *International Journal of Psychoanalysis*, *43*: 306–310 [reprinted in: E. B. Spillius (Ed.), *Melanie Klein Today: Developments in Theory and Practice. Volume 1: Mainly Theory* (pp. 178–186). London: Routledge, 1988].

Bion, W. R. (1962b). *Learning from Experience*. London: Heinemann [reprinted London: Karnac, 1991].

Bion, W. R. (1963). *Elements of Psychoanalysis*. London: Heinemann [reprinted London: Karnac, 1989].

Bion, W. R. (1967). Notes on memory and desire. *Psychoanalytic Forum*, *2*: 272–273, 279–280 [reprinted in: E. B. Spillius (Ed.), *Melanie Klein Today: Developments in Theory and Practice. Volume 2: Mainly Practice* (pp. 17–21). London: Routledge, 1988].

Bion, W. R. (1970). *Attention and Interpretation*. London: Tavistock [reprin ted London: Karnac, 1984].

Bjorklund, D. F., & Blasi, C. H. (2012). *Child and Adolescent Development. An Integrated Approach*. Belmont, CA: Wadsworth.

Björn, G. J., Bodén, C., Sydsjö, G., & Gustafson, P. A. (2011). Psychological evaluation of refugee children: contrasting results from play diagnosis and parental interviews. *Clinical Child Psychology and Psychiatry*, *16*(4): 517-534.

Blass, R. B., & Blatt, S. J. (1992). Attachment and separateness: a theoretical context for the integration of object relations theory with self psychology. *Psychoanalytic Study of the Child*, *47*: 189-204.

Blatt, S. J., & Luyten, P. (2009). A structural-developmental psychodynamic approach to psychopathology: two polarities of experience across the life span. *Development and Psychopathology*, *21*: 793-814.

Blatt, S. J., Auerbach, J. S., & Aryan, M. (1998). Representational structures and the therapeutic process. In: R. Bornstein & J. Masling (Eds.), *Empirical Studies of the Therapeutic Hour* (pp. 63-107). Washington, DC: American Psychological Association.

Blos, P. (1962). *On Adolescence*. New York: Free Press of Glencoe.

Boëthius, S. B., & Berggren, G. (2000). *Forskning om barn-och ungdomspsykoterapi. En kunskapsöversikt*. Stockholm: Ericastiftelsen.

Boston, M., & Lush, D. (1994). Further considerations of methodology for evaluating psychoanalytic psychotherapy: reflection in the light of research experience. *Journal of Child Psychotherapy*, *20*: 205-229.

Boston, M., & Szur, R. (Eds.) (1983). *Psychotherapy with Severely Deprived Children*. London: Routledge & Kegan Paul.

Boston, M., Lush, D., & Grainger. E. (2009). Evaluation of psychoanalytic psychotherapy with fostered, adopted and "in-care" children. In: N. Midgley, J. Anderson, E. Grainger, T. Nesic-Vuckovic, & C. Urwin (Eds.), *Child Psychotherapy and Research* (pp. 117-128). London: Rout ledge.

Bowlby, J. (1951). *Maternal Care and Mental Health*. Geneva: World Health Organization.

Bowlby, J. (1969). *Attachment*. London: Hogarth Press.

Bowlby, J. (1973). *Separation: Anxiety and Anger*. London: Hogarth Press.

Bowlby, J. (1980). *Loss: Sadness and Depression*. London: Hogarth Press.

Bowlby, J. (1988). *A Secure Base. Clinical Applications of Attachment Theory*. London:

Routledge.
Bradley, S. (2003). *Affect Regulation and the Development of Psychopathology*. New York: Guilford Press.
Brafman, A. H. (2012). *The Language of Drawings: A New Finding in Psychodynamic Work*. London: Karnac.
Bronstein, C. (2001). *Kleinian Theory. A Contemporary Perspective*. London: Whurr.
Bunn, A. (2013). *SIGNS OF SAFETY IN ENGLAND: An NSPCC Commissioned Report on the Signs of Safety Model in Child Protection*. Available at: www.nspcc.org.uk (accessed 30 July 2016).
Canham, H. (1999). The development of the concept of time in fostered and adopted children. *Psychoanalytic Inquiry*, *19*(2): 160-171.
Cantwell, D. P., & Rutter, M. (1994). Classification: conceptual issues and substantive findings. In: M. Rutter, E. Taylor, & L. Hersov (Eds.), *Child and Adolescent Psychiatry: Modern Approaches* (pp. 3-21). Oxford: Black well.
Caper, R. (1996). Play, experimentation and creativity. *International Journal of Psychoanalysis*, *77*: 859-869.
Carlberg, G. (1997). Laughter opens the door: turning points in child psychotherapy. *Journal of Child Psychotherapy*, *23*: 331-349.
Carlberg, G. (1999). Vändpunkter i barnpsykoterapi. Doctoral dissertation. Stockholm: Universitetets Pedagogiska Institution.
Carlberg, G. (2009). Exploring change processes in psychodynamic child psychotherapy: the therapist's perspective. In: N. Midgley, J. Ander son, E. Grainger, T. Nesic-Vuckovic, & C. Urwin (Eds.), *Child Psychotherapy and Research—New Approaches, Emergent Findings* (pp. 100-112). London: Routledge.
Carlberg, G., Eresund, P., & Boëthius, S. B. (2008). *Child and Adolescent Psychotherapy Research: Workshops for Clinicians and Researchers at the Erica Foundation*. Stockholm: The Erica Foundation.
Carr, A. (2009). *What Works with Children, Adolescents, and Adults?* London: Routledge.
Catty, J. (Ed.) (2016). *Short-term Psychoanalytic Psychotherapy for Adolescents with Depression: A Treatment Manual*. London: Karnac.
Cramer, P. (1991). *The Development of Defence Mechanisms: Theory, Research and Assessment*. New York: Springer.

Chang, C. Y., Ritter, K. B., & Hays, D. G. (2005). Multicultural trends and toys in play therapy. *International Journal of Play Therapy*, *14*(2): 69-85.

Chethik, M. (1989). *Techniques of Child Therapy. Psychodynamic Strategies.* New York: Guilford Press.

Cleve, E. (2004). *From Chaos to Coherence. Psychotherapy with a Little Boy with ADHD.* London. Karnac.

Cohen, P. M., & Solnit, A. J. (1993). Play and therapeutic action. *Psychoanalytic Study of the Child*, *48*: 49-63.

Cyrulnik, B. (2001). *Les Vilains Petits Canards*. Paris: Odile Jacob [reprinted as *The Whispering of Ghosts: Trauma and Resilience*. New York: Other Press, 2005].

Dale, F. (1984). The reunification of Sundip: the bringing together split-off parts of the personality in a boy with psychotic features. *Journal of Child Psychotherapy*, *10*(2): 217-232.

Dalgaard, N. T., & Montgomery, E. (2015). Disclosure and silencing: a systematic review of the literature on patterns of trauma communication in refugee families. *Transcultural Psychiatry*, *52*(5): 579-593.

Downey, L., Shuse, D., Rutter, M., Quinton, D., & Mrazek, D. (1985). The nature and qualities of parenting provided by women raised in institutions. *Journal of Child Psychology & Psychiatry & Allied Disciplines*, *26*(4): 599-625.

Duch, C., & Elklit, A. (2008). Borneperspektiv pa en katastrofe. *Psykolog Nyt*, *4*: 8-12.

Edgcumbe, R. (2000). *Anna Freud: A View of Development, Disturbance and Therapeutic Techniques*. London: Routledge.

Eels, T. D. (2013). The case formulation approach to psychotherapy research revisited. *Pragmatic Case Studies in Psychotherapy*, *9*(4): 426-447.

Elklit, A. (2002). Victimization and PTSD in a Danish national youth probability sample. *Journal of the American Academy of Child and Adolescent Psychiatry*, *41*(2): 174-181.

Elvins, R., & Green, J. (2008). The conceptualization and measure of therapeutic alliance: an empirical review. *Clinical Psychology Review*, *28*: 1167-1187.

Erikson, E. (1968). *Identity. Youth and Crisis.* New York: Norton.

Fazel, M., Wheeler, J., & Danesh, J. (2005). Prevalence of serious mental disorder in 7000 refugees resettled in western countries: a systematic review. *The Lancet*, *365*: 1309-1314.

Ferro, A. (1999). *The Bi-Personal Field: Experiences in Child Analysis*. London:

Routledge.

Fonagy, P., & Allison, E. (2012). What is mentalization? The concept and its foundations in developmental research. In: N. Midgley & I. Vrouva (Eds.), *Minding the Child. Mentalization-Based Interventions with Children, Young People and their Families* (pp. 11-34). London: Routledge.

Fonagy, P., & Target, M. (1996). Predictors of outcome in child psychoanalysis: a retrospective study of 793 cases at the Anna Freud Centre. *Journal of the American Psychoanalytic Association*, *44*(1): 27-77.

Fonagy, P., Gergely G., Jurist, E. L., & Target, M. (2002a). *Affect Regulation, Mentalization, and the Development of the Self*. New York: Other Press.

Fonagy, P., Target, M., Cottrell, D., Phillips, J., & Kurtz, Z. (2002b). *What Works for Whom? A Critical Review of Treatments for Children and Adolescents*. London: The Guilford Press.

Fox, N. A., & Rutter, M. (2010). Introduction to the special section on the effects of early experience on development. *Child Development*, *81*: 23-27.

Fox, S., Levitt, P., & Nelson, C. A. (2010). How the timing and quality of early experiences influence the development of brain architecture. *Child Development*, *81*: 306-325.

Freud, A. (1937). *The Ego and the Mechanisms of Defence*. London: Hogarth.

Freud, A. (1946). *The Psycho-Analytical Treatment of Children*. New York: International Universities Press.

Freud, A. (1955). Special experiences of young children, particularly in times of social disturbance. In: K. Soddy (Ed.), *Mental Health and Infant Development. Proceedings of the International Seminar held by the World Federation for Mental Health at Chichester, England* (pp. 141-159). London: Routledge and Kegan Paul.

Freud, A. (1958). Adolescence. *Psychoanalytic Study of the Child*, *13*: 255-278.

Freud, A. (1965). *Normality and Pathology in Childhood*. New York: International Universities Press [reprinted: London: Hogarth Press, 1966].

Freud, A. (1966a). A short history of child analysis. *Psychoanalytic Study of the Child*, *21*: 7-14.

Freud, A. (1966b). *Normality and Pathology in Childhood*. London: Hogarth Press.

Freud, A., & Burlingham, D. (1944). *Infants without Families. The Case for and against Residential Nurseries*. London: Allen and Unwin.

Freud, A., & Dann, S. (1951). An experiment in group upbringing. *Psychoanalytic Study of the Child*, *6*: 127-168.

Freud, S. (1895). *Project for a Scientific Psychology*. *S. E.*, *1*: 283-391. London: Hogarth.

Freud, S. (1900a). *The Interpretation of Dreams*. *S. E.*, *4-5*. London: Hogarth.

Freud, S. (1909b). *Analysis of a Phobia in a Five-Year-Old Boy*. *S. E.*, *10*: 5-150. London: Hogarth.

Freud, S. (1910d). The future prospects of psycho-analytic therapy. *S. E.*, *11*: 141-151. London: Hogarth.

Freud, S. (1914g). Remembering, repeating and working-through. *S. E.*, *12*: 147-156. London: Hogarth.

Freud, S. (1916-1917). *Introductory Lectures on Psycho-Analysis*. *S. E.*, *16*: 431-447. London: Hogarth.

Freud, S. (1917e). Mourning and melancholia. *S. E.*, *14*: 239-258. London: Hogarth.

Freud, S. (1937c). Analysis terminable and interminable. *S. E.*, *23*: 211-254. London: Hogarth.

Furman, E. (1992). On feeling and being felt with. *Psychoanalytic Study of the Child*, *47*: 67-84.

Gaensbauer, T. J. (1994). Therapeutic work with a traumatized toddler. *Psychoanalytic Study of the Child*, *49*: 412-433.

Gaensbauer, T. J. (1995). Trauma in the preverbal period: symptoms, memories and developmental impact. *Psychoanalytic Study of the Child*, *50*: 123-149.

Geissman, C., & Geissman, P. (1998). *A History of Child Psychoanalysis*. London: Routledge.

Glasser, M. (1994). Violence: a psychoanalytical research project. *Journal of Forensic Psychiatry*, *5*(2): 311-320.

Gorin, S. (1993). The prediction of child psychotherapy outcome: factors specific to treatment. *Psychotherapy*, *30*(1): 152-158.

Green, A. (1974). The analyst, symbolization and absence in the analytic setting (on changes in analytic practice and analytic experience). In memory of D. W. Winnicott. *International Journal of Psychoanalysis*, *56*(1): 1-22 [reprinted in: *On Private Madness* (pp. 30-59). London: Hogarth, 1986].

Grønseth, R. (1969). Egostøttende psykoterapi. *Nordisk Psykologi*, *18*(5): 365-374.

Grünbaum, L. (1989). Om psykoanalytisk børneterapi og udviklingsstandsning på baggrund af mangelfuld selv-objekt differentiering. *Agrippa*, *11*(1): 5-28.

Grünbaum, L. (1998). Children in torture-surviving families: child psychotherapy within a family-orientated context. In: J. Pestalozzi (Ed.), *Psychoanalytic Psychotherapy in Institutional Settings* (pp. 119-140). London: Karnac.

Grünbaum, L. (1999-2000). Psykoanalytisk borneterapi—hvordan virker hvad? *Matrix*, *16*(3): 245-268.

Grünbaum, L. (2010a). The post-traumatic nightmare: the via regia to unconscious integration? In: A. Gautier & A. Sabatini (Eds.), *Bearing Witness: Psychoanalytic Work with People Traumatised by Torture and State Violence* (pp. 65-89). London: Karnac.

Grünbaum, L. (2010b). Survival and helplessness in empty space. In: K. V. Mortensen & L. Grünbaum (Eds.), *Play and Power* (pp. 69-94). London: Karnac.

Grünbaum, L. (2014). Anxieties and dilemmas relating to breaks in the therapeutic relationship with children whose relationships in early infancy were reported to have been emotionally unstable and traumatised—a systematic study of child psychotherapy with a young child who had suffered early abuse and neglect. PhD dissertation, University of East London, in conjunction with the Tavistock Clinic.

Grünbaum, L., & Gammeltoft, M. (1993). Young children of schizophrenic mothers: difficulties of intervention. *American Journal Orthopsychiatry*, *63*(1): 16-27.

Hart, S. (2008). *Brain, Attachment, Personality. An Introduction to Neuro affective Development*. London: Karnac.

Hart, S., & Bentzen, M. (2013). Jagten på de nonspecifikke faktorer I psykoterapi med born. Copenhagen: Hans Reitzel [reprinted as: Bentzen, M., & Hart, S. *Through Windows of Opportunity: A Neuroaffective Approach to Child Psychotherapy*. London: Karnac, 2015].

Hartnup, T. (1999). The therapeutic setting: the people and the place. In: M. Lanyado & A. Horne (Eds.), *Child and Adolescent Psychotherapy—Psychoanalytic Approaches* (pp. 93-104). London: Routledge.

Heimann, P. (1950). On countertransference. *International Journal of Psychoanalysis*, *31*: 81-84.

Heinicke, C. M., & Ramsey-Klee, D. M. (1986). Outcome of child psychotherapy as a function of frequency of session. *Journal of the American Academy of Child Psychiatry*, *14*: 561-588.

Henry, G. (1974). Doubly deprived. *Journal of Child Psychotherapy*, *4*(2): 29-43 [reprinted as "Double deprivation" in: G. Williams (1997). *Internal Landscapes and Foreign Bodies. Eating Disorders and Other Pathologies* (pp. 33-49). London:

Duckworth 1997].

Hinshelwood, R. D. (1991). Psychodynamic formulation in assessment for psychotherapy. *British Journal of Psychotherapy*, *8*(2): 166–174.

Hodges, J., & Tizard, B. (1989). Social and family relationships of exinstitutional adolescents. *Journal of Child Psychology & Psychiatry & Allied Disciplines*, *30*(1): 77–97.

Horne, A. (2000). Keeping the child in mind: thoughts on work with parents of children in therapy. In: J. Tsiantis, S. B. Boetius, B. Haller fors, A. Horne, & I. Tischler (Eds.), *Work with Parents: Psychoanalytic Psychotherapy with Children and Adolescents* (pp. 47–63). London: Karnac.

Horne, A. (2006). Brief communications from the edge: psychotherapy with challenging adolescents. In: M. Lanyado & A. Horne (Eds.), *A Question of Technique* (pp. 149–165). London: Routledge.

Houzel, D. (2004). The psychoanalysis of infantile autism. *Journal of Child Psychotherapy*, *30*(2): 225–237.

Houzel, D. (2008). The creation of psychic space, the "nest of babies" fantasy and the emergence of the Oedipus complex. In: K. Barrows (Ed.), *Autism in Childhood and Autistic Features in Adults. A Psychoanalytic Perspective* (pp. 119–145). London: Karnac.

Howe, P., & Silvern, L. (1981). Behavioural observations of children during play therapy: preliminary development of a research instrument. *Journal of Personality Development*, *45*(2): 168–182.

Hug-Hellmuth, H. (1912). Analyse eines Traumes eines Fünfeinhalb -jährigen. *Zentralblatt für Psychoanalyse und Psychotherapie*, *2*(3): 122–127.

Hug-Hellmuth, H. (1921). On the technique of child analysis. *International Journal of Psychoanalysis*, *2*: 287–305.

Hunter, M. (2001). *Psychotherapy with Young People in Care: Lost and Found*. Hove: Brunner-Routledge.

Ironside, L. (1995). Beyond the boundaries: a patient, a therapist and an allegation of sexual abuse. *Journal of Child Psychotherapy*, *21*(2): 183–207.

Jarvis, C. (2005). Parenting problems: research and clinical perspectives on parenting adolescents. *Journal of Child Psychotherapy*, *31*: 209–220.

Jolley, R. P. (2010). *Children and Pictures: Drawing and Understanding*. Hong Kong: Wiley-Blackwell.

Joseph, B. (1985). Transference: the total situation. *International Journal of Psychoanalysis*, *66*: 447–454 [reprinted in: E. B. Spillius (Ed.), *Melanie Klein Today. Developments in Theory and Practice. Volume 2: Mainly Practice* (pp. 61–72). London: Routledge, 1988].

Kaplan, S. (2006). Children in genocide-extreme traumatization and the "affect propeller". *International Journal of Psychoanalysis*, *87*: 725–746.

Kazdin, A. E. (2002). *Psychotherapy for Children and Adolescents: Directions for Research and Practice*. Oxford: Oxford University Press.

Kazdin, A. E. (2003). Psychotherapy for children and adolescents. *Annual Review of Psychology*, *54*: 253–276.

Kazdin, A. E., Whitley, M., & Marciano, P. (2006). Child-therapist and parent-therapist alliance and therapeutic change in the treatment of children referred for oppositional, aggressive, and antisocial behavior. *Journal of Child Psychology and Psychiatry*, *47*(5): 436–445.

Kennedy, E. (2004). *Child and Adolescent Psychotherapy: A Systematic Review of Psychoanalytic Approaches*. London: North Central London Strategic Health Authority.

Kennedy, E., & Midgley, N. (2007). *Process and Outcome Research in Child, Adolescent and Parent-Infant Psychotherapy: A Thematic Review*. London: North Central London Strategic Health Authority.

King, P., & Steiner, R. (1991). *The Freud-Klein Controversies, 1941–45*. London: Routledge.

Kjærgaard, C. B., & Westergaard, M. (2016). Den terapeutiske alliance med børn i psykodynamisk legeterapi. In: L. Grünbaum & K. V. Mortensen (Eds.), *Psykodynamisk Psykoterapi med Børn og Unge. Bind 2. Et område I udvikling* (pp. 31–49). Copenhagen: Hans Reitzels.

Klein, M. (1921). Eine Kinderentwicklung. *Imago*, *7*: 251–309 [reprinted as The development of a child in: *Love, Guilt and Reparation and Other Works 1921–1945* (pp. 1–53). London: Hogarth, 1975].

Klein, M. (1923). Zur Frühanalyse. *Imago*, *9*: 222–259 [reprinted as Early analysis in: *Love, Guilt and Reparation and Other Works 1921–1945* (pp. 77–105). London: Hogarth, 1975].

Klein, M. (1927). Symposium on child-analysis. *International Journal of Psychoanalysis*, *8* [reprinted in: *Love, Guilt and Reparation and Other Works 1921–1945* (pp. 139–

169). London: Hogarth, 1975].

Klein, M. (1929). Personification in the play of children. *International Journal of Psychoanalysis, 19*: 193-204 [reprinted in: *Love, Guilt and Reparation and Other Works 1921-1945* (pp. 199-209). London: Hogarth, 1975].

Klein, M. (1930). The importance of symbol-formation in the development of the ego. *International Journal of Psychoanalysis, 11*: 24-39 [reprinted in: *Love, Guilt and Reparation and Other Works 1921-1945* (pp. 219-232). London: Hogarth, 1975].

Klein, M. (1932). *The Psychoanalysis of Children.* London: Hogarth [reprinted London: Vintage, 1997].

Klein, M. (1935). A contribution to the psychogenesis of manic-depressive states. *International Journal of Psychoanalysis, 16*: 145-174 [reprinted in: *Love, Guilt and Reparation and Other Works 1921-1945* (pp. 261-289). London: Hogarth, 1975].

Klein, M. (1940). Mourning and its relation to manic-depressive states. *International Journal of Psychoanalysis, 21*: 125-153 [reprinted in: *Love, Guilt and Reparation and Other Works 1921-1945* (pp. 344-369). London: Hogarth, 1975].

Klein, M. (1945). The Oedipus complex in the light of early anxieties. *International Journal of Psychoanalysis, 26*: 58-62 [reprinted in: *Love, Guilt and Reparation and Other Works 1921-1945* (pp. 370-419). London: Hogarth, 1975].

Klein, M. (1946). Notes on some schizoid mechanisms. *International Journal of Psychoanalysis, 27*: 99-110 [reprinted in: *Envy and Gratitude and Other Works 1946-1963* (pp. 1-24). London: Hogarth, 1975].

Klein, M. (1950). On the criteria for the termination of a psycho-analysis. *International Journal of Psychoanalysis, 31*: 78-80 [reprinted in: *Envy and Gratitude and Other Works 1946-1963* (pp. 43-47). London: Hogarth, 1975].

Klein, M. (1952). The origins of transference. *International Journal of Psychoanalysis, 33*: 433-438 [reprinted in: *Envy and Gratitude and Other Works 1946-1963* (pp. 48-56). London: Hogarth, 1975].

Klein, M. (1955). The psycho-analytic play technique: its history and significance. In: M. Klein, P. Heimann, & R. E. Money-Kyrle (Eds.), *New Directions in Psycho-Analysis. The Significance of Infant Conflict in the Pattern of Adult Behaviour* (pp. 3-22). London: Tavistock [reprinted in: *Envy and Gratitude and Other Works 1946-1963* (pp. 122-140). London: Hogarth, 1975].

Klein, M. (1957). Envy and gratitude. London: Tavistock [reprinted in: *Envy and Gratitude and Other Works 1946-1963* (pp. 176-235). London: Hogarth, 1975].

Klein, M. (1959). Our adult world and its roots in infancy. *Human Relations*, *12*: 291-303 [reprinted in: *Envy and Gratitude and Other Works 1946-1963* (pp. 247-263). London: Hogarth, 1975].

Klein, M. (1961). *Narrative of a Child Analysis: The Conduct of the Psychoanalysis of Children as Seen in the Treatment of a Ten-Year-Old Boy*. London: Hogarth.

Klein, M. (1975a). *Love, Guilt and Reparation and Other Works 1921-1945*. London: Hogarth.

Klein, M. (1975b). *Envy and Gratitude and Other Works 1946-1963*. London: Hogarth.

Kramer, E. (1971). *Art as Therapy with Children*. New York: Schocken Books.

Kronengold, H. (2010). Hey toy man. *Journal of Infant, Child, and Adolescent Psychotherapy*, *9*: 3-17.

Labastida, A. T. (1976). Ansiedades de separation y reunion en la transferencia en quatro ninos (Separation and reunion anxieties in the transference of four children). *Neurologia, Neurocirugia, Psiquiatria*, *17*(2): 95-101.

Lagerheim, B. (1988). *Utvecklas med handikapp*. Stockholm: Norstedt.

Laor, N., Wolmer, L., & Cicchetti, D. (2001). The comprehensive assessment of defense style: measuring defense mechanisms in children and adolescents. *Journal of Nervous and Mental Disease*, *189*(6): 360-368.

Lanyado, M. (1999). Holding and letting go: some thoughts about the process of ending therapy. *Journal of Child Psychotherapy*, *25*(3): 357-378.

Lanyado, M. (2004). *The Presence of the Therapist: Treating Childhood Trauma*. Hove: Brunner-Routledge.

Lanyado, M., & Horne, A. (1999). The therapeutic relationship and process. In: M. Lanyado & A. Horne (Eds.), *The Handbook of Child & Adolescent Psychotherapy: Psychoanalytic Approaches* (pp. 55-71). London: Routledge.

Laub, D., & Auerhahn, N. C. (1993). Knowing and not knowing. Massive psychic trauma: forms of traumatic memory. *International Journal of Psychoanalysis*, *74*: 287-302.

Laufer, M. (1997). Developmental breakdown in adolescence: problems of understanding and helping. In: M. Laufer (Ed.), *Adolescent Breakdown and Beyond* (pp. 3-15). London: Karnac.

Levine, M., & Smolak, L. (2002). Body image development in adolescence. In: I. F. Cash & T. Pruzinsky (Eds.), *Body Image. A Handbook of Theory Research and Clinical Practice* (pp. 74-82). New York: Guilford Press.

Lindqvist, K. (April 2013). *Mentalisation Based Time-Limited Psychotherapy with Children and Parents*. Workshop at the Erica Foundation. Stockholm: Erica Foundation.

Llewellyn, S., & Hardy, G. (2001). Process research in understanding and applying psychological therapies. *British Journal of Clinical Psychology*, *40*: 1-21.

Luborsky, L. (1997). The core conflictual relationship theme (CCRT): a basic case formulation method. In: T. Eels (Ed.), *Handbook of Psychotherapy Case Formulation* (pp. 58-83). New York: Guilford.

Luborsky, L., & Luborsky, E. (2006). *Research and Psychotherapy—The Vital Link*. Lanham, MD: Jason Aronson.

Luborsky, L., Barber, J. P., & Diguer, L. (1992). The meanings of narratives told during psychotherapy: the fruits of a new observational unit. *Psychotherapy Research*, *2*: 277-290.

Luborsky, L., Luborsky, E., Diguer, L., Schmidt, K., Dengler, D., Schaffler, P., Faude, J., Morris, M., Buchsbaum, H., & Emde, R. (1996). Extending the core relationship theme into early childhood. In: G. G. Noam & K. W. Fischer (Eds.), *Development and Vulnerability in Close Relationships* (pp. 287-308). Hillsdale, NJ: Lawrence Erlbaum.

Luxenberg, T., Spinazzola, J., & van der Kolk, B. A. (2001). Complex trauma and disorders of extreme stress (DESNOS) diagnosis, part one: Assessment. *Directions in Psychiatry*, *21*(25): 373-392.

Mahler, M., Pine, F., & Bergman, A. (1975). *The Psychological Birth of the Human Infant*. New York: Basic Books.

Main, M., & Hesse, E. (1990). Parents' unresolved traumatic experiences are related to infant disorganized attachment status: is frightened and/or frightening parent behavior the linking mechanism? In: M. T. Greenberg, D. Cicchetti, & E. M. Cummings (Eds.), *Attachment in the Preschool Years: Theory, Research and Intervention* (pp. 161-182). Chicago, IL: University of Chicago Press.

Main, M., & Solomon, J. (1986). Discovery of a disorganized/disoriented attachment pattern. In: T. B. Brazelton & M. W. Yogman (Eds.), *Affective Development in Infancy* (pp. 95-124). Norwood, NJ: Ablex.

Marans, S., Mayes, L., Cicchetti, D., Dahl, K., Marans, W., & Cohen, D. (1991). The child psychoanalytic play interview. *Journal of American Psychoanalytic Association*, *39*: 1015-1036.

Marcia, J. (1980). Identity in adolescence. In: J. Adelson (Ed.), *Handbook of Adolescent Psychology* (pp. 159-187). New York: Wiley.

McLeod, J. (2001). *Qualitative Research in Psychotherapy and Counselling*. London: Sage.

Meeks, J., & Bernet, W. (2001). *The Fragile Alliance*. Melbourne: Krieger.

Meltzer, D. (1967). *The Psycho-analytical Process*. London: Heinemann [reprinted Strathtay, Perthshire: Clunie Press, 1979].

Micucci, J. A. (2009). *The Adolescent in Family Therapy: Harnessing the Power of Relationships* (2nd edn.). New York: Guilford Press.

Midgley, N. (2008). Overview of the research on individual child and adolescent psychodynamic psychotherapy. In: G. Carlberg, P. Eresund, & S. B. Boëthius (Eds.), *Child and Adolescent Psychotherapy Research*. Workshop for Clinicians and Researchers at the Erica Foundation, October 2008. Available at: www-efpp/research.

Midgley, N., & Navridi, E. (2006). An exploratory study of premature termination in child analysis. *Journal of Infant, Child, and Adolescent Psychotherapy*, *5*: 437-458.

Midgley, N., Anderson, J., Grainger, E., Nesic-Vuckovic, T., & Urwin, C. (2009). *Child Psychotherapy and Research*. London: Routledge.

Midgley, N., Isaacs, D., Weitkamp, K., & Target, M. (2016). The experience of adolescents participating in a randomised clinical trial in the field of mental health: a qualitative study. *Trials*, *17*: 364.

Midgley, N., Parkinson, S., Holmes, J., Stapley, E., Eatough, V., & Target, M. (2015). Beyond a diagnosis: the experience of depression among clinically-referred adolescents. *Journal of Adolescence*, *44*: 269-279.

Mikardo, J. (1995). Finding a voice: the treatment of a speech-impaired boy. *Journal of Child Psychotherapy*, *21*(2): 225-252.

Moestrup, N. (2016). Psykoanalytisk legeterapi med omsorgssvigtede og anbragte born. In: L. Grünbaum & K. V. Mortensen (Eds.), *Psykodynamisk Psykoterapi med Børn og Unge. Bind 2. Et omrade i udvikling* (pp. 109-126). Copenhagen: Hans Reitzel.

Mortensen, K. V. (2010). Research in psychoanalytic psychotherapy with children: an enterprise in need of power? In: K. V. Mortensen & L. Grünbaum (Eds.), *Play and Power* (pp. 145-159). London: Karnac.

Moses, R. H., & Moses, R. (1986). Steps in self development. *Psychoanalytic Study of the Child*, *41*: 491-513.

Munro, E. (2011). *The Munro Review of Child Protection: Final Report, A Child-centred System*. London: The Stationery Office Limited on behalf of the Controller of Her Majesty's Stationery Office. Available at: www.education.gov.uk/publications (accessed 30 July 2016).

Muratori, F., Picchi, L., Casella, C., Tancredi, R., Millone, A., & Patarnello, M. G. (2002). Efficacy of brief dynamic psychotherapy for children with emotional disorders. *Psychotherapy and Psychosomatics*, *71*: 28-38.

Music, G. (2009). Neuroscience and child psychotherapy. In: M. Lanyado & A. Horne (Eds.), *Child and Adolescent Psychotherapy: Psycho analytic Approaches* (pp. 51-72). London: Routledge.

Neria, Y., Nandi, A., & Galea, S. (2008). Post-traumatic stress disorder following disasters: a systematic review. *Psychological Medicine*, *38*(4): 467-480.

Nissen, P., & Hansen, K. G. (2006). *Effektundersøgelse af Psykodynamisk Miljøterapeutisk Døgnbehandling*. Copenhagen: Danmarks Padagogiske Universitets.

Nordbo, A. (2004). Psykologi og neurovidenskab. *Psykolognyt*, *58*: 8-11.

Novick, K., & Novick, J. (2005). *Working with Parents Makes Therapy Work*. New York: Jason Aronson.

Ofsted (March 2015). *Early Help: Whose Responsibility?* London: The Office for Standards in Education, Children's Services and Skills. Available at: www.gov.uk/government/organisations/ofsted (accessed 30 July 2016).

O'Shaughnessy, E. (1964). The absent object. *Journal of Child Psychotherapy*, *1*(2): 134-143 [reprinted in: P. S. Barrows (Ed.), *Key Papers from the Journal of Child Psychotherapy* (pp. 13-23). Hove: Brunner-Routledge, 2004].

O'Shaughnessy, E. (1989). The invisible Oedipus complex. In: R. Britton, M. Feldman, & E. O'Shaughnessy (Eds.), *The Oedipus Complex Today: Clinical Implications* (pp. 129-150). London: Karnac.

Ottosen, M. H., Andersen, D., Dahl, K. M., Hansen, A. T., Lausten, M., & Østergaard, S. V. (2014). *Børn og unge i Danmark. Velfaerd og Trivsel 2014*. Copenhagen: SFI—Det Nationale Forskningscenter for Velfard.

Perrin, S., Smith, P., & Yule, W. (2000). Practitioner review: the assessment and treatment of post-traumatic stress disorder in children and adolescents. *Journal of Child Psychology and Psychiatry*, *3*: 277-289.

Petot, J. M. (1990-1991). *Melanie Klein. Vol. I and Vol. II*. Madison, NY: International

Universities Press.
Philps, J. F. (2003). Applications of child psychotherapy to work with children in temporary foster care. Psych. D. thesis, University of East London.
Philps, J. F. (2009). Mapping process in child psychotherapy: steps towards drafting a new method for evaluating psychoanalytic case studies. In: N. Midgley, J. Anderson, E. Grainger, T. Nesic-Vuckovic, & C. Urwin (Eds.), *Child Psychotherapy and Research—New Approaches, Emergent Findings* (pp. 56-71). London: Routledge.
Pick, I. B. (1967). On stealing: clinical notes on three adolescent boys. *Journal of Child Psychotherapy*, *2*: 67-79.
Pick, I. B. (1985). Working through in the countertransference. *International Journal of Psychoanalysis*, *66*: 57-166 [reprinted in: E. B. Spillius (Ed.), *Melanie Klein Today. Developments in Theory and Practice, Volume 2: Mainly Practice* (pp. 34-47). London: Routledge, 1988].
Popp, C., Luborsky, L., & Crits-Cristoph, P. (1990). The parallel of the CCRT based on waking narratives with the CCRT based on dreams. In: L. Luborsky & P. Crits-Cristoph (Eds.), *Understanding Transference: The CCRT Method* (pp. 158-172). New York: Basic Books.
Psychodynamic Diagnostic Manual Task Force (2006). *Psychodynamic Diagnostic Manual*. Silver Spring, MD: Alliance of Psychoanalytic Organizations.
Pynoos, R. (1993). Traumatic stress and developmental psychopathology in children and adolescents. In: J. M. Oldham, M. B. Riben, & A. Tas man (Eds.), *American Psychiatric Press Review of Psychiatry, Vol. 12* (pp. 205-238). Washington, DC: American Psychiatric Press.
Reed, G. S. (1990). A reconsideration of the concept of transference neurosis. *International Journal of Psychoanalysis*, *71*: 205-218.
Reich, W. (1928). On character analysis. In: R. Fliess (Ed.), *The Psychoanalytic Reader: An Anthology of Essential Papers with Critical Introductions* (pp. 129-147). New York: International University Press, 1948.
Reid, S., Alvarez, A., & Lee, A. (2001). The Tavistock autism workshop approach: assessment, treatment and research. In: J. Richter & S. Coates (Eds.), *Autism—the Search for Coherence* (pp. 182-192). London: Jessica Kingsley.
Rey, J. H. (1986). The schizoid mode of being and the space-time continuum (beyond metaphor). *Journal of The Melanie Klein Society*, *4*(2): 12-52 [reprinted in:

Universals of Psychoanalysis in the Treatment of Psychotic and Borderline States—Factors of Space-Time and Language (pp. 8-30). London: Free Association Books, 1994].

Riesenberg-Malcolm, R. (2001). Bion's theory of containment. In: C. Bronstein (Ed.), *Kleinian Theory: A Contemporary Perspective* (pp. 165-180). London: Whurr.

Robin, A., Siegel, P., Moye, A. Gilroy, M., Dennis, A. B., & Sikand, A. (1999). A controlled comparison of family versus individual psychotherapy for adolescents with anorexia nervosa. *Journal of the American Academy of Child and Adolescent Psychiatry*, *38*: 1482-1489.

Rose, J. (1997). Distortions of time in the transference: some clinical and theoretical implications. *International Journal of Psychoanalysis*, *78*: 453-468.

Rosenfeld, H. (1971). A clinical approach to the psychoanalytic theory of the life and death instincts: an investigation into the aggressive aspects of narcissism. *International Journal of Psychoanalysis*, *52*: 169-178 [reprinted in: E. B. Spillius (Ed.), *Melanie Klein Today, Vol. 1: Mainly Theory* (pp. 239-255). London: Routledge and the Institute of PsychoAnalysis, 1988].

Russell, R. (1999). Child psychotherapy process research: suggestions for the new millennium. In: S. Russ & T. Ollendick, T. (Eds.), *Handbook of Psychotherapies with Children and Families* (pp. 541-552). New York: Kluwer Academic/Plenum.

Rustin, Margaret (1989). Identity: fragmentation and recovery in psychoanalytic psychotherapy. *Social Discourse*, *2*: 311-319.

Rustin, Margaret (1998). Observation, understanding and interpretation: the story of a supervision. *Journal of Child Psychotherapy*, *24*(3): 433-448.

Rustin, Margaret (2000). Dialogues with parents. In: J. Tsiantis, S. B. Boëthius, B. Hallerfors, A. Horne, & L. Tischler (Eds.), *Work with Parents. Psycho analytic Psychotherapy with Children and Adolescents* (pp. 1-23). London: Karnac.

Rustin, Margaret (2009). Work with parents. In: M. Lanyado & A. Horne (Eds.), *The Handbook of Child and Adolescent Psychotherapy. Psychoanalytic Approaches* (pp. 206-219). London: Routledge.

Rustin, Margaret, & Quagliata, E. (Eds.) (2000). *Assessment in Child Psychotherapy*. London: Duckworth.

Rustin, Michael (2009). What do child psychotherapists know? In: N. Midgley, J. Anderson, E. Grainger, T. Nesic-Vuckovic, & C. Urwin (Eds.), *Child Psychotherapy and Research* (pp. 35-49). London: Routledge.

Rutter, M. (2002). Maternal deprivation. In: M. H. Bornstein (Eds.), *Hand book of Parenting, Second Edition, Volume 4, Social Conditions and Applied Parenting* (pp. 181-202). London: Lawrence Erlbaum.

Rutter, M. (2005). CAMHS Research Priorities. Talk given at the first National CAMHS Conference, Birmingham.

Ryan, V., & Needham, C. (2001). Non-directive play therapy with children experiencing psychic trauma. *Clinical Child Psychology and Psychiatry*, *6*(3): 437-453.

Sachs, B. (2009). *Family-centered Treatment with Struggling Young Adults: A Clinician's Guide to the Transformation from Adolescence to Autonomy*. New York: Guilford Press.

Salo, F. T. (2004). Walking in the lost child's tracks: revisiting the therapeutic nature of reclaiming. *Journal of Child Psychotherapy*, *30*(2): 207-223.

Sandell, A. (1997). Om tonårspsykoanalys—en introduktion till historiska och aktuella psykoanalytiska aspekter pa adolescensen. Om psykoanalys for barn och ungdomar. *Svenska psykoanalytiska foreningens skriftserie*, *1*: 20-29.

Sandler, A.-M., & Sandler, J. (1998). *Internal Objects Revisited*. London: Karnac.

Sandler, J. (1976). Countertransference and role-responsiveness. *International Review of Psycho-Analysis*, *3*: 43-47.

Sandler, J., Kennedy, H., & Tyson, R. L. (1980). *The Technique of Child Psychoanalysis. Discussions with Anna Freud*. Cambridge, MA: Harvard University Press.

Schachter, A. (2004). The adult outcome of child psychoanalysis: a longterm follow-up study. PhD dissertation, University of London.

Schachter, A., & Target, M. (2009). The adult outcome of child psychoanalysis: the Anna Freud Centre long-term follow-up study. In: N. Midgley, J. Anderson, E. Grainger, T. Nesic-Vuckovic, & C. Urwin (Eds.), *Child Psychotherapy and Research: New Approaches, Emerging Findings* (pp. 144-156). London: Routledge.

Schaefer, C., Cormick, J., & Ohnogi, A. (Eds.) (2010). *International Handbook of Play Therapy: Advances in Assessment, Theory, Research and Practice*. New York: Jason Aronson.

Searles, H. F. (1975). Countertransference and theoretical model. *Psychotherapy of Schizophrenia*, 223-228 [reprinted in: *Countertransference and Related Subjects* (pp. 373-379). Madison-Connecticut: International Universities Press, 1979].

Segal, H. (1957). Notes on symbol formation. *International Journal of Psychoanalysis*, *38*: 391-397 [reprinted in: *The Work of Hanna Segal. A Kleinian Approach to*

Clinical Practice: Delusion and Artistic Creativity & other Psycho-Analytic Essays (pp. 49-65). London: Karnac, 1986].

Segal, H. (1977). Countertransference. *International Journal of Psycho analytic Psychotherapy*, *6*: 31-37 [reprinted in: *The Work of Hanna Segal. A Kleinian Approach to Clinical Practice: Delusions and Artistic Creativity & Other Psychoanalytic Essays* (pp. 81-87). London: Free Association Books, 1986].

Segal, H. (1979). *Klein.* Glasgow: Fontana/Collins.

Segal, H. (1992). *Melanie Klein.* London: Sage.

Shakow, D., Hilgard, E. R., Kelly, E. L., Luchey, B., Sanford, R. N., & Shaffer, L. F. (1947). Recommended Graduate Training Program in Clinical Psychology. *American Psychologist*, *2*: 539-558.

Silverman, M. A. (2004). Insecurity and fear of attachment in a troubled adoption. A clinical example. *Journal of Infant, Child, and Adolescent Psychotherapy*, *3*(3): 313-328.

Siskind, D. (1997). *Working with Parents. Establishing the Essential Alliance in Child Psychotherapy and Consultation.* Northvale, NJ: Jason Aronson.

Skowron, E., & Reinemann, D. (2005). Effectiveness of psychological interventions for child maltreatment: a meta-analysis. *Psychotherapy: Theory, Research, Practice, Training*, *42*(1): 52-71.

Slijper, F. M. E. (2008). Treatment in practice. In: A. J. E. Verheugt-Pleiter, J. Zevalkink, & M. G. J. Schmeets (Eds.), *Mentalizing in Child Therapy. Guidelines for Clinical Practitioners* (pp. 179-192). London: Karnac.

Smith, H. F. (1990). Cues: the perceptual edge of the transference. *International Journal of Psychoanalysis*, *71*(2): 219-228.

Smith, J. A., Flowers, P., & Larkin, M. (2009). *Interpretative Phenomenologi cal Analysis-Theory, Method, and Research.* London: Sage [reprinted 2010].

Spillius, E. B. (1994). Developments in Kleinian thought: overview and personal view. *Psychoanalytic Inquiry*, *14*(3): 324-364.

Spillius, E. B. (2001). Freud and Klein on the concept of phantasy. In: C. Bronstein (Ed.), *Kleinian Theory: A Contemporary Perspective* (pp. 17-31). London: Whurr.

Spillius, E. B. (2007). In Melanie Klein's archive. In: P. Roth & R. Rus bridger (Eds.), *Encounters with Melanie Klein. Selected Papers of Elisabeth Spillius* (pp. 63-126). London: Routledge.

Spillius, E. B., Milton, J., Garvey, P., Couve, C., & Steiner, D. (2011). *The New*

Dictionary of Kleinian Thought. London: Routledge.

Stapley, E., Target, M., & Midgley, N. (2016). Experience of being the parent of an adolescent with a diagnosis of depression. *Journal of Child and Family Studies*, *25*(2): 618–630.

Steiner, J. (1993). *Psychic Retreats: Pathological Organizations in Psychotic, Neurotic, and Borderline Patients*. London: Routledge.

Stern, D. (1985). *The Interpersonal World of the Infant*. New York: Basic Books [reprinted London: Karnac, 1998].

Stern, D. (1995). *The Motherhood Constellation*. New York: Basic Books.

Sussman, D. (2001). Finding a safe place: a four-year-old child's recovery from sexual abuse. In: M. Rustin, M. Rhode, A. Dubinsky, & H. Dubin sky (Eds.), *Psychotic States in Children* (pp. 39–55). London: Karnac.

Szapocznik, J., Murray, E., Scopetta, M., Hervis, O., Rio, A., Cohen, R., Rivas-Vazquez, A., Posada, V., & Kurtines, W. (1989). Structural family versus psychodynamic child therapy for problematic Hispanic boys. *Journal of Consulting and Clinical Psychology*, *57*(5): 571–578.

Target, M., & Fonagy, P. (2002). Anna Freud Centre studies 3: the longterm follow-up of child analytic treatments (AFC3). In: P. Fonagy (Ed.), *An Open Door Review of Outcome Studies in Psychoanalysis* (2nd edn., pp. 141–146). London: International Psychoanalytic Society.

Target, M., Fonagy, P., & Shmueli-Goetz, Y. (2003). Attachment representations in school age children: the development of the child attachment interview (CAD). *Journal of Child Psychotherapy*, *29*(2): 171–186.

Terr, L. C. (1991). Childhood traumas: an outline and overview. *American Journal of Psychiatry*, *148*(1): 10–20 [reprinted in: *Focus*, *1*(3): 322–334].

Terr, L. C., McDermott, J. F., Benson, R. M., Blos, P. Jr., Deeney, J., Rogers, R. R., & Zrull, J. P. (2005). Moments in psychotherapy. *Journal of the American Academy of Child & Adolescent Psychiatry*, *44*(2): 191–197.

Tonnesmann, M. (1980). Adolescent re-enactment, trauma and reconstruction. *Journal of Child Psychotherapy*, *6*: 23–44.

Traux, C., & Wittmer, J. (1973). The degree of therapist's focus on defence mechanisms and the effect on therapeutic outcome with institutionalized juvenile delinquents. *Journal of Community Psychology*, *1*: 201–203.

Trowell, J., Joffe, I., Campbell, J., Clemente, C., Almqvist, F., Soininen, M.,

Koskenranta-Aalto, U., Weintraub, S., Kolaitis, G., Tomaras, V., Anastasopoulos, D., Grayson, K., Barnews, J., & Tsiantis, J. (2007). Childhood depression: a place for psychotherapy. An outcome study comparing individual psychodynamic psychotherapy and family therapy. *European Child and Adolescent Psychiatry, 16*(3): 157-167.

Trowell, J., Kolvin, I., Weeramanthri, T., Sadowski, H. Berelowitz, M., Glasser, D., & Leitch, I. (2002). Psychotherapy for sexually abused girls: psychopathological outcome findings and patterns of change. *British Journal of Psychiatry*, *180*: 234-247.

Trowell, J., Rhode, M., & Joffe, I. (2009). Childhood depression: an out come research project. In: N. Midgley, J. Anderson, E. Grainger, T. Nesic-Vuckovic, & C. Urwin (Eds.), *Child Psychotherapy and Research* (pp. 129-143). London: Routledge.

Tsiantis, J. & Trowell, J. (Eds.) (2011). *Assessing Change in Psychoanalytic Psychotherapy of Children and Adolescents: Today's Challenge*. EFPP Monograph. London: Karnac.

Tsiantis, J., Boëthius, S. B., Hallerfors, B., Horne, A., & Tischler, L. (Eds.) (2000). *Work with Parents. Psychoanalytic Psychotherapy with Children and Adolescents*. London: Karnac.

Tustin, F. (1966). A significant element in the development of autism: a psycho-analytic approach. *Journal of Child Psychology and Psychiatry*, *7*(1): 53-67 [reprinted as: A significant element in the development of psychogenic autism. In: K. Barrows (Ed.), *Autism in Childhood and Autistic Features in Adults. A Psychoanalytic Perspective* (pp. 39-62). London: Karnac, 2008].

Van Ee, E., Kleber, R. J., & Jongmans, M. J. (2016). Relational patterns between caregivers with PTSD and their nonexposed children: a review. *Trauma, Violence, & Abuse*, *17*(2): 186-203.

Verheugt-Pleiter, A. J. E., Zevalkink, J., & Schmeets, M. G. J. (Eds.) (2008). *Mentalizing in Child Therapy. Guidelines for Clinical Practitioners*. London: Karnac.

Vilsvik, S. O., & Vaglum, P. (1990). Teenage anorexia nervosa: a 1-9-year follow-up after psychodynamic treatment. *Nordisk Psykatrisk Tidss skrift*, *44*: 249-255.

Watson, A. (1990). The blossom tree and the number 4: some ideas about thought disorder in an adopted, diabetic boy. *Journal of Child Psychotherapy*, *16*(2): 99-110.

Watzlawick, P., Beavin, J., & Jackson, D. (1967). *Pragmatics of Human Communication*.

New York: W. W. Norton.

Windaus, E. (2006). The position and outcome of research in Europe in child and adolescence section. Paper presented at the research workshop at the 5th EFPP conference of the Child and Adolescent Section, Berlin, Germany, 10-12 November.

Winnicott, D. W. (1955). The depressive position in normal development. *British Journal of Medical Psychology*, *28*(2-3): 89-100 [reprinted in: *Collected Papers: Through Paediatrics to Psycho-Analysis* (pp. 262-277). London: Hogarth, 1975].

Winnicott, D. W. (1968). Playing: its theoretical status in the clinical situation. *International Journal of Psychoanalysis*, *49*: 591-599 [reprinted in: *Playing and Reality* (pp. 38-52). Harmondsworth: Penguin, 1971].

Winnicott, D. W. (1971a). *Playing and Reality*. London: Tavistock [reprinted London: Routledge, 2005].

Winnicott, D. W. (1971b). *Therapeutic Consultations in Child Psychiatry*. London: Hogarth.

Winnicott, D. W. (1977). *The Piggle: An account of the Psychoanalytic Treatment of a Little Girl*. London: Hogarth.

World Health Organization (1992). *The ICD-10 Classification of Mental and Behavioural Disorders. Clinical Descriptions and Diagnostic Guidelines*. Geneva: World Health Organization.

Wrangsjo, B., & Salomonsson, M. W. (2007). *Tonarstid. Utveckling, Problem och Psykoterapeutisk Behandling*. Stockholm: Natur & Kultur.

Young-Bruehl, E. (1989). *Anna Freud: A Biography*. London: Macmillan.

Yule, W., Bolton, D., Udwin, O., Boyle, S., O'Ryan, D., & Nurrish, J. (2000). The long-term psychological effects of a disaster experienced in adolescence: the incidence and course of PTSD. *Journal of Child Psychology and Psychiatry*, *41*(4): 503-511.

Zeanah, C. H., & Boris, N. W. (2000). Disturbances and disorders of attachment in early childhood. In: C. H. Zeanah (Ed.), *Handbook of Infant Mental Health: Second Edition* (pp. 353-368). New York: Guilford Press.

Zeanah, C. H., & Gleason, M. M. (2010). *Reactive Attachment Disorder: A Review for DSM-V*. Report presented to the American Psychiatric Association.

ZERO TO THREE (2005). *Diagnostic Classification of Mental Health and Develop mental Disorders of Infancy and Early Childhood, Revised (DC:0-3R)*. Washington, DC: ZERO TO THREE Press.

찾아보기

인명

A
Abraham, K. 30
Ainsworth, M. 36
Alvarez, A. 264

B
Baldwin, E. N. 162
Balint, M. 31
Bion, W. 13, 31, 33, 35, 133, 214, 236, 285, 292
Blos, P. 42
Bowlby, J. 13, 36

C
Caper, R. 292
Chethik, M. 161, 170, 175, 276

E
Erikson, E. 42

F
Fairbairn, W. R. D. 31
Ferenczi, S. 30
Fonagy, P. 39
Freud, A. 12, 27, 28, 126, 218

H
Heimann, P. 113
Henry, G. 266
Horne, A. 184
Hug-Hellmuth, H. 27

J
Jones, E. 30

K
Klein, M. 12, 27, 30, 100, 126, 218, 233, 236

L
Laufer, M. 183
Lowenfeld, M. 27

M
Mahler, M. 42
Marcia, J. 43
Mogensen, J. 41

O
O'Shaughnessy, E. 233

R
Rustin, M. 167, 170, 177

S
Stern, D. 13, 40

W
Winnicott, D. 13, 35

내용

α-기능 59
β요소 58
DSM 체계 46
DSM-5 253
Erica 과정 연구와 성과 연구(EPOS) 316
ICD 304
ICD 체계(국제 질병 분류) 46, 304
ICD-10 74, 253, 277

ㄱ
갈등으로 인한 병리 44
감정-속의-기억 237
강렬한 전이 위기 125
강요된 정체성 43
개별 장난감 상자 100
개별화 244
개인 심리치료 86
개인적 전이 관계 118, 122
개입 52
거리 215
게임 101
결정적인 시기 37
결핍 252
결함으로 인한 병리 44
경계 위반 105
경계 위반 시 101
경쟁 위협 267
경험의 본질 264
계획되지 않은 종결 226
계획된 종결 226
골고루 주의 52
공간 212
공격 행동 53
공격성 42, 44

공격자와 동일시 29
공생관계 215
과정 연구 309, 314
과학 303
관계 경험 123
관계 주제 246
관계적 사고 49, 63
광의의 치료 환경 108
규칙 102
그린 그림 142
그림 141, 147, 157
급성 스트레스 반응 277
급성 외상 275
급성 충격 외상 281
긍정적 전이 117
긍정적 전이 감정 136

ㄴ
난관 66
내적 갈등 45
내적 대상 45
내적 대상관계 형판 124
내적 세계 66
내적 충동 31
내적 환상 66
놀이 53, 147, 148, 156
놀이 관찰 80
뇌 가소성 41
능동적인 중립성 270

ㄷ
단기 치료 224
담아내기 13, 36, 57, 58, 271
담아내기를 경험하는 사람 59
담아내기를 하는 사람 59
담아내기를 하는 사람-담아내기를 경험하는 사람 60, 61
담아내는 관계 64
대상 간 57
대상관계 52, 66, 124, 127, 155, 209, 230
대상관계 이론 32
대상관계이론 놀이치료 100
대상의 부재 214
대인관계 영역 130
독립 187, 188
돌봄 47
동일시 58, 188
동일시 경향 240
디지털 의사소통 157
또래 관계 253

ㄹ
러스틴 모형 168, 170
로르샤흐 검사 80

ㅁ
메타 프로파일 46
명료화 53
명확하지 않은 관계 90
모성 박탈 252
목표 67
목표 설정 65
몽상 52, 58
몽상 상태 66

무선 분포 305
무선 할당 문제 305
무선 할당 실험(RCT) 304
무의식적인 환상 32, 49, 123, 133, 230
물리적 부재 63
미술치료 143
미해결된 사춘기 갈등 197
미해결된 자기 문제 113

ㅂ

박탈 251, 254, 255, 256, 272, 275
박탈/학대장애 253
박해 감정 221
반복 강박 291, 292
반사회적 행동 187
반영 40
반응성 애착장애 253
반항 184, 195
발달선 29
발달을 완성하려는 욕구 65
발달의 조직화 원리 40
방법 67
방어기제 36, 136
방임 243, 251, 255, 256, 264, 272, 275
베게토 치료 70
병리적 슬픔 45
병리적 애도 38
병행 부모 작업 287
복합 외상 219, 272, 275, 282, 284, 285, 287, 288, 293
복합 외상 기억 294
복합 외상화 281, 282, 283, 286, 292
복합 외상화 치료 297
부러움 246
부모 상담 15, 88, 161, 162
부모 상담 모형 15
부모 행동 167
부모와 작업 176
부모와 하는 작업 171, 207
부모와의 관계 190
부모-치료자 관계 파열 166
부분 대상 32
부인 32
부재 64, 214, 215, 220
부재의 경험 213
부재하는 대상 64
부재한 치료자 235
부정적 전이 117
부정적 정체성 43
분노 45, 186
분리 32, 45, 53, 63, 151, 184, 187, 214, 215, 239, 240, 244
분리 불안 229, 238, 240, 246
분리-개별화 42
분리된 정체감 215
불안 63, 64
불안 회피적 38
불안-양가적 37
불안-회피 패턴 38
비대칭적 관계 56
비밀 보장 101, 102
비밀 환상들 269

ㅅ

사고 49, 158
사고 이론 236
사랑과 일을 할 수 있는 능력 218
사춘기 149, 181, 183, 185, 186
사회적 적응 253
상실 39, 152, 187, 221, 239, 264, 272
상징 형성 63
상징 형성의 억제 291
상징놀이 53, 141, 157, 292
상징적 등식 150
상징적 사고 272
상징적 의미 64
상징적 표현 144, 147, 240
상징화 214
상징화 능력 49
상호 주체성 128
선택적 사실 56
성 44
성격 구조 31
성격 전이 118
성과 연구 결과 310
성과와 과정 연구 309
성숙한 방어 45
성욕 42
성적 학대 103
세계보건기구(WHO) 277
수치심 165, 166
신경심리학 40
신경심리학적 검사 81
신경정서 발달학 41
실무 303
실무자 306
실무자-과학자 303
실제 관계 111
실증 연구 305
실행 53, 124
심리성적 환상 126
심리치료 143

ㅇ

아날로그 의사소통 157
아동 생활지도 운동 27
아동 생활지도 진료소 28
아동 정신분석 30
아동 평가 79
아동의 병력 78
아동의 애착 면담(CAI) 82
안나 프로이트 연구 311
안전기지 37
안전한 환경 270, 271
안정 37
안정 애착 63
알고 싶은 욕구 63
애도 39, 187, 218
애착 37, 39, 123, 152, 187, 190
애착 이론 45
애착 행동 38
애착 형성 253
애착관계 277
애착장애 46, 87, 253
양가적 애착 38
양육자와 관계 문제 45
양적 연구 306

어머니-아기 관계 59
억제 49
역전이 50, 51, 52, 55, 113, 114, 117, 190, 261, 265
역전이 감정 52, 196, 271
연구 결과 302
연구 설계 302
연구자 306
오쇼네시의 모형 215
오이디푸스 갈등 33
오이디푸스 환상 34
외상 45, 220, 275, 277, 281, 282, 292, 293, 295
외상 후 스트레스 장애(PTSD) 277, 278, 280
외상성 기억 296
외상화 275, 276, 277
욕동 31, 37, 44, 45, 184
우울 45, 235
우울 자리 32, 33, 218, 235
우울증 32
원초적 방어 45
웩슬러 아동용 지능검사(WISC) 80
웩슬러 유아 및 초등학생용 지능검사 (WPPSI) 80
위탁아동 164
유대 187
유예 42, 43
의뢰 73, 75, 188, 189
의식 44
의식적 언어 158
의존 63, 64, 187, 188
의존-분리 220
의존-분화 246
의존성 215
이름 없는 두려움 237, 262, 285
이별 240
이상화 197
이중 박탈 266, 272
이중 상실 220
이차 과정 158
이행 대상 35
인지적-정서적 구조 64
일시 중단 89, 97, 105, 216, 229, 233, 234, 235, 237, 238, 239, 240, 242, 243, 244, 246
일시적인 부재 경험 63
일차 과정 158

ㅈ

자기 통제 61
자기 표상 45
자리 32, 46, 215
자리 이론 236
자신감 61
자아 57
자아 사이 42
자아 심리학 29
자아가 통합 65
자아와 방어기제 29
자폐 219
자폐증 88
작업 동맹 85, 302
장기치료 89

장면구성검사 80
장해 45
재실행 292
재회 220
적대적인 형제자매 267
전능한-자기애적인 환상 238
전이 13, 50, 114, 115, 117, 123, 127, 129, 132, 238
전이 감정 123, 124, 243
전이 관계 50, 51, 53, 55, 111, 112, 118, 124, 159, 234, 239, 240, 245, 260, 292
전이 양상 111
전이 양육 169
전이 위기 126
전이 위기의 개념 125
전이-역전이 56, 128
전이-역전이 관계 13
전이의 지각 가장자리에서 267
전이의 지각 경계 130
전지전능한 행동 53
전체 대상 33
정상적인 발달 경로 65
정상적인 슬픔 45
정서 경험 123
정서 조율 40
정서 조절 253
정서 조절의 어려움 44
정서적 경험 64
정서적 분위기 117
정서적인 애착 64
정서적-인지적 건강 256
정서적-인지적 통찰 56
정신기능 프로파일 81
정신내적 영역 사이 130
정신병리 46
정신적 경계 95
정신적 등가 양식 151
정신질환 47
정신질환 진단 및 통계 편람(DSM) 304
정신화 39, 49, 114, 127, 214, 235, 237, 239, 253, 272
정신화 능력 225
정신화 이론 134
정신화하기 284
정체성 184, 269
정체성 문제 42
정체성 혼란 43
조기 방임 53
조기 종결 223, 225, 226
조언 173, 177
조증 행동 269
조직화 원리 215, 234
종결 205, 213, 215, 216, 223, 227
좋은 부모 대상 64
좌절 인내력 214
좌절한 청소년 183
죄책감 165, 166
주 양육자와 아동의 관계 45
주관적인 자기감 40
주관적인 환상 149
주제통각검사(TAT) 80
주지화 45
지금-여기 50, 115, 117, 124, 158, 237
지도감독자 256

지식 탐구 본능 63
지켜보는 회피 66
진단 74
진단 분류: 0-3R 47, 253, 254, 278
질투 246

ㅊ

참여 43
처치 및 통제 집단 304
청소년 182
청소년 심리치료 182
청소년기 182
청소년기 좌절 183
체식의 모형 168
초기 205
초기 결핍 251
초기 관계 경험 230, 262
초기 관계 장애 272
초기 돌봄 관계 255
초기 모성 박탈 252
초기 방임 152, 219, 251, 252, 255, 267, 269, 270
초기 상실 45, 220
초기 심리사회적 박탈 251
초기 오이디푸스 갈등 33
초기 초자아 33
초기 학대 243
초자아 42
충분히 좋은 어머니 35
충분히-좋은 보호자 198
치료 공간 51
치료 과정 111
치료 관계 49, 52, 58, 111, 128
치료 기간 103
치료 동맹 65, 85, 111, 125, 131, 132, 135, 136, 139, 242
치료 빈도 103
치료 시간 103, 142
치료 초기 205
치료 환경 95
치료자의 부재 234, 235
치료적 개입 51, 52
치료적 중립성 265
치료적 태도 52
치료적 환경 51

ㅌ

타비스탁 클리닉 257
탈억제 애착장애 253
탐색 43, 244
통제 집단 304, 305
통합 65
퇴행 45, 53, 144
투사 32, 45
투사검사 80
투사적 동일시 13, 36, 49, 50, 53, 57, 58, 113, 114, 151, 237, 243
특정 관계 주제 230
특정 전이 관계 135
특정 전이 위기 126

ㅍ

파스 프로 토토 현상 158
파열 166

편집-분열 32
편집-분열 자리 32, 218
편집-분열성 235
편집-분열증적 구조 32
편집성-분열성 자리 81
편집증적 불안 32
평가 73, 74, 75, 78, 80, 142, 208
평가 결과 84
평가절하적 거부 269
폐소-광장 경계선 딜레마 244
표집 306

ㅎ

학대 47, 53, 251, 252, 254, 255, 256, 264, 267, 269, 272, 275
학대 극복 270
학대와 복합 외상 17
한 회당 치료 시간 103
한계 106
함입 32, 64
함입적 동일시 238
합동 가족치료 83
합리화 45
해리된 정신병적 사고 272
해석 55, 133, 137, 265, 271
해석적 현상학적 분석 232
핵심 대상관계 230
핵심 대상관계 주제 231
햄스테드 전쟁 보육원 28
현실 검증 152
현실 검증력 130
현실 관계 128
현실적 경계 95
현재 관계 66
혐오 195
형판 209
호기심 64
혼란 패턴 38
확립된 정체성 43
환멸 220
환상 31, 52, 115, 116, 123, 124, 125, 220, 266
회피 38
훈습 127, 135, 218, 221

저자 소개

리셀롯 그룬바움(Liselotte Grünbaum)(심리학 이학석사, 박사)은 공인 심리학자이자 전문 치료자로서 아동 임상심리 및 심리치료 지도감독자이다. 그룬바움의 박사학위 논문은 「핵심 대상관계 주제로 향하는 창으로서 단절(Breaks as a Window to Core Object Relationship Themes)」(2014)이었는데, 이는 이스트런던의 대학교와 타비스탁 및 포트만 NHS 재단 신탁에서 수행되었다. 그룬바움은 타비스탁 심리치료자협회(TSP)의 회원이다. 그룬바움은 다양한 공공 기관에서 아동, 청소년, 그리고 이들의 가족들과 한 폭넓은 상담 경험을 바탕으로 현재는 코펜하겐에서 개인 상담소를 운영하고 있으며, 올보르 대학교의 비전임 부교수이자, 아동 및 청소년 정신분석 치료자를 위한 덴마크의 훈련 프로그램의 교사와 지도감독자를 맡고 있다.

그룬바움는 또한 유럽 정신분석심리치료연맹의 아동 및 청소년부 공동 책임자를 역임하였다. 그룬바움은 초기 방임과 복합 외상의 후유증으로 고통을 받는 아동들을 대상으로 한 아동 · 청소년 심리치료와 임상 아동 심리학을 주제로 여러 논문을 영어로 게재하였다. 카렌 비베케 모텐슨과 함께, EFFP 책 시리즈에 있는 『놀이와 힘(Play and Power)』(2010)을 공저하였다.

카렌 비베케 모텐슨(Karen Vibeke Mortensen)(심리학 이학석사, 교육학 박사)은 공인 심리학자이자 집단 분석가이며, 전문 치료자이자 심리치료와 아동 심리학의 지도감독자이다. 비베케는 올보르 대학교의 아동 임상심리학 명예 교수이고, 코펜하겐에서 개인 상담소를 하고 있다. 비베케는 정신분석적 아동 · 청소년 심리치료자를 위한 덴마크 훈련 프로그램에서 교육하고 지도감독하는 것을 비롯하여 교육과 지도감독 경험이 풍부하다. 비베케는 어린이와 청소년을 대상으로 한 집단 분석, 정신병리학, 평가, 연구, 성인을 대상으로 한 정신역동적 심리치료 그리고 지도감독을 비롯하여 다양한 임상 및 이론적 주제에 관한 책과 논문을 저술하였다. 비베케의 박사 논문인 「아동의 인물화 형태와 내용(Form and Content in Children's Human Figure Drawings)」은 NYU 출판사에서 1991년에 출판되었다. 그룬바움과 함께, 비베케는 EFFP 책 시리즈에서 『놀이와 힘(Play and Power)』을 편집하였다.

역자 소개

허재홍(Heo Jaehong)
경북대학교 심리학과 교수
상담심리사 1급 247호

〈공저〉

사례로 배우는 심리상담의 실제

〈역서〉

초보상담자를 위한 정신역동 상담

정서조절을 이용한 아동 · 청소년 상담

초보 상담자를 위한 사례중심 관계정신분석 상담

정신역동적 아동·청소년 심리치료

Psychodynamic Child and Adolescent Psychotherapy
Theories and Methods

2024년 9월 22일 1판 1쇄 인쇄
2024년 9월 30일 1판 1쇄 발행

지은이 • Liselotte Grünbaum · Karen Vibeke Mortensen
옮긴이 • 허재홍
펴낸이 • 김진환
펴낸곳 • ㈜학지사
04031 서울특별시 마포구 양화로 15길 20 마인드월드빌딩
대표전화 • 02-330-5114 팩스 • 02-324-2345
등록번호 • 제313-2006-000265호

홈페이지 • http://www.hakjisa.co.kr
인스타그램 • https://www.instagram.com/hakjisabook

ISBN 978-89-997-3189-1 93180

정가 23,000원